RATIONAL ACCUMULATION

图书在版编目（CIP）数据

理性积淀／顾春明著. —北京：经济管理出版社，2016.5

ISBN 978-7-5096-4345-7

Ⅰ. ①理… Ⅱ. ①顾… Ⅲ. ①社会科学—文集 Ⅳ. ①C53

中国版本图书馆CIP数据核字（2016）第074972号

组稿编辑：申桂萍
责任编辑：申桂萍　侯春霞
责任印制：司东翔
责任校对：王　淼

出版发行：经济管理出版社
（北京市海淀区北蜂窝8号中雅大厦A座11层　100038）
网　　址：www.E-mp.com.cn
电　　话：（010）51915602
印　　刷：北京玺诚印务有限公司
经　　销：新华书店
开　　本：720mm × 1000mm/16
印　　张：31.75
字　　数：368千字
版　　次：2016年6月第1版　　2016年6月第1次印刷
书　　号：ISBN 978-7-5096-4345-7
定　　价：98.00元

CONTENS

目　录

时政研究篇

经济探索篇

战略纵论篇

理论思考篇

政府建设篇

SHIZHENGYANJIUPIAN

时政研究篇

学习思想体系 领悟核心要义

党的十八大以来，习近平总书记发表了系列重要讲话，这些讲话涵盖了改革发展稳定、内政外交国防、治党治国治军等各个方面，深刻回答了新形势下党和国家事业发展的一系列重大理论和现实问题，对于建设中国特色社会主义具有重要指导作用。我们应该在认真学习上用气力，更要在深刻把握上下功夫。

一是要把握主题主线。2013年1月5日，习近平总书记在中央党校，发表重要讲话，明确指出："党的十八大的精神，说一千道一万，归结为一点就是坚持和发展中国特色社会主义。"[①]也就是说，习近平总书记系列讲话实际上也是按照这样一条主线展开的。所以，学习习近平总书记系列讲话，核心就是要深入学习领会中国特色社会主义理论。把握主题主线，关键是要遵循2013年习近平总书记在中央政治局第七次集中学习会上强调的：在新的历史条件下坚持和发展中国特色社会主义，必须坚持走自己的路，必须顺应世界大势，必须代表最广大人民根本利益，必须加强党的自身建设，必须坚定中国特色社会主义自信。这"五个必须"，既是历史经验的科学总结，又鲜明体现了时代要求，集中反映了全党的意志和愿望，具有很强的针对性、思想性和指导性，为新形势下坚持和发展中国特色社会主义指

明了方向。习近平总书记指出："中国特色社会主义是社会主义而不是其他什么主义，科学社会主义基本原则不能丢，丢了就不是社会主义。"[②]一个国家实行什么样的主义，关键要看这个主义能否解决这个国家面临的历史性课题。中国特色社会主义道路自信、理论自信和制度自信，源泉在实践、在人民、在真理。

二是要把握战略思维。习近平总书记指出："战略问题是一个政党、一个国家的根本性问题。战略上判断得准确，战略上谋划得科学，战略上赢得主动，党和人民的事业就大有希望。"[③]总书记的系列讲话总是立足历史的大视野、着眼发展的大趋势，针对如何统筹好国内国际两个大局，如何实现未来的理想目标，深入分析思考改革发展稳定的根本问题。从党的十八大提出"两个一百年"奋斗目标和实现中华民族伟大复兴的中国梦，到党的十八届三中全会部署全面深化改革，再到党的十八届四中全会部署全面推进依法治国，每一项决策都是关系党和国家前途命运的重大战略部署，每一项都体现了以习近平同志为总书记的党中央高瞻远瞩的战略思考，都贯穿了辩证唯物主义和历史唯物主义的世界观和方法论，都彰显了中华民族特有的战略智慧和时代眼光。学习习近平总书记系列讲话精神，就是要按照总书记的要求，深刻把握时代发展趋势，善于把各种问题放到更宽、更高、更远的空间去分析，善于把本地区、本部门的工作放在全国乃至全世界的大局中去思考、去谋划、去落实，以地方工作的进步服务党和国家事业的发展。

三是要把握问题导向。习近平总书记系列讲话的一个突出特点就是贯穿着强烈的问题导向。习近平总书记强调："要有强烈的问题意识，以重大问题为导向，抓住关键问题进一步研究思考，着力推动解决我国发展面临的一系列突出矛盾和问题。我们中国共产党人干革命、搞建设、抓改革，从来都是为了解决中国的现实问题。可以说，改革是由问题倒逼而产生，又在不断解决问题中得以深化。”[4]这些讲话，树立了运用科学思想方法和工作方法认识问题、分析问题、解决问题的典范。我们要以习近平总书记系列讲话精神为指导，坚决树立问题意识、坚持问题导向，用科学的方法分析和研究问题，切实加强学习和实践，不断提高驾驭问题、解决问题的能力。

四是要把握人民立场。党的十八大以来，习近平总书记站在战略和全局的高度，从实现“两个一百年”奋斗目标和中华民族伟大复兴的中国梦出发，提出了一系列新观点、新论断、新要求。他在与中外记者见面时指出，“人民对美好生活的向往，就是我们的奋斗目标”，“人民是历史的创造者，群众是真正的英雄，人民群众是我们力量的源泉”，“中国梦归根到底是人民的梦，人民是中国梦的主体，是中国梦的创造者和享有者，中国梦必须紧紧依靠人民来实现，必须不断为人民造福”。[5]因此，学习习近平总书记系列讲话精神，作为基层领导干部，就是要牢牢把握人本立场，进一步巩固党的群众路线教育实践活动成果，切实增强宗旨意识，牢固树立群众观点，在想问题、做决策、抓落实的过程中，切实把群众利益作为第一追求，把群众呼声作为第一信号，把群众满意作为第一标准，真正做到情为民所系、权为民所用、利为民所谋。

五是要把握求真务实。习近平总书记系列讲话处处体现出实事求是、求真务实的科学精神，展现出真抓实干、一抓到底的务实作风，脚踏实地、求真务实、重在落实已经成为他鲜明的执政风格。党的十八大召开后不久，他就向全党发出进一步转变作

风、端正学风、改进文风的号召，强调作风建设永远在路上；强调要踏石留印、抓铁有痕，发扬钉钉子精神，树立功成不必在我的理念，多做打基础、利长远的事情；强调“空谈误国、实干兴邦”，各级领导干部都要严以修身、严以用权、严于律己；谋事要实、创业要实、做人要实。他不但是这样说的，更是这样做的。针对十八大以来做出的一系列重大决策部署，习近平总书记亲自担任中央国家安全委员会主席、中央全面深化改革领导小组组长、中央财经领导小组组长、中央网络安全和信息化小组组长等职务，体现了他对求真务实的高度重视与强大的执行力。作为基层领导干部，我们一定要牢记习近平总书记的教导，带头弘扬求真务实的作风，充分发扬钉钉子精神，坚持一张蓝图绘到底，从实际出发，讲实话、出实招、办实事、求实效，不图虚名，不务虚功，以踏石留印、抓铁有痕的劲头树形象、聚民心、促发展，做出经得起实践、人民、历史检验的实绩。

注　释：

①②引自《习近平谈治国理政》，外文出版社，2014年10月第1版，《毫不动摇坚持和发展中国特色社会主义》。

③引自2014年8月21日《人民日报》第一版，《习近平在纪念邓小平同志诞辰110周年座谈会上的讲话》。

④引自2013年11月14日《人民日报》第一版，《习近平在中共中央召开党外人士座谈会上的讲话》。

⑤引自2012年11月16日《人民日报》第一版，《习近平在十八届中共中央政治局常委同中外记者见面时强调人民对美好生活的向往就是我们的奋斗目标》。

全面深化经济体制改革初探

党的十八届三中全会是在我国进入全面建成小康社会决定性阶段召开的一次十分重要的会议，会议通过的《中共中央关于全面深化改革若干重大问题的决定》（以下简称《决定》）深刻剖析了我国改革发展稳定面临的重大理论和实践问题，阐明了全面深化改革的重大意义和未来走向，提出了全面深化改革的指导思想、目标任务、重大原则，描绘了全面深化改革的新蓝图、新愿景、新目标，汇集了全面深化改革的新思想、新论断、新举措，反映了社会呼声、社会诉求、社会期盼，凝聚了全党全社会关于全面深化改革的思想共识和行动智慧。

全会《决定》合理布局了全面深化改革的战略重点、优先顺序、主攻方向、工作机制、推进方式和时间表、路线图，形成了改革理论和政策的一系列新的重大突破，是全面深化改革的又一次总部署、总动员，必将对推动中国特色社会主义事业发展产生重大而深远的影响。

在框架结构上，全会《决定》以当前亟待解决的重大问题为提领，按条条谋篇布局。除引言和结束语外，共十六个部分，分三大板块。第一部分构成第一板块，是总论，主要阐述全面深化改革的重大意义、指导思想、总体思路。第二至第十五部分构成第二板块，是分论，主要从经济、政治、文化、社会、生态文明、国防和军队六个方面，具体部署全面深化改革的主要任务和重大举措。其中，经济方面六条（第二至第七部分），政治方面三条（第八至第十部分），文化方面一条（第十一部分），社会方面两条（第十二至第十三部分），生态文明方面一条（第十四部分），国防和军队方面一条（第十五部分）。第十六部分构成第三板块，讲组织领导，主要阐述加强和改善党对全面深化改革的领导。

习近平总书记强调："全面深化改革，关键要有新的谋划、新的举措。要有强烈的问题意识，以重大问题为导向，抓住重大问题、关键问题进一步研究思考，找出答案，着力推动解决我国发展面临的一系列突出矛盾和问题。"①《决定》指出："经济体制改革是全面深化改革的重点。"这是中央在全面总结改革开放经验、准确把握国内外大势、统筹考虑五位一体总体布局基础上做出的科学判断和重要决策。

一、要深刻领会经济体制改革是全面深化改革的重点的重大意义

首先，以深化经济体制改革为重点，是立足基本国情、增强综合国力的必然选择。

当前，我国仍处于并将长期处于社会主义初级阶段的基本国情没有变，人民日益增长的物质文化需要同落后的社会生产之间的矛盾这一社会主要矛盾没有变，我国是世界最大发展中国家的国际地

位没有变。这“三个没有变”，决定了我们必须始终坚持以经济建设为中心，而以经济建设为中心与以经济体制改革为重点本质上是统一的，这就要求我们必须通过深化经济体制改革，不断解放和发展社会生产力，提高综合国力和国际竞争力。

其次，以深化经济体制改革为重点，是适应形势变化、推动经济转型升级的迫切需要。

我国经济正处于增长速度换挡期、结构调整阵痛期叠加阶段，面临着跨越“中等收入陷阱”的严峻考验，发展中不平衡、不协调、不可持续问题依然突出。产生这些矛盾和问题有多方面原因，但关键在于社会主义市场经济体制还不完善，制约经济发展方式转变的体制机制障碍还比较多。深化经济体制改革是转变经济发展方式的前提和保障。

最后，以深化经济体制改革为重点，是引领其他领域改革、推进五位一体建设的客观要求。

生产力决定生产关系，经济基础决定上层建筑。这一社会发展的基本规律决定了要以经济体制改革为先导，发挥其牵引作用，为全面深化改革创造条件、提供动力。牵住深化经济体制改革这个“牛鼻子”，可以有力促进其他领域深层次矛盾的化解，促进其他领域改革的协同深化。

二、正确处理政府和市场关系这个经济体制改革的核心问题

《决定》强调，经济体制改革的核心问题是处理好政府和市

场的关系，使市场在资源配置中起决定性作用和更好地发挥政府作用。用“决定性”代替“基础性”，这是我们党对市场规律认识的又一次升华，是理论上的重大突破和实践上的重大创新，具有鲜明的时代特征，为今后深化经济体制改革指明了方向。当前，我国仍存在市场体系不完善、市场规则不统一、市场秩序不规范、市场竞争不充分，政府权力过大、审批过杂、干预过多和监管不到位的问题，影响了经济发展活力和资源配置效率。我们必须在思想上更加尊重市场决定资源配置这一市场经济的一般规律，在行动上大幅度减少政府对资源的直接配置，进一步转变政府职能。一是全面做好简政放权。我们要按照国家的统一部署，加快推进简政放权工作，用政府权力的“减法”换取市场活力的“加法”。二是加快推进大部制改革。进一步优化政府机构设置、职能配置、工作流程，完善决策权、执行权、监督权既相互制约又相互协调的行政运行机制。三是深化行政审批制度改革。建立健全审批项目动态清理工作体制，大力推行网上审批和并联审批，实现行政审批事项网上办理全覆盖。

三、准确把握深化经济体制改革的重点任务

按照中央的要求，到2020年全面完成《决定》确定的深化改革任务，对于我们来说，当务之急是怎样选取下一步的改革重点，从哪里下手，从哪里突破。总体上应该把握：一是起点要高。深入领会十八届三中全会精神和准确把握《决定》的任务要求，做点新事，破点难事，干点大事。二是落点要实。一定要结合实际，结合

我们正在做的事情，首先是紧密结合东北新十年振兴，确定改革重点任务；其次是结合综合配套改革，用《决定》统揽综改，以综改落实《决定》，使贯彻十八届三中全会精神找准结合点，明确着力点，更好地体现中央要求和各地特色。三是强化问题意识。认真查找各地自身发展存在的差距和不足，深入分析面临的矛盾和挑战，找出其中的体制性原因，拎出改革重点，提出解决办法，把改革重点打在深入推进上，打在获得改革红利上，打在提升发展动力上，按照这样的思路来聚焦和确定改革的重点任务。

第一，坚持和完善基本经济制度，更加注重发展非公有制经济。《决定》指出，公有制为主体、多种所有制经济共同发展的基本经济制度是社会主义市场经济的重要根基，并且把混合所有制经济作为基本经济制度的实现形式，这为加快发展非公经济提供了广阔空间。目前，从我国看，非公有制经济创造了60%的国内生产总值、50%的税收和70%以上的就业岗位，成为经济发展不可或缺的重要力量。据相关调查结果显示，目前非公经济发展遇到的主要问题有：一是市场准入机会不均等；二是使用要素资源与国有企业有差别；三是融资难、负担重、信息缺乏、自主创新能力弱、产品竞争力差、企业管理水平低和整体素质不高等。

我们重点要坚持权利平等、机会平等、规则平等，为非公经济发展创造公平竞争环境。要把大力发展非公经济作为战略性支撑点，放宽市场准入条件，鼓励非公经济参与交通、城建、通信、电力、水利等基础设施项目建设。通过债券、短期融资券、中期票据、信托计划、私募股权基金等融资工具融资，鼓励符合条件的中小企业在境内外上市。加强中小企业信用担保体系建设，完善信用担保机构的行业准入、风险控制和补偿机制，鼓励支持社会资本和自然人投资建立信用担保机构。支持创新型示范中小企业发展，通过政策和资金支持，引导中小企业走“专精特新”道路。同时，要继续深化国有企业改革，允许非国有资本参股国有资本投资项目，支持大型国有企业引进战略投资者，大力发展混合所有制经济；推动国企微观机制再造，按照建立产权清晰、权责明确、政企分开、管理科学的现代企业制度的要求，完善企业法人治理结构；建立经营管理层激励约束机制，实行国企领导人员任期制，规范企业领导人员薪酬管理。

第二，深化要素市场改革，促进资源在更大范围优化配置。建设统一开放、竞争有序的市场体系，涉及更深层次的统一生产要素市场体系的构建。近年来，我国土地、劳动力、金融等生产要素的市场化程度不断提高，推动了市场体系建设，促进了国民经济平稳较快发展。但从总体上看，市场体系发展并不平衡，要素市场化改革一直是薄弱环节，要素市场化进程远远落后于商品市场化进程。因此，我们要按照《决定》的要求，加快推进要素市场改革。一是在建立城乡统一的建设用地市场方面，推动农村集体建设用地在符合规划和用途管制的前提下进入市场，以公开规范的方式转让使用权，与国有建设用地享有平等权益，有效防止土地流转价格扭曲，充分挖掘集体建设用地的巨大潜力，建立城乡统一的建设用地市场。要积极探索农村集体经营性建设用地流转的途径，建立与城镇地价体系相衔接的农村集体建设用地地价体系，实行与国有土地同步入市、同权同价。进一步推广“农村土地承包经营权流转综合运营试点”经验，培育农村土地承包经营权市场，允许农民采取转包、出租、互换、转让、股份合作等方式流转土地。二是在完善金融市场体系方面，全面实施好国家优化金融生态专项改革试验，以建设东北区域金融中心为目标，以发展产业金融为特色，在金融市场、金融机构、金融产品、金融监管等方面全面深化改革，率先建成全国优化金融生态示范区，为建设先进装备制造业基地和国家中心城市提供有力的金融支撑。三是在深化科技体制改革方面，深入实施“两化”融合专项改革试验，集聚高校、科研机构等众多创新资源，建立健全鼓励原始创新、集成创新、引进消化吸收再创新的体制机制，健全技术创新市场导向机制，发挥市场对技术研发方向、路线选择、要素价格、各类创新要素配置的导向作用。建立产学研协同创新机制，强化企业在技术创新中的主体地位，发挥大型企业创新骨干作用，激发中小企业创新活力。

第三，深化财税体制改革，加快建立公共财政体系。财政是国家治理的基础和重要支柱，科学的财税体制是优化资源配置、维护市场统一、促进社会公平、实现国家长治久安的制度保障。财税体制改革是经济体制改革的重点之一，这项改革牵一发而动全身。这些年，财税体制改革不断深化，取得了一定成效，但也存在政府间事权和支出责任划分不够清晰、税制结构不合理、预算管理制度不完善等问题。《决定》明确提出，要建立事权和支出责任相适应的制度。我们要科学合理地划分事权和支出责任，使事权和财力相匹配。要加大公共财政体系建设，加快实现基本公共服务均等化。

第四，健全城乡发展一体化体制机制，实现城乡统筹发展。城乡二元结构是我国经济社会发展中最大的结构问题，是制约城乡发展一体化的主要障碍。我们要深入推进统筹城乡发展改革试点，坚持以人为本、产城融合、生态环保、绿色发展的原则，积极稳妥地推进城镇化进程，逐步打破城乡二元结构，促进城乡、区域统筹发展。引导人口、产业、用地空间合理配置，优化城镇点轴布局结构，推动城市功能沿主要基础设施走廊向新城、新市镇及周边城市拓展。积极引导市区工业向县域地区转移，重大项目特别是劳动密集型项目向县域倾斜，促进城区产业优化升级与县域经济发展有机结合，实现优势互补和错位发展。以创新农村土地和宅基地政策为突破口，进一步放宽农村居民到城镇落户的条件。建立完善的失地农民保障机制，合理安排农村富余劳动力，为失业农民创造更多的就业机会。统筹推进农业转移人口市民化和基本公共服务均等化，率先实现城镇基本公共服务常住人口全覆盖，全面提升城镇化发展的质量和水平。

第五，构建开放型经济新体制，全面提高经济外向度。我们要提高全方位开放水平，坚持“引进来”和“走出去”相结合，构建全方位、多层次、宽领域的对外开放新格局。要努力扩大利用内资与外资的规模和效益，坚持内资与外资并重的方式，加强与世界500强和中央所属大型企业对接，争取更多体量大、带动性强、技术水平高、发展后劲足的大项目落地。加强对中国港台、东南亚、日韩、欧美重点国家和地区招商，积极引导外资投向先进制造业、高新技术及战略性新兴产业、现代服务业、现代农业等重点产业，提高利用外资的质量。培育一批大型跨国经营企业，推动有条件的企业在新兴市场国家建设境外经贸合作区，带动更多企业走出去。

第六，推进社会事业改革创新，全力做好民生工作。要确保经济体制改革和社会领域改革协同推进，让改革发展成果更多更公平惠及全体人民。我们要结合全面建成小康社会，通过深化改革，更好地保障和改善民生。一是收入翻番。到2020年全面建成小康社会，实现城乡居民收入比2010年翻一番，同时要实现居民收入增长与经济增长同步，劳动者报酬增长与劳动生产率提高同步。二是社保健全。就是坚持全覆盖、保基本、多层次、可持续的方针，加快推进覆盖城乡居民的社会保障体系建设。继续扩大社会保险覆盖面，逐步提高企业退休人员养老金、城乡低保、农村“五保”供养标准等。三是就业充分。就是要坚持就业优先战略，实施更加积极的就业政策，根本是推动经济持续平稳较快发展，创造更多的就业岗位；关键是全面落实积极的就业政策，坚持市场导向和政策扶持相结合，突出抓好高校毕业生、农村转移劳动力、就业困难群体三大重点人群，深入推进以创业带动就业，努力实现更加充分、更高质量的就业。四是教育公平。就是要办好人民满意的教育，深化教育领域综合改革，全面实施素质教育，大力推进教育公平，合理配置教育资源，重点向农村、边远、贫困地区倾斜，支持特殊教育，推动农民子女平等接受教育，让每个孩子都能成为有用之才。五是就医方便价廉。自2009年沈阳市医改工作启动以来，城乡居民医疗水平得到明显改善。我们要继续深化医药卫生体制改革，基本建立覆盖城乡居民的多层次医疗保障体系，改革完善医保支付制度，使保障能力和管理水平显著提高，人民群众就医负担进一步减轻；巩固国家基本药物制度和基层运行新机制，不断提高基层医疗服务能力，为人民群众提供方便价廉的基本卫生服务；公立医院改革取得实质性进展，全面完成县级公立医院改革，城市大医院改革实行政事分开、管办分开、医药分开、营利性和非营利性分开，使行业管理更加规范有序，医患关系更加和谐；充分利用信息化手段，促进医疗资源纵向流动；鼓励社会办医，满足多元化社会医疗需求，使看病难、看病贵问题得到切实缓解。

第七，加快生态文明制度建设，增强可持续发展能力。生态文明建设关系人民福祉、关乎民族未来。按照《决定》的要求，建设生态文明，必须建立系统完整的生态文明制度体系，实行最严格的源头保护制度、损害赔偿制度、责任追究制度，完善环境治理和生态修复制度，用制度保护生态环境。一是健全自然资源资产产权制度和用途管制制度。建立空间规划体系，划定生产、生活、生态空间开发管制界限，落实用途管制。健全能源、水、土地节约集约使用制度。二是划定生态保护红线。坚定不移地实施主体功能区制度，建立国土空间开发保护制度，严格按照主体功能区定位推动发展。建立资源环境承载能力监测预警机制，对水土资源、环境容量超载区域实行限制性措施。对限制开发区域取消地区生产总值考核。对领导干部实行自然资源资产离任审计。建立生态环境损害责任终身追究制。三是实行资源有偿使用制度和生态补偿制度。坚持使用资源付费和谁污染环境、谁破坏生态谁付费原则，发展环保市场，推行节能量、碳排放权、排污权、水权交易制度，建立吸引社会资本投入生态环境保护的市场化机制。四是改革生态环境保护管理体制。建立和完善严格监管所有污染物排放的环境保护管理制度，独立进行环境监管和行政执法。完善污染物排放许可制，实行企事业单位污染物排放总量控制制度。对造成生态环境损害的责任者严格实行赔偿制度，依法追究刑事责任。对我们来说，要把生态文明建设放在更加突出的地位，继续推进碧水、蓝天、青山工程，加快生态宜居之都建设步伐。进一步完善城乡土地节约集约利用体制机制，积极争取“低效用地”，制定“低效用地”改造试点实施细则。率先启动部分地区“低效用地”改造示范工程。扎实推进节能减排，确保实现国家和辽宁省下达的节能减排目标，努力实现绿色发展、循环发展、低碳发展，加快建立与资源环境承载力相适应的绿色发展模式。

四、准确把握全面深化改革的方法论

习近平总书记特别强调要把握全面深化改革的重大关系，这就为准确把握全面深化改革的内在规律提供了基本线索，指明了重点所在。一是解放思想和实事求是的关系。全面深化改革既要解放思想，勇于冲破思想观念的障碍，进入十八届三中全会要求的思想新境界，又要实事求是，不能一厢情愿、脱离实际。二是整体推进和重点突破的关系。全面深化改革必须更加注重各项改革的相互促进、良性互动。但在不同阶段、不同领域，又要抓住重点、难点、关键点，先行突破、推动全局。三是顶层设计和摸着石头过河的关系。摸着石头过河就是摸规律，从实践中获得真知。摸规律、获真知是顶层设计的认识前提。全面深化改革既要摸路探路，也要望路测路，加强宏观思考和顶层设计。四是胆子要大和步子要稳的关系。全面深化改革要有政治勇气，有攻克体制机制上的顽症痼疾、突破利益固化的藩篱的改革魄力。全面深化改革又是利益关系的重大调整，会遇到各种阻力和障碍，这就要求坚持统筹兼顾、稳中求进。五是改革发展稳定的关系。全面深化改革要在保持改革发展稳定的均衡点上展开，把改革的力度、发展的速度和社会可承受的程度统一起来，努力做到推进改革的时机把握适当、节奏把握合理、措施把握适度。

通过处理好上述五个关系，牢牢把握改革的正确方向，在纷繁复杂的形势下把准改革脉搏，增强战略定力，切实解决三个问题：一是“要不要改”的问题。我们要坚定信心和自觉，增强深化改革的紧迫感和主动性，顺应大势、积极作为，抢抓改革先机，释放改革红利。二是“敢不敢改”的问题。要增强勇气和胆识，始终保持改革创新锐气，克服怕承担风险、怕触及矛盾、怕影响自身利益的顾虑，敢于啃硬骨头，敢于涉险滩，敢于自我革命，最大限度地激发全社会的改革热情、创造活力。三是“会不会改”的问题。要提升能力和水平，认真总结和运用改革开放的基本经验，坚决贯彻中央的各项部署，学习借鉴其他城市先行先试的成功做法，鼓励基层群众的改革实践探索，努力走在新一轮改革开放的前列。

注　释：

①引自2013年11月14日《人民日报》第一版，《中共中央召开党外人士座谈会征求对中共中央关于全面深化改革若干重大问题的决定的意见》。

全面深化改革纵论

2013年11月召开的党的十八届三中全会，通过了《中共中央关于全面深化改革若干重大问题的决定》（以下简称《决定》），提出了全面深化改革的战略重点、优先顺序、主攻方向、工作机制、推进方式和时间表、路线图。这是十八大后以习近平总书记为核心的党中央对全面深化改革的又一次总部署、总动员，向国内外表达了新的中央领导集体推进改革开放的决心和意志，必将对推动中国特色社会主义事业发展产生重大而深远的影响。

习近平总书记对全面深化改革高度重视，十八大召开之后第一次到地方调研，就选择了改革开放的前沿广东；中央政治局第二次集体学习，把坚定不移地推进改革开放作为主题；在一系列重要考察、重要会议和重大国际场合，习近平总书记就全面深化改革做了一系列重要讲话。学习好总书记讲话，对于我们加深对十八届三中全会《决定》的理解，凝聚改革共识，具有重要意义。

一、充分认识改革的重要性、艰巨性和紧迫性

习近平总书记强调：“全面深化改革，关系党和人民事业前途

命运，关系党的执政基础和执政地位。在整个社会主义现代化进程中，我们都要高举改革开放的旗帜，绝不能有丝毫动摇。”[①]把握改革的重要性，可以从以下三个方面来理解：

第一，改革是当今时代新的伟大革命。习近平总书记讲：“改革开放是党和人民事业大踏步赶上时代的重要法宝。”[②]回顾党的十一届三中全会召开以来的历史，我们国家的面貌、人民的生活都发生了翻天覆地的变化，中国成了世界第二大经济体、第一大出口国和第一大外汇储备国（2010年中国超过日本，成为世界第二大经济体；当年美国、中国、日本的GDP分别为14.66万亿美元、5.88万亿美元和5.46万亿美元，增速分别为2.39%、10.45%、4.65%。2009年，我国外贸出口达到12016.7亿美元，超越德国，成为第一大出口国。2006年2月，我国外汇储备达到8537亿美元，超过日本，成为全球第一大外汇储备国；2006年10月，我国外汇储备首次突破万亿美元），人均GDP从改革开放前的几百美元上升到今天的5000多美元。有报道说，2014年中国的GDP可能达到日本的两倍，2010年我们刚刚超越日本，现在就将要达到它的两倍，这一切都缘于我国通过30多年的改革开放激发了巨大活力，释放了巨大能量。展望未来，时代在变化，事业在发展。当今世界，国际局势继续发生深刻复杂变化，综合国力竞争日益激烈，各种矛盾错综复杂。各国都在加快推进变革，特别是新一轮科技革命和产业革命正在孕育兴起。在这样的形势下，必须全面深化改革，才能赶上时代的步伐，才能引领时代潮流，才能走在时代前列。

第二，改革是决定国家、民族命运的生存发展之道。每一次重大改革都给党和国家注入新的活力、给事业前进增添强大动力，党和人民的事业就是在不断深化改革中波浪式向前推进的，就是在改革从试点向推广拓展、从局部向全局推进中不断发展的。在新的历史条件下，要破解难题、化解风险、应对挑战，推动经济社会持续发展，除了改革开放，也别无他途。改革开放以来，我们用改革的办法解决了一系列发展中遇到的矛盾和问题，但还有许多深层次矛盾和问题尚未得到根本解决。同时，旧的问题解决了，新的问题又会产生。例如，在经济上，为应对国际金融危机，我国从2008年末实施了一系列刺激政策，包括4万亿元投资，使我国率先走出危机阴霾，但与此同时也出现了产能过剩、投资效率低下、地方债务过高等问题。又如，在社会及其他领域也还有许多矛盾和问题，有就业问题，有社会保障问题，有资源环境约束问题，等等。这些矛盾和问题相互交织、相互影响，越来越复杂、越来越敏感。而这一系列困难和问题倒逼我们，必须以更大的政治勇气和智慧，不失时机地深化改革，进一步解放和发展生产力，激发和凝聚社会创造力，为坚持和发展中国特色社会主义提供强大动力和旺盛活力。

*第三，改革是实现人民利益的重要途径。*改革开放初期，在农村，通过实行包干到户，充分调动了农民发展生产的积极性和创造性，既解决了粮食问题，也提高了农民收入。同样，在城市，通过大力发展商品经济，全面推进国企改制，积极发展多种所有制经济，在提升国有企业整体效益的同时，促进了第三产业发展，提升了人民的收入和生活水平。但是，随着人民生活水平的不断提高，必然会产生新的期待、新的要求。例如，要求收入分配更加公平，要求平等地享受经济、政治、文化权利，要求拥有良好的生态环境，等等。而满足人民群众的新期待、新要求，就需要通过全面深

化改革，努力营造公平的社会环境，保证人民平等参与、平等发展的权利，进而给老百姓带来实实在在的利益，解决老百姓迫切盼望解决的问题，提升老百姓的福祉。

除了要加深对全面深化改革重要性的认识，我们还要深刻认识改革的艰巨性和紧迫性。

关于改革的艰巨性，习近平总书记讲："经过36年不断改革，很多容易改的问题已经得到有效解决，留下来的大都是比较难啃的硬骨头，甚至是牵动全局的敏感问题和重大问题。当前，推进改革的复杂程度、敏感程度、艰巨程度一点都不亚于30多年前。"[③]在复杂度上，每一项改革都会涉及很多方面，有的牵一发而动全身，有的在思想认识上还没有统一。在敏感度上，改革涉及利益调整，会触动一些人的"奶酪"。李克强总理讲过："触动利益比触动灵魂还难。"[④]在艰巨度上，矛盾越来越集中，问题越来越尖锐，改革的难度可想而知。

关于改革的紧迫性，我们可以重点从两个方面来理解。一是从时间上看。这一轮改革提出了明确的时间表，就是到2020年，在重要领域和关键环节的改革上取得决定性成果，形成系统完备、科学规范、运行有效的制度体系，使各方面制度更加成熟、更加定型。二是从改革成本上看。2013年，习近平总书记在亚太经合组织领导人会议上强调，改革之路从无坦途，要做好改革付出必要成本的准备。一些学者把改革成本分解为实施成本、摩擦成本和适应成本，实施成本是为实施改革而投入的资源，摩擦成本是利益集团反对和抵触改革造成的损失，适应成本是新体制确立后为适应新体制而付出的努力。不管哪种成本，都表明改革是有代价的。其中，有些代价是我们必须付出的，不付出代价改革就不能推进，这就是“必要”的成本；有些代价则是可以避免的，没有避免，就成为了“额外”的成本，像资源的过度浪费、环境的过度破坏等，可以说都是“额外”的成本。所以，要降低改革成本，特别是避免“额外”成本，就要看到改革的紧迫性，必须抓住改革的最佳时机。

二、准确把握改革的目标、方向和标准

关于改革目标。《决定》指出，全面深化改革的总目标是：完善和发展中国特色社会主义制度、推进国家治理体系和治理能力的现代化。这个总目标是根据邓小平同志提出的战略任务来确定的。邓小平同志在1992年提出，再有30年时间，我们才会在各方面形成一套更加成熟、更加定型的制度。这一时点，恰好契合了十八届三中全会确定的到2020年的改革时间表。习近平总书记指出：“全面深化改革，不是推进一个领域的改革，也不是推进几个领域的改革，而是推进所有领域的改革，就是从国家治理体系和治理能力的总角度考虑。”⑤

国家治理体系和治理能力是一个国家制度和制度执行能力的集中体现，二者是一个有机整体，相辅相成，有了好的国家治理体系才能提高治理能力，提高国家治理能力才能充分发挥国家治理体系的效能。

理解全面深化改革的总目标，首先要看到，这是世情发展的需要。怎样治理社会主义社会这样的全新社会，在以往的、世界其他的社会主义国家中没有得到很好解决。苏联虽然进行了一些探索，

取得了一些实践经验，但也犯下了严重错误。我们党在全国执政以后，不断探索这个问题，虽然也发生了严重曲折，但在国家治理体系和治理能力上积累了丰富经验、取得了重大成果。我国政治稳定、经济发展、社会和谐、民族团结，这说明，我们的国家治理体系和治理能力总体上是好的。但当今世界动荡加剧，一些地区和国家不断出现乱局，特别是时代在发展、社会在进步，都要求我们不断完善国家治理体系，不断提高国家治理能力。*其次要看到，这是国情发展的需要*。虽然总体上我们的国家治理体系和治理能力适应我国国情，但是，相比我国经济社会发展，相比人民群众期待，相比当今世界日趋激烈的国际竞争，相比实现国家长治久安，我们在国家治理体系和治理能力方面还有许多不足。要更好地发挥中国特色社会主义制度的优越性，必须从各个领域推进国家治理体系和治理能力的现代化。*最后要看到，这是党情变化的需要*。我党执政以来，无论在制度建设还是在管理经济社会事务方面都取得了巨大成就，积累了许多经验。在新的时代条件下，加强执政能力建设，必须推进国家治理体系和治理能力的现代化，既要改革不适应实践要求的体制机制，又要不断构建新的体制机制，使各方面制度更加科学、更加完善，推动党和国家各项工作制度化、规范化、程序化，不断提高党科学执政、民主执政、依法执政的能力。

关于改革方向。《决定》提出，全面深化改革，必须坚持社会主义市场经济改革方向。方向决定道路，道路决定命运，方向问题至关重要。回顾30多年的改革历程，改革之所以能够顺利推进并取得历史性成就，根本原因在于始终坚持正确的改革方向。

坚持社会主义市场经济改革方向，核心问题是处理好政府和市场的关系，使市场在资源配置中起决定性作用和更好发挥政府作用。自1992年正式提出“社会主义市场经济体制”这个概念以来，20多年间，我们围绕建立社会主义市场经济体制，推进经济体制以及其他各方面体制改革，使我国成功实现了从高度集中的计划经济体制到充满活力的社会主义市场经济体制的历史性跨越。但我们也要看到，我们的市场体系还不健全，市场发育还不充分，特别是政府和市场的关系还没有理顺，市场在资源配置中的作用的有效发挥受到诸多的制约。直到现在，我们的市场经济还仍然只是走在半路上，突出表现为五个特征：半市场、半计划；半市场、半管制；半市场、半垄断；半市场，半权力；半市场、半法治。全面深化改革，必须要突破五个“半市场”问题，处理好政府和市场的关系，使市场在资源配置中起决定性作用，建立完善的社会主义市场体系。

坚持社会主义市场经济改革方向，不仅是经济体制改革的基本遵循，也是全面深化改革的重要依托。经济基础决定上层建筑，我们是在社会主义市场经济条件下搞社会主义建设，社会主义市场经济是最根本的经济基础。让市场在资源配置中发挥决定性作用，主要涉及经济体制改革，但必然会影响到政治、文化、社会、生态文明和党的建设等各个领域。要使各方面体制改革都朝着建立完善社会主义市场经济体制这一方向协同推进，同时也要使各方面更好地适应社会主义市场经济发展提出的新要求。

关于改革的标准。习近平总书记强调：“维护和发展国家、民族、人民利益，坚持和巩固党的执政基础和执政地位，就是改革的标准。”⑥

中央反复强调，实践发展永无止境，解放思想永无止境，改革开放也永无止境，改革开放只有进行时、没有完成时，但我们改革的标准是明确的。其一，改革必须以国家、民族、人民利益为重，出台每一项改革举措，都要看是否有利于人民，是否有利于实现中华民族的伟大复兴。其二，我们的改革是在党的领导下有计划、有步骤地进行的，必须有利于坚持和巩固党的执政地位，有利于提高党的领导水平和执政能力，有利于充分发挥党总揽全局、协调各方的作用。所以要有战略定力，要强调底线思维。所谓战略定力，就是在坚持走中国特色社会主义道路上不能有丝毫动摇；所谓底线思维，就是要坚决守住中国特色社会主义制度这条底线，坚决反对任何改变社会主义制度性质的图谋。也就是习近平总书记多次强调的："我国是一个大国，决不能在根本性问题上出现颠覆性失误。"⑦我们在改革开放当中遇到的干扰，不仅来自于我们内部的一些矛盾，也来自于国际上的一些敌对势力。所以，我们一定要头脑清醒，立场坚定，旗帜鲜明，排除干扰，按照中央部署推进改革。

三、要深刻理解改革的条件、目的和重点

十八届三中全会决定提出了"三个进一步解放"，即进一步解放思想、进一步解放和发展社会生产力、进一步解放和增强社会活力。习近平总书记在三中全会第二次全体会议上讲话时强调，这"三个进一步解放"既是改革的目的，又是改革的条件，我们必须深刻理解。

第一，解放思想是前提，是解放和发展社会生产力、解放和增强社会活力的总开关和原动力。没有思想解放，我们党就不可能

在“文化大革命”结束不久，做出把党和国家工作中心转移到经济建设上来、实行改革开放的历史性决策，开启我国发展的新时期；没有思想解放，就不可能有效化解前进道路上的各种风险挑战，把改革开放伟大事业推向前进。思想解放是最根本的解放，是一切理论、路线、方针、政策的总开关。当今社会，新科技、新知识日新月异，新情况、新问题层出不穷，解放思想永无止境。全面深化改革，既需要进一步解放思想，同时也需要通过全面改革进一步冲破各种思想观念的束缚，不断以思想解放推动理论创新、实践创新以及各方面创新，为经济社会发展提供源源不断的动力。

第二，解放和发展社会生产力，是解放思想、解放和增强社会活力的目的和归宿所在。解放和发展社会生产力是中国特色社会主义的根本任务。应该说，我们党成立90多年来的一切革命、建设、改革实践，目的都是为了解放和发展社会生产力，进而实现民族独立、人民解放、国家富强；我们一切奋斗目标的实现，包括全面建成小康社会、实现中华民族伟大复兴的中国梦，也都将建立在社会生产力充分发展的基础之上。虽然经过改革开放30多年，我们国家经济社会实现了极大发展，但社会生产力发展水平还远远落后于发达国家，先进生产力比重不大、布局不均衡，落后生产方式大量存在，社会整体生产效率比较低。十八届三中全会强调进一步解放思想、解放和增强社会活力，目的也是为社会生产力发展创造更好的条件，而且最终成果也要体现到解放和发展社会生产力上来。

第三，解放和增强社会活力，是解放思想的必然结果，也是解放和发展社会生产力的重要基础。没有社会活力的充分释放，解放思想就不能真正转化为社会进步的动力，解放和发展社会生产力就会失去坚实的社会基础。通过深化改革，要让一切劳动、知识、技术、管理、资本等要素的活力竞相迸发，让一切创造社会财富的源泉充分涌流。同时，也要处理好活力和有序的关系，社会的发展需要充满活力，但这种活力必须是有序的，死水一潭不行，暗流涌动也不行。在改革的过程中，这一点我们一定要把握好。

在强调改革的条件和目标的同时，习近平总书记还强调“在全面深化改革中，要坚持以经济体制改革为主轴、重点，以此牵引和带动其他领域改革”。⑧

之所以强调以经济体制改革为重点，我们可以从以下几个方面来理解。一是因为“三个没有变”，即我国仍处于并将长期处于社会主义初级阶段的基本国情没有变，人民日益增长的物质文化需要同落后的社会生产之间的矛盾这一社会主要矛盾没有变，我国是世界最大发展中国家的国际地位没有变。正因为这“三个没有变”，决定了经济建设仍然是全党的中心工作，坚持以经济建设为中心不动摇，就必须坚持以经济体制改革为重点不动摇。二是因为经济体制改革任重道远。当前，制约科学发展的体制机制障碍有不少集中在经济领域，经济体制改革任务远远没有完成，经济体制改革的潜力还没有充分释放出来，使市场在资源配置中起决定性作用的首要前提是深化经济体制改革。所以，《决定》用了很大篇幅对经济体制改革进行了全面部署，包括坚持和完善基本经济制度、加快完善现代市场体系、加快转变政府职能、深化财税体制改革、健全城乡发展一体化体制机制、构建开放型经济新体制共6个方面22条改革措施。三是因为经济体制改革对其他方面改革具有重要的影响和传导作用。经济基础决定上层建筑，重大经济体制改革的进度决定着其他方面很多体制改革的进度，具有牵一发而动全身的作用。30多年来的改革，首先是从经济领域开始，并逐步延伸到其他领域的，其他领域的改革都是为了配合经济体制改革展开的，改革的领域不断扩大，但始终没有偏离经济体制改革这个重点。所以，推进新一轮改革，我们还是要分清主次、突出重点，协同推进、形成合力，而不是各自为政、分散用力。

四、全面领会改革的出发点、落脚点和支撑点

习近平总书记强调："全面深化改革必须以促进社会公平正义、增进人民福祉为出发点和落脚点。"[⑨]对此，我们要从以下几个方面加深理解。

首先，这是解决当前社会突出问题的迫切要求。改革开放以来，我国经济社会发展取得巨大成就，为促进社会公平正义提供了坚实的物质基础和有利条件。但是，在我国现有发展水平上，社会上还存在大量有违公平正义的现象。如教育、就业机会不公问题，收入分配差距问题，社会保障体系"碎片化"问题，这些问题不但涉及经济领域，也涉及政治、文化、社会、生态文明等各个领域。这些问题不解决，不仅会影响人民群众对改革开放的信心，而且会影响社会和谐稳定。其次，这是坚持我们党全心全意为人民服务宗旨的必然要求。全面深化改革必须着眼于创造更加公平的社会环境，使发展成果更多更公平惠及全体人民。在新的历史条件下，全心全意为人民服务，不仅要体现在做大经济总量的物质层面，也要体现在公平分配的精神层面。形象地说，既要把"蛋糕"做大，同

时还要把“蛋糕”分好；既要让人吃得着，还要让人吃得顺。习近平总书记在河北视察时强调：“要让每个人、各行各业都有出彩的机会，让每个人的活力都得到充分发挥，如果继续放任不公平现象，不加以扭转，社会就难以为继，改革就会失去意义，也必将失去人民的支持。”[⑩]最后，这是坚持和发展中国特色社会主义的内在要求。通过深化改革，使各方面制度更加成熟、更加定型，就是为了解决好制度的公正性和普惠性问题，从而打牢中国特色社会主义制度的社会基础和群众基础。所以，习近平总书记强调：“要把促进社会公平正义、增进人民福祉作为一面镜子，认真审视各方面体制机制和政策规定，哪里有不符合公平正义的问题，哪里就需要改革，哪个领域问题突出，哪里就是改革的重点。”[⑪]

习近平总书记在讲话中还强调：“要紧紧依靠人民推动改革。”[⑫]人民是历史的创造者，是我们的力量源泉。要把人民群众作为改革的支撑点，自觉坚持党的群众路线，建立社会参与机制，团结带领广大人民群众齐心协力推进改革。一是必须坚持以人为本，尊重人民的主体地位。30多年的改革开放之所以成功，最根本的原因在于一开始我们党就使这项事业深深扎根于人民群众之中。没有人民支持和参与，任何改革都不可能取得成功。反过来说，无论遇到何种困难和挑战，只要有人民支持和参与，就没有克服不了的困难，就没有迈不过去的坎。二是注重发挥群众的首创精神。群众是真正的英雄，基层是最好的课堂。改革的力量在于群众，办法来自基层。从大包干到股份制，从农业规模经营到混合所有制经济发展，是一个个来自基层和群众的新招、实招、硬招，破解了改革发展难题。三是要坚持站在人民立场上把握和处理好涉及改革的重大问题。在推进改革的过程中，要广泛听取群众意见和建议，及时总结群众创造的新经验，充分调动群众推进改革的积极性、主动性、创造性，把广大人民的智慧和力量凝聚到改革上来，同人民群众一道把改革推向前进。正如习近平总书记所说的，大鹏冲天飞翔，不是靠一根羽毛的轻盈；骏马急速奔跑，不是靠一只脚的力量。中国要飞得高、跑得快，就得依靠13亿人民的力量。

五、科学把握改革的探索性、实践性和协调性

习近平总书记强调："全党同志特别是各级领导干部要有自我革新的勇气和胸怀，跳出条条框框限制，正确处理中央和地方、全局和局部、长远和当前的关系，正确对待利益格局调整，坚决克服地方和部门利益的掣肘。只要有利于解放和发展社会生产力，只要有利于推动经济社会持续健康发展，只要有利于实现好、维护好、发展好最广大人民的根本利益，只要有利于巩固党的执政基础和执政地位，就要大胆试、大胆闯，就要坚决破、坚决改。"⑬

第一，要大胆探索。我们面对新形势、新任务，一定要拿出全面深化改革的勇气，大胆探索，勇于开拓，这是第一位的。同时，我们也要稳妥审慎，三思而后行。推进改革胆子要大，但步子一定要稳。改革是一场革命，畏首畏尾，前怕狼后怕虎，很难取得成功；改革又是一个大试验，面对复杂的形势，必须科学决策，稳中求进。习近平总书记在山东调研时强调："要准确推进改革，认真执行中央要求，不要事情还没弄明白就盲目推进；要有序推进改革，该中央统一部署的不要抢跑，该尽早推进的不要拖延，该试点

的不要仓促推开，该深入研究后再推进的不要急于求成，该得到法律授权的不要超前推进。”[14]习近平总书记在主持召开中央全面深化改革领导小组第一次会议时又指出，“改革要蹄疾而步稳”。[15]我们一定要深刻领会、认真执行，要稳扎稳打，通过不断努力逐步达到目标，积小胜为大胜。

第二，要勇于实践。一打纲领不如一步实际行动。要坚持摸着石头过河和加强顶层设计的辩证统一，既要加强制度层面的顶层设计，指导好全面改革，又必须进行认真的探索，注重按已经认识到的规律来办，在实践中再加强对规律的认识。要坚持把自上而下的改革和自下而上的改革结合起来，鼓励基层群众积极探索实践，尊重实践、尊重创造，增强改革的针对性、科学性和实效性。要坚持问题导向，通过大胆地实践，破解难题，着力把蓝图变成方案、把方案变成现实。

第三，要统筹协调。全面深化改革是一个复杂的系统工程。既要坚持整体推进，注重改革措施的整体效果，又要注重抓主要矛盾和矛盾的主要方面，努力做到全局和局部相配套、治本和治标相结合、渐进和突破相衔接，实现整体推进和重点突破相统一。同时，还要处理好解放思想和实事求是的关系、顶层设计和摸着石头过河的关系、胆子要大和步子要稳的关系、改革发展稳定的关系，着力提高操作能力和执行力，确保中央决策部署及时准确落实到位。习近平总书记强调：“凡属重大改革要于法有据，需要修改法律的可以先修改法律，先立后破，有序进行。有的重要改革举措，需要得到法律授权的，要按照法律程序进行。”[16]这一点，我们一定要把握好。

全面深化改革事关全局，影响深远。为确保改革顺利推进，中央成立了由习近平总书记任组长的全面深化改革领导小组，负责改革总体设计、统筹协调、整体推进、督促落实，这一举措意义重大。我们要按照习近平总书记讲话要求，加强组织领导，担负起改革责任，结合实际，深入研究沈阳的改革方案，拿出改革的路线图、时间表，增强改革的针对性、科学性、实效性。

六、扎实推进各项改革，力求在重点领域和关键环节取得突破

按照习近平总书记讲话精神和中央《决定》要求，我们要努力在行政体制改革、国有企业改革、非公经济改革、统筹城乡区域改革、金融体制改革、科技创新体制改革、民主政治制度建设、教育文化卫生事业改革、创新社会治理体制、生态文明体制改革十大方面取得新突破。政府部门要围绕经济体制改革，从八个方面大力推进。

（一）关于国有企业改革

多年来，国企改革始终是我们经济体制改革的焦点，也是我们在全国经济体制改革中的亮点。经过上一轮改革，国有经济布局过散、战线过长、负担沉重等状况显著改观，以国企改革为核心的老工业基地振兴取得了重大成果。但现实地看，新形势下，国企发展仍然面临严峻挑战。一是国有企业运行质量不高，国企盈利能力与其资产占有量不匹配。二是国有资本证券化率偏低，不足10%。三是国有企业改制遗留问题尚未彻底解决，壳企业、企业职工安置以及离退休工人社保等问题处置压力较大。

这些问题有的是受外部环境影响造成的，有的则是企业管理体制和运行机制不完善的反映。解决这些问题，必须按照中央要求，坚持市场化改革方向，重点围绕发挥国有经济主导作用，增强其活力、控制力和影响力，谋划国有企业改革的突破性措施。

第一，积极引进战略投资者。所谓战略投资者，都是致力于长期投资合作，谋求获得长期利益回报和企业可持续发展的境内外大企业、大集团。可见，引进战略投资与简单的融资、证券化不同，是与“巨人”捆绑同行，是“弯道超车”的关键一招。所以，我们应重点瞄准国内外500强企业、集团和央企，大力引进那些有资金、有技术、有市场，能够增强企业竞争力和创新力，能够形成产业集群的各类投资主体，促进国企上档次、上水平。

第二，加快推进国有资本证券化。投资主体单一、一股独大、一股独占的股权结构是目前国有企业经营水平不高、资产质量不佳、管理结构不合理的重要原因。加快国有资本证券化步伐，推进国企上市和再融资，让市场来监管国有资产，是实现国有资产保值增值的最佳途径。在加快国有企业股份制改造、积极引进战略投资者的同时，要积极推进企业上市融资和增发业务，鼓励企业之间交叉持股。

第三，加快建立现代企业制度。总体思路是按照市场化的改革取向，理顺国企与政府之间人、财、物的联系，还国企作为微观经济主体的本来面目。近期的重点之一是，实行企业负责人年薪与企业效益挂钩制度，让企业经营者带头摆脱单纯按“级别”、“旱涝保收”甚至“旱涝高收”的僵化落后的分配体制。重点之二是，建立股权激励机制。《决定》中的“混合所有制”，通俗地说，就是股份制。《资本论》最精彩的部分之一，就是对股份制的分析和预见。马克思说，股份制是通向社会主义的桥梁，股份制实际上是“重建个人所有制”。这种“个人所有制”不是回到私有制，而是产权明晰、劳动者均能享有自己应有的那部分的股份制。而股权是股份制的核心。我们应总结推广经验，扩大企业管理层持股试点，并探索和实行研发人员、技术工人持股，打造企业“命运共同体”，增强国企活力。重点之三是，在此基础上，探索建立职业经理人制度。就是要按照企业发展、市场竞争、专业化的需要，按照市场经济规律的要求，合理增加市场化选聘比例，留住人才、吸引人才，发挥好企业家的作用。

第四，加快推进主辅分离。沈阳市装备制造业发展已经进入转型升级的关键时期，必须全面提升企业自主创新能力、基础产业配套能力、重大装备成套能力和生产性服务业支撑能力，这是建成世界级先进装备制造业基地的保障。但目前沈阳市制造业企业“服务内置化”现象严重，对社会释放服务的内在动力不足，而且难以做大做强。要通过促进装备制造业与生产性服务业分离、分立、互动融合发展，促进装备制造企业由以产品为中心向以服务为导向转型，进而向国际制造业跨国巨头看齐。

（二）关于非公经济改革

从沈阳来看，2012年非公有制经济占地区生产总值的65.9%，占地方税收的81.4%，虽然高于全国平均水平，但与沿海发达地区90%以上的水平相比差距较大，直接导致全市经济发展活力不强、后劲不足。近十几年来，GDP规模在副省级城市中始终在中下游徘徊，非公经济发展不快是重要原因。

《决定》把混合所有制经济作为基本经济制度的重要实现形式，这为加快发展非公经济提供了广阔空间，同时也打开了思想解放之门。诺贝尔奖获得者、GDP理论创始人萨缪尔森认为，混合经济是能将严厉冷酷的市场运作规律与公正热心的政府监管机制巧妙糅合为一体的经济。按照《决定》要求，我们应重点加快两方面的改革。

一方面，围绕创造良好的市场环境，建立统一开放、竞争有序的市场体系，实现《决定》要求的“三自一清除”，促进企业自主经营、公平竞争，促进消费者自由选择、自主消费，促进商品和要素自由流动、平等交换，清除市场壁垒，提高资源配置的效率和公平性。*一是*借鉴上海自贸区模式，探索制定非公经济市场准入的负面清单，保证各类市场主体可以依法平等进入清单外的领域。*二是*根据国家陆续放开的特许经营领域，制定非公经济进入特许经营领域的具体办法，系统解决非公经济在市场准入方面遇到的“玻璃门”、“弹簧门”问题。*三是*推进工商注册制度的便利化。一般来说，全国市场主体平均增速为8%，同GDP增速基本相近。要拉动更大的增速，只有改革。深圳、珠海实行“登改”以来，新设立企业增长了60%以上，呈“井喷”态势。事实上，“登改”的最大受益者是中小微企业，零门槛、零首付、零审查、零收费的准入环境，足以形成新一轮“经商热”和“创业潮”。

另一方面，为市场主体创造更好的政策环境，实现《决定》提出的“三个平等”和“三个鼓励”，即坚持权利平等、机会平等和规则平等；鼓励非公有制经济参与国有企业改革，鼓励发展非公有制经济、非公有资本控股的混合所有制经济，鼓励有条件的私营企业建立现代企业制度，促进非公经济做大规模、健康发展。*一是*鼓

励民间资本参与国企改革。要特别重视引导规模大、水平高的非公企业参与国有企业改制，实现产权多元化，形成更具竞争力的混合所有制企业。二是坚持外引内育并重。加大招商引资力度，积极引进国内外500强等牵动力强的企业加快入驻。大力支持有潜力的企业加快扩张，不断壮大非公经济的总量规模。鼓励非公企业依托主导产业发展和参与重大项目建设，拓展上下游配套产业链，对接服务外包，加快转型升级。三是促进非公经济实现集群化发展。将一批高端服务业产业基地做成“招牌”，要将一批超百亿、超千亿产业集群做大做强。

（三）关于金融体制改革

金融是经济血脉，是百业之首，也是区域中心城市竞争的又一制高点。《决定》强调“完善金融市场体系”，为我们加快推进东北区域金融中心建设提供了重大机遇。金融体制改革应围绕东北区域金融中心建设，大力开展优化金融生态试验，涉及金融市场、金融机构、金融产品、金融监管等九方面的体制机制创新，但其核心内容是发展产业金融，也就是发展为实体经济服务的金融，这既是沈阳的特色，又是国家新型工业化综改试验的亮点，同时也是发展服务业特别是现代服务业的关键环节。重点包括以下四个方面。

第一，加快培育多层次资本市场。装备制造业具有资金密集、投资回收期长、风险高等特点，亟须发达的产业金融的拉动和支撑。为此，应推进全省首家股权投资示范基地建设，打造具有全国影响力的东北金融信息中心，构建联合产权交易所集团。

第二，推进金融集聚发展。要以优化金融生态改革试验核心区以及金融集聚区为支撑，加速金融机构集聚，重点引进各类金融机构、总部机构，设立区域总部，同时加快东北金融后援基地建设。大力发展银行机构和非银行类金融机构。

第三，积极推动金融创新。大力发展互联网金融业务，培育和引进互联网金融企业，扩大跨境贸易人民币结算规模，发展区域人民币结算中心。推进科技金融试点区建设，设立创业投资引导母基金。

第四，不断完善金融政策环境。继续完善金融规划布局，进一步加快信用体系建设，完善信用建设机制，优化金融业发展环境。支持农村金融创新发展。

（四）关于科技创新体制改革

近年来，企业自主创新能力和城市竞争力有所增强，但问题同样不容忽视。我们要建设国家创新型城市，实施创新驱动，必须在深化科技创新体制改革上下功夫。通过体制创新促进新技术商品化、产业化、市场化。

第一，完善企业自主创新体系。核心是发挥企业自主创新的主体作用，增强企业科技创新能力，让科技要素、创新资源向企业集聚。一是培育创新型示范企业。二是支持企业建设研发机构。在鼓励原始创新、集成创新、引进消化吸收再创新上下功夫，加大政府投入，鼓励企业建设高水平研发机构。

第二，加强产学研合作。一是推进以企业为主导的产学研协同创新。依托高新区、大学科技园、特色产业基地和国家大学科技城，建设产学研示范园区，实现区域内企业与高等院校、科研院所建立长期稳定的产学研合作关系。二是促进科技成果转化。发挥国家专利技术展示交易中心和技术交易所的作用，提高高等学校、科研院所科技成果的本地转化率。三是加快大学科技园建设。

第三，完善科技园区的服务功能。过去，科技园区的服务基本上是从孵化器开始，主要是孵化、瞪羚、集群三个阶段，现在这三个阶段要往前延伸，增加“想法”这个新的阶段，即想法、孵化、瞪羚、集群四个阶段。为什么“想法”这个新的阶段这么重要呢？这就是自主创新的要求，因为“想法”引发的是变革式创业。可以说，中国改革开放前30年第一个出现的是生存性创业，第二个出现的是发展性创业，变革式创业前30年还没有。从长远发展看，我们的科技园区更需要重视变革式创业，支持“有改变世界梦想的创业者”，因为只有这样才能涌现出改变世界的大公司，才能诞生原创新兴产业。为什么现在天使投资这么火热？因为天使投资不是投资初创企业的，是投资给想法的，硅谷是全世界天使投资最发达的地方，现在中关村的天使投资也在快速发展，这些趋势提醒我们也应进入“想法领先”、思想原创的阶段，要实现自主创新、实现原创，必须从想法开始。这需要引起我们的重视。

（五）关于统筹城乡区域改革

目前，我们在一定程度上存在“城区很繁华，农村较落后”的社会现象。一方面，城区土地资源紧张、要素资源密集、土地开发强度过高；另一方面，农村土地资源丰富、要素资源短缺、开发严重不足。《决定》有关“健全城乡发展一体化体制机制”的政策设计，为我们推进统筹城乡区域改革指明了方向。按照《决定》明确的让广大农民平等参与现代化进程、共同分享现代化成果的目标要求，我们应重点抓好以下几方面工作。

第一，坚持统一规划完善布局。在完善城镇体系规划、新型城镇化规划、新城新市镇总体规划基础上，全面开展镇村体系规划和村庄建设规划编制工作。制定城乡一体的各类基础设施、生态环境保护、公共事业发展等专项规划，形成相互衔接、覆盖城乡的规划体系。

第二，统筹城乡基础设施建设。着力打破城乡分割的基础设施建设格局，提升城镇综合承载力。推进“新网工程”，促进城乡市场有效衔接。加强城市道路交通、市政管网、污水和垃圾处理、生态环境建设，改善城乡居民生活条件。

第三，加快城乡基本公共服务均等化。统筹城乡义务教育资源均衡配置。建立公共文化服务体系建设协调机制，促进基本公共文化服务标准化、均等化。深入开展普惠制就业培训和农村转移劳动力就业培训，不断提高农民工就业能力。完善多层次社会保障体系，全面实施城镇居民大病保险，推进城乡居民基本医疗保险制度整合。提高城乡居民生活保障水平和助学、养老等专项补助标准。加快推进户籍制度改革，完善引导非农业和农村人口有序向建制镇转移的相关政策。

第四，开展土地制度改革试点前期准备工作。城乡一体化的核心问题仍是土地问题。30多年前，以家庭承包为发轫的农村土地制度变革，驱动了农业生产力突飞猛进。这次《决定》将再次驱动农村“二次土改”，有助于进一步解放城乡社会生产力，释放城乡发展活力。虽然国家目前还没有正式出台具体政策，但我们可以做好前期的准备工作。例如，前期调研、情况摸底、数据统计、预期分析以及局部试点等。在解决“低效用地”数量较大这一问题方面，可以通过城乡土地“增减挂钩”、“低效用地”再开发、工矿废弃地复垦利用等途径，集约利用、变废为宝，实现城乡统筹发展。

（六）关于生态文明体制改革

2013年5月24日，习近平总书记在中共中央政治局第六次集体学习会议上强调：“生态环境保护是功在当代、利在千秋的事业。”[17]我们的工作重点应在三个方面：一是建立健全生态保护政策法规体系。制定生态红线管理条例、湿地保护条例、生态补偿条例等生态保护法规，做到有法可依，形成最严格的源头保护机制。二是构建环境保护统一监管体制。重点解决环境保护粗放，特别是执行不严的问题，具体包括：完善污染物排放许可制，建立生态保护问责机制，编制自然资源资产负债表，建立生态环境损害责任终身追究制。三是加快建设国家生态城市。

具体到人民群众最关心的蓝天工程，特别是雾霾治理问题，重点是实施八项工作：一是优化供热结构。二是推进热电联产和大型热源建设。三是实施清洁能源替代。四是大力推行绿色交通。五是对热电厂和热源厂实施烟气治理改造。六是实施工业企业综合整治。七是开展扬尘综合治理。八是清理小煤炉。

（七）关于社会事业改革

《决定》提出：“要实现发展成果更多更公平惠及全体人民，必须加快社会事业改革，解决好人民最关心最直接最现实的利益问题，努力为社会提供多样化服务，更好满足人民需求。”什么是人民群众最关心最直接最现实的利益问题呢？那就是“老百姓过好日子”，老百姓过日子最关注的无非就是孩子上学、子女就业、老人看病、收入水平、居住条件等问题。为此，我们必须遵循“学有所教、劳有所得、病有所医、老有所养、住有所居”这一思路，着力加快社会事业改革。

在教育领域。一是推进公共教育服务均等化。包括下放民办义务教育学校及部分民办教育机构审批权，开展中小学校长、教师区域内交流轮岗试点，促进普惠性幼儿园发展，鼓励各地区开展名校办分校、集团化办学及委托管理等。二是启动初中毕业生招生考试改革，主要目的是建立职教先行、特长选拔、中考分流的高中阶段招生新方式。三是加快现代职业教育体系建设，重点是推动市场化导向的产教融合和校企合作。

在收入分配领域。我们工作的着力点应体现为“一提一缩”。“一提”就是提升城乡居民收入水平。通过建立企业职工工资正常增长和支付保障机制，确保职工工资合理增长；通过完善机关事业单位工作人员工资正常调整机制，提高基层工资收入水平；通过深化事业单位工作人员收入分配制度改革，加大对高层次人才的激励力度；通过深度挖掘农民增收空间，以发展规模、高效种养业为重点，增加农民生产经营性收入。“一缩”就是缩小居民收入差距。一是健全市管国有企业工资支付监控制度和企业工资支付保障制度，管好国有企业工资总额，平衡行业之间，特别是垄断行业与非垄断行业之间的收入差距。二是全面推行工资集体协商制度，建立健全以工资为重点的工资集体协商和集体合同制度，重点提高生产一线职工、低收入职工的工资水平。三是积极出台促进农民增收的政策措施，促进农民收入快速增长，逐步缩小城乡居民收入差距。

在医疗卫生领域。2009年，我们全面启动医改工作，就医环境、医疗服务等得到明显改善。在医疗体制改革方面应重点谋划两项工作：一是深入推进市级公立医院改革。主要是探索市级公立医院管理体制和运行机制改革，完成岗位设置并推行全员岗位聘用制，逐步实现变身份管理为岗位管理。目的是使其回归公益性质，为人民群众提供便捷的医疗服务。二是鼓励社会资本办医。主要是优先支持开办非营利性医疗机构。目的是通过引入社会资本，一方面弥补财政资金不足，另一方面引入竞争机制，提高医疗水平。

在社会保障领域。据统计，我国60岁以上老年人已超过两亿。从全国来看，保险覆盖面狭窄、保障水平较低等问题仍普遍存在。未来，这些问题有望破冰。2014年2月7日，国务院常务会议议定，将在全国范围内建立统一的城乡居民基本养老保险制度。也就是说，中央将首次在福利问题上打破城乡户籍界限。我们的社会保障水平这些年有了大幅提升，但同时也存在社会保障历史包袱沉重、基本养老保险基金缺口大等问题。我们的工作重点应是“三扩一衔接”：“三扩”就是扩大基本养老保险覆盖面，逐步提高企业退休人员养老金、城乡低保、农村“五保”供养标准；千方百计推进失业保险参保扩面工作，做到应保尽保；进一步扩大城镇职工和居民基本医疗保险覆盖面，健全覆盖城乡的基本医疗保障体系。“一衔接”就是下大力度推进职工医保、居民医保、新农合三项制度的衔接，逐步提高城镇职工基本医疗保险的待遇水平。

在住房保障方面。耕者有其田，居者有其屋，这历来是百姓最朴素、最基本的愿望和需求。近10年来，我们不断加快住房建设，使广大市民的居住条件得到了明显改善。为此，在完善住房保障机制方面，我们的重点改革任务是：扩大政策性保障住房覆盖面，形成高收入者参与商品房、中等偏下收入者享受公共租赁住房、低收入者享受经济适用房、低保户和低保边缘家庭享受廉租房的住房保障制度，增加城乡人均居住面积。

（八）关于转变政府职能

政府职能转变和机构改革是中央着力推进的一件大事，被视为全面深化改革的“领头羊”、宏观调控的“当头炮”，全面深化改革的突破取决于政府职能的实质性转变。在市场经济条件下，企业竞争市场，政府竞争环境。我们要发展，抓住转变政府职能这个机遇非常重要，抓住了，也就上去了；没抓住，可能就错失了一个战略机遇期。

第一，大力实施简政放权。中央以放权为重点破解政府职能转变，思路很清楚，力度也比较大。下一步仍是要向市场放权、向社会组织放权、向下级政府放权，最大限度地削减行政审批事项，原则上市级审批权限“只减不增”。同时，要清理各类行政审批性收费，减轻企业负担。

第二，积极稳妥推进“大部制”改革。按照积极稳妥和精简统一效能原则，积极推进政府机构改革。要做好与国务院和省政府机构改革的衔接，整合相关机构和职责，调整完善相关体制。

第三，推进事业单位分类改革。按照成熟一个推进一个的原则，积极稳妥推进承担行政职能的事业单位改革。重点推进自来水、燃气、供暖、市政、园林、环卫等公共事业改革，建立适应市场经济的体制机制。

注　释：

①引自《习近平关于全面深化改革论述摘编》，中央文献出版社，2014年5月第1版，《改革开放是实现中华民族伟大复兴的关键一招》。

②⑧引自《习近平总书记系列重要讲话读本》，人民出版社，2014年

6月第1版，《敢于啃硬骨头　敢于涉险滩》。

③⑥⑬⑮引自《习近平关于全面深化改革论述摘编》，中央文献出版社，2014年5月第1版，《领导好全面深化改革这场攻坚战》。

④引自2013年3月18日《人民日报》第一、二版，《李克强总理等会见采访两会的中外记者并回答提问》。

⑤⑨⑩⑪引自《十八大以来重要文献选编》（上），中央文献出版社，2014年第1版，习近平：《切实把思想统一到党的十八届三中全会精神上来》。

⑦引自《习近平关于全面深化改革论述摘编》，中央文献出版社，2014年5月第1版，《把握全面深化改革的内在规律，坚持正确的方法论》。

⑫引自2013年12月5日《人民日报》第一版，《习近平：推动全党学习和掌握历史唯物主义　更好认识规律更加能动地推进工作》。

⑭引自2013年11月29日《人民日报》第一版，《习近平在山东考察时强调　认真贯彻党的十八届三中全会精神　汇聚起全面深化改革的强大正能量》。

⑯引自2014年3月1日《人民日报》第一版，《习近平主持召开中央全面深化改革领导小组第二次会议强调　把抓落实作为推进改革工作的重点真抓实干蹄疾步稳务求实效》。

⑰引自《习近平谈治国理政》，外文出版社，2014年10月第1版，《努力走向社会主义生态文明新时代》。

新一轮东北振兴之思考

在东北老工业基地振兴战略实施十周年之际，习近平总书记在中办调研组呈报的《辽宁老工业基地转型升级全面振兴发展亟待突破四大瓶颈——习近平总书记辽宁考察回访调研报告》上做出了重要批示（东北地区的振兴发展，事关我国区域发展总体战略的实现，事关我国工业化、信息化、城镇化、农业现代化的协调发展，事关我国周边和东北亚地区的安全稳定，意义重大，影响深远。2003年，中央决定实施东北地区等老工业基地振兴战略以来，东北地区体制机制转型成效明显，经济社会发展活力增强，取得了阶段性成果，但振兴的目标尚未完全实现。辽宁当前遇到的困难和问题，东北地区其他省也存在。这些困难和问题归根结底仍然是体制机制问题，是产业结构、经济结构问题；解决这些困难和问题归根结底还要靠深化改革。请国务院根据党的十八届三中全会精神，着眼于东北亚地区的开发调整和经济全球化发展趋势，研提一个进一步推动东北地区振兴的指导性规划或政策性意见，再继续抓上几年，促进东北地区全面振兴）。这充分体现了党中央、习近平总书记对东北老工业基地振兴发展的巨大支持和殷切期望，为我们在新形势下加快老工业基地全面振兴指明了前进的方向，给我们以极大的鼓舞、激励和鞭策。

一、新一轮东北振兴的行动指南

习近平总书记的重要批示，坚定了我们在新一轮东北振兴中当先锋、打头阵的信心和决心。总书记的重要批示充满了感情，我们能深刻感受到总书记心系老工业基地振兴发展、牵挂老工业基地人民群众的民生福祉。批示中，对我们的工作既有肯定又有期望，更多的是对我们的关心支持。总书记对东北发展、辽宁发展，特别是沈阳振兴发展的关心支持，体现为国家将进一步加大支持力度，解决东北地区体制性、机制性和结构性问题，这为我们加快全面振兴步伐提供了重大历史机遇，也坚定了我们在新一轮东北振兴中继续当先锋、打头阵的信心和决心。

总书记的重要批示，进一步明确了我们在新一轮东北振兴中的责任和使命。总书记从战略和全局的高度，提出了“三个事关”的论述，深刻阐述了振兴东北老工业基地的重大意义、深远影响；提出了“两个归根结底”的重要论断，深刻分析了老工业基地当前面临的问题及其深层次根源，指出了解决问题的根本出路。总书记的重要批示内涵丰富，蕴含着战略思维、辩证思维和全局思维。学习总书记的重要批示，让我们进一步增强了大局意识、责任意识、机遇意识，也让我们更加清醒地认识到在新一轮东北振兴中所肩负的责任和使命。

总书记的重要批示，指明了新一轮东北振兴的前进方向和思路举措。总书记的重要批示，既立足当前，又着眼长远；既有战略谋划，又有战术要求。总书记要求国务院根据党的十八届三中全会精神，着眼于东北亚地区的开发调整和经济全球化发展趋势，研提一个推动东北地区振兴的指导性规划或政策性意见，再继续抓上几年，促进东北地区全面振兴。这为我们指明了新一轮东北老工业基地全面振兴的指导思想、目标任务，对我们深化改革、谋划振兴提出了更高、更全面的纲领性要求，让我们振兴发展的目标更加明确、方向更加清晰。只要按照总书记的要求，我们鼓足干劲、加倍努力，沈阳在东北地区就一定能率先实现全面振兴。

二、新一轮东北振兴带来的重大机遇

习近平总书记的重要批示具有划时代的里程碑意义，标志着东北老工业基地振兴发展战略进入了一个新的历史阶段。特别是在当前国内外经济形势错综复杂、周期性因素和结构性因素双重影响越发显现的背景下，国家出台政策支持新一轮东北振兴，使我们迎来了难得的重大发展机遇。

*一是有利于改革试验先行先试。*在支持东北振兴的政策中，提出了一系列国家在东北地区开展各项改革试点的内容。例如，在转变政府职能方面，提出在辽宁开展投资领域简政放权改革试点；在促进非公经济发展方面，提出在东北地区开展民营经济发展改革试点；在开放合作方面，提出在东北地区建设自由贸易试验区；在培育新兴产业方面，提出设立国家级承接产业转移示范区；在创新发展方面，提出设立国家自主创新示范区；等等。这些支持措施，对加快改革创新，大胆先行先试提供了政策依据，我们可以依托综改试点的先行优势，积极争取国家试点示范，争取在新一轮东北振兴

中抢占先机、赢得主动。

二是有利于经济社会更好更快发展。国家为加快东北振兴加大了政策支持力度，在2014年出台的《国务院关于近期支持东北振兴若干重大政策举措的意见》（国发〔2014〕28号）中，提出了激发市场活力、深化国企改革、推动创新驱动发展等11个方面、35条政策支持，这无疑将有力推动东北地区的发展。

三是有利于放下包袱、轻装上阵。对比2003年出台的《中共中央、国务院关于实施东北地区等老工业基地振兴战略的若干意见》（中发〔2003〕11号），《国务院关于近期支持东北振兴若干重大政策举措的意见》更加突出了以人为本、民生为重。文件提出，要切实保障和改善民生，推进重点民生工程建设，使振兴成果更多更公平地惠及广大群众，并部署了加快改造棚户区、完善社会保障体系、努力促进就业稳定等政策措施。特别是提出帮助东北地区解决一批历史遗留问题，例如，针对东北地区社保基金支出压力大、养老保险赡养比高、未缴纳养老保险职工数量多的特殊困难，文件提出“中央财政对企业职工基本养老保险的投入继续向东北地区倾斜，进一步提高企业退休人员基本养老金水平”。针对东北地区国有企业富余人员安置和历史遗留问题，文件提出“加大支持力度，力争用2～3年时间，妥善解决厂办大集体、分离企业办社会职能、离退休人员社会化管理等历史遗留问题”等。这些政策的实施，不仅让民生得以更好地改善，还将使我们卸下包袱、轻装上阵，实现老工业基地全面振兴。

总之，我们已经迎来了加快全面振兴的重大历史机遇。我们必须紧紧抓住这一重大机遇，抢占先机，早准备、早谋划、早对接、早行动，在新一轮东北振兴中当好先锋、打好头阵。

三、新一轮东北振兴中的有利条件和困难挑战

2003年中央决定实施东北地区等老工业基地振兴战略以来，沈阳市抢抓机遇，开拓进取，取得了重大阶段性成果，彻底摆脱了“东北现象”，实现了率先发展，具备了在新一轮振兴中当先锋、打头阵的有利条件。

一是综合经济实力大幅提升。改革开放以来，沈阳市地区生产总值突破1000亿元大关整整用了22年时间。而振兴以来，沈阳地区生产总值在连续突破2000亿元、3000亿元、4000亿元的基础上，2010年跃上5000亿元台阶，2012年突破6000亿元。振兴战略为沈阳经济加速发展、经济总量迈上新台阶提供了强大推动力，沈阳在东北地区的主导和先导作用日益突出。沈阳市经济总量占东北地区、辽宁省的比重分别由2003年的11.6%、25.0%提高到2012年的13.1%、26.6%；在沈阳经济区中，沈阳市所占比重由41.6%提高到43.2%。按可比口径计算，2012年全市地区生产总值是2002年的4倍，2003~2012年年均增速14.9%，在全国15个副省级城市中列第2位，高于东北三省年均增速2.3个百分点，高于辽宁省年均增速2个百分点。

二是先进装备制造业基地基本形成。2002年，沈阳市确立了“工业立市”发展战略，确定了重点发展机械装备制造、汽车及零部件制造、农副食品加工制造、航空航天器制造等优势产业。2003年以来，在振兴战略的推动下，随着三年脱困、企业转制、技术进

步及工业企业制度改革的大跨度深入，老工业区改造基本完成，并确定了走新型工业化道路、打造世界级装备制造业基地的发展目标。经过10多年的发展，已基本形成了以重大装备为主、基础比较雄厚、配套比较完整的工业体系，优势产业竞争力不断增强。目前，在全国201个工业行业（门类）中，沈阳市有165个，行业覆盖率达到82.1%；在全国38个工业行业大类中，沈阳市有15个行业的专业化水平超过全国平均水平。如农副食品加工业、专用设备制造业、交通运输设备制造业、电气机械及器材制造业等行业的区位商（LQ）>1.5；家具制造业、通用设备制造业等行业的区位商>2；航空航天器制造业的区位商>8。2012年，全市装备制造业实现规模以上工业增加值1531.8亿元，2003~2012年年均增长29.0%，高于全市规模以上工业年均增长水平2.4个百分点。数字医疗设备、高档数控机床、IC装备、煤炭综采设备等都处于全国前列；百万吨级乙烯压缩机、百万千瓦超临界火电机组关键设备、大型盾构机等重大装备已经迈入世界先进行列。

三是富有活力的体制机制初步建立。振兴以来，沈阳市通过对国有、集体企业进行转属、转制等，使困扰国企发展的深层次矛盾大部分得到解决，盘活了企业资产，增强了企业发展的后劲，工业所有制结构进一步向多元化格局发展。到2012年，国有控股工业企业数由2002年的500户减少到202户，国有控股企业工业总产值占全市的比重由2002年的60.3%下降到19.0%；集体企业由2.3%下降到1.7%；外商及港澳台商投资企业由30.3%下降到21.4%；私营企业占比大幅提升，由2002年的6.3%上升到49.5%，提高了43.2个百分点。振兴以来，全市非公经济迅速发展壮大，经济发展的市场化程度不断提高。非公经济占全市地区生产总值的比重由2006年的62.0%提高到2012年的65.7%，提升3.7个百分点。

四是发展环境显著改观。生态环境发生巨变，近10年拆除了3000多个烟囱和2000多个锅炉房，城市建成区绿化覆盖率达到42%，较2002年提高13.8个百分点，大气优良天数达到331天，比2002年增加128天，沈阳市由过去的世界十大污染城市变为国家森林城市、国家环保模范城市、国家优秀旅游城市。城市发展软环境不断优化，行政审批事项始终保持全国副省级城市最少，已经成为投资者的乐土。

五是民生水平大幅度提高。城市居民人均可支配收入和农村居民人均纯收入大幅提升。2012年，沈阳城镇非私营单位在岗职工年平均工资49900元，是2002年的3.8倍，年均增长14.4%；城市居民人均可支配收入26431元，农民人均纯收入13045元，均达到2002年的3.7倍，年均增长14.1%。城乡社会保障体系初步建立。振兴以来，沈阳社会保障体系不断完善，社保覆盖面不断扩大，沈阳民生保障力度不断加强。2006年，在城镇养老、医疗、失业、工伤保险的基础上，增加了生育保险；2007年，将中小学生、城市低收入群体纳入社保体系，并逐步扩大到城镇居民。在农村，2005年新型农村合作医疗保险制度得到全面推行；2009年，开展新型农村社会养老保险试点，并于2010年全面铺开。到2012年末，全市城镇基本养老保险、医疗保险等社会保险基本实现了全覆盖。全市18.7万人享有最低生活保障。

《习近平总书记辽宁考察回访调研报告》中提出的一些问题，沈阳也多有存在，主要还是一些体制性、结构性问题。

一是仍然存在体制机制弊端。国有资产管理模式束缚了国有企业的调整改造和自主创新。现有审批制度不能满足企业发展的需要。金融与产业融合缺乏驱动机制，资本市场发育迟缓等问题突出。

二是经济结构、产业结构不尽合理。三次产业结构比例为4.7：51.8：43.5，服务业低于全国平均水平2.6个百分点，与15个副省级城市相比，服务业增加值由2002年的第5位后移到第9位。传统产业优势正在减弱，新兴产业尚未形成强大的竞争优势。2012年，沈阳大型企业68户，比2002年减少22户，其中产值超百亿元的大型企业（集团）仅有9户，仍以原有装备制造企业为主，缺乏新兴企业。

三是科技创新能力不够强。企业研发投入不足，科技成果转化原动力不强。2012年，沈阳R&D占GDP的比重仅为2.14%，而发达城市能达到3%以上，可见沈阳差距较大。另外，工业产品技术含量和附加值也较低。

四是保障民生的压力较大。历史欠账较多，还没有全部完成棚户区改造，厂办大集体等问题还没有解决，社保资金存在较大缺口。

同时，在当前发展中，我们还存在诸多不确定性因素，面临着不少问题和挑战。

从国际上看：一是深层次结构矛盾依然拖累全球经济回升步伐。欧美日等发达经济体财政金融、劳动力市场等结构性改革进展缓慢；新兴市场经济体受到经济结构单一、基础设施落后等因素制约，实体经济面临较多困难。二是出口面临的国际竞争压力加大。世界科技和产业进步加快，发达经济体普遍实施再工业化战略，复苏带来的需求可能更多地留在国内；生产要素成本持续上升，传统制造业特别是劳动密集型产业，面临的新兴市场经济体的竞争压力越来越大。三是一些国家政局动荡对世界经济的不利影响上升。总之，世界经济仍将保持温和复苏态势，但复苏进程艰难曲折。

从国内看：一是支撑经济平稳增长的需求缺乏强劲拉动力。目前经济运行仍处于合理区间，但一些指标弱于预期，特别是在消费需求基本平稳、出口改善有限的情况下，以往拉动经济快速增长的投资增速持续回落，总需求仍可能走低。二是新增长点难以弥补传统增长点收缩带来的影响。我国经济正在从高速增长向中高速增长转换，传统增长点仍处于结构调整中，新的增长点尚在孕育，新旧增长点转换“青黄不接”。三是房地产市场调整的影响进一步显现。近期，房地产市场量价齐跌逐步由三四线城市向大中城市传导，库存消化周期拉长，市场观望气氛加重，下行预期增强。四是企业和地方普遍反映资金紧张、融资成本高。总之，我国经济长期积累的深层次矛盾逐步暴露，形势的复杂性不可低估，经济下行压力依然较大。

尽管困难不少、任务很重，但机遇更多、潜力更大。我们只要始终坚定信心、下定决心，知危奋起、知难而进，还是有能力继续在新一轮东北振兴中当好“排头兵”的。

四、新一轮振兴发展的主要目标、主攻方向和重点任务

关于主要目标。《中共中央国务院关于全面振兴东北地区等老工业基地的若干意见》（中发〔2016〕7号）提出，到2020年，东北地区在重点领域和关键环节改革上取得重大成果，转变经济发展方式取得重大进展，经济保持中高速增长，与全国同步实现全面建

成小康社会的目标。在此基础上，争取再用10年左右的时间，东北地区实现全面振兴，走进全国现代化建设前列，成为全国重要的经济支撑带、具有国际竞争力的先进装备制造业基地、国家新型原材料基地、现代农业产业基地和重要技术创新与研发基地。在习近平总书记的重要批示中已经明确，就是实现东北地区全面振兴。中央提出的目标是总体的、是全局性的。我们现在的关键是抢抓机遇、加快发展，在东北地区继续当先锋、打头阵，率先实现全面振兴。

关于主攻方向。习近平总书记重要批示指出，困难和问题归根结底仍然是体制机制问题，是产业结构、经济结构问题；解决这些困难和问题归根结底还是要靠深化改革。这“两个归根结底”的重要论断，抓住了关键，切中了要害，既指出了当前我们面临问题的症结所在、深层次的根源，又指出了解决问题的根本思路，为我们指明了前进的方向。

关于重点任务。按照主要目标，围绕主攻方向，我们应重点抓好以下几方面工作。

一是不断深化改革，加快体制机制创新。深化改革是实现全面振兴的根本之策，是解决问题的关键所在。在习近平总书记的重要批示中已经明确提出，解决制约东北老工业基地振兴发展的体制机制障碍等问题，归根结底要靠深化改革。对于我们来讲，还是要继续深入推进新型工业化综合配套改革，在重点领域和关键环节上取得突破，不断增强发展动力和活力。第一，大力推进行政体制改革。着眼于发挥市场在资源配置中的决定性作用和更好地发挥政府作用，加快转变政府职能，最大限度地减少政府对企业、对微观事务的干预，最大限度地释放市场机制的活力、调动社会资本的活力、激发创新创业的活力。结合实际继续下好简政放权“先手棋”。做好向下级政府放权工作，切实提高放权含金量。同时，积极争取开展投资领域简政放权试点。加快建立行政权力清单制度。为进一步提高审批效率，降低企业成本，激发市场活力，启动了行政审批第三方中介服务的清理规范工作。**第二，继续深化国资国企改革**。分类推进国企改革，大力发展混合所有制经济，合理降低国有股比重，实现股权多元化；加快制定深化大型国企改革政策方案及配套措施；推进国企战略重组和上市工作。按竞争类、功能类和公共服务类对国有企业进行分类监管，提高国资运营水平。**第三，推动非公经济发展**。进一步放宽民间资本进入的行业和领域，支持非公有制企业参与国有企业改制重组，为非公经济发展创造良好的发展环境。鼓励社会资本参与城市基础设施建设和环境治理。壮大一批主业突出、核心竞争力强的民营企业集团和龙头企业，不断为老工业基地振兴注入新能量、增添新引擎。**第四，加快金融财税体制改革**。深入开展优化金融生态改革试验，建立金融与产业融合的驱动机制，大力发展产业金融，提高金融扶持实体经济的能力。进一步完善资本市场体系，提升国有企业资本运作能力和对关联企业的带动力。完善金融监管体系，加强金融风险防控能力。**第五，坚持以开放促改革**。着力引进一批产业链高端项目，加强出口基地建设，完善综合保税区功能，支持有实力的企业“走出去”，提高企业参与国际市场竞争的能力。

二是加快结构调整，促进产业转型升级。按照习近平总书记的要求，加快构建战略性新兴产业和传统制造业并驾齐驱、现代服务业与传统服务业相互促进、信息化和工业化深度融合的产业发展新格局。**首先，大力推进产业转型升级**。**在工业方面**，打造装备制造业“升级版”，核心是提高装备制造业国际竞争力，重点还是要抓好载体，着力打造“两大基地”，即世界级装备制造业基地和全国重要的汽车产业基地。在打造世界级装备制造业基地方面，重点是加快打造八大千亿产业集群，加快培育一批百亿企业集团。着力提升重大技术装备自主化和核心技术与关键零部件研发制造水平，提高企业系统设计、集成、工程总承包和全程服务能力，促进传统产品升级换代，积极培育发展高端产品，特别是加快建设中德高端装备产业园。在打造“两大基地”的基础上，积极培育战略性新兴产业和特色产业，围绕国家确定的七大战略性新兴产业，大力发展高端装备制造、民用航空、信息、生物医药等战略性新兴产业，做大做强智能机器人、IC装备等特色产业。进一步做大做强航空产业，积极推进与国内外知名飞机、发动机制造企业的合作，加快支线飞机和新型通用飞机的研制与开发，努力提升国产大飞机整机集成和关键部件研制生产能力。重点发展民用飞机总装及配套部件、民用航空发动机及相关产品等。**在服务业方面**，加快发展现代服务业，不断提高服务业比重和质量。围绕生产性服务业和集聚区两大载体，加快发展金融服务、电子商务、物流、会展、总部经济、信息技术、科技服务、房地产、旅游和文化十大产业，做大做强32个服务业集聚区。大力发展生产性服务业，依托全市三环以外、四环周边区域的工业支柱产业发展带，发展科技服务业、信息服务业和流通服务业等生产性服务业。同时，加快服务业综改试点工作，以重点国有企业为龙头，大力推进服务业改革试点政策的推广与落实。**其次，提升自主创新能力**。在新一轮振兴中，我们必须打好创新驱动这张牌，大力实施创新驱动发展战略。不断推进产学研协同创新，围绕产业链部署创新链、围绕创新链完善资金链，打破制约科技与经济结合的体制机制障碍，打通产学研用之间的有效通道，统筹各方面资金并切实提高分配和使用效率。充分发挥企业在创新决策、创新投资、科研组织和成果转化中的主体作用，鼓励具备条件的企业和新型研发实体牵头承担国家重大科技项目。加强国家工程（技术）研究中心、实验室、国家级企业技术中心等研发平台及科技企业孵化器等创新载体建设。加强领军人才和创新团队的培养，着力吸引国家“千人计划”、“万人计划”等重大人才工程的优秀人才，大力引进海外高层次工程技术人才。最后，加快城市转型发展。推进城市转型发展是全面振兴老工业基地的重大举措。我们要进一步优化城镇发展布局，强化中心城市地位，加快新城新市镇建设。这些年来，我们一直着力于增强城市综合承载能力，今后一个时期，还是应合理布局生产、生活和公共服务功能区，统筹地上地下市政公用设施建设，改善城市基础设施薄弱环节，通过加强城市综合管理来提升综合服务功能。在新一轮振兴中，还应加快打造老工业基地调整改造示范城市。加强生态环境建设，继续强化对雾霾天气的应对，处理好加快发展和保护环境的关系，努力改善城市生态环境，让沈阳市的广大人民群众享受到宜居的生活环境。

全面振兴是一个艰难的过程，不能一蹴而就，当前还应重点做好稳增长和惠民生工作，为全面振兴夯实经济基础和社会基础。

一是确保经济稳定增长。发展是硬道理。改革开放以来，我们靠发展解决了几亿人的温饱问题，靠发展提高了综合国力，靠发展确立了今天的国际地位。但我们时刻不能忘记，我们仍处于并将长期处于社会主义初级阶段，目前还是一个发展中国家，离发达国家水平还有很大差距。要把握坐标，我们已经确立了“两个一百年”奋斗目标，发展是解决一切问题的基础和关键。我们当前应以企业为中心强化经济运行的跟踪监测和组织协调，积极帮助企业解决实际困难，不断为企业发展创造宽松环境。加快重大产业专项资金、城建资金等专项资金支出进度，引导社会资本加大投入。继续以财税为核心提升经济运行质量和效益。实现稳增长的关键还是在企业。我们应提高服务意识，深入开展“双进双解”活动，了解企业真实的生产经营情况，解决它们遇到的实际问题。

二是着力保障改善民生。增进人民福祉是新一轮振兴的根本，我们应扎实推进重点民生工程建设，解决好事关群众切身利益的民生问题，让人民群众感受到全面振兴的成果。首先，千方百计扩大就业。落实各项就业和创业扶持政策，鼓励以创业带动就业。提供有针对性的就业服务和就业援助，帮助就业困难人员实现就业。吸引高校毕业生来沈阳创业和就业。其次，努力提高社会保障水平。按照国家要求，加大棚户区改造力度，继续推进“暖房子”工程。积极落实将破产企业退休人员和困难企业职工纳入基本医疗保险的政策，及早解决厂办大集体、养老金缺口等问题。最后，提升文化软实力。大力发展公益性文化事业，让群众广泛享有基本公共文化服务。加强文化设施建设，实施好重大文化惠民工程，丰富精神产品供给。

振兴纲领 行动指南

习近平总书记此次东北之行，应该说是恰逢其时。这次总书记“三天两地”的考察调研，对东北地区经济发展进行了一次全面客观的“体检”。总书记在长春座谈会上的讲话既对过去东北地区振兴发展给予了充分肯定，又帮助东北找到了发展的症结和问题的根源；既进一步增强了我们坚持发展的政治定力，又为我们下一步工作指明了方向，可以说是振兴纲领、行动指南。

一、深刻学习领会总书记重要讲话精神，把讲话作为指导工作的行动指南

滚石上山、爬坡过坎，是总书记对当前东北振兴战略实施所处关键历史阶段的极为全面的判断，对推动当前各项工作、加快东北新一轮全面振兴、科学谋划“十三五”发展，具有极其重大的现实意义和深远的历史意义。

第一，总书记重要讲话帮助我们理清发展思路、找准主攻方向，对东北新一轮振兴发展具有极强的指导性。当前，我们正处在收官“十二五”和筹谋“十三五”的关键节点，准确把握发展方位和发展

规律，正确认识发展的阶段性特征和多重叠加的历史性机遇，科学制定好未来五年的发展规划和行动纲领，对于东北实现速度换挡、结构优化、动力转换的转型发展至关重要。总书记的长春讲话，立足发展全局，把握发展大势，深刻分析了当前我国经济发展的总体态势，明确了"十三五"时期发展的蓝图目标、总体原则和基本方向，为东北的规划制定提供了重要遵循。因此，在深入学习总书记重要讲话精神的基础上，一要准确把握领会总书记对"十三五"时期的顶层设计和战略谋划。要聚焦全面建成小康社会目标，深刻认识新常态，主动适应新常态，积极引领新常态，进一步增强协调推进"四个全面"战略布局的自觉性和坚定性。二要准确把握领会总书记关于当前和今后发展中的一些重大问题的科学判断。总书记明确强调我国经济形势和运行态势总体是好的，提出了"四个没有变"和"两个新"。[①]"四个没有变"是指经济发展长期向好的基本面没有变，经济韧性好、潜力足、回旋空间大的基本特质没有变，经济持续增长的良好支撑基础和条件没有变，经济结构调整优化的前进态势没有变。"两个新"是指新的增长点正在加快孕育并不断破茧而出，新的增长动力正在加快形成并不断积蓄力量。基于这些对发展中重大问题的重大判断和科学分析，我们要切实坚定振兴发展的信心和决心。三要准确把握领会东北老工业基地振兴所处的历史方位，跳出东北看东北。要从全国发展的大格局来认识自身，在比较中确立东北发展新优势；从发展的潜力来认识自身，充分挖掘东北的潜在优势；从面临的困难和不足来认识自身，着力打造东北的后发优势，以逆水行舟、不进则退的责任感和紧迫感，共同推动沈阳振兴发展实现新的更大突破。

第二，总书记重要讲话帮助我们分析发展现状、找出问题症结，

对解决好新一轮东北振兴面临的发展瓶颈具有极强的针对性。当今世界正在发生广泛而深刻的变化，当代中国正在发生广泛而深刻的变革。无论是投身全球化时代的竞技场，还是进入经济发展的新常态，中国发展所面对的环境变化之大、困难挑战之巨都前所未有。面对成长的“烦恼”、调整的“阵痛”、转型的“沟坎”，东北也无法独善其身。应该说，一方面，总书记帮助我们找准了问题。总书记在关于东北地区振兴发展的重要批示中，把老工业基地存在的问题和解决问题的根本出路高度概括为“两个归根结底”。总书记在2015年全国两会期间走访吉林代表团时指出，东北振兴发展必须加快转型，不能再唱“二人转”。此次座谈会讲话中，在充分肯定东北十年来振兴发展所取得成绩的同时，对东北老工业基地目前的发展现状做出了精准判断，并深刻阐述了体制机制和产业结构、经济结构问题，这充分体现了总书记对东北地区发展做出的系统、深刻和长远的思考。另一方面，总书记讲话也为我们指明了方向。总书记讲话强调，有矛盾、有风险本身并不可怕，关键要有化解矛盾和排除风险的决心和办法，不能在困难和挑战面前束手无策、无所作为。千难万难，只要重视就不难；大路小路，只有行动才有出路。要多从内因着眼、着手、着力，找准症结就有的放矢、对症下药。习近平总书记的这些重要论述，从认识论的高度揭示了事物变化的客观因素，从方法论的角度指明了解决矛盾必须采取的主观行动，增强了我们迎难而上的战略定力和发展自信，对我们下一步工作开展具有很强的针对性。当前，我们要做的就是不断增强问题意识、强化问题导向，有的放矢、对症下药，切实把讲话精神转变为解困突围的有力之举和实用之策。

第三，总书记讲话帮助我们明确工作重点、找到应对措施，对推动东北区域实现新一轮振兴具有极强的可操作性。当前，振兴东北老工业基地已到了“滚石上山、爬坡过坎”的关键阶段，“三期叠加”带来的问题和挑战，绕不开也躲不掉。如何保证坚决破除体制机制障碍？如何多策并举优化结构？如何抓创新、谋创新？如何使民生改善和经济发展相得益彰？总书记提出了这些问题，也给出了答案。总书记强调的“四个着力”，是事关老工业基地振兴的治本之策、关键之举、决胜之要和稳定之基，是解决我们发展瓶颈制约的关键抓手。其中，着力完善体制机制，重点在于解决好市场与政府的关系问题，从放活市场中找办法、找台阶、找出路；着力推进结构调整，就是不能再唱“工业一柱擎天，结构单一”的“二人转”，只有做好“加减乘除”，才能“滚石上山、爬坡过坎”；着力鼓励创新创业，就是加快形成以创新为主要引领和支撑的经济体系和发展模式，形成内生发展动力；着力保障和改善民生，重点是明确了振兴成功与否的最终判断标准，防止经济发展压力传导到民生上去。面对新形势、新任务、新要求，我们要统筹当前和长远，推动各项工作务求取得实效。

二、以总书记重要讲话精神为指导，结合实际抓好工作任务落实

总书记讲话思想深刻、内涵丰富，需要不断学习，更需要边学习边落实，以落实促学习。

一是抓紧做好“十三五”规划编制工作。“十三五”时期是全面建成小康社会的决胜期，是全面创新改革的攻坚期，也是推动东北老工业基地全面振兴的关键期，描绘好未来五年沈阳经济社会发

展蓝图，具有十分重要的意义。2015年作为“十二五”收官之年，也是近年来东北经济社会发展面临挑战最大的一年，这也客观反映出“十三五”开局的严峻形势。“十三五”时期要着力解决经济社会发展中存在的矛盾和问题，要强化弱项、补齐短板，同时要全面客观地认识我们面临的新情况、新挑战，战略谋划、统筹兼顾。在规划编制过程中，要深刻把握总书记讲话中提出的“坚持目标导向和问题导向相统一、面向国内和全球视野相统筹、全面规划和突出重点相协调、战略性和操作性相结合”[②]原则，注重与如期全面建成小康社会、加快东北老工业基地全面振兴的战略目标等相衔接，深入谋划创新驱动、产业转型升级、对内对外开放、新型城镇化、智慧城市、保障改善民生和生态文明建设等重点任务。同时，要抓好指标测算、形势研判、目标确定、任务部署等关键环节，努力把发展环境和条件分析透，把奋斗目标和任务理清楚，把发展动力和路径搞明白，精心编制出一个提气鼓劲、切实可行的五年规划。

二是加快全面改革创新步伐。习近平总书记指出：“完善体制机制，形成一个同市场完全对接、充满内在活力的体制机制是治本之策。”[③]从政府角度来看，就是要处理好与市场、与社会之间的关系，使市场在资源配置中起决定性作用，更好地发挥政府作用。一要继续落实好国家重大政策。抓好国务院〔2014〕28号文件的贯彻落实，积极与国家部委对接，做好政策、资金、项目“三争取”工作。扎实推进重点任务和重点工程，努力实现政策效益最大化。二要全面推进改革创新。积极制定经济社会发展方方面面的改革方案，提出基本要求，确定重点任务，确保各项改革创新举措落地生根、开花结果。三要继续以简政放权为突破口推进行政体制改革。

努力完成新一轮简政放权工作，加快制定和公布权责清单，以进一步优化发展环境、激发市场活力。

三是全力以赴稳增长。稳增长仍然是我们当前工作的重中之重。从当前看，要继续以企业为核心抓经济运行。在新常态下，我们要及时调整思路、创新举措，在以往帮扶重点项目和企业的基础上，进一步增加纳税百强企业、战略性新兴产业、生产性服务业、创新型中小企业等体现发展质量效益和带动结构优化升级的帮扶对象，确保抓出新的成效。从长期看，要实现持续稳增长目标必须推进结构调整。**一方面**，要调整产业结构。经过十几年的振兴发展，虽然东北的产业结构得到了一定优化，但总体上还不尽合理。要按照总书记讲话要求，努力做好结构调整加减乘除，加快构建战略性新兴产业和传统制造业并驾齐驱、现代服务业与传统服务业相互促进、信息化和工业化深度融合的产业发展新格局。**另一方面**，要调整需求结构。按照总书记提出的要求，要加快形成投资、消费、出口“三驾马车”协同发力的经济发展混合动力，不能光靠投资“一枝独秀”。努力增加有效投资，同时在消费和出口方面要继续加大工作力度，积极培育新的消费增长点，鼓励企业开拓国际市场，开展国际产能合作，为推进经济平稳增长提供新的动力。

四是下大气力保障民生支出。习近平总书记讲话强调指出：“在经济下行压力加大、财政收入滑坡的情况下，做好民生工作尤为重要，防止经济发展压力传导到民生上面。”[④]要加大财政对民生的保障和支持力度，更加注重开源节流，聚焦纳税百强企业和装备制造、房地产、金融等重点产业，进一步培植和壮大税源，抓好财政收支工作，保障经济转型升级、改善民生等重点领域支出。要针对人民群众最关心和最期待的养老、医疗、教育、住房等问题，做好资金保障，做到应保尽保、及时提额到位，让真正困难的群体享受到更多实惠，真正做到使发展成果更多更公平惠及全体人民，让人民群众有更多获得感。

五是进一步增强担当意识。总书记多次强调，领导干部要有担当精神，在振兴发展进入“滚石上山、爬坡过坎”的关键阶段，更需要我们树立攻坚克难、啃硬骨头的精神，做到敢于担当、善于担当、体现担当。对于这三种担当，笔者的理解是，敢于担当就是要有“为官避事平生耻”的责任意识，要有“明知山有虎，偏向虎山行”的攻坚精神，要有“敢为天下先”的改革魄力；善于担当就是要有把握形势、了解大局的能力，有发现问题、分析矛盾的办法，有科学决策、善抓落实的本领；体现担当重在成效，担当要有明确的方向和目的，要通过敢于担当的精神和善于担当的能力最终取得实际成效。东北的广大干部应不断强化担当的意识和能力，使担当成为一种风气，成为一种习惯，成为推动工作的强大动力。

注　释：

①③④引自2015年7月20日《人民日报》第一版，《习近平强调：加大支持力度增强内生动力　加快东北老工业基地振兴发展》。

②引自2015年10月31日《人民日报（海外版）》第一版，《征求对关于制定“十三五”规划的建议的意见习近平主持党外人士座谈会》。

新时期如何继承和发扬党的优良传统

中国共产党在90多年的奋斗历程中，形成了实事求是、艰苦奋斗、理论联系实际、密切联系群众、批评和自我批评等一系列优良传统和优良作风。这些优良传统和优良作风，是党的先进性的具体体现，是党的生命力、凝聚力、战斗力、号召力的坚实基础，是党领导全国各族人民不断取得胜利的重要保证。在新时期，我们党肩负着团结带领人民坚持和发展中国特色社会主义，实现“两个一百年”奋斗目标和中华民族伟大复兴中国梦的历史重任，继承和发扬党的优良传统，仍然具有重大的现实意义。

在全党开展的党的群众路线教育实践活动，是我们党在新时期继承和发扬优良传统的创新之举，取得了明显成效，得到了社会广泛认同。教育实践活动形成的许多新认识、新经验、新做法，对我们在新时期继承和发扬党的优良传统具有重要的启示作用。

一是坚持以上带下。这次群众路线教育实践活动的最突出特点就是中央和领导干部带头示范。新的中央领导集体形成不久，就做出了八项规定，并且身体力行、率先垂范。各地区、各部门、各单位党委（党组）以中央领导集体为榜样，认真学习中央政治局常委同志联系点的经验做法，以普通党员身份把自己摆进去，带头学习教育，带头听取意见，带头查摆问题，带头开展批评和自我批评，带头整改落实，取得了显著成效。由此得出的启示是，新时期继承和发扬党的优良传统和优良作风，必须做到从领导机关、领导班子、领导干部抓起，从主要领导做起，一级带动一级干，一级做给一级看，为党员、干部做出样子，让人民群众增强信心。

二是坚持知行合一。这次教育实践活动非常强调以知促行、以行促知，一手抓学习教育，深化思想认识，强化宗旨观念，正本清源、固本培元；一手抓立行立改、解决问题，实现好、维护好、发展好最广大人民的根本利益，推动思想自觉与行动自觉的有机统一。由此得出的启示是，新时期继承和发扬党的优良传统和优良作风，必须坚持教育与实践并重，切实解决世界观、人生观、价值观这个“总开关”问题，切实解决保持党同人民群众血肉联系的行动问题，做到知行合一、即知即行，使立党为公、执政为民成为党员、干部牢牢坚守的价值追求和行为准则。

三是坚持党内与党外结合。这次教育实践活动，首先是注重发扬党内民主，引导党员、干部以政治勇气和党性觉悟开展严肃认真的批评和自我批评，在触动灵魂中锤炼党性，在坦诚相见中增进团结，达到了“红脸、出汗、加油、鼓劲”的目的。同时，自始至终虚心听取群众意见，引导群众帮助党员干部查摆问题、监督整改、评议效果，形成党内外良性互动的局面。由此得出的启示是，新时期继承和发扬党的优良传统和优良作风，必须增强党内政治生活的原则性、战斗性，拿起批评和自我批评的武器，坚决反对庸俗化、随意化、平淡化，真正建立起同志式的相互批评帮助和监督机制。

必须让群众有序参与进来，请群众参与、让群众评判、受群众监督、求群众认可，实现以党风带动政风、社会风气的好转。

四是坚持教育与惩戒并重。思想教育、纪律约束、监督查处融为一体，是加强作风建设的成功经验。这次教育实践活动，以贯彻落实中央八项规定精神开局起步，以深入学习贯彻习近平总书记系列重要讲话精神打牢思想基础，以中国梦和社会主义核心价值观教育凝聚共识，以全面深化改革推进制度保障，以惩治腐败、强化正风肃纪形成强大震慑，形成反“四风”、改作风的良好氛围。由此得出的启示是，新时期继承和发扬党的优良传统和优良作风，必须坚持正面教育与警示惩戒并重、立规与执纪并举、自律与他律结合，形成上下协同、内外联动、合力推动的整体效应。

五是坚持标本兼治。这次教育实践活动在聚焦“四风”的同时，强调把加强制度建设、建立健全长效机制放在更为突出的位置，十八届三中全会《决定》进一步提出了“健全改进作风常态化制度”的要求。由此得出的启示是，新时期继承和发扬党的优良传统和优良作风，必须坚持标本兼治，重在治本，也就是更加注重党的制度建设，使制度真正成为党员干部继承和发扬党的优良传统、优良作风的硬约束，使继承和发扬党的优良传统、优良作风真正成为党员干部的自觉行动。

总之，党的群众路线教育实践活动虽然结束了，但作风建设永远在路上。人民群众对党的建设和工作不断有新期待，这要求我们在不断创新中继承和发扬好党的优良传统和优良作风。

浅谈大力推进党的建设的改革创新

党的十八大报告指出："形势的发展、事业的开拓、人民的期待，都要求我们以改革创新精神全面推进党的建设新的伟大工程，全面提高党的建设科学化水平。"围绕形势的发展、事业的开拓、人民的期待这三个方面，笔者谈谈为什么需要大力推进党的建设的改革创新。

一、大力推进党的建设的改革创新，是顺应形势发展的现实要求

形势的发展，主要是指我们党所处的历史方位和执政条件发生了重大变化，来自外部和内部的风险与挑战前所未有，世情、国情、党情的发展变化，决定了以改革创新精神加强党的建设既十分重要又十分紧迫。

我们党面临诸多挑战。例如，一些国家打压的挑战：尽管我国一再强调和平发展、合作共赢，推动建设和谐世界，但我国作为世界第二大经济体和新兴大国，难免被某些守成大国及有关国家视为"威胁"，这些国家就会防范甚至打压我国；例如，改革发展稳

定遇到诸多难题的挑战：面对着体制机制弊端、利益固化藩篱的强大阻力，面对着经济增长与资源枯竭、环境恶化的尖锐矛盾，面对着资源人均占有率偏低且配置不够合理、难以满足人们日益增长的物质文化需求的突出问题；例如，国外社会思潮对我国意识形态的挑战：西方“宪政民主”、“新自由主义”、“历史虚无主义”、“普世价值”等思潮，通过不同途径不断向我国渗透；例如，民族分裂主义的挑战：主要包括“疆独”、“藏独”、“台独”等。

我们党面临“四大考验”。**长期执政的考验**：我们党在长期执政、执政环境日趋复杂、执政基础有所变化的背景下，如何加强和改进自身建设，以巩固党的执政地位。**改革开放的考验**：如何在全面深化改革开放的同时，坚持和发展中国特色社会主义。**市场经济的考验**：我们党既要经受住市场经济对党负面影响的考验，又要经受住市场经济所引发的意识形态安全的考验。**外部环境的考验**：我们党面临的国际大环境和周边环境日趋复杂严峻，包围、遏制、打压、分化、唱衰中国的行径日趋激烈。

我们党面临“四大危险”。**精神懈怠危险**：有的党员干部缺乏理想信念，缺乏自信，缺乏斗志。**能力不足危险**：有的党员干部难以胜任所肩负的历史重任，难以应对诸多挑战和“四大考验”。**脱离群众危险**：有的党员干部高高在上，不愿深入群众，背离了党同人民群众密切联系的优良传统。**消极腐败危险**：一些领域腐败现象易发多发，严重侵蚀着我们党的肌体。

当前世情、国情、党情的深刻变化，使我们党面临一系列新考验、新挑战。那么，我们党靠什么来战胜新考验、新挑战？唯有与时俱进，改革创新。这是我们党执政以来领导伟大事业不断走向成功的重要法宝，也是加强执政党建设，确保党始终走在时代前列，永葆生机活力的重要法宝。实践证明，改革创新是一个民族进步的灵魂，是一个国家兴旺发达的不竭动力，也是一个政党永葆生机的源泉。任何政党，如果因循守旧，墨守成规，抱残守缺，无视时代潮流和不断发展的客观实际，就必然会落后甚至被时代所淘汰。

二、大力推进党的建设的改革创新，是推动事业开拓的迫切需要

这是从提高党的执政能力角度来讲的。所谓事业，就是中国特色社会主义事业。新形势下，我们党肩负着团结带领人民坚持和发展中国特色社会主义，实现“两个一百年”奋斗目标和中华民族伟大复兴中国梦的历史重任，其艰巨性、复杂性、繁重性世所罕见。实现这一战略目标绝不是简单容易的事，这就迫切需要我们增强本领。习近平总书记2013年在中央党校建校80周年庆祝大会上强调：“本领恐慌在党内相当一个范围、相当一个时期都是存在的。实现党的十八大提出的各项目标任务，做好方方面面的工作，对我们的本领提出了新的要求。只有全党本领不断增强了，‘两个一百年’的奋斗目标才能实现，中华民族伟大复兴的中国梦才能梦想成真。”时代在变，环境在变，特别是随着经济全球化和信息化的快速发展，产生本领恐慌的可能性以及由此带来的危机感越来越大。因此，我们迫切需要通过推进党的建设的理论创新、制度创新、实践创新来克服本领恐慌，提高执政能力。当前，我们要特别注重紧密联系治国理政的实践，在推进中国特色社会主义和实现“两个

一百年”奋斗目标的过程中，不断研究新情况，解决新问题，不断提高驾驭社会主义市场经济的能力，发展社会主义民主政治的能力，推进依法治国、依法执政、依法行政的能力，建设社会主义先进文化的能力，构建社会主义和谐社会的能力，应对国际局势和处理国际事务的能力。正如习近平总书记所说的：“只有解决好这一课题，才能保证中国共产党在世界形势深刻变化的历史进程中始终走在时代前列，在应对国内外各种风险和考验的历史进程中始终成为全国人民的主心骨，在建设中国特色社会主义的历史进程中始终成为坚强的领导核心。”①

三、大力推进党的建设的改革创新，是回应人民期待的必然选择

这是从夯实党的执政根基角度来讲的。习近平总书记提出，“人民对美好生活的向往就是我们的奋斗目标。”②用朴实、生动、真切的语言表达了我们党全心全意为人民服务的宗旨和发展为了人民的目的。现代政党政治的一条基本规律，就是政党的兴衰取决于民心。我们党执政合法性最深刻的根基就存在于人民心中，我们党始终代表了最广大人民群众的根本利益。党的建设的改革创新从来都不是抽象的，群众关心什么、关注什么、渴盼什么，应当也必然成为党的建设的改革创新的出发点和着力点。这次党的群众路线教育实践活动作为新时期党的建设的重大创新之举，之所以取得显著成果，得到群众广泛认同，其中一条重要经验就在于积极回应群众反映强烈的“四风”问题，并下大力气解决了一批群众关心期

盼的现实问题，进一步密切了党和人民群众的血肉联系。正如习近平总书记在党的十八届三中全会上指出的："推进任何一项重大改革，都要站在人民立场上把握和处理好涉及改革的重大问题，都要从人民得益出发谋划改革思路、制定改革举措。在全面深化改革进程中，遇到关系复杂、难以权衡的问题，要认真想一想群众的实际情况究竟怎样？群众到底在期待什么？群众利益如何保障？群众对我们的改革是否满意？"③

总之，大力推进党的建设的改革创新，这个命题意义重大而深远。这就要求我们认真贯彻党的十八大和十八届三中、四中全会精神，善于运用在加强自身建设中长期积累的成功经验，与时俱进地推进党的思想建设、组织建设、作风建设、反腐倡廉建设和制度建设的全面创新，使这五个方面的建设相互配套、相互促进，既突出重点，又整体推进，不断提高党的建设工作水平。

注　释：

①引自《求是》杂志2011年第13期，《社论：永远走在时代前列》。

②引自《习近平谈治国理政》，外文出版社，2014年10月第1版，《人民对美好生活的向往就是我们的奋斗目标》。

③引自《求是》杂志2014年第1期，习近平：《切实把思想统一到党的十八届三中全会精神上来》。

认识再提升　行动更自觉

中央决定开展党的群众路线教育实践活动，顺应了大势所趋，反映了民心所向，符合了规律所然，体现了目标所需，其意义重大而深远。

一、开展党的群众路线教育实践活动是大势所趋

应该说，我们党有许多优势和特点，但笔者感到有一个最大的优势和特点，就是认清历史方位，把握大势，顺应时代潮流，与时俱进，从而保持其生机和活力。我们党组织开展的历次教育实践活动，都是基于对时代大背景的全面认识，都是基于对世情、国情、党情变化的深刻把握。当前，我们党面临的执政考验、改革开放考验、市场经济考验、外部环境考验将是长期的，面临的精神懈怠危险、能力不足危险、脱离群众危险、消极腐败危险是严峻的。党要经受住各种考验，要摆脱掉各种危险，要克服各种困难，要战胜各种挑战，就必须顺应时代潮流，继续保持先进性和纯洁性。这靠什么？最重要的就是靠坚持党的群众路线，密切联系群众。只有根植人民、造福人民，保持同人民群众的血肉联系，我们党才能始终立

于不败之地。正如习近平总书记指出的那样，这是党的建设面临的根本问题和时代课题。

二、开展党的群众路线教育实践活动是民心所向

作风连着党风，党风连着民心，人心向背关系着党和国家的生死存亡。当前，党员干部脱离群众的集中表现是形式主义、官僚主义、享乐主义和奢靡之风。这“四风”看得见，也摸得着，既违背我们党的性质和宗旨，也是当前群众深恶痛绝、反映强烈的问题，更是损害党群干群关系的重要根源。中央八项规定实施以来，全党上下精神为之一振，人民群众反映强烈。这些都充分表明，中央把作风建设作为突破口，下力气解决“四风”问题，既是得民心、顺民意之举，更将为解决党内其他问题创造良好条件。

三、开展党的群众路线教育实践活动是规律所然

一是从历朝历代的兴衰历程看。历史上的有识之士从家族兴衰、社稷兴亡、朝代更替的过程中总结出了一条条深刻警示：历览前贤国与家，成由勤俭败由奢；得民心者得天下，失民心者失天下；水能载舟，亦能覆舟。这都说明了一个道理，即脱离了群众不仅一事无成，而且必败无疑，古今中外，概莫能外。

二是从苏东剧变的深刻教训看。20多年后再来分析，我们看得更为清楚：苏东剧变固然有复杂的社会历史根源，但执政党脱离群众，失去人民群众的支持和拥护，是其重要的内在原因。实践

证明，群众路线是马克思主义政党的生命线和根本工作路线，马克思主义执政党的最大危险就是脱离群众。有人说，苏共有20万党员时取得了二月革命的胜利，有35万党员时取得了十月革命的胜利，有550万党员时取得了卫国战争的胜利，而在有近2000万党员时却失去了政权。苏共垮台不仅是因为国内外有反共势力，这种势力一直存在，更是因为被她曾经代表的工人阶级和苏联人民所抛弃，而后一点，则是导致苏共亡党的决定性因素。1991年的“8·19”事件，是苏共的最后尝试，可在生死存亡关头，苏共党员不支持，军队也拒绝执行命令，甚至掉转枪口指向苏共中央。事变失败后，苏联解体，苏共解散，财产被没收。

三是从中国共产党的发展历史看。回顾建党90多年来的实践，我们党从小到大、从弱到强，从成立之初只有几十个成员，发展到今天成为拥有8000多万党员的执政党，所有成就都是依靠人民共同奋斗的结果，是人民群众用“小米”养育了延安革命根据地，用“小车”推出了解放战争的胜利，用“红手印”开启了新时期改革开放的进程。人民之所以能做到这些，最关键的是我们党来自人民、植根人民、服务人民，忠实地代表了广大人民群众的根本利益。离开这一点，我们就面临着亡党亡国的危险。1945年7月，毛泽东与民主人士黄炎培著名的“窑洞对”中，针对黄炎培提出的历史周期率难题，毛泽东回答：只有让人民来监督政府，政府才不敢松懈。只有人人起来负责，才不会人亡政息。

因此，以习近平同志为总书记的党中央一再强调坚持党的群众路线，保持同人民群众的血肉联系，这体现了对古今中外执政规律的深刻认识和准确把握，是巩固党的执政基础和执政地位的自觉行动。

四、开展党的群众路线教育实践活动是目标要求所需

习近平同志指出："开展党的群众路线教育实践活动，是实现党的十八大确定的'两个一百年'奋斗目标，即在中国共产党成立100年时全面建成小康社会，在新中国成立100年时建成富强民主文明和谐的社会主义现代化国家的必然要求。"①

按照党的十八大的要求，到2020年，地区生产总值和城乡居民人均收入比2010年翻一番，提前全面建成小康社会。改革开放以来，沈阳经济社会发展取得了重大成就，源于始终坚持党的群众路线，把保障和改善民生作为一切工作的出发点和落脚点。面向未来，我们正处于深化改革开放的攻坚期、全面建成小康社会的决胜期。实现上述奋斗目标为了谁？归根结底是使沈阳市人民过上更加美好的生活。实现上述奋斗目标依靠谁？归根结底要靠充分调动人民群众的积极性、主动性、创造性，汇集全体人民的智慧和力量，为经济社会发展提供强大支撑。

综上所述，开展好党的群众路线教育实践活动，既具有重要的历史意义和现实意义，又具有重要的理论意义和实践意义，是当前和今后一个时期全党的一项重大而紧迫的政治任务。

因此，各级领导干部要进一步提高认识，行动上更加自觉，继续深入学习，并坚决履行反对"四风"加强作风建设的承诺，充分发挥带头作用，扎扎实实开展好党的群众路线教育实践活动。

一是带头学习，深刻领会。特别是理解和贯彻好"照镜子、正衣冠、洗洗澡、治治病"这一总要求，进一步树立宗旨意识，增强

群众观点，用其武装头脑，指导实践，推动工作。

二是带头调查研究，征求意见。深入基层、深入联系点，开展调查研究，了解实情，接通地气，虚心征求广大群众的意见和建议，为“照镜子、正衣冠”奠定坚实基础。

三是带头查摆问题，深入剖析。按照“三对照三检查”的要求，通过群众提、自己找、上级点、互相帮等途径，认真查摆自身在宗旨意识、工作作风、廉洁自律等方面的不足，认真开展党性分析，深挖根源，触及灵魂。

四是带头开展批评与自我批评。以整风精神深入开展批评与自我批评，既深刻剖析检查自己，又开展好诚恳的相互批评，真正做到有则改之，无则加勉，虚心接受，认真整改。

五是带头抓好整改落实。针对存在的问题，制定好个人整改方案，带头践行群众路线，改进学风、文风、会风，严格执行廉政准则，下基层、访民情、解民忧，特别是结合工作实际，全力做好稳增长、惠民生各项工作。

注　释：

①引自《习近平谈治国理政》，外文出版社，2014年10月第1版，《群众路线是党的生命线和根本工作路线》。

典型的实质与导向

焦裕禄、杨善洲、甘祖昌等先进典型是我们共产党人的杰出代表，体现了时代风貌，他们可歌可泣的先进事迹让我们的心灵受到震撼和洗礼，让我们鼓起风帆，面向未来去远航。

一、学习先进典型，把握精神实质

第一，学习他们坚定的理想信念，忠诚于党的事业的政治品格。毛泽东同志说过：“一个人做点好事并不难，难的是一辈子做好事，不做坏事。”焦裕禄、杨善洲、甘祖昌等同志一辈子忠诚于党的事业，忠实履行了为共产主义奋斗终生的入党誓言。这是靠什么样的强大力量来支撑？这是信仰的力量，是坚守信仰的力量！正如习近平总书记指出的：“坚定理想信念，坚守共产党人的精神追求，始终是共产党人安身立命的根本。对马克思主义的信仰，对社会主义和共产主义的信念，是共产党人的政治灵魂，是共产党人经受住任何考验的精神支柱。”[①]因此，学习先进典型，首先要学习他们对共产主义的坚定信仰和对党的事业的执着追求。

第二，学习他们牢记宗旨、一心为民的公仆情怀。全心全意为人民服务是我们党的根本宗旨，也是焦裕禄、杨善洲、甘祖昌等先进典型的精神本质所在。他们之所以深受人民群众爱戴，根本原因在于他们始终与老百姓心连心、同呼吸、共命运，在于他们视人民群众为衣食父母，诚心诚意当人民公仆。焦裕禄在兰考短短的一年多时间里，凭着自行车和“铁脚板”跋涉5000多里，走遍了全县120多个生产队，和群众吃在一起，干在一起。杨善洲担任领导干部30多年，有一半以上的时间深入基层，走在群众中间体察民情，了解民忧，为民解困。只有我们把群众放在心上，群众才会把我们放在心上；只有我们把群众当亲人，群众才会把我们当亲人。学习先进典型，就是要牢固树立宗旨观念，始终坚持党的群众路线，时刻把群众的安危冷暖挂在心上，真正做到权为民所用、情为民所系、利为民所谋。

第三，学习他们勤俭节约、艰苦奋斗的优良作风。艰苦奋斗是中华民族的光荣传统，是我们党的立业之本、取胜之道、传家之宝，也是先进人物的共同特点。焦裕禄只身上任，没有为自己搞过任何特殊。他亲自制定“十不准”，并带头执行，敢于抵制一切不正之风，堪称楷模。杨善洲把用23年时间辛苦创办的大亮山林场的经营管理权无偿交给国家，自己却不沾林场一点好处，不带走林场一根草。被誉为“农民将军”的甘祖昌，功成身退后，自己种菜自己吃，每件衣服至少穿10年，群众称他的形象是:“一身补丁打赤脚，一根烟斗没有嘴，白罗布手巾肩上搭，走路笔挺快如风。”学习先进典型，就是要始终牢记“两个务必”，在任何时候、任何情况下，都必须自觉践行厉行节约、勤俭办事、艰苦奋斗的优良作风，坚决反对享乐主义和奢靡之风，使艰苦奋斗精神真正成为凝聚人民群众共克时艰的无价之宝。

第四，学习他们大公无私、淡泊名利的高尚情操。心底无私天地宽。大公无私、淡泊名利是共产党人先进性的重要体现，也是先进典型的又一共同特点。组织上派焦裕禄到最苦、最穷、最难的兰考工作，他明知自己身体不好，但没说二话，“宁愿拼上一条性命，也要改变兰考面貌”。甘祖昌作为开国少将，功成身退，主动申请回乡务农。杨善洲退休后放弃到省城颐养天年的机会，回乡种树，带领群众致富。这是怎样的精神？正如毛泽东同志指出的，共产党员是一种特别的人，他们完全不谋私利，因此他们就能获得广大人民群众的衷心拥护，这就是他们的事业必然获得胜利的根据。学习先进典型，就是要牢固树立正确的世界观、人生观、价值观，为党和人民的事业任劳任怨、无私奉献，多想群众少想自己，多想事业少想名利，坚持在其位、谋其政、尽其责，做到为官一任，造福一方。

总之，通过再次学习先进典型的事迹，笔者更加深刻地认识到，虽然他们所处的历史时期不同、岗位不同、地域不同，但他们的精神实质是相同的，他们的崇高精神是永恒的，无论过去、现在还是将来，永远是激励我们艰苦奋斗、执政为民的强大思想动力。

二、向先进典型看齐，不断提升自己

一是要加强党性锤炼。通过深入学习实践，牢固树立马克思主义的世界观、人生观、价值观和正确的权力观、地位观、利益观，坚定中国特色社会主义共同理想和共产主义远大理想，始终坚持正确的政治方向，经受住各种风险和困难的考验，在任何情况下都要做到政治信仰不变、政治立场不移、政治方向不偏。

二是要深入查摆剖析。按照中央“照镜子、正衣冠”的要求，对照《党章》，对照先进典型，全面深入查摆自身的差距和不足，深刻查找思想根源，进一步明确努力方向，切实做到“用自己的刀削自己的把”，不断增强自我净化、自我完善、自我革新、自我提高的能力。

三是要改进工作作风。进一步强化担当意识，敢于面对矛盾，走进矛盾，更多地深入基层和一线开展调查研究，化解矛盾，解决问题，真正做到问政于民、问需于民、问计于民。进一步扎根群众之中，把群众利益作为第一追求，把群众呼声作为第一信号，特别是更加关注和大力解决困难群众的生活疾苦，多做雪中送炭的工作，少做锦上添花的工作。进一步改进学风、文风、会风，开短会、发短文、办实事，提高工作效率，力戒形式主义。

四是要提高工作能力。全面提高总揽全局的能力、驾驭市场经济的能力、社会管理的能力、依法行政的能力和群众工作的能力。特别是要紧紧围绕当前稳增长、惠民生的目标，长远建设小康社会，一手抓经济发展，一手抓民生改善，努力创造出经得起实践、群众和历史检验的真正业绩。

五是要更加严格要求自己。按照为民、务实、清廉的要求，既要遵守党纪国法，更要以先进人物为榜样，树立更高的标准，严格要求自己和亲属，坚持自重、自省、自警、自励，真正为人民掌好权、用好权，切实做到拒腐蚀、永不沾，一身正气，两袖清风。同时，认真履行“一岗双责”，敢抓敢管，坚决反对“四风”，切实带出一支过硬的队伍。

注 释:

①引自2012年11月19日《人民日报》第二版,《紧紧围绕坚持和发展中国特色社会主义学习宣传、贯彻党的十八大精神》。

立场感情与工作方向

立场、感情是密切联系群众的前提，决定了改进工作的方向。

第一，站稳群众立场是密切联系群众的根本前提。

群众立场是我们党最根本的政治立场。毛泽东同志很早就教导我们，一定要坚持对党的领导机关负责和对广大人民群众负责的一致性。胡锦涛同志也精辟地指出："我们党之所以得到广大人民群众的拥护和支持，首先是因为我们党始终站在最广大人民的立场上说话办事，始终代表最广大人民的根本利益。始终站在人民立场上而不是站在个人、少数人立场上说话办事，始终代表最广大人民根本利益而不是代表某一个人、某一部分人利益，这是决定人心向背、事业成败的关键。"[①]一句话，广大党员干部只有屁股坐在老百姓的板凳上，才会有明确的工作方向、有正确的处事方法，才会说群众喜欢听的话，才会办群众满意的事。

第二，增进群众感情是密切联系群众的必然要求。

密切联系群众，首先要在感情上贴近群众，真正把群众当主人、当亲人、当老师。正如习近平同志所指出的："接地气才能培养和人民群众的感情。"[②]群众中不仅有问题、有困难需要我们帮助解决，而且群众中有智慧、有力量值得我们去汲取。特别是站在全面建设小康社会的新起点上，面对新形势、新任务、新挑战，我们只有充分发挥人民群众的主体作用和首创精神，在思想上尊重群众、感情上贴近群众、工作上依靠群众，坚持问政于民、问需于民、问计于民，才能赢得群众的拥护，才能把广大群众的积极性、创造性充分调动起来，才能战胜前进路上的一切艰难险阻，全面建成小康社会。

第三，改进群众工作是密切联系群众的重要保障。

党的群众路线必须一以贯之，毫不动摇。但面对新形势、新任务和群众的新要求、新期待，群众工作必须与时俱进。

一是要善于通过发扬民主做好群众工作。面对新时期人民群众民主意识不断增强的特点，重点要全面深化政务公开，确保行政权力在阳光下运行，有力保障群众的知情权、参与权、表达权、监督权。同时，要进一步畅通民意诉求反映渠道，加快完善“服务热线”和“民声微博”功能，引导群众合理合法地表达利益诉求，并认真及时地加以解决，有力促进民生改善和社会和谐。

二是要善于通过办实事好事做好群众工作。习近平同志指出：“在为群众排忧解难的过程中解开群众的思想疙瘩，这是我们党做好群众工作的一条基本经验，也是一种最实际、最普遍、最有效的群众工作方法。”[③]因此，笔者认为当前的工作重点，其一是要全力以赴稳增长，确保完成全年目标任务，特别是确保各项民生支出全面落实，推进城乡居民“两个收入”持续较快增长，使发展成果更多地惠及民生。其二是为群众办好实事，确保按时序进度完成，以实际行动兑现承诺、取信于民。其三是安排好困难群体的就业和生活，多做雪中送炭的实事好事，切实解决好困难群众最关心、最直接、最现实的利益问题。

三是要善于通过示范引导做好群众工作。主要是党员领导干部一定要讲党性、重品行、做表率，始终做到为民、务实、清廉，通过自身的品德和言行影响群众、示范群众、教育群众。同时，要注重发现和总结先进典型，运用先进典型影响和带动群众，在全社会形成崇尚先进、学习先进、争当先进的良好风气。

注　释：

①引自《十七大以来重要文献选编》（中），中央文献出版社，2011年版，胡锦涛：《继续抓住和用好重要战略机遇期　确保实现“十二五”时期发展的目标任务》。

②引自2013年7月12日《中国广播网》，《习近平：接地气才能培养和人民群众的感情》。

③引自《求是》杂志2005年第17期，习近平：《如何做好新形势下的群众工作》。

领悟要义　重在践行

一、领悟要义，深刻领会“三严三实”内涵，准确把握主题和方向，按照中央、省委和市委关于开展“三严三实”专题教育的要求，不折不扣地做好各项规定动作

开展“三严三实”专题教育，是党的群众路线教育实践活动的延展深化，是持续深入推进党的思想政治建设和作风建设的重要举措，是严肃党内政治生活、严明党的政治纪律和政治规矩的重要抓手，更是凝心聚力推动沈阳在新一轮东北振兴中当先锋、打头阵的重要保证。

一是要突出教育主题。这次专题教育的主题就是学习“三严三实”、践行“三严三实”。搞好专题教育，就是要深入把握“三严三实”的基本内涵和实践要求，聚焦对党忠诚、个人干净、敢于担当。

二是要抓好学习教育。这次专题教育明确指出，要坚持把深化学习教育放在首位，并强调此次专题教育不是一次活动，要把专题教育融入经常性学习教育之中。

三是要把握关键动作。就是要高质量讲好专题党课；高质量组织好专题研讨；高质量召开专题民主生活会和组织生活会；高质量

抓好整改落实和立规执纪。

四是要坚持问题导向。就是要坚持把问题意识、问题导向贯穿专题教育的全过程，紧密结合本部门实际。同时，对查找梳理出的“不严不实”问题，列出清单、立行立改。

五是要贯彻从严要求。就是要以严的态度开展好“三严三实”专题教育，发扬讲认真的精神，贯彻严的标准、严的措施、严的纪律，以严促深入、以严求实效，把各项工作做扎实、做细致、做到位。

六是要坚持领导带头。领导干部要严格按照中央、省委和市委的要求，坚持以身作则，带头讲好党课、带头搞好学习研究、带头开展批评和自我批评、带头抓好整改落实，高标准、严要求、做表率，一级抓一级、一级带一级，推动形成领导示范、上行下效的生动局面。

二、重在践行，深入践行“三严三实”，在新一轮振兴发展中干在实处、走在前列

第一，严以修身，学以成才。

古人讲“修身、齐家、治国、平天下”，修身是起点。何以修身？习近平总书记明确指出：“各级领导干部要勤于学、敏于思，坚持博学之、审问之、明辨之、笃行之，以学益智，以学修身，以学增才。要努力学习各方面知识，努力在实践中增加才干，加快知识更新，优化知识结构，拓宽眼界和视野，着力避免陷入少知而迷、不知而盲、无知而乱的困境，着力克服本领不足、本领恐慌、本领落后的问题。”[①]严以修身，关键在学习。

一要学哲学。习近平总书记指出："学哲学、用哲学，是我们党的一个好传统，党的各级领导干部，要原原本本学习和研读经典著作，努力把马克思主义哲学作为自己的看家本领。"[②]因此，要多读原著、多读经典，带着问题学、联系实际学。深入学习马克思主义经典著作，关键在于深刻理解：马克思主义是在总结无产阶级斗争经验和人类自然科学、社会科学优秀成果的基础上产生的，它深刻揭示了人类社会发展的普遍规律，揭示了社会主义必然代替资本主义并最终实现共产主义的普遍规律，这是颠扑不破的真理。从而更加坚信真理在手，更加自觉地坚定共产主义理想信念。当前，更要结合习近平总书记系列重要讲话，深入学习、灵活运用总书记提出的一系列思维方式，如战略思维、历史思维、创新思维、底线思维、系统思维、辩证思维等。总的来看，辩证思维是这一系列思维的深厚底蕴，战略思维统揽全局，历史思维穿越时空，创新思维指向未来，底线思维重在解决现实矛盾。这些思维方式贯穿着辩证唯物主义和历史唯物主义的世界观与方法论，为判断形势、观察事物、分析问题、解决矛盾提供了有力指导。

二要学经济。坚持以经济建设为中心，是我们党一百年不动摇的基本路线。当前，经济发展进入新常态，尤其要聚焦稳增长、促振兴，深刻领会习近平总书记关于认识新常态、适应新常态、引领新常态，关于遵循经济规律、自然规律、社会规律，实现科学发展、可持续发展、包容性发展的重要论述，深入思考稳增长、促振兴的对策措施，抢抓重大发展机遇，紧紧扭住转方式、调结构、提质量、增效益不动摇，为沈阳新一轮全面振兴献计出力。

三要学法律。全面推进依法治国作为"四个全面"总体战略布局的重要组成部分，已上升到前所未有的战略高度。在全面依法治国体系中，法治政府建设承上启下，处于关键地位。法治政府建设的重点任务，每一项都与我们息息相关。因此，要自觉学习法律政策，切实提高运用法治思维和法治方式推动工作的能力，促进法治政府建设。

四要学领导科学。领导科学是一门艺术。相当一部分干部今后可能走上各级领导岗位，这就要求我们在日常工作中注重学习积累领导工作必备的管理知识，不断提高领导部门工作的能力和水平。

第二，严以用权，行以为民。

首先，要树立正确的权力观。习近平总书记强调："马克思主义权力观概括起来，就是权为民所赋，权为民所用。"[③]严以用权，首先要解决好"为谁掌权、为谁服务"的问题。每一位党员干部一定要深化宗旨意识、服务意识，牢固树立群众观点，站稳群众立场，始终做到坚持党性与坚持人民性、服务领导机关与服务基层部门、服务领导与服务群众的有机统一，始终出于公心，在决策过程中敢于反映真实情况，在协调工作中敢于坚持原则，不办人情事、不说人情话、不写人情文，真正做到权为民所用、情为民所系、利为民所谋。

其次，要坚持一切依法办事。习近平总书记反复强调："要把权力装进制度的笼子里。"[④]法律则是最根本的制度。我们的一切工作都要依法推进，在辅助领导决策时，提出的意见和建议首先必须符合法律政策的规定；在办理公文时，提出的拟办意见和审核意见都要把好法律政策关；在协调调度工作时，要牢固树立底线意识，把握灵活性，决不能突破法规政策的底线；在推动全市经济体制改革过程中，要组织实施好合法性审查工作机制，确保各项改革举措都于法有据，实现改革的必要性、可行性、合法性有机统一，真正做到蹄疾而步稳地推进改革。

最后，要自觉讲规矩、守纪律。习近平总书记指出："纪律是成文的规矩，一些未明文列入纪律的规矩是不成文的纪律。"⑤严以用权，既要遵守成文的规矩，也要遵守不成文的规矩。每一位党员干部要严格遵守政治纪律、组织纪律、工作纪律、财经纪律、生活纪律，做遵纪守法的模范。同时，对一些不成文的规矩也要始终牢记、坚决做到。

第三，严以律己，宽以待人。

古人讲："古之君子，其责己也重以周，其待人也轻以约。"严以律己、宽以待人是中华民族的传统美德，道出了我们的处世原则和行为标准。我们政府部门的核心职能是服务，无论是服务领导还是服务机关、服务基层，我们都要体现宽以待人，做到主动服务、换位思考、热情周到。严以律己包括他律和自律两个方面，他律主要是党纪国法的外在约束，而自律问题应注重以下几个方面。

一是要"省"。就是要做到"吾日三省吾身"，坚持问题导向，依据党章要求、政治生活准则、道德标准等进行自我检查，时时自省。要深入查摆在"三服务"工作中的不严不实问题，并深刻剖析产生的原因，不断反躬自省、立行立改。

二是要"慎"。就是要"慎初、慎微、慎独、慎友、慎好（爱好）"。如果在领导身边工作出了问题，不仅毁了自己，也会给党的事业和政府的声誉、形象造成不良影响。因此，必须始终绷紧纪律这根弦，自觉做到心存敬畏，手握戒尺，自我约束，切实做到不越雷池，不踩红线。

三是要“恒”。严以律己，贵在“常”、“长”二字。事实早已证明，领导干部的党性修养、思想觉悟、道德水平不会随着党龄的积累而自然提高，也不会随着职务的升迁而水涨船高，需要终生努力。我们要常怀律己之心，常思贪欲之害，常修为政之德，始终坚持把严以律己作为一种思想境界来提升，作为一种职业操守来要求，作为一种工作能力来培养，一以贯之，久久为功。

第四，谋事要实，创新进取。

空谈误国，实干兴邦。党员干部做到谋事要实，就要像习近平总书记所说的那样，“从实际出发谋划事业和工作，使点子、政策、方案符合实际情况、符合客观规律、符合科学精神，不好高骛远，不脱离实际。”⑥我们尤其应注重把握三个关键环节：

首先，谋事要实，要搞好调查研究。习近平总书记指出：“调查研究不仅是一种工作方法，而且是关系党和人民事业得失成败的大问题。”⑦1930年，毛泽东历时一个多月，在江西寻乌县详细了解当地的商业状况、人口结构、土地关系、交通运输等问题，写成了《寻乌调查》这篇光辉著作，为党制定正确的土地分配政策和正确对待城市商人的政策提供了可靠依据。时至今日，这种求实、唯实的作风仍然值得我们学习。当前，振兴发展新情况、新问题层出不穷，需要我们去研究、去应对、去破解。例如，新常态下经济发展究竟面临怎样的困难？企业稳增长最急需、最紧迫的问题是什么？经过多轮简政放权，为什么有的企业和群众仍然反映对放权“没感觉”？深化改革如何在重点领域和关键环节尽快取得突破？等等。这些问题的答案，待在办公室坐而论道、靠网上“百度”，是想不出来的。我们要坚持从群众中来，到群众中去，深入实际，深入基层，深入群众；既要调查企业，又要调查群众；既要解剖“麻雀”，又要了解全局；既要到工作局面好的、先进的地方去总结经验，又要到困难较多、情况复杂、矛盾尖锐的地方去研究问题。只有这样，才能获得在办公室难以听到、不易看到和意想不到的新情况，群众的首创智慧才能不断涌现出来，才能最终找到解决问题的新视角、新思路和新对策。

其次，谋事要实，要打通工作落实“最后一公里”。我们党历来讲求知行合一。谋事到底实与不实，关键看是否能沉下心来，一件工作一件工作地抓，一项政策一项政策地落实，确保每一项工作都取得扎实成效。习近平总书记强调：“一分部署，九分落实。”[⑧]当前，我们一些工作往往抓了，但抓而不实；落了，却仍半米悬空，在一定程度上存在“最后一公里”现象。水利工程上有一句话：一寸不通，万丈无功。“最后一公里”不打通，很可能梗阻全局，功亏一篑。我们要紧紧围绕重点民生工程的实施，进一步加大督查力度，要充分利用信息化手段，搭建督查信息平台，积极推进网上督查，提高工作效率。要善于整合动员多方力量，积极探索开展“大督查”、“综合性督查”；引入第三方评估机构和社会评价等督查方式，切实增强督查的权威性、实效性，充分调动基层部门抓落实的积极性，切实打通抓落实的“最后一公里”。

最后，谋事要实，要紧跟时代步伐。讲实话、出实招、办实事、求实效固然重要，但时代在发展，科技在进步，谋事要实还必须与时俱进，创新进取。面对科技大潮汹涌澎湃、网络时代扑面而来的新形势，我们要紧紧围绕智慧城市战略的实施，主动学习一带一路、工业4.0、中国制造2025、互联网+、大数据等一系列新理论、新战略、新知识，确保知识更新的步伐跟上时代前进的脚步，永远走在时代前列；要切实转变思维方式，自觉运用创新思维、法治思维、市场思维、开放思维和互联网思维等新思维来谋划工作，坚持问题导向、需求导向、成果导向，善于运用工程化、项目化、定量化考核的工作方法来推动落实；要着眼于效能政府建设，深入实施效能行动计划，推动各项工作提质、提速、提效，促进政府工作高效协调运转。

第五，创业要实，勇于担当。

习近平总书记指出："干部就要担当，有多大担当才能干多大事业，尽多大责任才能有多大成就。"⑨

首先，要有困难面前敢于亮剑的魄力。有没有担当，首先看态度。如果态度不端正，本来就没有责任心，怎么会有担当。面对繁重艰巨的"三服务"工作任务，面对纷繁复杂的新情况、新问题，一定要敢于正视矛盾、直面问题，做到矛盾面前不躲闪，挑战面前不畏惧，困难面前不退缩，在关键时刻和危急关头豁得出来、顶得上去、经得住考验。要始终做到守土有责、守土尽责，坚持底线思维，充分考虑方方面面的因素，想方设法把问题解决在职责范围之内，决不能推诿塞责、敷衍了事。

其次，要在中心工作中有为有位。在繁杂的日常工作中，一定要把握好主题主线，也就是要更加积极主动地围绕中心，服务大局，以有为求有位。对上级部门交办的重点工作以及各种急难险重任务，要主动请缨、不讲条件，攻无不克、战无不胜，要有勇于担当的精神和攻坚克难的能力。

最后，要练就攻坚克难的真本事。勇于担当，不仅要勇于直面矛盾，更要善于解决问题。要更加注重对每位党员干部的能力培养，努力培养出一大批一专多能、口宽底深的各个领域行家里手，任何时候都能拉得出、冲得上、打得赢。

第六，做人要实，干净干事。

做人要实，干净干事，是我们党对党员的一贯要求。正如习近平总书记指出的："对党、对组织、对人民、对同志忠诚老实，做老实人、说老实话、干老实事，襟怀坦白，公道正派。"[10]也就是对党忠诚、个人干净、勇于担当。

一是要做老实人。对党、对组织、对人民、对同志忠诚老实，是一个共产党员必备的政治品质，也是政治上是否合格的重要标准。每位党员干部都要坚持把"忠诚为本、服务为魂"作为首要的政治品质，在任何情况下都要保持与党中央、省委和市委的高度一致，对于领导指示和交办的事项，树立"不许说不、马上就办"的工作理念，全力以赴抓好贯彻落实。

二是要说老实话。我们任何时候都要说真话、抒真情、办实事、求实效，这是政府机关的要求，也是我们的本分。应做到说真话、讲实话，有一说一、有二说二，是什么情况就是什么情况，有什么问题就反映什么问题，即使出了问题也不要紧，关键是如何反映情况，认真加以改进，决不能遮遮掩掩、弄虚作假、报喜不报忧，这是一个最基本的要求，也是一个原则性问题。

三是要干老实事。就是把主要心思都用在抓工作落实上，无论是哪一项工作都必须充分发扬钉钉子精神，以抓铁有痕、踏石留印的务实作风，一抓到底，不获全胜决不收兵。同时，更要把艰苦奋斗的精神一代一代地传承下来，发扬助人成功、不怕吃苦、无怨无悔的奉献精神，把奉献作为永恒的价值追求，正确看待和处理好苦与乐、得与失、快与慢的关系，不管外面的世界如何物欲横流，我们都要守得住清苦、耐得住寂寞，始终廉洁自律，干净干事。

注 释：

①引自2015年2月28日《人民日报》第一版，《第四批全国干部学习培训教材〈序言〉》。

②引自2013年12月5日《人民日报》第一版，《习近平：推动全党学习和掌握历史唯物主义 更好认识规律更加能动地推进工作》。

③引自2010年9月1日《新华网》，《习近平出席中央党校2010年秋季学期开学典礼》。

④引自《习近平关于严明党的纪律和规矩论述摘编》，中央文献出版社，2016年1月第1版，《创新党内法规制度，把各项纪律和规矩立起来》。

⑤引自《习近平关于严明党的纪律和规矩论述摘编》，中央文献出版社，2016年1月第1版，《加强纪律建设是全面从严治党的治本之策》。

⑥引自《习近平谈治国理政》，外文出版社，2014年10月第1版，《树立和发扬三严三实的作风》。

⑦引自2011年11月21日《学习时报》，《习近平：谈谈调查研究》。

⑧引自2013年11月29日《人民日报》第一版，《习近平在山东考察时强调 认真贯彻党的十八届三中全会精神 汇聚起全面深化改革的强大正能量》。

⑨引自2015年1月13日《人民日报》第一版，《习近平：做焦裕禄式的县委书记 心中有党心中有民心中有责心中有戒》。

⑩引自《习近平谈治国理政》，外文出版社，2014年10月第1版，《树立和发扬三严三实的作风》。

论严以修身

一、从三个视角看严以修身

首先，从中国传统文化的视角看，严以修身蕴含着中华传统文化的精髓。中华传统文化认为，一个人要想有所作为，首先必须“正心、诚意、修身、齐家”，然后才能“治国、平天下”。孔子说：“其身正，不令而行；其身不正，虽令不行。”（出自《论语·子路》）曾子说：“吾日三省吾身。”（出自《论语·学而》）孟子说：“穷则独善其身，达则兼济天下。”（出自《孟子》）这些国学经典名言都深刻阐释了修身对于为政治国的重要意义，严以修身，凝聚着中华传统文化的智慧；严以修身，道出了做官为政的基本准则。

其次，从中国共产党发展历史的视角看，严以修身体现了从严治党的一贯要求。中国共产党是用马克思列宁主义理论武装起来的先进政党，重视领导干部的道德修养是我们党的光荣传统和政治优势。建党初期，毛泽东就提出首先要从思想上建党。从井冈山时期的“三大纪律、八项注意”，到抗日战争时期的“延安整风”，再到解放战争时期的“两个务必”，一直到十八大以来的党的群众路线教育实践活动，可以说，我们党90多年的历史，就是一部从严治党的历史。毛泽东、周恩来、刘少奇等老一辈革命家都是严以修身的典范。革命战争年代，我们党正是用“只见公仆不见官”的“延安作风”打败了国民党“当官做老爷”的“西安作风”。新时期，习近平总书记提出的“三严三实”要求，是对我们党从严治党宝贵经验的继承和发扬。

最后，从辩证统一的视角看，严以修身在“三严三实”中居于基础地位。“三严三实”蕴含着内在自觉与外在约束的辩证统一、自律与他律的辩证统一。对立统一规律告诉我们，内因是根据，外因是条件，内因对事物变化发展起决定性作用。习近平总书记指出：“道德之于个人、之于社会，都具有基础性意义，做人做事第一位的是崇德修身。”[①]严以修身居“三严三实”之首位，是前提，是基础，是内因，如果不从理论上认识和从思想上解决好根本问题，即首先修好身的话，就不可能在行为上取得理想的结果。可以说，离开了严以修身，其他五个方面都难以做到。

二、严以修身内容丰富

第一，关于信念。

一是要学以修身，树立信念。习近平总书记指出：“革命理想高于天。对马克思主义的信仰，对社会主义和共产主义的信念，是共产党人的政治灵魂，是共产党人经受住任何考验的精神支柱。”[②]信仰的坚定来源于理论上的清醒。坚定理想信念，要坚持不懈地加强理论学习，通过深入学习马克思主义经典著作，深刻理解：马克思主义是在总结无产阶级斗争经验和人类自然科学、社会科学优秀成果的基础上产生的，它深刻揭示了人类社会发展的普遍规律，揭示了社会主义必然代替资本主义并最终实现共产主义的普遍规律，这是颠扑不破的真理。从而使我们更加坚信真理在手，更加自觉地坚定共产主义理想信念。

二是要锤炼党性，坚定信念。有了共产主义理想，但如何做到矢志不渝，不是一件容易的事。焦裕禄、甘祖昌、杨善洲之所以成为全党学习的楷模，最重要的原因是他们经受住了时间的考验，用实际行动回答了作为一名共产党员，是“先进一阵子”还是“先进一辈子”的问题。改革开放的时代大潮如同大浪淘沙，既锻炼和造就了一大批经得起各种风浪考验的优秀人才，同时也淘汰了一些腐化堕落的蜕变分子，一个个腐败大案的惨痛教训殷鉴未远，让人记忆犹新。一个真正的共产党员所进行的党性修养，需要经过长期的磨练，除了加强理论学习之外，还要在实现“两个一百年”宏伟目标的实践中，在严肃的党内政治生活中，一生自觉地经受考验。正如刘少奇同志指出的：“只有在革命的实践中，才能够逐渐深刻地体验和认识社会发展和革命斗争的规律性，才能真正深刻地认识敌人和自己，才能发现自己原来不正确的思想、习惯、成见，加以改正，从而提高自己的觉悟，培养革命的品质，改善革命的方法。”（刘少奇《论共产党员的修养》）

通过学习和实践锤炼，努力做到“三个始终”：一是始终坚持对党忠诚的政治本色。牢固树立正确的世界观、人生观、价值观，坚定对马克思主义的信仰，增强对中国特色社会主义的道路自信、理论自信、制度自信。二是始终保持明辨是非的政治清醒。在大是大非面前，始终与党中央保持高度一致，严守党的政治纪律和政治规矩。始终坚持正确的政治方向，在顺境时不骄傲、不急躁，在逆境时不消沉、不动摇，经受住各种风险和困难考验，自觉抵制各种腐朽思想的侵蚀，永葆共产党人的政治本色。三是始终保持为民、务实、清廉的工作作风。带头贯彻落实中央八项规定，切实把执行八项规定变成一种习惯、一种自觉、一种常态，践行群众路线，坚持群众观点，切实为群众办实事、解忧难。

第二，关于品行。

也就是要加强思想道德修养，保持高尚的道德情操和健康的生活情趣。习近平总书记多次强调："党员干部要'心不动于微利之诱，目不眩于五色之惑'。"[③]笔者认为，修炼品行重在抓好三个关键环节：一是"省"。就是要做到"吾日三省吾身"，坚持问题导向，依据党章要求、政治生活准则、道德标准等进行自我检查，深入查摆不严不实的问题，并深刻剖析产生的原因，不断反躬自省、立行立改。二是"慎"。就是要"慎初、慎微、慎独、慎友、慎好（爱好）"，自觉做到心怀敬畏，手握戒尺，自我约束，决不逾规越矩。三是"恒"。事实早已证明，领导干部的党性修养、思想觉悟、道德水平不会随着党龄的积累而自然提高，也不会随着职务的升迁而水涨船高，需要终生努力。因此，修身不能一曝十寒、三天打鱼两天晒网，必须坚持活到老、学到老，一以贯之，久久为功。

第三，关于实践。

刘少奇同志在《论共产党员的修养》中曾明确提出，要反对古人闭门思过式的修养，"我们是革命的唯物主义者，我们的修养不能脱离人民群众的革命实践"。习近平总书记反复强调："必须以知促行、以行促知。”[④]做到知行合一。因此，新形势下我们应特别注意在实践锻炼中提升自己的党性修养，积极投身于全面建设小康社会的伟大事业，在实践中履职尽责，敢于担当，主动作为，经受考验。

一是在稳增长方面。当前，经济发展进入新常态，给我们带来前所未有的困难和挑战。特别是当前经济下行压力持续加大，稳增长已成为当前最首要的任务。在严以修身的过程中，我们要聚焦稳增长，深刻领会习近平总书记关于认识新常态、适应新常态、引领新常态，关于遵循经济规律、自然规律、社会规律，实现科学发展、可持续发展、包容性发展的重要论述，深入思考稳增长的对策措施，坚持以财税收入为中心抓好经济运行，推动三次产业协调发展，实现投资、消费、出口“三驾马车”共同拉动，努力使经济运行保持在合理区间。

二是在奔小康方面。当前，我们正处于全面建设小康社会的决胜期，机遇前所未有，挑战也前所未有。我们在严以修身的过程中，要深入学习习近平总书记系列重要讲话精神并全面落到实处。通过学习修身，着力提高战略谋划能力，增强对改革发展的前瞻思考和整体把握，保持定力，积极抢抓难得的发展机遇，紧紧扭住转方式、调结构、提质量、增效益不动摇；着力提高推动全面深化改革的能力，谋划好改革的顶层设计和统筹协调，以经济体制改革为主轴，以转变政府职能、简政放权为“先手棋”，努力破除影响和制约振兴发展的体制机制障碍，充分释放市场活力、社会活力、创新活力；着力提高驾驭复杂局面的能力，全面落实依法治国方略，树立法治理念、法治思维，做尊法、学法、守法、用法的模范，推动法治政府建设，为全面建设小康社会创造良好的法治环境。

三是在学以致用方面。面对科技大潮汹涌澎湃、网络时代扑面而来的新形势，我们要始终坚持在实践中学习，在学习中实践，主动学习双中高、双引擎、一带一路、工业4.0、中国制造2025、互联网+、大数据、PPP等一系列新理论、新战略、新知识、新技术，确保知识更新的步伐跟上时代前进的脚步，同时通过实践不断提高驾驭新思维、新知识、新技术的能力，切实做到知行合一，永远走在时代前列。

注 释：

①引自2014年5月5日《人民日报》第二版，《习近平：青年要自觉践行社会主义核心价值观—— 在北京大学师生座谈会上的讲话》。

②引自《习近平谈治国理政》，外文出版社，2014年10月第1版，《紧紧围绕坚持和发展中国特色社会主义学习宣传贯彻党的十八大精神》。

③引自《十八大以来重要文献选编》（上），中央文献出版社，2014年第1版，《习近平：在全国组织工作会上的讲话》。

④引自2014年10月9日《人民日报》第一版，《习近平在党的群众路线教育实践活动总结大会上强调——历史使命越光荣奋斗目标越宏伟越要增强忧患意识越要从严治党》。

论严以律己

一、深刻理解严守政治纪律、政治规矩的极端重要性

首先，从我们党的历史看，严守政治纪律、政治规矩，是我们党的优良传统和独特优势。我们党成立伊始，就强调立规矩、讲纪律。1922年召开中共二大的时候，在大会通过的党章中，便专列“纪律”一章，规定各地党组织不得违背中央立场“单独发表意见”，“言论行动有违背本党宣言章程及大会各执行委员会之议决案”，则必须开除党籍。1927年10月，毛泽东同志在创建井冈山革命根据地时，在他确定的24个字的入党誓词中，便有“服从纪律”这四个字。与此同时，还创设了人民军队的基本纪律，后来发展为“三大纪律、八项注意”，其中第一条纪律“一切行动听指挥”，讲的就是政治纪律。延安整风初期，为了统一全党的思想，毛泽东同志提出了一个著名的论断：“路线是‘王道’，纪律是‘霸道’，这两者都不可少。”1948年9月，中央政治局专门召开扩大会议，主要议题就是“军队向前进，生产长一寸，加强纪律性，革命无不胜”。会议强调要建立请示报告制度，党的下级的重要决议必须呈报党的上级组织批准以后方准执行。改革开放初期，我们党

为了让党员干部守纪律、讲规矩，做了两件大事：一是重新设立中央纪律检查委员会，二是制定《关于党内政治生活的若干准则》。邓小平同志强调："我们党要团结和组织起来，一靠理想，二靠纪律。"党的十八大以来，党中央从重申党章、颁布八项规定着手，制定和完善各项规章制度，推动全党讲规矩、守纪律，有力促进了党的各项事业健康发展。建党90多年的历程充分证明，我们党就是靠着纪律和规矩一路走来的。

其次，从国外政党的兴衰成败看，严守政治纪律、政治规矩是政党生存发展的生命线。在世界近现代历史舞台上，国外一些政党历经风云变幻而保持旺盛生命力，一个共同特点就是靠严明的纪律来集聚力量、维持生机。例如，新加坡人民行动党1959年执政至今已经超过50年，并且一党独大的政治结构越来越巩固，很重要的因素就是在党内建立了严密的组织制度和纪律规范，党章中对于党员涉嫌违纪、违纪党员如何处分、处分的执行程度等，都有全面和精准的界定，并且对违纪者实行零容忍，执纪处罚严厉，在国民中树立了较高威信，形成了稳固的执政根基。从反面教训看，苏联解体前，苏共放弃了民主集中制原则，党员公开反对党的决议、对抗党的政策，从无视规矩变为破坏规矩，从思想混乱演变到组织混乱。苏共在有20万党员时建国、在有200万党员时卫国、在有2000万党员时却亡国，其政治纪律、政治规矩动摇的教训十分惨痛。可见，政治纪律、政治规矩是政党生死攸关的生命线，政治纪律、政治规矩废弛，必然导致政党衰亡。

最后，从现实需要看，严守政治纪律、政治规矩，是协调推进"四个全面"战略布局的重要保证。在党中央提出的"四个全面"

战略布局中，全面从严治党是全面建成小康社会、全面深化改革、全面推进依法治国的根本保证。列宁说过：“党需要有铁一样的纪律，铁一般的组织。”中国共产党是一个拥有8600多万党员的执政党，每个党员都是党的肌体内的细胞。只有从严治党，才能打造一支政治坚定、纪律严明、攻无不克、战无不胜的“铁军”，才能带领全国人民实现“两个一百年”奋斗目标和中华民族伟大复兴的中国梦。笔者理解，这是党的十八大以来习近平总书记多次强调守纪律、讲规矩，并将其摆在更加突出位置的重大现实意义所在。

二、准确把握政治纪律、政治规矩的内涵、特征和相互关系

政治纪律，是党要求各级组织和全体党员在政治活动和政治行为中必须遵守的行为准则，是全党在政治方向、政治立场、政治言论、政治行动方面必须遵守的刚性约束。**政治规矩**，是党在长期实践中形成的政治规则、组织约束、优良传统和工作习惯。政治纪律、政治规矩具有四个基本特征。

一是根本性。习近平总书记指出：“在所有党的纪律和规矩中，第一位的是政治纪律和政治规矩。”①政治纪律、政治规矩在党的纪律体系中处于头等重要的地位，是最根本、最重要、最关键的纪律和规矩。

二是系统性。习近平总书记对政治纪律、政治规矩的内容有过具体的论述，政治纪律、政治规矩主要包括四个方面：**第一是**《党章》，这是党内的根本大法，也是党内的总规矩。**第二是**相关配套

的纪律文件，包括《关于党内政治生活的若干准则》、《中国共产党纪律处分条例》、《中国共产党党员领导干部廉洁从政若干准则》等。第三是国家法律。法律是党领导人民制定的，是全体公民的行为准则，更是党员干部必须遵守的规矩。第四是党在长期实践中形成的优良传统和工作惯例。

三是约束性。政治纪律、政治规矩是党的意志和人民利益的体现，它一经形成，党组织和党员就必须无条件遵守和执行，具有强制约束力。笔者理解，政治纪律是“红线”，政治规矩是“底线”，同时又都是“高压线”。任何党员，不论其在党内的威望和职务有多高、功劳有多大，都要无条件接受政治纪律、政治规矩的约束，只要违反了党的政治纪律、政治规矩，都必须受到相应的处分。

四是传承性。我们党的很多优良传统和工作惯例，看似无形，没有白纸黑字的规定，但都是一种传统、一种范式、一种要求，遵守它就能增进团结、提高效率、促进工作协调运转，违背它就会贻误工作、贻害无穷。例如，请示汇报工作，有明文规定的事项可按规定执行，对于没有明文规定的该不该请示汇报、按照什么样的程序请示汇报，这就要遵循工作惯例。又如，会议活动安排中的具体细节问题，在党的纪律中并没有明文规定，却有规矩，如果不按规矩办事，就可能引起混乱。正如习近平总书记指出的：“我们党在长期实践中形成的优良传统和工作惯例，经过实践检验，约定俗成、行之有效，反映了我们党对一些问题的深刻思考和科学总结，需要全党长期坚持并自觉遵循。”②

在把握政治纪律和政治规矩特征的同时，还要明确两者的关系。

一是两者相辅相成。习近平总书记指出："对于我们这么一个大党来讲，不仅要靠党章和纪律，还得靠党的优良传统和工作惯例，纪律是成文的规矩，一些未明文列入纪律的规矩是不成文的纪律。"[③]政治纪律和政治规矩相辅相成，共同构成了党员的行为准则。

二是两者相互依存。政治纪律是政治规矩的前提，政治纪律为政治规矩的形成提供了最基本的价值导向和制度导向，引导着政治规矩的形成。政治规矩必须符合政治纪律及其所体现出的价值和理念，否则就不能成为政治规矩。

三是两者相得益彰。遵守政治规矩是遵守政治纪律的重要保障，政治规矩是党员干部的党性观念、宗旨意识的体现，强调自我约束。自觉遵守政治规矩，意味着牢固树立了党的意识，有较强的党性观念和觉悟。有了这样的党性和觉悟，就必然会为自觉遵守政治纪律奠定扎实的思想基础。

新形势下，党中央之所以重新把严守政治纪律、政治规矩放在更加重要的位置来抓，主要是近年来一些人无视党的政治纪律、政治规矩，严重破坏了党的政治纪律、政治规矩，给党和人民的事业造成了严重的损失。从党的高级领导干部沦落为党和人民的罪人，就是因为严重违反党的政治纪律和政治规矩，野心膨胀，践踏法律，结党营私，破坏团结，贪污腐败，违法违纪，已经完全丧失了党性、背叛了党和人民。习近平总书记指出："讲规矩是对党员、干部党性的重要考验，是对党员、干部对党忠诚度的重要检验。"[④]笔者认为，习近平总书记这一论断非常重要，明确了严守政治纪律、政治规矩的本质要求。干部在政治上出问题，对党的危害不亚于腐败问题，有的甚至比腐败问题更严重。守纪律、讲规矩的外在表现是一个党员干部遵守规范、合乎要求的行为，而其内在本质是对党的理想价值和目标追求的自觉认同。能不能严守政治纪律、政治规矩，从根本上来说，检验着一个党员干部党性是否纯洁，考验着一个党员干部对党是否忠诚，至关重要，唯此为大。

三、坚决把严守政治纪律、政治规矩的要求落到实处

（一）学纪律懂规矩，打牢思想根基

讲诚信、懂规矩、守纪律，是2013年8月习近平总书记在辽宁视察时第一次提出来的要求，每个领导干部都要学深学透。要把学习习近平总书记系列重要讲话精神作为一项重要的政治任务，学原文，读原著，悟原理，领会核心要义，把握精神实质，始终做到学而信、学而用、学而行。要深入学习以党章为核心的党规党纪，深刻理解政治纪律、政治规矩的含义、特征、相互关系和本质要求，切实做到知晓政治纪律、政治规矩，认同政治纪律、政治规矩，让政治纪律、政治规矩入脑入心、律言律行。

（二）强化“五种意识”，做到“五个坚决”

习近平总书记提出的“五个必须”的要求，从落实角度看就是“五个坚决”。**一要树立政治意识，坚决维护党中央权威。**守纪律、讲规矩，第一位的要求就是在任何时候、任何情况下都必须在思想上、政治上、行动上同党中央保持高度一致。不同地区、部门、行业的工作虽然各有其特殊性，但在同党中央保持高度一致这个重大原则问题上，不能有丝毫含糊，不能各行其是，搞这样那样的变通。**二要树立团结意识，坚决维护党的团结。**要坚持搞五湖四

海，团结一切忠诚于党的同志，一道为振兴发展共同奋斗，决不搞以人划线、亲亲疏疏，决不搞小团体、小圈子。三要树立程序意识，坚决遵循组织程序。组织程序凝结着党的工作规律，保证各级党组织工作的正常秩序。这些程序规则就是党的规矩，有些已成为刚性的纪律。要严格遵守组织运行程序，明确自己的权限，决不超越权限办事，决不擅作主张、我行我素，重大问题该请示的请示，该汇报的汇报，决不做先斩后奏、迈过锅台上炕的事。四要树立组织意识，坚决服从组织决定。党的战斗力需要铁的纪律来维系，对组织决定不能搞“选择性服从”，对组织决定要不折不扣地贯彻执行，决不跟组织讨价还价，决不违背组织决定，决不搞非组织活动，遇到问题找组织，依靠组织，不欺骗组织、对抗组织。五要树立原则意识，坚决管好亲属和身边工作人员。关键是要按照习近平同志指出的那样，处理好公与私、情与法、利与法的关系。决不公私不分，把公权力用于回报私情；决不情大于法，因感情因素而徇私枉法；决不见利忘义，为谋取私利而践踏法纪。

（三）自觉接受监督，严格遵规守纪

监督是一种保护，更是一种关爱，自觉接受监督就能有效预防小毛病转化为大问题。严守政治纪律和政治规矩，要主动适应从严治党新常态和民主政治建设新形势，主动接受组织监督，全面落实好党内监督条例规定的监督事项。要更加自觉地接受人大依法监督和政协民主监督，办理好人大建议和政协提案，主动汇报工作、搞好协商。要善于在审计监督下工作，从规范财政资金使用入手，促进依法行政和廉洁从政。要主动适应媒体监督，顺应互联网等新兴媒体快速发展的新形势，提高媒体应对能力，切实在网络和媒体监

督下改进政府工作。

（四）增强政治定力，做到持之以恒

习近平总书记指出："检验一名干部理想信念是否坚定，主要看其在重大政治考验面前有没有政治定力。"[5]在世情国情党情发生深刻变化、世界范围内各种思想文化交流交融交锋更加频繁、意识形态领域斗争长期而复杂的新形势下，领导干部的政治定力主要表现为毫不动摇地坚持马克思主义和共产主义信仰，坚决与各种错误思想做斗争。严守政治纪律、政治规矩，贵在持之以恒，无论何时何地都要坚决听党指挥，与党中央保持高度一致，时刻保持政治上的清醒，做政治上的明白人。同时，要敢于同各种错误思想、各种违反政治纪律和政治规矩的现象做斗争，坚决维护党的政治纪律和政治规矩的严肃性。

注　释：

①引自《习近平关于严明党的纪律和规矩论述摘编》，中央文献出版社，2016年1月第1版，《严明党的纪律首要的就是严明政治纪律》。

②③④引自《习近平关于严明党的纪律和规矩论述摘编》，中央文献出版社，2016年1月第1版，《加强纪律建设是全面从严治党的治本之策》。

⑤引自《十八大以来重要文献选编》（上），中央文献出版社，2014年第1版，《习近平：在全国组织工作会上的讲话》。

论严以用权

一、正确认识权力是严以用权的重要前提

关于权力的论述、解释、分析，古往今来众说纷纭，有的讲来源，有的讲目的，有的讲使用，有的讲约束，概括起来，大体有五种：第一种是自然论（核心是强者为王）；第二种是神意论（核心是君权神授）；第三种是血缘论（核心是血缘世袭）；第四种是契约论（核心是权力委托）；第五种是民意论（核心是民主选举、民主授权）。以上五种权力理论是历史更替、与时俱进的产物，其中民意论是当代国家和政党政治的理论基础，也是马克思主义权力观的重要来源之一。习近平总书记强调："各级领导干部要树立正确的权力观。"[①]那么正确的权力观是什么？就是马克思主义的权力观。马克思在总结巴黎公社经验时指出："经过普选产生的公职人员，应当为组织在公社里的人民服务。"毛泽东同志的经典语录是：全心全意为人民服务。邓小平同志讲，要以人民高兴不高兴、人民答应不答应、人民满意不满意作为衡量用权的标准。习近平总书记指出："马克思主义权力观概括起来就是两句话：权为民所赋，权为民所用。"[②]这一概括非常准确、非常精辟。一是指明了

权力的来源，要求我们认清手中权力是谁给的。我国《宪法》规定，中华人民共和国的一切权力属于人民。人民把权力委托给自己选出的代表，再根据多数代表的意志授予各级各部门的国家机关，这样，各级领导干部便成了国家权力的具体执行者和操作者。权力虽然掌握在领导干部手里，但绝不属于领导干部个人。对于权力，领导干部只有使用权，没有所有权，所有权归人民。二是指明了权力的目的，要求我们认清手中权力是为谁使用的。作为领导干部，真正做到用权为民，首先要对党和人民忠诚，忠诚于党的信仰、忠诚于党的宗旨、忠诚于人民的事业，把权力的行使贯穿于为人民服务的实践之中。正如习近平总书记讲的那样："我们共产党人的根本，就是对马克思主义的信仰，对共产主义的信念，对党和人民的忠诚。只有在立根固本上下足了功夫，才会有强大的免疫力和抵抗力，让一切不严不实的东西近不了身、附不了体。"[③]反之，一旦背离了权为民所用，权力必然被异化，成为可怕的洪水猛兽。周永康、薄熙来、郭伯雄、徐才厚、令计划、苏荣有一个共同点，就是公权私用，拿自己手中的权力为自己、为家人、为身边的人谋取不正当利益，而不是为人民谋福利，他们的行为给党和人民的事业造成了巨大的损害，自己也落得身败名裂的可悲下场。

二、严格行使权力是严以用权的关键环节

践行"三严三实"要求，"三严"是前提，在"三严"中，严以用权是核心。作为领导干部，严以修身、严以律己最终都要体现在严以用权上。严以用权，"严"字当头，"严"是关键。严就严

在依法、依纪、依规，严就严在边界明晰、阳光透明、公私分明。

一是坚持依法用权。习近平总书记指出："权力是一把'双刃剑'，在法治轨道上行使可以造福人民，在法律之外行使必然祸害国家和人民。把权力关进制度的笼子里，就是要依法设定权力、规范权力、制约权力、监督权力。"[④]领导干部要做到依法用权，必须带头学法、尊法、守法、用法，把法律法规贯穿于权力行使的始终。在学法上，既要深入学习《宪法》这一根本大法，又要学懂弄通具体的法律法规和配套的规范性文件；既要学好实体法，又要学好程序法。在尊法上，要做到知行合一，将对法律的敬畏落实在权力的行使上，真正做到内化于心、外化于行。在守法上，要严格要求自己，时时处处以宪法和法律为准绳，确保权力的行使不越过法律的底线。依法用权，归结起来就是要养成遇事找法、办事依法、解决问题靠法的行为习惯，善于运用法治思维和法治方式想问题、做决策、抓落实。

二是坚持依纪用权。也就是必须恪守纪律和规矩。作为执政党的领导干部，仅仅做到依法用权还远远不够，还要恪守党的纪律和党的规矩。最近，中央新修订的《中国共产党廉洁自律准则》和《中国共产党纪律处分条例》，坚持纪法分开、纪在法前、纪严于法，强调他律，重在立规，划出了党组织和党员不可触碰的底线。作为党员领导干部，在行使权力时，必须按照《准则》和《条例》要求，切实将纪律和规矩摆在法律前面。特别是要认真贯彻民主集中制，严格执行重大事项由集体研究决定，严格依法依规办事，决不能视制度为无物、视程序为儿戏，不能违规操作，徇私枉法，切实做到用权有原则、决策讲科学、办事守规矩。

三是坚持规范用权。就是要准确把握权力边界，不能越过权力边界用权。按照党的十八届四中全会提出的“法无授权不可为，法定职责必须为”的要求，领导干部必须按照权力清单和责任清单行使权力，坚决防止不作为、乱作为。制定和实施权责清单的首要目的，就是界定每一个职能部门以及每一个岗位的职权和责任边界，使各级领导干部真正做到规范用权。

四是坚持廉洁用权。这是对领导干部的刚性要求，是做事用权的红线和底线，其核心要义是不能“公权私用”，更不能“以权谋私”。领导干部要做到廉洁用权，其一，要严守防线。就是要筑牢思想防线，把好思想关口，自重自省、警钟长鸣，修枝剪叶、防微杜渐，坚决防止腐败对权力的侵蚀。其二，要严以律己。核心问题是防止“公权私用”，杜绝“以权谋私”。领导干部要从思想和行动上划清公与私的界限，拒绝各种特权，坚持公开、公平、公正用权，做到为民掌权、秉公用权，决不能搞权力寻租、权钱交易。其三，要严管亲属。坚持修身与齐家并重，对自己的家人和身边工作人员，多约束、常提醒、勤教育，防止别有用心的人从他们身上打开缺口。

在坚持上述四个方面的基础上，真正做到严以用权，还必须在监督下用权。法国思想家孟德斯鸠在《论法的精神》一书中提出：“失去监督的权力，必然产生腐败。”阳光是最好的“防腐剂”，监督是最有效的“防火墙”。领导干部要习惯于在“聚光灯”下行使权力，在“放大镜”下开展工作。客观上，要加强对权力的监督制衡，包括党的组织监督、纪律检查监督，人大的依法监督，政协的民主监督，检法两院的司法监督，政府内部的层级监督，新闻舆论的监督和人民群众的监督，要健全制度，形成体系，相互制衡，使各种监督更加规范、更加有力、更加有效。主观上，要自觉自愿地接受监督，正如习近平总书记强调的："要从谏如流，自觉接受监督。"[⑤]始终摆正个人和组织、个人和群众的关系，切实把来自方方面面的监督看作是对自己的政治保护，真心实意地听取各方面意见，特别是涉及一些重大敏感问题时，更要请人监督、扩大监督，做到阳光透明、公道正派。总之，有力有效的监督是领导干部严以用权的重要保证。

三、敢于担当是严以用权的更高境界

有权必有责，有责必担当。领导干部肩负着推动发展、改善民生的重任。对待人民赋予的权力，遵规守法、不谋私利，这是重要的前提和底线，敢于担当才是更高境界。

第一，要把严以用权体现在锐意进取上。领导干部要敢于担当，不回避矛盾，为官有为，把人民赋予的权力用在干事创业上，倍加珍惜为党、为家乡、为老百姓工作的机会，恪尽职守，履职尽责，始终保持昂扬向上的进取心和干事创业的精气神，始终做到心中有党不忘恩、心中有民不忘本、心中有责不懈怠、心中有戒不妄为。

第二，要把严以用权体现在改革创新上。习近平总书记指出："领导干部是否做到'三严三实'，全面深化改革是一个重要检验。"[⑥]当前，全面深化改革已经进入深水区和攻坚期，全面创新改革试验也已拉开序幕，我们既要当改革创新的促进派，又要当改革创新的实干家。一方面，力度要大。要以推进全面深化改革为统领，下好行政体制改革这一“先手棋”，严格按照向社会公布的权责清单和权力运行流程图，规范审批事项和审批流程，推进简政放权、放管结合、优化服务“三管齐下”，着力解决企业和群众对放权“没感觉”的问题，真正还权于市场，给企业松绑，使市场在资源配置中起决定性作用，激发全社会创新创造的热情。另一方面，步子要稳。要把全面深化改革与全面依法治国有机结合起来，坚持在法治轨道上推进全面深化改革，科学组织实施好各项体制机制改革方案的合法性和可行性审查，确保重要改革措施既于法周延，又于事简便；既于法有据，又切实可行，真正做到习近平总书记要求的蹄疾而步稳地推进改革创新，为经济社会发展提供持久动力。

第三，要把严以用权体现在攻坚克难上。“权力有界，作为无限”。习近平总书记反复强调：“干部就要有担当，有多大担当才能干多大事业，尽多大责任才能有多大成就。”[⑦]所以，在新常态下，特别是在困难面前，敢于担当是对领导干部严以用权的更高要求。当前，新常态下经济发展和全面深化改革正处在“滚石上山、爬坡过坎”的关键阶段，面临的突出困难、突出矛盾就是稳增长。我们必须切实把稳增长责任扛在肩上，不折不扣地贯彻落实“四个着力”要求，坚持问题导向，找准薄弱环节，明确主攻方向，全力抓好以落实国务院28号文件为重点的政策支持，以重点项目为载体的有效投资拉动，以二、三产业为重点的产业支撑，以大众创业、万众创新为重点的新引擎和以财税收入为重点的经济运行，确保主要经济指标处于合理区间。在抓好当前稳增长的同时，要谋划好长远奔小康，认真贯彻落实党的十八届五中全会精神，紧紧围绕“四个全面”这一总体布局，牢牢把握确保如期全面建成小康社会。坚持把增进人民福祉作为出发点和落脚点，以提质增效、转型升级作为主攻方向，切实贯彻创新、协调、绿色、开放、共享的发展理念，用战略思维和世界眼光，科学谋划“十三五”时期指标体系、战略任务、空间布局、保障措施等，以高水平的规划引领未来发展，确保如期全面建成小康社会。

注　释：

①②引自2010年9月1日《新华网》，《习近平出席中央党校2010年秋季学期开学典礼》。

③⑤引自2015年9月13日《人民日报》第一版，《习近平在中共中央政治局第二十六次集体学习时强调　时时铭记事事坚持处处上心　以严和实的精神做好各项工作》。

④引自2015年2月3日《人民日报》第一版，《习近平在省部级主要领导干部学习贯彻十八届四中全会精神全面推进依法治国专题研讨班开班式上发表重要讲话》。

⑥引自2015年7月2日《人民日报》第一版，《习近平主持召开中央全面深化改革领导小组第十四次会议强调　把“三严三实”贯穿改革全过程　努力做全面深化改革的实干家》。

⑦引自2015年1月13日《人民日报》第一版，《习近平：做焦裕禄式的县委书记　心中有党心中有民心中有责心中有戒》。

JINGJITANSUOPIAN

经济探索篇

关于大力发展现代服务业的思考

依据理论与实践之领悟，特别是借鉴国内外的成功经验，本文从三个方面谈一下对大力发展现代服务业的初步思考。

一、大力发展现代服务业，首先要提高认识、转变观念、抓住机遇

（一）提高认识，就是必须从战略高度来认识现代服务业，并切实将其作为战略产业来大力发展

具体来讲，至少应把握以下四点：

第一，大力发展现代服务业，是顺乎时代发展的新潮流。自20世纪60年代以来，美国等发达国家呈现出工业型经济向服务型经济转变的大趋势（服务业在经济中的比重超过60%即为服务型经济），服务业在国民生产总值中的比重不断加大，主要发达国家达到71%，中等收入国家为61%，低收入国家为50%，世界平均水平为68%，而我国仅为50.5%。同时，随着新科技革命浪潮的兴起，现代服务业正发挥着越来越重要的作用，特别是近10年来，已成为世界经济增长的主要力量，是世界经济中增长幅度最快的行业，

并成为外国直接投资的重点。1970~2000年间，服务业占全世界外国直接投资存量的比重从25%上升到60%，而制造业则从42%下降到了34%。当前，我们正处于由工业化中期向工业化后期过渡的阶段。从世界经济发展规律和产业转型趋势来看，未来15~20年正是服务业加速发展的重要时期。能否抓住时机，伴随经济的发展大力发展现代服务业，是我们面临的重要课题。这就要求我们必须高度重视并大力发展现代服务业。这也是顺应时代发展潮流、按经济规律办事的重要体现。

第二，大力发展现代服务业，是党的十七大提出的新要求。党的十七大报告提出，要“发展现代服务业，提高服务业比重和水平”。与此相呼应，十七大前，2007年3月国务院印发了《关于加快发展服务业的若干意见》，2007年9月召开了全国服务业工作会议，并首次提出有条件的大中城市要尽快使服务业成为国民经济的主导产业。十七大后，2007年12月召开的中央经济工作会议进一步强调，要促进经济增长由主要依靠投资、出口拉动向依靠消费、投资、出口协调拉动转变，由主要依靠第二产业带动向依靠第一、第二、第三产业协同带动转变，由主要依靠增加物资资源消耗向主要依靠科技进步、劳动者素质提高和管理创新转变。可以说，大力发展现代服务业是认真贯彻落实十七大精神和党中央、国务院的一系列工作部署的新要求（这也是发展现代服务业的重要理论依据）。

第三，大力发展现代服务业，是建设区域中心城市的新举措。现代服务业是后工业经济时代城市功能的主要承担者，并已成为经济增长的重要动力和现代化的重要标志。世界级装备制造业基地基本建成，东北地区中心城市建设水平明显提升，都离不开现代服务业的强力支撑和有力推动。只有大力发展现代服务业，不断壮大其规模，提升其水平，才能更好地满足制造业发展的需求并不断提升制造业竞争力，才能进一步拓展中心城市功能、增强中心城市的聚散辐射作用，也才能形成新的经济增长点，与一、二产业协同带动经济增长，始终保持经济又好又快发展的强劲势头。

第四，大力发展现代服务业，是广大群众过上美好生活的新期待。服务业不仅是经济增长的重要力量、地方税收的重要来源，而且是改善民生、就业富民的重要渠道，可以直接满足人民群众的物质文化生活需求。据推算，如果我国服务业就业比重达到目前大多数低收入和中等收入国家服务业就业比重即45%的水平，就可以多吸收1.3亿人就业，这将极大缓解城市就业压力，并能够更好地带动农村剩余劳动力转移，同步提高城乡居民收入和生活水平。

（二）转变观念，就是必须走出对现代服务业的认识误区，坚持先进制造业与现代服务业双轮驱动的发展策略

当前，重点应走出以下三个方面的认识误区。

一是对立论，也就是把坚持工业主导与发展服务业对立起来。事实上，国内外服务业特别是现代服务业发展的一个重要趋势就是与制造业的产业融合越来越明显，现代服务业和制造业的关系正在变得越来越密切，并形成良好的互动机制，彼此依赖程度日益加深，不仅新型工业的发展带动了设计、研发、营销等现代服务业的发展，而且现代服务业又会反过来促进制造业的升级，特别是生产性服务业的逐渐发展，为制造业的发展提供了更大的空间，并大大提高了制造业的质量和水平。近年来，国外许多原有的制造型企业通过大规模进入或兼并现代服务业来整合原有的业务，如GE（通用电气）通过进入金融业为客户提供贷款来促进其产品的销售，HP（惠普）通过兼并服务型企业，从而能够为客户提供从硬件到软件、从销售到咨询的全套服务。所有这些都有力地说明，现代服务业与制造业之间并不是对立的关系，而是相互促进、相互提升、日益融合的关系。甚至可以说，没有现代服务业就无法实现新型工业化。

二是先后论，认为应当优先发展工业，或者说等到工业发展到一定规模以后再大力发展服务业，这也是造成我国服务业特别是现代服务业规模偏小、比重较低的重要原因之一。事实上，在现代制造业的发展过程中，生产前期的研发、设计，中期的管理、融资和后期的物流、销售、售后服务、信息反馈等，都需要服务业的支撑和推动，特别是要提高制造业的发展质量和水平，提升其竞争力，更是离不开现代服务业。同时，从国际产业发展规律来看，优先发展现代服务业、不断提高服务业在国民经济中的比重，已经形成一种共识，成为一种潮流，而我们服务业发展还比较弱小，就更应在继续加快发展工业的同时，优先大力发展现代服务业。

三是主次论，认为工业处于主导地位，服务业处于辅助地位。这种观点如果是在工业化初期则是正确的，但现在我们已发展到由工业化中期向后期过渡的阶段，而且作为区域中心城市，这就要求我们必须大力发展现代服务业。也正是因为如此，全国服务业工作会议才首次提出，有条件的城市要尽快使服务业成为主导产业。

总之，我们要清醒地认识我国正在由工业化中期向后期过渡的阶段性特征，遵循经济发展规律，顺应产业转型趋势，切实按客观规律办事，明确工作取向：坚持先进制造业（工业）与现代服务业双轮驱动、两翼齐飞，从而有效保持经济又好又快发展的强劲势头，真正实现科学发展、和谐发展、率先发展。

（三）抓住机遇，就是必须牢牢抓住国际服务业转移的重大机遇，全力实现现代服务业的超常发展

当前，我们在大力发展现代服务业的过程中，面临的最大机遇就是国际服务业由发达国家向发展中国家转移。这种转移主要体现在三个方面：一是项目外包，即企业把非核心的辅助型业务委托给国外其他公司；二是跨国公司业务离岸化，即跨国公司将一部分服务业务转移到低成本国家；三是一些与跨国公司有战略合作关系的服务企业为了给跨国公司在新兴市场国家开展配套服务而进行转移，或者是开拓东道国市场和开展国际服务贸易。

在承接国际服务业转移的竞争中，我们有众多的有利条件：我们的综合实力不断增强，工业连续多年高速增长，居民收入快速提高，为服务业发展提供了强大的需求动力；城市文化底蕴持续增强，环境极大改善，知名度大幅度提升，为服务业发展创造了良好的外部条件；中心城市功能不断拓展，为服务业发展提供了有效的空间。加之历史上形成的区位、交通、资源等优势，我们在承接国际服务业转移、加快发展现代服务业方面已具备了诸多十分有利的基础和条件。

面对难得的机遇，我们不仅要加快发展，抓紧追赶，更要超常发展，迎头赶上，真正杀出一条血路来，把机遇抓到手，把产业抢过来，否则便会再次与机遇擦肩而过，被远远地甩在后边。

总之，大力发展现代服务业，首先必须准确把握从工业化中期向后期过渡的阶段性特征，从战略高度认识现代服务业，并切实将其作为战略产业来大力发展；必须从老工业基地和区域中心城市的基本市情出发，牢固树立先进制造业与现代服务业双轮驱动、两翼齐飞的发展策略；必须顺应经济发展规律和产业转型趋势，紧紧抓住国际服务业转移的重大机遇，全力实现现代服务业的超常发展、跨越发展。

二、大力发展现代服务业，关键要抓紧解决一些深层次问题

一是总量扩张问题。要解决这一问题，必须坚持两条腿走路，一方面是要加大招商引资力度，把引进服务业大项目与工业项目同等对待，一并考核，甚至要把前者摆在更加突出的位置，确保在引进项目的数量和投资额方面均不低于制造业。另一方面是要加快自身发展速度，要把现已确定的增长指标作为指导性指标，在实际工作中力争再快一些，使服务业增速不低于第二产业，只有这样，才能迅速实现总量扩张和占GDP的比重提高，才能尽快形成以服务业为主导的产业结构。

二是结构优化问题。核心是提高现代服务业在整个服务业中的比重，计划未来五年达到60%。这就要求，既要大力发展现代的、特别是新兴的服务业，如信息、物流、旅游、中介以及文化、教育、医疗等，也要加快用新技术、新流程、新业态和新的服务方式改造提升传统服务业，使其成为现代服务业。

三是提高竞争力问题。这需要在国际竞争的大视野中来审视，核心是扩大对外开放，积极吸收发达国家的先进经验、技术和管理方式，特别是要加强与国际知名服务企业的合资合作，利用跨国公

司的经营渠道和市场网络输出服务产品，并吸引国外大型服务企业设立地区总部及研发、采购、分销、配送中心，促进服务业外向发展。同时，要加快研发中心和技术开发中心建设，鼓励研究机构和高等院校的科技力量进入服务领域或创办服务企业，提高创新能力和竞争力。

四是体制创新问题。重点包括四个方面：其一是打破电信、民航、铁路、邮政等行业的垄断，推进国有资本置换和民营资本进入；其二是推进城市公用事业的体制创新，既可以转让部分国有企业的产权或经营权，也可以通过资产重组或新增投资的方式推动非公有资本“进入”，尤其是在发展循环经济的过程中，更要引导民营资本进入污水处理、余气余热利用等领域；其三是按照“公共性”、“准公共性”和“营利性”区别对待的原则，分类推进社会事业领域的体制创新；其四是推进银行、证券、保险行业的改革，发展现代金融服务业。

三、大力发展现代服务业，必须全方位强化工作措施

借鉴国内外现代服务业发展的成功经验，我们应重点采取以下政策措施。

（1）加强组织领导，完善发展规划。应着力研究制定五年规划和配套政策，切实将优化现代服务业作为首要战略任务加以推进。同时，还要进一步推动行业协会的市场化运作，注重发挥其作用。

（2）放宽市场准入，创新体制机制。抓紧研究制定鼓励发展的现代服务业产业导向目录；大力吸引国际知名的跨国公司总部、

研发中心、现代服务业大集团和大公司入驻；鼓励外资、民资参与现代服务业企业的资产重组和股份制改造；制定进一步深化沈阳市事业单位改革的意见；加快教育、文化、卫生、体育等社会事业部分领域的产业发展步伐。

（3）强化资金引导，有效整合资源。各级政府都应安排一定数量的服务业发展引导资金，通过贷款贴息和补贴，引导服务业的发展方向，吸引更多的资金等要素投入到现代服务业，特别是推动重点行业、重大建设项目的发展。

（4）实施品牌战略，提高竞争实力。积极吸引世界同行业知名现代服务业品牌企业落户；积极培育一批在全国同行业具有竞争优势的现代服务业企业集团；鼓励有条件的企业发展服务业跨国公司，培育国际品牌。

（5）优化空间布局，形成集聚效应。就是要大力发展以某一服务产业为主体，相关服务产业相配合，产业特色鲜明，空间相对集中，具有资源集合、产业集群、服务集成功能的服务业集聚区，并将其作为大力发展现代服务业的新抓手，拓展发展空间，搭建招商平台，力争在较短时间内建成多点支撑的专业有别的现代服务业集聚区，形成发展现代服务业的新高地、树立城市形象的新亮点。

（6）加快引进培养，建设人才高地。要充分发挥高等院校、科研院所、职业学校及社会机构的作用，推进国际交流合作，抓紧培养引进各类、各层次的急需人才，特别是熟悉世贸规则、通晓国际惯例、擅长国际交往的高级专业人才，并扶持一批具有国际竞争力的人才服务机构。同时，加快建设万人职业学校，抓紧启动软件实训基地建设，不断提高从业人员的素质。

（7）引导服务消费，扩大市场需求。在经济发展的同时，多渠道增加城乡居民特别是农民和城市低收入者的收入。要继续清理不利于服务业发展和限制消费的有关规定，不断改善服务消费环境，完善消费政策，倡导健康文明的消费方式，引导城乡居民增加服务消费，营造有利于扩大服务消费的社会氛围。

（8）加强法制建设，营造良好环境。要通过加快地方立法，依法规范和有效保护现代服务业发展。通过推进依法行政，促进司法公正，积极营造公正、高效、权威的司法环境，切实维护市场主体的合法权益。切实加强知识产权保护，加快建立信用体系。

（9）完善统计制度，纳入绩效考核。要进一步加强和完善服务业统计工作，完善指标体系设置，弥补数据缺口，并加快建立起政府统计、部门统计和行业统计互为补充的服务业统计调查体系和信息发布制度，尽快摸清底数，搞准数据，为党委、政府科学决策提供及时、准确、全面的信息。同时，以总量、增速、占GDP的比重、现代服务业的比重、引进外资的数量、吸纳就业人数等为核心指标，建立现代服务业发展指标体系，并制定相应的绩效评价办法，纳入全市综合考核体系。

（10）实施政策聚焦，实现超常发展。用足用好国家给予的政策空间，全面梳理现行政策规定，认真清理、修订不合理的限制性规定，加快完善政策体系，在准入领域、税收征缴、用水用电用气用地价格等方面给予公平待遇，并有效规范行政管理行为。特别是对重点发展领域给予政策倾斜，对需要大力发展的产业和传统服务品牌给予必要的政策扶持，使这些领域实现超常发展。

做强县域经济三题

做强县域经济，抓住了现阶段经济社会发展的关键，意义十分重大。首先，要壮大经济总量，就必须提高县域经济的比重和贡献率，苏州、温州以及省内大连的成功经验都说明了这一点。如果我们在大力发展装备制造业、优先发展现代服务业的同时，也能够把县域经济这一块搞上去，变“软肋”为“硬肋”，变“生力军”为“主力军”，那么提高综合实力会更有保障。其次，加速经济发展是全方位的，既包括工业，也包括农业；既涵盖城市，也涉及农村，做强县域经济是题中应有之意，必须一并研究、同步抓好。最后，深入贯彻落实科学发展观，要求我们必须统筹城乡、区域发展，进一步把县域经济搞上去。总之，做强县域经济具有深厚的理论依据、充分的实践依据和迫切的现实依据，是一项必须抓好的重大战略任务。

如何做强县域经济，应当注意以下三个方面：

第一，要明确目标定位。核心就是要进军全国百强县。县域经济要加快发展，就必须以百强县为目标，把差距作为努力的方向和发展的动力，切实增强紧迫感，以超常举措实现赶超目标。如果说进军百强县是中长期目标，那么近期就要着力实施富民强县和强县升位战略。为了实现近期和中长期目标，关键要科学合理地确定未来五年的发展速度。要根据县域自身的情况，坚持更高的标准，能快则快。只有这样，才能尽快实现赶超目标，也才有可能进入全国百强县。

第二，要明确产业定位。核心是大力发展工业。做强县域经济的过程也是由农业大县向工业强县过渡、实现工业化的过程。而发展工业关键是要突出抓好项目，通过项目集聚形成主导产业，壮大工业园区，提升县域实力。

一是培育本地项目。既要鼓励农民走上自主创业之路，先当“小老板”后做“大老板”，更要引导民营企业到县域投资，充分发挥其在做强县域经济中的主力军作用。许多企业有资金、有项目，但是缺发展空间，而农村地区最缺的就是资金和项目，最不缺的就是空间。为此，要与做优发展空间相结合，积极引导城区的大企业实施梯度转移，引导中小企业向县域工业园区聚集。

二是引进外来项目。以园区为依托，全面扩大对内对外开放，精心策划重大项目，并以此为支撑，拉长产业链条，形成产业集群，做大工业园区，做强县域经济。未来几年，各县都应当包装、策划大项目，以便把整个县域经济支撑起来。

三是壮大现有项目。通过优化环境，完善服务，引导现有企业追加投资、扩大规模、提高生产能力和市场占有率，尽快形成一批产值超百亿元的大企业和产业集群。

在产业定向方面，还要坚持两手抓，也就是一手抓强县，大力发展工业；一手抓富民，大力发展现代农业，加强农业经济区建设，发展农业产业化龙头项目，并通过培育市场和发展中介组织，带领千百万农民走向市场、实现富裕。

第三，要强化保障支持。核心是要解决县域经济发展的资金来源问题，不外乎就是加大财政投入、争取上级支持和吸引社会资金三条渠道。

在加大财政投入方面，要确保法定增长，切实做到“三个明显高于”，即财政支农投入的增量要明显高于上年；固定资产投资用于农村的增量要明显高于上年；土地出让收入用于农村建设的增量要明显高于上年。各级政府有关部门应抓紧制定扶持县域经济发展的政策措施，核心是要在资金和政策上给予倾斜，切实解决县域经济发展中的瓶颈问题。

在争取国家和省支持方面，关键是要通过申报综合或单项试点，成为区域性、全国性产业基地，搭建好平台，争取国家和省的专项资金投入和政策扶持。

在吸引社会资金投入方面，重点是发挥财政资金的引导性作用，四两拨千斤，通过完善担保体系，借助融资平台，引进外资，启动民资，上市融资，形成政府启动、市场运作、多元投入的局面，充分利用社会资源做强县域经济。

坚持“两个毫不动摇”推动非公经济快速发展

改革开放以来，我国非公有制经济得到了较快发展，为经济社会发展做出了重大贡献，已成为推动经济平稳增长、增加财政收入、促进就业的重要力量。发展非公经济不是权宜之计，而是始终坚持的战略方针，必须认真贯彻党的十六大以来的要求，毫不动摇地巩固和发展非公有制经济，毫不动摇地鼓励、支持和引导非公有制经济发展。

一、解放思想是推动非公经济发展的前提

全国各地的成功经验无不充分说明，哪个地区思想解放得早、解放得彻底，哪个地区的非公经济就发展得好、发展得快。可以说，非公经济的发展历程，就是不断解放思想的过程，以至于有关专家提出，非公经济在很大程度上是“闯”出来的，谁敢“闯”、敢“试”、敢于突破旧体制的束缚，谁就会抢得先机，取得突破。为此，进一步推动非公经济发展，必须以解放思想为先导，力求思想上有新解放，认识上有新提高。只有这样，才能实现非公经济的大发展、快发展。

深入贯彻落实党的十七大关于“两个毫不动摇”的精神，即毫不动摇地巩固和发展公有制经济，毫不动摇地鼓励、支持和引导非公有制经济发展。大力发展非公经济，不仅是坚持和完善社会主义基本经济制度的内在要求，而且是不断提高经济实力、确保完成经济社会发展目标的客观需要，是改善民生、促进社会和谐稳定的重要保障，关乎当前，影响长远，意义十分重大。

解放思想是一个永无止境的过程，必须随着实践的发展和形势的变化而不断地深化。我们应以科学发展观为指导，进一步解放思想，转变观念，理清工作思路，完善政策措施，全面推动非公经济的大发展、快发展。

二、选准路径是加快非公经济发展的关键

目前，非公经济已经迈上了一个新台阶，进入了需要全面提升的历史发展新阶段，需要同步推进数量扩张、规模壮大、质量提高、形象提升，也就是做多、做大、做强、做优。

（1）扩张数量（做多）。要抓好“三个一批”，扩充“三路大军”。一是通过全方位加大对内、对外招商力度，引进一批；二是通过积极鼓励和扶持全民创业，培育一批；三是通过大力推进国有、集体企业改革，转制一批。通过招商引进外来的见效最快，通过创业培育本地的潜力最大，而通过转制的空间已经非常有限。在扩张非公企业数量上，应依托重点发展空间和园区，结合大力发展装备制造业、现代服务业、高新技术产业和县域经济，重点在加大招商力度和鼓励全民创业两方面狠下功夫。

（2）壮大规模（做大）。一是通过政策倾斜，有选择地扶持重点骨干企业加快发展来壮大规模。二是通过鼓励非公企业参与国有、集体企业改革、改组、改制，迅速壮大规模。三是通过联合、兼并、重组，特别是跨地区、跨行业、跨所有制组建企业集团，实现跨越式发展。四是通过引进战略投资者，实现投资主体多元化，从而壮大规模。

（3）提高质量（做强）。一是要引导企业加快体制创新，改变家族式经营模式，建立现代企业制度，规范法人治理结构。二是要引导企业加快管理创新，尽快走向规范化、科学化。三是要引导企业加快技术创新，坚持原始创新、集成创新和引进消化吸收再创新相结合，不断提高自主创新能力，拥有自主知识产权，增强核心竞争力。四是要引导企业加快产业结构创新，退出高消耗、高污染行业，更多地进入高技术产业和装备制造业，进入新能源和可再生能源领域，进入服务业特别是现代服务业，进入就业容量大的劳动密集型产业和农产品深加工业，进入有利于技术创新和人才培养、有利于资源节约和环境保护的领域。在这方面，关键是要积极为企业培养、引进各类人才特别是中高级人才创造条件，以满足企业提高水平、快速发展的需要。

（4）提升形象（做优）。核心是要大力实施“三名”战略，加快培育一批全国乃至世界知名的企业、企业家和品牌。

三、突破瓶颈是加快非公经济发展的重点

目前，非公经济还面临着一些不容忽视的问题，特别是融资、

市场准入、企业负担三个方面尤为突出。进一步推动非公经济发展，必须高度重视、下大力气解决好这三方面的瓶颈问题。

（1）*在破解融资难方面*，重点应从以下几方面入手：一是完善企业信用担保体系，做强财政出资的信用担保机构，加快推进与担保机构的合作，尝试引进境外大型担保机构，并探索设立再担保服务机构，健全担保风险补偿机制。二是通过设立中小企业发展专项资金，用于中小企业服务体系建设和重点项目建设，充分发挥财政资金的导向作用，真正达到“四两拨千斤”的效果。三是推进“银企对接”，降低现有政策性担保机构对非公企业的贷款担保门槛。四是鼓励和帮助具有发展潜力的中小企业发行“集合债”。五是推进企业到境内外上市直接融资。六是加快推进小额贷款公司、村镇银行建设。七是积极探索成立中小企业创业投资引导基金和产业投资基金，满足中小企业不同阶段的直接融资需求。

（2）*在放宽市场准入方面*，2005年颁布的“国务院36条”，即《国务院关于鼓励支持和引导个体私营等非公有制经济发展的若干意见》，首先就是“放宽非公有制经济市场准入”，并提出允许非公资本进入法律法规未禁入的一切行业和领域、允许非公经济进入垄断行业和领域、允许进入公用事业和基础设施领域等“六个允许、两个鼓励”。关键是抓好落实，始终坚持一视同仁、“非禁即入”、“非禁即可”，切实做到“五放”，即放开领域、放低门槛、放宽条件、放活方式、放手发展，让各类市场主体真正站在同一起跑线上竞争。

（3）*在减轻企业负担方面*，从2009年1月1日起，国家取消了100项行政事业性收费；辽宁省取消了220项行政事业性收费，其中有64项涉及企业，总计可为企业减负4.4亿元。各级政府部门必须严格执行。

四、优化环境是加快非公经济发展的保障

重点包括以下“五大环境”：

第一，要创造公平公正的法治环境。一是加强地方立法，依法保护非公企业及从业人员的合法权益。二是推进公正司法，对于涉及非公企业的各类民商事案件，依法审理，公正裁判，平等保护。三是规范行政执法，既要加强监管，坚决防止出现“三鹿奶粉”事件那样的问题，也要进一步规范执法行为，解决好“三乱”问题。

第二，要创造稳定透明的政策环境。一是认真落实上级政策，切实做到不折不扣。二是不断完善相关政策，使之成套配套，形成体系，特别是广泛借鉴各地的成功经验，集大成，有突破。三是清理原有的政策，该废止的废止，该修订的修订，决不能因“政策打架”而使企业无所适从。四是全面公开所有的政策，以便于企业了解和监督。

第三，要创造廉洁高效的政务环境。要进一步推进政企、政事、政资、政府与中介机构分开，加快建设法治型、服务型、效能型、廉洁型政府，并按照多服务、少干预，多帮忙、不添乱，多设路标、少设障碍的要求，积极改进对非公企业的管理和服务。要继续深化行政审批制度改革，进一步压缩审批事项，简化审批程序，提高审批效率。

第四，要创造平等竞争的市场环境。核心是要大力规范和整顿

市场秩序，严厉打击欺行霸市和恶性竞争等行为，切实营造公平竞争的市场环境。

第五，要创造鼓励创业的舆论环境。要大力宣传国家鼓励、支持非公经济发展的政策措施，宣传非公经济在经济社会发展中的积极作用和巨大贡献，形成正确的舆论导向。要在全社会倡导学习温州人想当老板、争当老板、艰苦创业的意识和精神，充分调动全民创业的积极性。要大张旗鼓地宣传非公经济中涌现出来的模范人物、先进事迹，树立非公经济的良好形象。要隆重表彰优秀非公企业家，使他们不仅在经济上有实惠，而且在社会上有地位、在政治上有荣誉、在心理上有创业的成就感。

扩大内需途径和方式的思考

在国际金融危机日趋严峻的形势下，党中央、国务院审时度势，果断决定对宏观经济政策进行重大调整，出台了更加有力的扩大内需的政策措施，对于有效抵御国际金融危机冲击，保持经济平稳较快发展具有十分重要的意义。

一、扩大内需的经济学理解

从经济学意义上讲，需求与供给是经济学最基本的范畴之一，需求与供给的关系是市场经济条件最基本的运行规律。需求与供给的平衡状况是市场竞争的核心问题，也是决定市场价格的最直接和最根本的因素。这里所说的需求，是指有支付能力的需求，即经济学所定义的有效需求。凯恩斯主义认为，有效需求是指社会的总需求和总供给达到均衡状态时的总需求，它包括消费需求（消费支出）和投资需求（投资支出），并决定社会就业量和国民收入的大小。

宏观经济管理的任务是实现社会总需求和总供给的平衡。在现代经济发展中，由于生产者天生的投资热情和更容易获得资金支持，往往出现生产能力和规模的扩大速度明显高于消费者有支付能力的需求水平，因而就产生了社会总需求和总供给的不平衡，出现生产能力较需求水平过剩的局面，并反过来影响生产者的资金循环，进而出现资金链断裂、金融危机、经济衰退，宏观经济就呈现出周期性波动的规律。

为了克服经济周期波动的负面影响，必须保持经济持续稳定增长。从最终产品需求来源看，拉动经济增长来自三个方面，即投资、消费和出口，其中出口拉动来自国外需求，投资拉动、消费拉动来自国内需求，因此扩大内需就要增加投资和消费，目的就是扩大社会需求总量，与相对过剩的供给水平相平衡，以熨平经济周期的波动，防止经济出现衰退，使经济从萧条的低谷中走出来。

从现代西方经济学理论与当代发达经济国家应对经济周期波动的历史规律上看，抵御经济周期波动的基本方法主要是扩大国内有效需求、实现充分就业。在扩大内需的途径和方式上，以凯恩斯为代表的以需求管理为中心的现代西方经济学在理论和实践上形成了一整套主张，归纳起来主要有：一是主张实行赤字预算的财政政策。主要是政府扩大支出，进行各种投资，刺激全社会的投资欲望，并以此刺激全社会包括消费在内的各种经济活动，进而增加国民收入。二是适度通货膨胀，也就是金融政策。主要是中央银行增发货币，增加货币供应量，降低利率；商业银行扩大信贷，为金融市场提供充足的流动性。三是福利措施。主要是运用法律或行政手段，通过征税和国民收入再分配，实行全社会的养老、失业、医疗、救济保障制度，从而增加广大居民收入，扩大消费，刺激生产，实现充分就业。

但是，由于20世纪80年代以来，以美国为代表的发达经济国家过分强调通过金融手段防止经济出现衰退，甚至进行过度的金融创新，造成了金融市场流动性过剩泛滥成灾，从而引发本次全球金融危机和世界性的经济衰退。目前，欧美国家的金融危机主要体现为金融体系特别是银行体系内部的巨额亏空和债务，要实现其自我修复还有待时日，不仅造成了金融市场与实体经济双向负面的相互影响，也限制了欧美国家继续扩大内需的手段。我国目前银行等金融体系运转基本稳定，因此我国扩大内需可选择的方式和手段也要更多一些，效果也会更加有效。从我国经济运行情况看，一揽子计划正在取得阶段性成效，我国经济有望率先复苏。

二、扩大内需是我国又好又快发展的要求

胡锦涛同志在十七大报告中指出，要坚持扩大国内需求特别是消费需求的方针，促进经济增长由主要依靠投资、出口拉动向依靠消费、投资、出口协调拉动转变。在当前形势下，实施进一步扩大内需的政策措施，不仅是我国应对国际金融危机的应急举措，也是促进国民经济又好又快发展的战略要求。

（一）扩大内需是我国经济发展的一项长期战略方针

我国是人口大国，也是发展中的大国，市场空间和需求潜力巨大，这一基本国情决定了我国应当长期走扩大内需之路。截至2008年，我国城乡居民存款余额已达到22万亿元，储蓄率高达28.8%（美国为1.7%），连续多年位居世界第一。高储蓄率为我国提供了信用消费的资金来源，但同时也要看到，这种过高的储蓄率与较低的消费率极不相称。20世纪90年代以来，我国消费率不足60%，而

同一时期世界平均消费水平已达78%。从2005年到2007年，我国消费对经济增长的贡献率分别为38.2%、38.7%和39.4%，而美国2007年达72%。当前我国仍处于经济发展的黄金期，中国经济长期向好的基本面并没有改变，城市化、工业化、国际化及消费结构升级将带来巨大的现实需求和潜在需求。只要我们采取正确的途径和方式，就会将目前的消费需求转变为有效需求，将远期需求转变为即期需求，从而提高社会总需求，为经济的持续发展提供持久动力。

（二）扩大内需是应对金融危机的根本立足点

由于国内有支付能力的需求总体偏小，改革开放以来我国偏重于依靠出口拉动经济增长，2008年我国外向依存度达58.2%。当前金融危机席卷全球，国外需求锐减，我国外贸出口不振，经济发展增速放缓，失业率上升，消费力不足。在这种形势下，只有努力扩大国内需求，才能牢牢掌握经济发展的主动权，有效地避免因国际环境变化所引发的大起大落，提升经济的抗风险能力和整体竞争力。

（三）扩大内需是实现全面建设小康社会目标的必然要求

扩大内需不只是一个经济问题，其根本目的是提高人民的生活质量。新一轮扩大内需政策应当从落实科学发展观和构建和谐社会的战略角度来考虑，明确推动经济增长和增进人民福祉的双重目标。全面建设小康社会是全国人民的共同愿望和要求，扩大内需的前提是提高城市居民收入水平，扩大内需的方法是通过提高广大居民的消费能力，满足人民不断增长的物质文化需要，实现全面建设小康社会目标。因此，可以说扩大内需是提高人民生活水平与实现小康社会的途径和方法，而不断提高人民生活水平与实现小康社会，既是扩大内需的着眼点和出发点，也是扩大内需的目的和归宿。

（四）扩大内需是经济发展规律的必然选择

马克思政治经济学原理认为，生产决定消费，消费对生产具有反作用，消费是生产的目的和动力，因此通过扩大国内需求来刺激生产也是经济发展的内在规律。国际经验表明，消费占GDP的比重达到50%以上，就能维持经济的较快增长。所以，一些发达国家尤其是美国始终将扩大内需作为拉动经济增长的主要动力。美国是当今世界第一经济大国，其经济总量占全世界的1/3。尤其是20世纪90年代后期，多年保持4%以上的增长速度。多年来，美国经济的持续增长主要靠内需拉动，尤其是消费增长始终是最主要的动力。美国是一个高消费的国家，其表现不仅是消费水平高、消费支出规模大，而且居民的消费倾向也高。多年来，美国的个人消费开支占GDP的比重高达2/3以上，消费需求是其经济增长的首要动力。美国经济内需拉动的另一动力是投资需求，尽管它不及消费需求对经济发展的贡献力度大，但近10年来，美国的投资需求对GDP增长的贡献率基本呈持续上升的态势。借鉴发达国家成功经验，通过扩大内需，加快经济增长，也是符合现代市场经济条件下经济发展规律的必然选择。

三、扩大内需要着力解决的关键点

当前内需不足有其新的历史背景，因而新一轮扩大内需的政策取向既不能照搬西方国家的经验，也不能简单沿袭我国前几年的做法。目前，我国经济发展仍然面临国内市场有效需求不足和有效供给不足的双重困扰，必须从解决瓶颈制约入手，迅速提升广大城乡居民的生活水平和消费能力，迅速提升企业自主创新水平和供给能力，这是扩大内需的现实途径。

（一）着力提高居民收入

收入水平提高是消费需求增长的前提条件。扩大内需必须扩大最终消费需求，扩大最终消费需求就必须增加居民收入在国民收入分配中的比重，缩小居民收入中的贫富差距，扩大政府公共服务支出。改革开放以来，我国城乡人民生活水平不断提高，但也出现了一些值得重视的问题，从2002年到2006年，居民收入在国民收入中的比重呈现下降趋势，2002年为62%，2006年为57.1%，而同期企业收入从20%上升到21.5%，政府收入从17.9%上升到21.4%，居民收入比重下降使拉动经济增长的需求结构发生变化，消费的贡献率由43.6%下降到38.7%。与此同时，在居民收入中，贫富差距扩大，表现收入差距的基尼系数近年来达0.47，大大超过国际警戒线，严重影响了居民最终消费需求的实现。为此，必须进一步深化收入分配制度改革，逐步提高居民收入在国民收入分配中的比重，提高劳动报酬在初次分配中的比重。要加快建立企业职工工资正常增长机制和支付保障机制，加强对企业工资的调控和指导，发挥工资指导线、行业人工成本信息对工资水平的引导作用，完善法律法规，规范初次分配秩序，使劳动报酬增长与经济增长和企业效益增长相适应。

扩大内需的最大潜力在农村，9亿农民是我国人口最多、潜力最大的消费群体，农村蕴藏着巨大的消费需求，但农民收入水平低仍然是扩大农村消费的最大障碍。如何千方百计增加农民收入，是我们必须关注的问题。当前，要认真执行国家粮食最低收购价格，落实国家和省农资综合直补、良种和农机具补贴等政策，同时，要建立农民收入稳定增长的长效机制，在挖掘农业内部潜力、提高农业综合效益的基础上，进一步完善财政、金融政策，改革农村土地制度、林权制度、户籍制度，加快在农村产业化、工业化、城镇化方面取得突破，千方百计扩大农民增收渠道，使广大农村蕴藏的巨大消费潜力充分释放出来。

（二）着力健全社会保障体系

社会保障不健全是制约我国消费需求的一个瓶颈。目前，我国在医疗、卫生、教育、养老等方面的社会保障体系还不够健全，特别是受城乡二元结构的影响，农村社会保障更是滞后。农民预期消费支出压力比城镇居民大，农村居民不得不压缩即时消费。为此，要加快建立健全包括医疗和养老在内的农村社会保障制度，进一步完善新型农村合作医疗的相关政策，全面推行新型农村合作医疗保险，逐步健全农村医疗卫生服务体系，尽快建立养老等社会救助和保障体系，扩大社会保障覆盖面，提高农民抵御各种风险的能力，从根本上解决农村居民因病致贫、因病返贫的问题，切实解除消费者的后顾之忧。

（三）着力以创业带动就业

近年来，由于经济结构的升级和资本有机构成的提高，我国经济增长吸纳劳动力的作用越来越有限。当前要真正形成能够增加投资和刺激消费的有效机制，关键还是要鼓励以创业带动就业，形成发展经济与扩大就业的良性互动。为此，要完善支持自主创业、自谋职业的政策，进一步降低创业门槛，特别是在税费征收、小额贷款、社会保险补贴、工商管理等方面为创业者创造方便条件，减少创业成本和风险，营造良好的创业环境。

（四）着力撬动民间投资

政府财力有限，很难同时满足公共产品、基础设施建设等各个领域的需要。有效拉动我国经济增长，仅靠政府投资远远不足，只有真正激活民间资本的投资热情，撬动更多的民间投资，才能提升整个经济体系的效率和活力。为此，必须加快研究制定促进民营企业增加投资的政策，利用当前金融危机形成的倒逼机制，积极推进行政审批制度改革，简化审批程序，提高投资效率。进一步放开投资领域，为民间资本创造更多的投资机会，打破教育、医疗、文化等产业的体制性垄断，加大电力、电信、石化、金融等垄断行业对民间资本的开放程度。进一步发展资本市场，稳定股票市场，保护投资者的热情。

（五）着力扩大有效供给

供给不仅满足和适应需求，而且还能创造和引导需求。需求不足、供给过剩的实质是由于供给被动而导致的无效供给过多。我国有效供给不足的主要表现是供给创新乏力，企业缺乏提供优质产品的创新开拓能力；企业供给品质存在缺陷，假冒伪劣商品屡禁不止；产品结构不合理，产品的性能雷同、品种单一，低质量、低附加值、低技术含量的低档产品严重过剩。为解决当前需求不足问题，在刺激扩大有效需求的同时，应重视扩大有效供给，尽快实现从粗放型的数量扩张的供给方式向集约型的整体素质提高的供给方式转变，限制供给数量的过快扩张，调整供给结构，提高供给质量。

在扩大内需中，要注意把握好三个关系：

一是注意把握内需与外需的关系。在当前外部需求急剧减少的形势下，保持经济长期平稳较快发展，必须把经济增长的基本立足点放到扩大国内需求上，但这并不意味着放弃外需。在经济全球化加快发展的今天，开拓国内消费市场，仅靠自身循环十分有限。全球目前有66亿人口，除我国之外还有53亿人口的大市场，其中四成以上的人口人均GDP和购买力都大大超过我国。内需和外需是相互联系、相互依存、相互促进的，而不是相互分离、相互孤立的。扩大内需可以相应增加进口，保持国际收支平衡，从而为稳定出口奠定基础。同时，也要通过稳定外需，稳定国内的就业和劳动者的收入，提高国内居民的最终消费能力。

二是注意把握扩大投资与优化结构的关系。扩大投资规模和增加信贷支持，不是简单地扩大增量，而是和存量的结构调整结合起来；增量资金要坚持区别对待、有保有压。为此，要把扩大投资规模与优化结构结合起来，着力支持经济社会发展中的薄弱环节。要把加强农业基础设施建设作为解决好农业、农村、农民问题的重大举措，增加对农业基础设施的投入，进一步巩固和加强农业的基础地位，推进农业结构战略性调整。增强自主创新能力是调整产业结构、转变经济增长方式的中心环节，要安排必要的资金继续支持自主创新、技术改造、改革重组等，加大对重大装备制造业、服务业、中小企业和创业企业的扶持力度。要加大投资向生态环境建设的倾斜力度，进一步加快建设生态环境工程，支持重点节能减排工程建设，加快城镇污水、垃圾处理设施建设和重点流域水污染防治。

三是注意把握扩大内需与深化改革的关系。我国内需不振的根源是改革滞后。例如，由于农村改革滞后，农民收入增长缓慢，使得农村潜在的消费市场难以启动；由于社会保障制度改革滞后，居民消费顾虑重重；由于收入分配制度改革滞后，城乡、地区、贫富差距拉大，国家、企业、居民之间收入分配失衡；由于投融资体制改革滞后，民间投资活力不足；等等。为此，在制定和完善扩大内需的相关政策时，必须更多地从改革中寻求出路。要建立科学决策的体制机制，在资源价格形成机制方面取得突破，打破石油、电信、银行等领域的垄断，扶持中小企业和技术创新，调整收入分配机制，深入推进教育、医疗、养老等民生领域的改革，深化财税体制改革、金融体制改革、投资体制改革，为优化资源配置、推动经济发展方式转变创造条件。加快行政制度改革，建立城乡统一的公共服务体制，以提高社会消费预期。

扩大有效投资与优化结构并举 实现老工业基地全面振兴

实施老工业基地振兴战略以来，东北地区等老工业基地振兴工作取得了重要的阶段性成果。但也要清醒地看到，东北地区等老工业基地体制性、结构性等深层次矛盾有待进一步解决，必须在扩大有效投资和优化结构上齐头并进、精准发力。

一、扩大有效投资是老工业基地振兴的基础

2009年进入“十一五”发展规划的中后期，也是实现老工业基地振兴的关键之年。保证党中央、国务院扩内需、保增长措施的落实，推动国有大中型企业转型重组，培育新兴增长点，加快城乡基础设施和生态建设，改善民生环境，保持经济社会又好又快发展，实现老工业基地全面振兴，需要有投资的强有力支撑。

（一）扩大有效投资规模是实现老工业基地振兴的原动力

1979~2008年，全国固定资产投资累计完成94.8万亿元，年均增长20.9%，拉动GDP平均增长10%左右，创造了世界经济史上的一个伟大奇迹。自2003年底党中央、国务院实施振兴东北老工业基

地战略以来，东北三省固定资产投资累计完成5.7万亿元，年均增长36.3%，高于全国约11.3个百分点，地区生产总值平均增速高于全国约2.4个百分点。

（二）扩大有效投资规模是老工业基地发展惯性使然

从在建项目情况看，投资高位运行有一定支撑。以辽宁省为例，2008年全省完成投资10016.3亿元，同比增长34.7%，高于全国平均增速9.2个百分点。近年来，建筑安装工程、设备工具器具购置和其他费用约占全社会投资的60%、23%和17%左右。数据显示，在建项目投资占据主导地位，这些建设项目将继续投资直至竣工。从拟开工项目情况看，扩大有效投资规模势在必行。老工业基地地区制定的“十一五”发展规划中所确定的许多项目，都基本即将完成前期工作，近两年将陆续开工建设。特别是2008年底，为积极应对金融危机，国家安排在两年内实施4万亿元的投资计划，各地政府相应推出了10万亿元的投资计划，沈阳市也安排了333个重点推进项目，总投资规模达9815亿元，扩大投资规模的潜在条件基本成熟。

（三）扩大有效投资规模是老工业基地振兴阶段的特色

老工业基地无一例外都是经济外向度比较低的地区，但老工业基地人力资源丰富。据统计，东北老工业基地共有普通高校154所，占全国的11.3%，其中本科院校78所，占全国的12.4%，拥有专业技术人才210万人，占全国的10%。近年来，由于经济体制改革、企业重组，大批职工下岗分流。保持相对其他地区较大的投资规模不仅不会对老工业基地造成资源紧张，相反会使银行存款资金得到有效利用，而且对减轻就业压力、保持较低的失业率和维护社会稳定有极大的促进作用，这是老工业基地振兴时期特有的时空特色。

二、优化结构是老工业基地振兴的核心

2008年底，党中央、国务院采取了一系列鼓励投资的政策措施，并明确指出要在优化结构的前提下，扩大投资规模。如何把握发展机遇，调整优化结构，提高经济增长质量，是振兴工作能否成功的核心。

（一）回顾昨天，优化结构是老工业基地振兴的实践经验

老工业基地多是新中国成立初期重点支持发展起来的，到“七五”末期，基本形成了各具特色的国家重点工业基地。改革开放初期，特别是进入20世纪90年代后期，老工业基地陷入了困境，地区产业结构严重失调。

（二）审视今天，优化结构是老工业基地振兴的当务之急

优化经济结构，提高经济增长质量，对老工业基地当前经济平稳快速发展至关重要。结构合理，增长质量才能较高，经济才能持续增长，振兴才能继续。主攻方向：一是加大城乡基础设施投入，改善空间结构。加快推进城乡一体化进程，促进城市产业向县域发展，积极打造区域经济中心，形成开放的大格局。二是对自主创新和产业结构升级的企业，符合国家产业政策、科技含量高、带动作用大、示范效应强的项目，予以贷款贴息、补助投资和奖励，以期引导传统产业结构升级，逐步形成优势产业。三是吸取历史经验教训，提高项目准入门槛，杜绝大上快上盲目投资。建立完善政府投资决策、审查、执行和制约监管制度，提高政府资金使用的有效性。严把产业政策和土地关，坚决淘汰高耗能、高污染和落后产能

的企业投资项目，避免“穿新鞋，走老路”，坚决走优化结构下的扩大投资规模之路，以期推动老工业基地全面振兴。

（三）展望明天，优化结构是老工业基地振兴的根本途径

从长远看，优化结构、转变经济发展方式，是解决老工业基地所面临的矛盾和问题的根本途径。一方面，老工业基地转型的生存环境需要优化结构。城乡和谐发展为老工业基地转型提供了生存环境和发展空间，环境适宜，转型才能继续。多年来，所有老工业基地地区都集中资源，着力解决旧经济体制转型中存在的主要矛盾，完善经济造血功能。由于在交通、水利、民生工程等方面留下的历史欠账较多，必须调整、优化投资结构，加大基础设施和民生工程投资规模，解决瓶颈制约，保持城乡均衡、可持续发展。另一方面，老工业基地振兴的承载体需要择优而定。新兴产业为老工业基地振兴提供了承载体，没有新兴产业这个承载体，老工业基地振兴就失去了依附，而新兴产业的培育恰恰需要通过优化结构来实现。

三、两者并举是贯彻科学发展观的具体实践

中央经济工作会议提出，要着力优化经济结构和提高经济增长质量。在优化结构的前提下，扩大有效投资规模，这是贯彻落实科学发展观的重要实践。特别是老工业基地，在经济尚欠发达、人民渴望富裕、企业需要发展、投资冲动较强的地区，贯彻落实科学发展观，将扩大有效投资规模与优化结构两者并举，“两手抓，两手都要硬”，推进地区经济社会全面发展，是政府所要上交的一份答卷。

（一）要坚持发展才是硬道理，正确理解优化结构下扩大有效投资规模的内涵

优化结构建立在相对规模投资的基础之上。没有相对规模的投资，优化结构就失去了作用的对象，也就失去了实质性的意义。近年来，老工业基地投资快速增长，经济发展较快，人民生活得到改善，节能减排成效明显。但是，我们也要清醒地看到，当前阶段，要保持经济平稳增长，维护社会和谐发展，老工业基地仍然需要较大的有效投资规模，优化结构也必须建立在这一基础之上。

扩大有效投资规模要遵循优化结构的前提。多年来，我国投资调控始终存在着“一放就乱、一收就死”的问题，其根本症结在于扩大投资规模没有遵循优化结构这个前提条件。在投资拉动经济快速增长的同时，我们应该认识到，目前“两高一资”、低水平重复建设项目仍然存在，经济增长的粗放特征仍然明显，资源消耗过大，产业竞争力不强，抵御经济危机和风险的能力依然脆弱，必须进一步优化结构，转变经济增长方式，从根本上解决这个问题。

（二）要坚持代表人民的利益，切实把握好扩大有效投资规模与优化结构的尺度

扩大有效投资规模要量入为出，尽量减轻人民的负担。扩大有效投资规模的资金主要来源于企业和政府。企业是市场经济的主体，其投资意愿由市场形势而左右。政府投资意愿则不同，其根据国家和地方政府的调控方向而变化。在经济萧条时期，各级政府一定要牢固树立有多大财力办多大事的思想，认真测算可支配财力，在保民生、保刚性支出的前提下，谨慎借贷，避免大投入过后出现“银行财政”现象。

优化结构要遵循经济发展规律，保持经济繁荣发展。纵观世界经济发展史，在任何时期，任何国家和经济体都没有明确的标准来衡量投资规模是否合理，其是否合理只能依据经济健康发展的需要而定。如果形而上学，照搬国外不同时期、不同阶段或不同环境下的经验，一味地强调优化结构，而抑制有效投资规模，势必导致质量巨大的老工业基地这列火车戛然而止，经济受到重创，人民生活质量下降，不仅优化结构失去了意义，我们还需要逐一修复投资萎缩给经济发展造成的创伤。

（三）要坚持协调持续发展，拓展扩大有效投资规模与优化结构的外延

各领域有效投资规模都要同步扩大。按照狭义的理解，投资就是固定资产投资，扩大投资规模就是扩大固定资产投资规模。其实，扩大投资规模不仅是要根据经济增长需要适度扩大固定资产投资规模，更要从扩大内需、促进消费的角度出发，加大社会保障等各个领域的“软”投资，减轻城乡人民后顾之忧，进一步释放城乡居民消费潜能，促进经济增长由投资拉动型转向消费拉动型，努力开创协调持续发展的新局面。

优化结构要从优化调控体制做起。优化结构的实施主体是行政管理机构和企业法人。调控体制决定了调控主体的作为，调控主体的作为决定了优化结构工作的成效。因此，优化结构要从优化调控体制做起，要进一步深化投资体制改革，健全投资综合评价体系；完善社会主义市场经济制度，扩大对外开放，创建公平的市场环境；健全资源有偿消耗制度，加大市场监管力度；提高市场违规成本，促进企业节能减排。

论转变经济发展方式与优化经济结构并举中的政府责任

加快转变经济发展方式，优化经济结构，是关系国民经济全局的重大而紧迫的战略任务。转变经济发展方式与优化经济结构并举，是实现经济又好又快发展的根本途径。如何将这一重大战略任务落到实处并推向前进，是我们各级政府必须承担的重要历史责任。

一、转变经济发展方式与优化经济结构并举的意义

十七大报告指出，实现未来经济发展目标，关键要在加快转变经济发展方式、完善社会主义市场经济体制方面取得重大新进展。要加快转变经济发展方式，推动产业优化升级。这些论断充分表明了加快转变经济发展方式、优化经济结构在我国新的历史发展时期的重要意义。笔者认为，转变经济发展方式与优化经济结构是相辅相成、相互促进的，转变经济发展方式与优化经济结构并举，有助于推动我国经济增长由粗放型向集约型转变、由片面追求经济增长向全面协调可持续发展转变。深刻认识这一意义，才能增强工作主动性，找准工作着力点，更好地履行政府的责任，才能不断赢得发

展新优势，开创发展新局面，才能真正把科学发展观贯穿于经济社会发展的全过程，把转变经济发展方式与优化经济结构的任务落到实处。

（一）转变经济发展方式与优化经济结构并举是实现经济又好又快发展的必然要求

实现经济又好又快发展与转变经济发展方式、优化经济结构之间具有内在联系，前者是后者的目的，后者是前者的基础。衡量经济发展得好不好，不仅要注重经济规模的扩大和效率的提高，还要看经济增长过程的协调性、可持续性和增长成果的共享性，看其质量和效益。经济又好又快发展是符合客观经济规律的发展，其中包含着必须要符合经济发展方式转变的规律。而经济发展方式转变所呈现的规律，就是社会总需求结构、产业结构、要素结构随经济增长而不断优化和升级。这些经济结构的优化和升级过程，也就是不断推动经济又好又快发展的过程。离开了经济发展方式的转变，没有经济结构的优化和升级，经济发展既好不起来，也快不起来。因此，只有坚持转变经济发展方式与优化经济结构并举，才能实现经济社会又好又快发展。

（二）转变经济发展方式与优化经济结构并举是增强抗风险能力的根本举措

在国际金融危机影响的大背景下，我国长期积累的发展方式与经济结构方面的矛盾和问题日趋显露，特别是我国外向型的经济增长结构，由于全球性的金融危机导致了外部需求的萎缩。应当看到，当前危机是传统发展模式之危，但也是科学发展模式之机。严峻的形势和困难的局面，为我国经济发展模式转型与结构优化提供了外在动力，逼迫我们必须按照科学发展观的要求，更加注重经济结构调整，彻底转变经济发展方式；更加注重经济增长由主要依靠投资、出口拉动向依靠消费、投资、出口协调拉动转变；更加注重增强自主创新能力，提高产业竞争力；更加注重人口、资源、环境相协调，关注民生，注重全面协调可持续发展。唯有如此，才能不断增强国际竞争力，增强抵御风险的能力，把危机造成的影响降到最低限度。

（三）转变经济发展方式与优化经济结构并举是实现全面建设小康社会目标的重要保证

十七大报告对实现全面建设小康社会的奋斗目标提出了新要求，即转变发展方式取得重大进展，在优化结构、提高效益、降低消耗、保护环境的基础上，实现人均国内生产总值到2020年比2000年翻两番。改革开放以来，我国经济实现了快速发展，经济总量已经跃居世界第二。但同时我们也应清醒地看到，实现全面建设小康社会的目标，还面临着许多矛盾和挑战。由于主要依靠增加物质投入的粗放型经济增长方式还在延续，能源、土地、矿产等资源供求矛盾以及生态环境恶化问题突出，城乡二元结构日益明显，区域发展差距拉大，自主创新能力不强，经济发展的结构性矛盾十分突出。这就要求我们，必须转变经济发展方式，优化经济结构，增强发展协调性，努力实现又好又快发展，才能为全面建成惠及十几亿人口的更高水平的小康社会打下更加坚实的基础。

二、协调运用政府机制与市场机制

十七大报告指出，要深化对社会主义市场经济规律的认识，从制度上更好地发挥市场在资源配置中的基础性作用，形成有利于科学发展的宏观调控体系。

在市场经济条件下，市场和政府都是一种资源配置系统，市场机制在资源配置中起基础性作用。现代经济活动的实践表明，在一定的社会条件下，“市场失效”和“政府失灵”都是一种客观存在，单纯地依靠市场机制和单纯地依靠政府机制都是行不通的，只有二者结合，才能使资源配置更加合理有效。而在这一结合过程中，政府除了肩负自身责任外，同时也肩负着如何发挥市场机制作用的责任。

（一）“市场失效”在市场经济条件下是不可避免的

市场经济是一种以交换为基础的生产社会化的经济运行方式，其实质是以市场为中心来配置资源，以市场机制为基础调节社会经济运行。从理论上讲，只有在完全市场经济条件下，市场机制的自发调节作用才可能达到“帕累托最优”，即通过资源的重新配置，调整社会分配，从而实现全社会福利的最大化。当市场经济的任一假设条件得不到满足，就会出现“市场失效”。“市场失效”可能源于市场功能缺陷、市场体系不完备、制度原因导致的市场机制扭曲等。在这种条件下，把资源配置和经济发展的重任全部交由市场承担，必然会产生与预期目标相反的结果。

（二）“政府失灵”在市场经济条件下是客观存在的

在社会经济活动中，政府与市场相比具有一定的优势，这种优势源于市场缺陷和政府在社会经济中的地位及必须发挥的职能，政府在社会经济中的公共性、强制性、行政性、非营利性等特征，决定了其具有保持社会经济秩序、解决社会公共问题等方面的优势。

但同时也要看到，政府由于自身条件的限制，如果行为越界、干预过度、能力有限、信息失灵、权力寻租、效率低下等，就会产生“政府失灵”。“政府失灵”的后果是将直接损害市场效率，导致社会分配不公，造成资源的巨大浪费。

（三）政府机制与市场机制的有机结合才会更加有效

上述两种情况表明，现代经济既不是单纯依靠市场机制的经济，也不是单纯依靠政府机制的经济，单纯的市场机制和单纯的政府机制都是不可取的，必须把二者有机结合起来，既要运用“看不见的手”，充分发挥市场机制的基础性作用，也要运用“看得见的手”，充分发挥政府机制的优势。当前我国处于经济发展方式转变和结构优化升级的新阶段，正确运用“看不见的手”，有利于激发经济活力、促进技术进步、提高经济效率。但同时也要充分发挥政府的优势，解决那些依靠市场机制无法解决的经济危机、社会公平、长远发展等问题。通过政府的影响力、协调力、平衡力、控制力，促使产业发展更加协调，社会经济关系更加协调，当前目标与长远目标更加协调，总量平衡与结构平衡更加协调。

三、政府在转变经济发展方式与优化经济结构并举中责任重大

在我们这样一个发展中的人口大国，要加快转变经济发展方式，推进经济结构调整，早日实现全面建设小康社会的目标，更需要充分发挥我们的制度优势、政府优势、集中力量办大事的优势。当前转变经济发展方式、优化经济结构的任务十分繁重，必须从政

府经济调节、市场监管、社会管理、公共服务的职能出发，针对转变经济发展方式与优化结构中存在的突出矛盾和问题，重点强化五个方面的责任。

（一）强化规划责任

规划具有宏观性、战略性、导向性。在社会主义市场经济中，国家发展规划和计划对维护宏观经济稳定具有不可替代的作用。政府通过制定规划和产业政策，明确发展方式转变和结构优化的方向、目标、重点、战略，促进产业协调发展，提升经济发展的整体实力，引导经济社会向又好又快方向发展。特别是在应对当前国际金融危机中，我国大范围制定实施了汽车、钢铁等10个重点产业的调整振兴规划，采取经济和技术措施，大力推进节能减排，推进企业兼并重组，提高产业集中度和资源配置效率，鼓励和支持企业广泛应用新技术、新工艺、新材料，加快实施中长期科技发展规划，有力地推进了产业结构调整和优化升级。

（二）强化调控责任

经济发展的周期规律表明，市场的自身组织机制不可能消除经济的周期性波动，也很难恢复新的均衡，只有依靠政府的宏观调控，才可能熨平周期波动。当前国际金融危机的形势下，要进一步扩大内需，保持经济平稳较快发展，需要政府进一步加强宏观调控，综合运用财政、货币、行政、法律等手段，努力保持总供给与总需求的平衡。扩大政府公共财政投资是刺激经济增长最直接、最有效的手段之一，因而，如何发挥好公共财政的资源配置、收入分配、稳定与发展等职能，对于推进转变发展方式、优化经济结构、扩大国内需求、提高居民收入、完善社会保障体系、稳定扩大就业、尽快摆脱金融危机影响，显得尤为重要。

（三）强化服务责任

转变经济发展方式与优化经济结构，体现了增长方式由粗放型向集约型转变、提高经济效益的内在要求，体现了坚持走工业化道路、大力推广信息化和工业化融合的要求，体现了坚持扩大国内需求，特别是消费需求等诸多要求，这就使生产方式发生深刻变化，必然要求行政体制的改革与之相适应，加快建设服务型政府。为此，一是改革行政管理体制。通过行政管理体制改革，使得各级政府能够正确运用人民赋予的公共权力，有效配置公共资源，真正承担起国家和社会生活的决策者、管理者、推动者的重要职责，肩负起坚持以人为本、推动科学发展、促进社会和谐、维护社会公平正义的历史重任。二是规范政府行为。加强法制化建设，改善行政执法，促进严格执法、公正执法、文明执法，建立和完善监督机制，实现政府向法制政府、责任政府、诚信政府的转变。三是创新服务方式。适应转变发展方式的新要求，当前亟须创新政府绩效考核体系，建立以公共服务为主要内容的政绩考核体系，更多地关注公共服务水平。

（四）强化改革责任

我国经济体制存在的诸多弊端是转变经济发展方式的主要障碍。改革制约经济发展的薄弱环节，为经济发展注入动力和活力，是政府的重要责任。转变经济发展方式与优化经济结构是一项庞大的系统工程，从个别突破到整体推进的各个环节，需要改革的协同配合，需要从改革中寻求出路，建立健全有利于发展方式转变与结构调整的体制机制，为科学发展提供制度基础。当前要加快建立资源价格形成机制，打破石油、电信、银行等领域的垄断，扶持中小企业和技术创新，调整收入分配机制，深入推进教育、医疗、养老等民生领域的改革，深化财税体制改革、金融体制改革、投资体制改革，为优化资源配置、推动经济发展方式转变创造条件。

（五）强化保障责任

在市场经济中，政府最直接的责任就是纠正市场的缺陷。市场有其自身无法克服的弱点和消极方面，容易造成经济秩序上的混乱。为了弥补市场缺陷，政府就必须担负起相应的职能，根据经济社会发展情况，制定规则、完善制度、健全法律、规范秩序、培育市场，最大限度地减少市场经济的消极影响。同时，政府还必须肩负起协调社会利益、兼顾效率公平目标的责任。一方面，要进一步深化收入分配制度改革，逐步提高居民收入在国民收入分配中的比重，提高劳动报酬在初次分配中的比重，保护法人和居民的一切合法收入与财产；另一方面，要通过收入的再分配，运用税收、财政转移支付等政策，努力缩小收入差距，建立完善多层次的社会保障体系。

四、在转变经济发展方式与优化经济结构并举中发挥好中央与地方两个积极性

我国人口众多、经济发展不平衡，正确处理好中央与地方之间的关系，对于推动转变经济发展方式与优化经济结构极为重要。

（一）转变经济发展方式与优化经济结构需要中央权威

我国正处于完善社会主义市场经济体制的关键时期，处于向

全面建设小康社会目标迈进的新时期，转变经济发展方式，优化经济结构，将不可避免地带来社会关系、生活方式、思想方式和价值观念的重新调整和定位，因而十分艰巨和复杂。特别是我国幅员辽阔，人口众多，各地自然禀赋、社会条件和经济文化水平差异很大，地区发展不平衡日益明显，随着改革的深入，利益结构日趋复杂，这就不可避免地会出现这样那样的社会矛盾和问题。这种基本国情决定了必须有中央政府的集权和权威。有了中央政府的集权和权威，才会政令畅通、令行禁止，迅速有效地发挥作用；否则就会各自为政，以地方利益损害国家利益，从而很难保持经济健康协调地发展，很难保证经济发展目标的顺利实现。尤其是在当前金融危机的背景下，如何尽快使经济走向复苏，依靠中央政府的集权和权威就显得更为重要。

（二）转变经济发展方式与优化经济结构需要发挥地方的积极性

坚决维护中央统一领导与充分发挥地方积极性的内在统一性，是由我国国情所决定的，也是由全局与局部的关系所决定的。地方发展经济的积极性是我国经济快速发展的重要动力。只有赋予地方必要的权力，让地方有更多因地制宜的灵活性，充分发挥地方发展经济的积极性和创造性，才有利于增强整个国民经济的生机与活力。要发挥好地方政府在扩大投资、招商引资、开发建设、自主创新、节能减排等方面的积极性，使其更好地承担转变经济发展方式、优化经济结构的职责。

（三）转变经济发展方式与优化经济结构需要建立中央与地方经济关系的新体制

在事权方面，应通过法律程序，从制度上规定中央与地方的事务管理范围和相应权力，实现法治化和规范化。在财权制度方面，重点是进一步深化和完善分税制改革。一是加快建立统一、规范、透明的财政转移支付制度。根据各地方人均财政收入和支出的实际水平给予转移，使其科学化、数量化、规范化、法律化，着力解决东西部地区经济发展不平衡问题。围绕推进主题功能区建设，制定和实施差别化财税政策。二是进一步健全和完善预决算制度。凡是属于中央事权范围而由地方财政安排支出的项目，应该划归中央财政支出，凡是属于地方政府事权范围而由中央财政安排支出的项目，要随转移支付制度的完善划归地方财政支出。三是逐步扩大地方政府的税收管理权限。调整地方税基和税种，以提高地方税收收入，增强地方公共财政的服务能力。

实现经济与就业“双增长”的思考与实践

2008年9月以来，世界经济遭受了20世纪“大萧条”以来最为严峻的挑战。正确把握经济增长与就业增长的关系，深刻认识国际金融危机条件下我国就业面临的严峻形势，采取针对性措施，努力实现经济与就业“双增长”，是当前和今后一个时期我们面临的重大课题。

一、经济增长与就业增长的关系

经济增长是解决就业问题的基本前提，就业增长是经济保持可持续增长的重要标志。因此，正确把握经济增长与就业增长的关系十分重要。

从一般理论意义上说，经济增长与就业增长的关系表现为美国经济学家奥肯经过实证研究发现的“奥肯定律”，即经济增长与失业率呈现负相关的变动关系。1962年，奥肯在《国民生产总值的潜力：它的测量方法和意义》中提出，在3%的GDP增长基础上，GDP增长速度每提高2个百分点，失业率便下降1个百分点。从各国经济发展的实践来看，都基本上支持经济增长与失业率这种负相关的关系。也就是说，一般而言，经济增长与就业增长应该是正相关的关系。

但在现实经济运行过程中，尤其是在特定历史时期，由于受到经济结构、增长方式等诸多因素的影响，经济增长与就业增长之间会表现出不同的互动模式。特别是近年来，伴随着我国经济高速增长，就业似乎并没有同步增长，并引发了“奥肯定律”在我国是否失灵的争论。究其原因，主要是由于我国作为发展中国家，社会主义市场经济体制尚未完全建立。当前，我国正在遭遇经济周期和结构转型的双重冲击，认识和把握经济增长与就业的关系问题，不仅要看到表面数字的变化，还应该认真分析引起这些变化的深层次原因，以便于我们在实际工作中正确制定政策，把握政策出台的时机、力度，真正做到统筹兼顾。就我国目前发展阶段而言，经济高增长未带来高就业的原因主要有以下几个方面：

一是城乡结构固化影响了就业总规模的扩大。随着农村劳动力大规模向城镇转移，经济增长创造的相当一部分就业岗位由农村转移劳动力占有。虽然目前在城里的农民工已超过1亿人，但这种“就业”并没有完全纳入城镇就业规模统计之中。虽然进城农民工从生产率相对较低的农业领域进入效率较高的非农领域，使整体经济得到更快增长，但却没有在就业总规模上得到充分反映。

二是经济结构升级削弱了经济增长对就业的吸纳作用。由于我国正处于经济结构大幅度调整的时期，资金密集型产业发展较快，相同资金带来的就业增长比过去减少。同时，由于投资的构成主要是基础设施、基础工业建设、国有企业和外资企业等，随着技术进步和资本含量的提高，资本有机构成不断提高，也相应减少了对劳动力的需求。

三是劳动力结构失衡制约了就业矛盾的有效化解。我国就业矛盾不仅体现在总量上，也反映在结构上。在一些人找不到工作的同时，有些岗位却没有人去做。就业的地域性和专业性矛盾更为突出，基层和西部人才紧缺，高端和低端人才不足。这种状况也使得经济增长创造的就业岗位处于“虚位”状态。

四是教育结构错位导致了就业供求矛盾的不断积累。我国教育结构存在与市场脱节的问题，忽视基础教育、职业教育和专科教育，偏重高学历教育。人才生产市场（教育市场）存在严重的计划经济特征，产业发展和人才供应之间出现了供求错位。目前比较突出的大学生就业问题使这种矛盾得以充分显现。需要技术型人才、高端人才的产业因“档次”不高而不能满足大学生的就业“需求”。事实上，发达国家从事制造业的高级技术人才高达40%以上，大部分是大学生，而目前我国从事制造业的大学生比例只有4%左右，相差近10倍。

综上所述，就业增长与经济增长在我国存在不一致性。因此，我们必须充分认识实现经济与就业“双增长”的重要性和必要性，坚持从实际出发，立足我国国情，有针对性地采取措施，在实现经济增长的同时，有效破解就业增长这一难题。

二、国际金融危机给就业增长带来严峻挑战

当前，与经济面临急剧衰退密切相关的就业问题，已经成为全球各国共同面临的巨大挑战。可以说，就业危机正成为继美国次贷危机、国际金融危机后的全球新一轮危机。

2008年，全球失业人数剧增2000万人，全球失业总人口从1.9亿人增加到2.1亿人。而根据国际劳工组织数据，2009年底，全世界可能会失去5100万个工作机会，全球失业率将升至6.1%。美国2009年2月失业率创下了8.1%的新高；欧洲就业市场恶化的速度比美国更快，英国第一季度净就业前景降至15年来最低点，法国第一季度净就业前景20多年来首次出现负值。亚太地区的降幅也较为显著，印度、新加坡、澳大利亚和新西兰的净就业前景均降至纪录低点。东盟十国在一份联合报告中称，2009年，东盟成员国的失业率会从2008年的5.7%上升到6.2%。上述数据表明，全球性就业危机已经来临。

就我国而言，由于受经济周期和结构转型的双重冲击，2009年我国就业形势面临着改革开放以来最为严峻的挑战。中国社会科学院人口与劳动经济研究所预计，金融危机带来的出口下降导致非农就业减少1763万人，其中服务业664万人，制造业969万人。人力资源和社会保障部的统计数据也表明，尽管2008年全年城镇新增就业为1113万人，全国城镇失业率为4.2%，但是由于我国失业统计制度的设计，大量农民工并未被纳入统计。2009年存在2500万农民工就业压力，再加上610万大学应届毕业生面临择业，我国原本脆弱的就业平衡局面将被打破，就业形势是改革开放以来最严峻的。

毫无疑问，应对国际金融危机的严峻挑战，我国不仅应该把解决就业问题作为一个长期性的战略问题加以考虑，而且应该将其作为一个紧迫的现实问题加以对待；不能仅仅将就业问题作为经济发展的一个从属问题加以考虑，而是要将其作为促进经济增长、提振发展信心、保障和改善民生的核心问题加以对待。我国以世界9.6%的自然资源、9.4%的资本资源、1.85%的知识技术资源及1.83%的国际资源等，要为占世界人口26%的劳动力提供就业机会，这本身就是一种巨大的挑战，要求我们必须在保增长的同时保就业，努力实现“双增长”的目标。

三、促进经济与就业“双增长”的实践体会

第一，必须坚持以人为本，树立全新的就业工作理念。就业是民生之本，也是发展之本。人的本质是社会关系的总和，而人的最基本、最重要的社会关系就是劳动关系、就业关系。一个人不就业，与社会的关系就产生了缺口，其生存权和发展权将难以得到有效保障。因此，沈阳在实施老工业基地振兴战略的过程中，始终坚持把就业问题放在重要位置，突出强调“振兴老工业基地，回报工人阶级”，突出强调将下岗失业人员作为人力资源，突出强调将人力资源转化为促进经济增长的人力资本，体现了经济与就业“双增长”的有机统一。

第二，必须坚持统筹兼顾，把经济结构升级与拓宽就业渠道有机结合起来。我国是发展中国家，既面临着实现新型工业化、城市化和现代化的历史使命，也面临着保障和改善民生的历史重任。我们在调整经济结构，实现产业升级，转变经济发展方式，走新型工业化道路的同时，也要进一步解决好“人往哪里去”的问题。关键在于大力发展服务业、支持中小企业加速发展、不断壮大县域经济，进一步发挥服务业、中小企业和县域经济对就业人口的吸纳作用，进一步做强、做大、做优工业特别是装备制造业，为加快发展创造有利条件。

第三，必须坚持着眼长远，高度关注农民特别是失地农民的就业问题。随着工业化、城市化步伐加快，解决失地农民的民生问题，解决农民就业和农村剩余劳动力转移就业问题将是城市越来越突出的问题。在工作中，要大力发展现代农业，加快县域工业发展，扎实推进农村市场流通体系和新农村建设，促进“农业向规模经营集中、工业向园区集中、农民向城镇集中”，为系统解决农民的就业、居住问题和促进县域经济发展奠定良好的基础。其中，农业向规模经营集中，有助于提高农业产业化水平；工业向园区集中，有助于为农村剩余劳动力就地转移创造有利条件；农民向城镇集中，有助于促进农民生活方式转变和市场体系的进一步完善，从而为实现经济与就业“双增长”创造有效载体。

第四，必须坚持突出特色，大力发展适应经济发展阶段要求的职业教育。保持经济增长不仅需要提高人才的数量和质量，而且需要完善的人才结构。转变经济发展方式，走新型工业化道路，不仅需要培养和引进一大批掌握高新技术的高层次人才，而且需要培养数以万计的技工人才。职业教育的发展，不仅能够满足经济增长对劳动力的结构性需求，而且能够使教育资源更为广泛地辐射城市特别是农村偏远地区潜在的就业群体，为经济和就业实现可持续的“双增长”提供可靠保障。

积极创造良好环境
大力扶持企业发展

2008年下半年以来，随着国际金融危机的蔓延和扩散，世界经济持续低迷，外部需求严重萎缩，致使一些企业陷入发展困境。如何创造良好环境，加大扶持力度，帮助企业渡过难关，走出困境，健康发展，已成为战胜金融危机挑战、继续保持经济平稳较快发展的关键环节，成为各级政府义不容辞的责任。

一、企业在金融危机中遇到的困难不容忽视

随着国际金融危机对我国经济负面影响的逐步加深，一批中小企业和部分大型企业生产经营困难，特别是那些市场在国外，没有自主知识产权、没有自主品牌、劳动密集型的加工贸易企业，遭受的冲击尤为严重，出现了生产经营困难，订单减少，库存增加，资金短缺，甚至停产、半停产，裁员减薪情况增多，大量农民工失业返乡，使国民经济下行压力增大。

在世界经济一体化的大背景下，绝大多数城市都不可能置身事外，独善其身，都会遇到同样的问题。

二、企业在战胜金融危机中的作用不可替代

企业是市场主体，是社会财富的创造者、就业机会的提供者和社会责任的承担者，是发展之本、就业之基。特别是其在应对金融危机中的地位举足轻重，在战胜金融危机中的作用不可替代。

首先，企业是保增长的关键。作为微观经济的细胞和支撑经济社会发展的主力军，企业的生产经营状况直接或间接地影响一个城市、一个地区、一个国家的三次产业发展速度、“三驾马车”拉动力度，影响到GDP、财政收入、固定资产投资等各项主要经济指标。从一定意义上说，保持经济平稳较快发展，关键是保企业，只有企业健康发展，保增长才有坚实的基础和有力的支撑。

其次，企业是保民生的依托。就业是民生之本，而企业是就业岗位的主要提供者。尤其是在金融危机的严重冲击下，只有扶持企业渡过难关，才能切实保住现有岗位，有效避免更多职工下岗失业；只有支持企业健康发展，才能吸纳更多的人员就业，从而有效缓解当前的就业压力。

最后，企业是保稳定的基石。如果在金融危机中，大量企业因受到冲击而陷入困境，甚至破产倒闭，不仅会影响经济增长、制约民生改善，而且会使经济问题上升为社会问题乃至政治问题，这也是世界各国在应对金融危机中无一例外地高度关注并大力扶持企业走出困境的重要原因之一。

总之，企业兴则经济兴，企业旺则民生旺，企业稳则社会稳，企业活则全局活，企业在应对危机、战胜危机中的地位和作用至关

重要。对此，各级政府必须从政治的、全局的、战略的高度有一个清醒而深刻的认识。

三、大力扶持企业发展的对策措施

积极创造良好环境，大力扶持企业发展，包括公平公正的法制环境、稳定透明的政策环境、廉洁高效的政务环境、平等竞争的市场环境等各个方面。但在应对国际金融危机的特殊时期，还必须坚持对各类企业一视同仁，切实把政府援救与企业自救结合起来，把立足当前解困与着眼长远发展结合起来，综合运用经济、政策、行政、法律等各种手段，着力在以下三个方面加大力度、狠下功夫。

第一，着力帮助企业解决实际困难。一是解决资金短缺问题，通过搭建投融资平台、加强信用担保体系建设、搞好银企对接等，有效缓解企业融资难问题；二是解决要素供应问题，满足企业对煤电油运及土地等生产要素的需求；三是解决订单不足问题，支持企业调整产品结构，加强市场营销，争取更多订单，增加市场份额；四是解决服务环节问题，重点在退税、通关、审批、招投标等方面为企业提供优质、便捷、高效的服务；五是解决企业负担问题，切实减轻企业在行政事业性收费、评比达标、不合理摊派等方面的负担。

第二，积极引导企业履行社会责任。核心是鼓励企业坚定信心，自强不息，共克时艰，通过加强管理、降低成本、扩大销售、开拓市场等一系列措施，千方百计促进发展，积极为保增长、保民生、保稳定做贡献。特别是要切实承担起社会责任，千方百计稳定就业岗位，切实做到不裁员、不减薪、不欠薪，并力争多吸纳一些大学生就业，有效缓解当前巨大的就业压力。

第三，全面扶持企业加快自身发展。一方面，要充分利用国家出台十大产业调整振兴规划的有利时机，用足用好相关政策，加快结构调整、技术改造、发展方式转变步伐，加大节能减排、打造品牌、开拓市场力度，通过不断提升水平来战胜危机。另一方面，要紧紧抓住在全球范围内兼并重组、低成本扩张的难得机遇，特别是积极引进海外研发团队，兼并境外科技型企业，不断提高自主创新能力，真正做到化危为机，逆势而上，为迎接“后金融危机时期”新一轮经济增长周期积蓄力量、打下基础。

紧紧围绕新型工业化主题
加速推进综合配套改革

2010年4月，沈阳经济区获批国家新型工业化综合配套改革试验区，成为继上海浦东、天津滨海等地之后，第八个综合配套改革试验区。各综改试验区都肩负着先行先试，为全面改革趟路示范的重大使命，但改革的任务却各有侧重。沈阳经济区不同于其他综合配套改革试验区，关键要牢牢把握新型工业化这个主题，全面推进各个领域的综合配套改革，努力解决老工业基地存在的体制机制性矛盾，率先走出一条具有中国特色的新型工业化、城镇化道路。

一、关于综合配套改革试验区的总体认识

（一）综改区的多角度解读

（1）“新特区”的定位。设立综改区是我国在经济社会发展的新阶段，在科学发展观的指导下，为促进地方经济社会发展而推出的一项新的举措。它是我国继20世纪80年代设立深圳等第一批经济特区之后，于21世纪设立的第二批经济特区，亦即“新特区”。国家设立综改区的直接目的是探索科学发展的新方式；间接目的是

提升区域乃至国家的综合竞争力；基本任务是围绕科学发展方式，探索在全国可供示范的新体制、新机制；具体内容是通过选择一批有特点和有代表性的区域进行综合配套改革，以期为全国的经济体制改革、行政管理体制改革、文化体制改革和社会各方面的改革提供新的经验和思路。这是我国社会主义市场经济发展到特定历史阶段，应对特殊的经济发展环境做出的现实选择，它的提出必将对未来改革和区域经济发展产生深远的影响。

（2）设立综改区的核心在于“综合配套”。综合配套改革的宗旨是要改变多年形成的单纯强调经济增长的发展观，要从经济发展、社会发展和环境保护等多个领域推进改革，形成相互配套的管理体制和运行机制。

（3）新、老特区的主要区别。综改区作为“新特区”不同于老特区，其区别主要有：第一，设立的背景和目的不同。老特区是在当年计划经济背景下设立的，有着为改革计划经济体制探索道路的目的；“新特区”是在市场经济体制已经基本确立的背景下设立的，其目的是完善市场经济体制。第二，设立特区的任务和手段不同。老特区的任务主要是解决对内改革和对外开放的问题，引进外资是发展的重要手段；“新特区”的任务是综合解决经济发展中的体制矛盾，制度创新是其发展的重要手段。第三，特区的地域和模式不同。老特区的区位选择主要是着眼于沿海地区的优先发展，形成可资借鉴的地区发展模式；“新特区”的着眼点在于从国家区域发展总体战略出发，探索新的历史条件下区域协调发展的新模式。

（二）新时期综合配套改革试点的重要意义和作用

改革开放30多年来，我国成功实现了由高度集中的计划经济体制向充满活力的社会主义市场经济体制的转变，实现了由封闭半封闭到全方位开放的历史性转变，社会主义市场经济体制已经初步建立并不断完善，中国的改革开放事业已经站在新的历史起点上。面对发展新形势和改革新任务，党中央、国务院做出开展综合配套改革试点的战略部署，这对于完善改革推进方式、推进新时期的改革开放事业具有重要意义。深刻认识综合配套改革试点的重要意义和作用，需要着重把握以下三个方面：

（1）通过试点推进改革是改革开放的重要历史经验。我国在一穷二白的基础上建设和发展社会主义，制度建设的任务与发展经济同样重要、同样繁重，不论是改革开放之初小岗村土地承包经营制度的探索，还是21世纪初开始的农村税费改革，都是从试点开始，通过积累经验，最后推向全国。其他领域的改革也都经历了大致类似的过程。这条改革推进方式或路径无疑是改革开放重要历史经验的结晶。

（2）通过试点推进改革是完成改革攻坚任务的必然要求。随着改革进入攻坚阶段，一些长期潜伏的利益矛盾和冲突逐步显现出来，改革推进难度明显加大，通过局部试点取得工作经验，完善改革方案和推进机制，可以有效化解改革的阻力和风险，逐步推进攻坚阶段的改革任务，进而全面推进影响全局和长远的改革工作。

（3）通过试点推进改革有利于营造良好的改革氛围。从历史经验看，改革一方面需要党和政府的领导，实施“一把手”工程；另一方面也需要基层的自主创新和全社会的积极参与，即有丰富的实践基础。通过试验区的试点，汇聚改革共识，激发社会效应，会对全国的改革开放事业产生积极的示范带动作用，为深化改革营造良好的氛围。

二、新时期我国综合配套改革试点的基本情况

（一）国家已经批准的综改试验区的主要情况

我国新时期的综合配套改革试点，是以2005年国务院正式批准上海浦东新区开展综合配套改革试点为开端的。此后，国务院从全国改革发展的全局出发，又相继批准了天津滨海新区、重庆市、成都市、武汉城市圈、长株潭城市群、深圳经济特区、沈阳经济区、山西省等不同类型的国家综合配套改革试验区。几年来，各试验区围绕改革攻坚和体制创新这条主线，按照中央关于新时期深化改革、扩大开放的战略部署，深入贯彻落实科学发展观，在促进发展方式转变、加快开发开放、统筹城乡发展、推动“两型”社会建设等方面，因地制宜开展改革试点，取得了积极进展。到2011年9月，八个试验区的改革试验总体方案全部获得国务院批准，这标志着全国综合配套改革试点步入新阶段。几年的实践证明，综合配套改革试点顺应时代潮流，符合改革规律，是新时期改革开放实践探索和理论创新的有效形式，为顺利实施国家发展战略提供了必要的体制条件，为改革攻坚和制度创新积累了宝贵经验，为深化改革、扩大开放营造了良好氛围。

（1）上海浦东新区围绕上海国际经济、金融、商贸和航运中心建设任务，编制、实施了三轮改革试验三年行动计划，业已实施、完成近百项改革事项。

（2）天津滨海新区立足改革开放，开展了涉外管理体制、金

融改革创新、土地管理制度、科技体制改革、生态城市建设制度等方面的改革试验。

（3）重庆市在土地制度、农民身份转换、基本公共服务均等化、新农村建设等领域的改革取得了突破性进展，国务院出台了《关于推进重庆市统筹城乡改革和发展的若干意见》。

（4）成都市将改革试验与灾后重建有机结合，开展建立三次产业互动发展机制、构建新型城乡形态等重点改革试验。

（5）武汉城市圈和长株潭城市群“两型”社会建设试点涉及两省12个城市，点多面广，推进难度比较大，但工作也取得了重大进展。湖北省出台了《武汉城市圈综合配套改革试验三年行动计划（2008~2010年）》，确定了20个改革专项和38项改革任务。湖南省编制了《长株潭城市群区域规划》，积极推进资源节约、环境保护、区域发展模式、行政管理等方面的改革试验。

（6）深圳经济特区发挥全国改革开放的窗口作用，继续深化行政管理体制和社会领域改革，全面创新对外开放和区域合作的体制机制。

（7）沈阳经济区的综改总体方案也获得了国务院的批准。早在2010年4月国家发改委批准沈阳经济区为国家新型工业化综合配套改革试验区前后，沈阳市就启动了《沈阳市新型工业化综合配套改革试验方案》的编制工作，该方案的时间跨度是2010~2020年。

（8）2010年7月，山西省被批准为国家资源型经济转型综改试验区。国家对山西省总的要求是紧紧围绕资源型经济转型这个改革主题，在重点领域和关键环节能够坚持先行先试、锐意突破，为全国经济发展方式转变走出一条新的路子。

（9）在庆祝厦门经济特区建设30周年之际，国务院批准实施厦门综合配套改革试验总体方案。总体方案提出了“在推动科学发展和深化两岸交流合作的重要领域和关键环节率先试验，创新体制机制，以配套推进区域合作、行政管理、对外开放等支撑体系建设为基础，构建两岸交流合作先行区”的目标定位。

新特区试验启动之初，上海浦东新区、天津滨海新区有主要试验内容的要求，并无试验主题。但是从成渝地区有“城乡统筹”主题开始，接续的武汉城市圈、长株潭城市群有了“两型社会”主题，山西省有了“资源型经济转型”主题等。

同时，国家还开展了其他层次的综改试验，如国家发改委综改联系点（如浙江嘉兴市的统筹城乡综改试验联系点）、省级综改试点（如沈阳市的沈北新区是经国家发改委同意的全国第一个省级综改试点）等。

（二）综改试验区的共性标志

新的时期，国家设定了若干个改革试验区，试验的主题或主要内容又各有差异，有的差异还很大，但是它有共性的东西，这个所谓共性的东西，至少有以下五点：

（1）*科学发展观的贯彻与落实*。每个改革试验区无论从哪个角度切入，都是在贯彻落实科学发展观。

（2）*转变发展方式的路径探索*。如果仅仅是贯彻落实科学发展观，也许还是理念上的追求，但是只有把转变发展方式路径搞清楚，探索出来，这才是实实在在地迈出了步伐。

（3）*主题攻坚与配套改革的结合*。多数试验区都冠以主题名称，如沈阳经济区是冠以“新型工业化”主题的改革试验区。这个主题不仅是不同试验区的重要区分标志，更是特定改革试验区体制机制创新的主线。

（4）重点区域突破和开放式试验。现阶段，改革试验在省、市一级不是封闭的，可以完全进行配套的试验。如国家设立统筹城乡改革试验区的时候，是在四川省的成都市和重庆市进行，四川省本身又选择不同发展水平的三个地级市来进行同类试验，在东部和西部也分别有统筹城乡的试验，甚至在全国也有较大范围的同类型试验。

（5）内生制度创新引领型改革。设置改革试验区是不是和当年的开发区一样，大规模给予优惠性政策？应该说不是这样的，但一些综改试验区还是得到了若干优惠政策。不过，总的来看，开展综改试验的益处主要是通过自身的先行先试，创造出区别于其他地区的一些先进的制度模式，从而使开展试验地区获得更快发展的体制机制支撑。因此，从那些先行试验区的发展历程或阶段性成果上看，这些试验区主要是从自身发展的需要出发，实行自我创新，而不是事先给定外部政策。全国发展的现今阶段，一般不需要再用特殊政策来扶持某一个特定地区。如果有的话，那只是对欠发达地区发展的支持，提供制度统一性和公平竞争性，而不是求得差异性。国家之所以要试验，主要是对一些还没有完成的制度安排、制度设计和制度变革进行先行试验，这个试验又是各地内在的比较诉求所引发的。

（三）综改试验区取得的基本经验

各试验区尽管设立的时间不同，但都围绕改革试点的中心任务，站在政治的、全局的高度，着眼于为新时期经济社会又好又快发展提供体制机制保障，不等不靠，大胆创新，积极稳妥推进改革试验，创造和积累了许多宝贵的工作经验。这些经验主要有：

（1）注重方案（规划）先行。面对综合配套改革点多面广的复杂情况，各试验区注重发挥方案（规划）的引领和指导作用，特别是通过制定空间、产业、基础设施建设以及人口分布、土地利用、社会事业发展等方面的专项规划，统一区域布局，优化资源要素配置，建立区域联动、城乡统一的市场体系，为推进改革试点做出了长远安排。如成都、长沙两市在改革试验过程中，注重超前谋划、规划先行。在实践中不断调整、不断完善，不刮风，不搞简单化和运动式的改革，而是稳扎稳打、循序渐进地编制和实施中长期、年度试验方案和专项试点方案，使其改革成效愈加显著且在全国日益发挥重要的示范效应。

（2）注重体制机制创新。各试验区均紧紧围绕体制机制创新这个中心环节开展相关试验工作，它们不仅着眼于旧体制的破除，更着眼于新形势下建立一套新制度。近年来，各试验区在转变政府职能、推进要素市场建设、强化自主创新能力、激发企业活力、统筹城乡发展、扩大对外开放等方面大胆尝试，积极实践，形成了一系列制度创新成果。

（3）注重关键环节和重点领域。各试验区紧紧抓住制约发展的突出的体制机制障碍问题，通过编制实施中长期改革规划、方案等，聚焦改革试验的攻坚目标，推行重大改革试验的项目化管理，使改革试验更加条理化、精细化，易于完成关键环节和重点领域的改革任务并达到改革攻坚的目的。目前来看，通过这些试验区的改革实践，金融管理制度、土地管理制度、涉外经济管理制度以及城乡户籍管理制度均有较大幅度的创新。

（4）注重加强组织领导。从各个试验区的情况看，各试验区范围内的各级党委、政府都把试点工作当作事关地方改革发展全局的重大战略任务和工作目标，列入重要的议事日程，经常研究、跟踪推进，并组织带领当地有关部门积极参与、主动融入试验区工作。多数试验区还成立了党委、政府的常设部门来组织协调改革试验工作。以成都、长沙为例，两市均成立了市委、市政府主要领导亲自挂帅的试验领导小组，并在领导小组之下分别新设立政府职能部门，具体推进综改试验。其中，成都市还专门组建了具有29个行政编制、行政机关位居市发改委之前的市统筹城乡工作委员会，由作为市委、市政府副秘书长的市发改委主任兼任统筹委主任，财政安排了综改专项资金。这些富有改革创新精神的举措，为推进综改试验工作奠定了良好的政治组织基础。

（5）注重地方特色。在国家发改委的指导下，各试验区立足于地方经济社会发展的实际情况选择综改试验主题。例如，成渝地区选择了“城乡统筹”，武汉城市圈、长株潭城市群选择了“两型社会”，沈阳经济区选择了“新型工业化”。这些改革试验均体现了明显的地方特色。同时，也充分体现了同类城市的改革需求。目前，这些试验区先行先试创造的成功经验已经为全国的深化改革提供了重要示范，如成都的“三集中”等。

（6）注重与改革发展的有机结合。各试验区不仅敢于“碰硬”，直接拿制约发展的重大体制机制问题开刀，而且还特别注重与改革发展的紧密结合。本轮综合配套改革启动以来，先行先试地区围绕改革编制了一大批发展规划，而且其发展实践也切实证明改革极大地促进了各试验区经济、社会的快速发展。这样巨大的变化在上海浦东、天津滨海以及成渝地区十分明显。

三、关于沈阳经济区新型工业化综合配套改革试验

（一）沈阳经济区概况

1. 沈阳经济区战略的起源

建设沈阳经济区是辽宁省区域经济发展的三大战略之一，承担着辐射带动辽西北发展、与辽宁沿海经济带形成沿海与腹地良性互动发展的重要任务。这一经济区包括沈阳、鞍山、抚顺、本溪、营口、阜新、辽阳、铁岭八个城市，区域面积7.5万平方公里，占全省的51%。人口2359万人，占全省的55%。

2003年9月17日，中共辽宁省委九届六次全会提出，“通过建设沈阳经济区，发展临港经济和县域经济，开发辽西北，特别是加快构筑由沈阳经济区和大连经济区相连而成的沈大城市经济带等战略措施，在全省形成各具特色而又互补互利的区域经济新格局”，明确了沈阳经济区在全省的战略地位。2004年4月1日，中共沈阳市委办公厅、市政府办公厅印发《关于启动沈阳经济区建设的实施意见》（沈委办发〔2004〕15号）的通知，确立了“沈阳率先能做的工作带头做，各市联手能做的工作一起做，需要上级支持的工作共同争取”的工作思路，并提出了15个方面的工作任务。以2005年首届沈阳经济区书记市长联席会议的召开为标志，沈阳经济区建设迈出了从战略决策到全面实施的步伐，经济区八城市正式签署了《辽宁中部城市群（沈阳经济区）合作协议》。会后，以沈阳市为主导，重点

推进了城市连接地带交通基础设施建设、城市间双边多边的合作和同城化发展，为经济区一体化发展奠定了坚实的基础。沈阳经济区获批国家新型工业化综合配套改革试验区，使该经济区的改革发展进入了新阶段。新时期沈阳经济区发展的重要途径就是要实现八城市同城化、一体化发展。并在同城化、一体化中实现城市化、新型工业化，通过实现产业聚集、人口聚集、生产要素聚集，建设“国家中心城市”，进而建成东北地区乃至全国新的经济增长极。

2. 沈阳经济区建设的进展情况

在辽宁省委、省政府的正确领导和精心组织下，经过八城市的共同努力，沈阳经济区建设取得了重要的阶段性成果。2011年，沈阳经济区完成地区生产总值1.4万亿元，占全省的63.3%；实现财政一般预算收入1431.7亿元，占全省的54.2%；全社会固定资产投资完成9736亿元，占全省的55.9%。从沈阳市辖区来看，这种阶段性成果主要体现在以下几个方面。

一是新城新市镇建设取得新进展。沈阳市以建设国家中心城市为目标，坚持工业化与城市化“双轮驱动”，“扩城”与“连接”紧密结合，采取同城化、珠链式、组团式三种模式（其中，沈抚城际连接带发展采取同城化模式，沈铁、沈本、沈辽鞍营城际连接带发展采取珠链式新城新市镇布局模式，沈阜城际连接带发展采取区域组团式布局模式），在沈抚、沈本、沈铁、沈阜、沈辽鞍营5条城际连接带上规划建设了“一核五射”19个新城新市镇（其中节点新城8个、连接带新城7个、新市镇4个），努力将城际连接带建成联结8个城市的交通带、城镇带和产业带。目前，铁西产业新城、蒲河新城、浑南新城已成为沈阳经济区38个新城新市镇建设的样板，沈抚新城、永安新城、浑河新城、近海新城、胡台新城、法库新城、康平新城和兴隆堡新市镇进展迅速，成为沈阳经济区新城新市镇建设的新亮点，其他新城新市镇建设也都取得了新成效、新进展。2011年，全市19个新城新市镇完成地区生产总值2695.8亿元，地方财政一般预算收入171.4亿元，固定资产投资2450亿元，分别占全市的45.3%、27.6%、55.9%。

二是重大项目和产业集群建设取得新进展。2010年以来，沈阳市紧紧抓住沈阳经济区获批国家新型工业化综合配套改革试验区的重大历史机遇，由市领导亲自带队，多次赴国内外特别是珠三角、长三角地区开展主题概念招商活动，取得了丰硕成果。2010年落地开工项目567个，总投资2700多亿元；2011年签约重点项目621个，总投资4411.2亿元。2011年市里确定的260个重点项目中，新城新市镇项目96个，占37%，总投资2282亿元。2012年市里确定的首批200个重点项目中，新城新市镇项目80个，占40%，总投资2718.3亿元。

北京总部基地、华强科技文化产业基地、汽博园、高坎生态城等一批重大项目，有力支撑了机床、电气、现代建筑、汽车、新能源装备、光电信息、农产品精深加工7个千亿元产业集群加快建设，促进了蒲河新城文化创意产业、沈抚新城健康医疗、永安新城家具产业、胡台新城包装印刷产业等17个百亿元产业集群，以及航空、文化创意、包装印刷、生命科学等27个主导产业园区加快发展。2011年，27个主导产业园区完成销售收入5841.7亿元。

三是重大基础设施建设取得新进展。目前，由环沈阳经济区高速公路、五条城际开发大道、沈抚城际铁路和沈抚、沈铁、沈鞍多条城际公交构筑的沈阳至周边七城市1小时交通圈初步形成，全面促进了八城市的一体化融合。沈阳、抚顺、铁岭三市已于2011年8月28日实现024电信区号共享，每年可节省通话费用近7亿元。为加快四环城市快速路建设，以及浑南新城、铁西产业新城、永安新城、蒲河新城、沈抚新城、浑河新城六个新城土地整理和基础设施建设，沈阳市共争取开行贷款219亿元。

四是沈抚同城化建设取得新进展。成立了“沈抚连接带建设工作领导小组”，通过了沈抚连接带（沈阳一侧）总体规划调整方案和推进沈抚连接带建设工作方案，制定了12条支持政策，加快推进“一带三区”建设（“一带”即浑河景观带，“三区”即泗水科技园区、滨水功能区和生态产业区），并在产业布局、城市功能、生态建设三个方面统筹规划、协调一致、加快发展，力争率先取得突破，为整个经济区一体化发展积累经验、树立典范。目前，沈抚两市正在加速融合，东陵生态产业区正在加快推进汽车博览园等一批重点建设项目。泗水科技城签约入驻企业已达65家，总投资277亿元。

五是沈阳经济区一体化发展取得新进展。在金融市场一体化方面，沈交所与其他七个城市合作共建了沈交所各市分所，初步实现了产权交易信息发布、交易规则、收费标准的“三统一”。盛京银行在鞍山、本溪、营口三个城市设立了分行，阜新银行、辽阳银行、锦州银行等也在沈阳市设立了分行。在人力资源市场一体化方面，八城市共同签署了《沈阳经济区人力资源市场一体化合作协议》，建立了统一的人力资源网络服务平台。在旅游市场一体化方面，沈阳经济区大旅游圈已初步形成，八城市共同培育和挖掘客源市场，合力打造沈阳经济区旅游品牌。在商贸流通市场一体化方面，各市正在积极推进跨地区商业资源的开发利用，逐步打破地区封锁和行业垄断，完善经济区统一的商贸流通市场体系。在公共服务一体化方面，制定了《沈阳经济区户籍管理制度改革实施意见》，鼓励各类人才来沈落户，签署了《沈阳经济区（公共）行政（审批）服务中心合作备忘录》，下发了《关于印发沈阳经济区工商登记注册一体化工作机制的通知》，建立了沈阳经济区名称核准、登记审查、年度检验、对接服务、信用监管等一体化工作机制。

（二）沈阳经济区申报综改试验区简要过程

2006年5月，国家批准设立了第二个综改试验区——天津滨海新区。同年6月，沈阳市积极与国家发改委沟通联系，提出了申请意向，国家发改委表示沈阳市改革基础较好，同时国家已经开始实施东北等老工业基地振兴战略，沈阳是东北地区的中心城市，是国家振兴战略的关键环节。为此，国家发改委积极支持沈阳市开展改革试验，并提出了一些具体的要求。随即全市从改革基础比较好的沈北新区开始，向国家申请设立综改试验区。随着国家批准的综改试验区的地域规模不断扩大，如2005年国家批准上海浦东新区为综改试验区，2007年国家批准武汉城市圈和长株潭城市群为“两型社会”综合配套改革试验区，沈阳的申报地域也随之不断扩大，先是全市，之后扩大到沈抚，最后扩大到沈阳经济区。经过四年的不懈努力，以沈阳为核心的沈阳经济区终于获批国家综改试验区。

（三）沈阳经济区获批的重大意义

沈阳经济区成为国家新型工业化综合配套改革试验区，是辽宁省继沿海经济带战略之后，第二个同时实施的国家战略。沈阳经济区作为全国老工业基地核心区，开展新型工业化综合配套改革试点，对于老工业基地振兴乃至全国经济协调发展具有重要意义。

（1）有利于总体解决沈阳乃至沈阳经济区老工业基地的体制机制性矛盾，进而带动东北老工业基地的全面振兴。在中央的战略决策指引下，东北老工业基地振兴取得了显著成绩。但是，长期累积的深层次矛盾尚未从根本上消除，进一步深化改革、创新体制机制的任务依然繁重。沈阳经济区作为东北老工业基地的核心区和典型代表，开展综合配套改革试验，不仅有利于加快解决自身体制性和结构性矛盾，激活发展潜力，增强发展动力，而且有利于优化提升东北地区产业结构，对东北乃至全国老工业基地具有积极的示范效应，有助于为全国新型工业化发展积累经验。

（2）有利于促进我国参与东北亚经济合作，拓展全国对外开放新空间。东北亚经济圈是全球范围内经济活力与综合竞争力较强的地区之一，区域内各国经济关系总体上朝着整合的方向发展，具备广阔的合作空间，面临难得的发展机遇。沈阳经济区实施综合配套改革试验，有利于在更大范围、更广领域、更高层次上融入东北亚乃至全球经济体系，从而对发挥我国在东北亚经济合作中的独特作用产生积极影响。

（3）有利于实施全国区域发展总体战略，构建区域协调发展新格局。当前，西部开发、东北振兴、东部率先、中部崛起，全国四大发展地带各有特色鲜明的国家战略的指引和支撑。但除东北地区外，其他三大发展地带同时还享有国家综合配套改革试验区政策的支持、牵动和示范。在东北地区选择条件较好的沈阳经济区进行综合配套改革试验，对于加快东北老工业基地振兴进程，形成与东西中互动、优势互补、相互促进、共同发展的全国区域发展新格局至关重要。

（四）新型工业化的概念

2010年4月6日，经报请国务院同意，国家发改委批准设立了沈阳经济区国家新型工业化综合配套改革试验区。2011年9月16日，国务院又正式批准了《沈阳经济区新型工业化综合配套改革试验总体方案》。沈阳经济区实施综合配套改革试验的主题非常明确，即走新型工业化道路，那么，什么是新型工业化？怎样走新型工业化道路？

（1）新型工业化的概念。党的十六大报告首次提出了新型工业化的概念，即坚持以信息化带动工业化，以工业化促进信息化，走出一条科技含量高、经济效益好、资源消耗低、环境污染少、人力资源优势得到充分发挥的新型工业化路子。

新型工业化就是充分运用最新的科学技术，是信息技术的工业化，是提高经济效益和市场竞争力的工业化，是走可持续发展之路的工业化，是能够发挥我国人力资源优势的工业化。

（2）新型工业化的外延。关于新型工业化的外延，我们可以做一个简要的理解，用以下几句话来表达：

一是与信息化深度融合的工业化。只有实现“两化融合”，才能实现经济从粗放经营向集约经营转变，从规模速度型向创新效益型、科技先导型转变。可以说，“两化融合”本身就是新型工业化的题中之义。

二是人力资源优势得到充分发挥的工业化。简单说，新型工业化又是人尽其才的工业化。按照马克思主义学说，在生产力中，人是最活跃、最具有决定意义的因素。沈阳市无论是科技人才优势，还是产业工人优势，均位居国内同类城市前列。加之在当前西方经济不振、引进国外智力资源相对便利的条件下，我们探索人力资源优势得到充分发挥的工业化会面临更大的选择空间，这样的工业化必然会具有强大的、可持续的动力。但是，我们也应该注意到，在我们这样一个人口大国，加强现代化建设本身就有两个难题，第一个是就业问题，第二个是物质生产过程技术进步、资本有机构成提高对人力资本的替代和“挤出”问题。这两个是既对立、又统一的两个方面。我们怎么来解决这对矛盾？如果我们找出一条路子，确实技术水准很先进，资本技术密集度很高，但是失业太多，社会矛盾突出，这条路子也不会成功，新型工业化就是要统筹协调好二者的关系。

三是符合“两型”社会要求的工业化。我们过去走的是不计资源浪费与环境破坏的粗放型发展道路，现在要走新型工业化道路，需要找到资源节约与环境友好的新路子，这样才能够实现可持续发展。有专家论证，21世纪的世界主流经济将是“生态经济”，这的确反映了全球经济的大趋势。因此，我们要推进的新型工业化应该是“生态化”的工业化。

四是城乡一体化的工业化。综观世界工业化的历程，工业化与城镇化相伴而生、密不可分。但在特定历史阶段也产生了城乡分离。新中国成立以来的工业化在创造巨大社会财富的同时，也导致了城乡“二元”经济结构。即使是在沈阳市，也有“城镇像欧洲、农村像非洲”的问题。而新型工业化就是要系统地解决此前工业化进程中城乡分离的问题，使全社会共享工业化、城镇化的成果。

五是适应经济全球化的工业化。经济全球化是一个地区、国家社会生产力发展到一定阶段的必然要求，是工业化适应国际竞争的必然要求。目前，沈阳市已经发展到了这个阶段。所以，要推进新型工业化，必须与经济全球化有机衔接，必须站在全球经济、技术的制高点。

所谓新型工业化道路，就是按照新型工业化概念的要求，规划组织推进工业发展的模式、工作方式。

（五）国家对沈阳经济区综改试验的要求

国家选择沈阳经济区来进行新型工业化的改革试验，需要它在哪些方面发挥示范作用呢？按照国家的试验要求，至少要做到以下几个示范。

一是传统工业改造与老工业基地振兴的示范区。在全国范围内，像沈阳经济区这样的老工业基地区域还有几块，如京津唐及沪宁杭等。像沈阳这样的老工业基地城市以东北居多，如长春、吉林、哈尔滨、齐齐哈尔等，在全国“东”、“中”、“西”板块也均有分布。迄今，沈阳市的铁西区已经成为全国的“双示范区”。沈阳就是要通过综改试验，将老工业基地振兴的牌子做得更大（从铁西拓展到全市乃至整个沈阳经济区）、更亮，以期发挥更大的示范效应。

二是信息化与工业化深度融合的示范区。以信息化带动工业化，以工业化促进信息化，这是走新型工业化道路的重要内涵。按照国家的要求，也有必要通过沈阳经济区的综改试验创造出包括这种内涵的工业化模式。

三是先进制造业、高端服务业和现代农业协调发展的示范区。沈阳经济区与其他老工业基地类似，传统产业居主体地位，经济结构相对固化，因而通过体制机制创新，大力发展战略性新兴产业，实现三次产业协调发展意义重大。形成以服务经济为主的产业结构，实现三次产业的协调发展，无论对沈阳市自身，还是整个沈阳经济区，乃至对全国的经济转型均有重要的意义。

四是资源型经济转型和可持续发展的示范区。“可持续发展”是新型工业化的重要标志之一，我们决不能走西方发达国家先污染后治理的老路。此外，沈阳经济区内的阜新、抚顺还面临资源型城市转型以及如何发展接续产业的问题。

五是新型工业化和城市现代化的示范区。从历史发展进程看，“工业”与“城市”是一对孪生兄弟，但二者的关系不是始终能处理得很好。如在我国的计划经济时期，特别是在“文革”时期，全国不少城市在“先生产、后生活”这一极“左”口号的引导下，表现为工业生产有计划、城市发展无计划，给人民群众的生活造成了极大不便。铁西区东搬西建改造前就是我们身边一个极其生动的事例。那时，该区作为装备制造业基地赫赫有名，但污染严重、环境很差，一度成为老基地衰败的缩影。我们的综改试验就是要找到新型工业化与城市现代化良性互动的新路子。

六是区域经济社会一体化和综合竞争能力发展的示范区。随着社会主义市场经济体制的确立，计划经济体制下形成的“条”、“块”分割受到极大冲击，但有些“痕迹”仍遗留至今。如相邻城市间仍存在一定的行政“壁垒”，制约生产力跨市、在区域“尺度”上的合理布局，阻碍生产要素在城际的优化配置，从而影响到区域经济一体化进程。沈阳经济区作为全国不可多得的大城市综合体的综改试验区，有必要、也有可能在这方面探索出新路径。

（六）沈阳市在沈阳经济区综改试验中的核心作用

在沈阳经济区中，沈阳要发挥什么作用?

（1）核心带动和辐射作用。这个改革试验区为什么不叫其他名称而叫沈阳经济区，就是要突出沈阳在经济区中的核心带动和辐射作用。

（2）要成为世界级（具有国际竞争力）的先进装备制造业基地。

（3）东北区域性商贸物流、科教文卫服务中心。

（4）高新技术产业基地。

（5）东北地区金融中心。

（6）努力发展成国家乃至整个东北亚的中心城市。

上述沈阳市在沈阳经济区综改试验中的重要地位与作用，已为国家批准的沈阳经济区综改试验框架方案和总体方案所确认。

四、沈阳综改试验的总体布局

《沈阳市国家新型工业化综合配套改革试验方案》（以下简称《方案》）和《沈阳市2012年综改工作要点》（以下简称《要点》），是沈阳市今后一个时期（2010~2020年）和2012年综改试验的纲领性文件，非常重要。

（一）关于《方案》和《要点》的形成过程

2010年4月，沈阳经济区综改试验区获批后，成立了综改工作领导小组，并精心组织了全市《方案》和《要点》的编制工作，积极推进各项改革试验的深入开展。在编制工作中重点抓了以下三个环节。

一是坚持科学决策，注重顶层设计。精心组织《方案》和《要点》的编制工作，并明确提出沈阳要在沈阳经济区综改试验中，突出重点，突出当前，率先突破。《方案》和《要点》既充分体现了国务院和国家发改委的批复精神，也完全符合沈阳的实际。

二是坚持先行先试，及时吸纳最新成果。沈阳市坚持顶层设计与基层试验相结合，编制《方案》、《要点》与推进改革创新相同步，不仅抓住了难得的机遇，向国家和省争取了“两化融合”、“创新型城市建设”等15项专项试点，而且紧扣主题，精心组织实施了“两化融合”、“城乡统筹”、“行政管理体制改革”、“优化金融生态”等专项改革试验，并把两年来取得的初步成果和经验，以及正在争取的“新型工业化土地管理机制创新”等17项试点内容，全部纳入《方案》和《要点》。

三是广泛征求意见，汇聚各方智慧。在《方案》和《要点》的编制过程中，组织开展了一批重大课题研究，广泛借鉴其他综改试验区的成功经验，充分利用国家有关部委的相关调研成果，特别是10余次向有关专家学者和40多个市直部门及各区县(市)、开发区征求意见，并在北京组织召开了高层专家论证会。经过广泛问计、多方求策、兼容并蓄，力求做到集大成、有突破。

总的来看，《方案》和《要点》的形成过程，是发扬民主、集思广益的过程，是顶层设计、科学决策的过程，也是先行先试、与时俱进的过程，集中体现了国家的战略意图，反映了沈阳发展的最新思路，凝聚了全市上下的智慧和心血。

（二）关于《方案》和《要点》力求突出的特点

按照全面统筹、协调配套，因地制宜、突出特色，市场导向、政府推动等原则，《方案》和《要点》既体现了国家的战略要求，也凸显了沈阳的自身特色。

（1）统筹兼顾，力求突出综改试验的系统性、配套性。依据国务院批准的《沈阳经济区综改试验总体方案》，紧紧围绕新型工业化这一主题，全面落实市委十二届二次全会的要求，统筹设计各领域、各环节的改革创新，做到了协调联动、系统推进，增强了改革的配套性。

（2）攻坚克难，力求突出体制机制的突破性、创新性。《方案》和《要点》把体制机制创新作为综改试验的主旋律，重点聚焦具有全局意义的重大决策、战略路径、关键举措，选准切入点，找准突破口，为全市重大改革试验绘制了时间表和路线图。

（3）先行先试，力求突出重点领域和关键环节改革的示范性、牵动性。《方案》和《要点》着力突出重点领域和关键环节的改革试验，特别是紧紧围绕已获批的“两化”融合、优化金融生态、城乡统筹、行政管理体制创新等改革试点，力求先行先试、率先突破，以产生聚焦和放大效应，发挥引领和示范作用。

（4）注重实效，力求突出综改举措的科学性、操作性。按照目标化、项目化、工程化的要求，精心谋划重大改革举措，力求制定的目标科学合理，提出的任务切实可行，并可以分解到相应的地区和部门，能够量化考核，便于及时评估，确保按时完成。

（三）关于《方案》的总体思路和主要内容

《方案》作为全市综改试验的中长期安排，时间跨度长达10年，包括总体要求、重点内容、保障措施三部分，共有45项改革内容。

在指导思想上，突出强调以新型工业化为主题，以体制机制创新为动力，并全面体现了国家关于“科技含量高、经济效益好、资源消耗低、环境污染少、人力资源优势得到充分发挥”的新型工业化要求。

在总体目标上，与建设实力沈阳、活力沈阳、宜居沈阳、文明沈阳、和谐沈阳一脉相承、紧密衔接。中期目标是，到2015年初步实现产业生态化、结构高级化、制造智能化、产品高端化，基本建立符合国家新型工业化要求的体制机制。远期目标是，到2020年全面建立符合国家新型工业化要求的体制机制。

在改革任务上，按照综合配套、全面推进的要求，确定了10个方向的体制机制创新。其中，紧扣新型工业化主题，重点推进产业结构优化、科技研发、企业发展、空间布局、生态建设五个方面的体制机制创新，力求在重点领域和关键环节率先突破；配套推进投融资管理、城乡统筹、对外开放、社会管理、行政管理五个方面的改革创新，为新型工业化提供必要的体制机制保障。具体包括：

1. 创新产业结构优化体制机制，构建现代产业体系

我们所说的现代产业体系在不同国家有不同的含义。在发达国家，现代产业体系就是现代服务业占GDP 70%左右份额的产业体系，其现代性主要体现为现代服务业发展比较充分。而在发展中国家，现代产业体系就是农业基础比较稳固，装备制造业比较发达，第三产业发展迅速，科技进步在经济社会发展中的贡献份额提升比较快，核心竞争力不断增强的产业体系，其现代性主要体现为科技进步对经济社会发展的作用越来越大。

构建现代产业体系具有十分重要的现实意义。从国际上看，当前世界科技创新正孕育着新的突破，产业升级步伐不断加快。在应

对国际金融危机的过程中，不少发达国家已经开始加快调整科技和产业发展战略，把绿色、低碳技术及其产业化作为突破口。美国推出绿色经济复苏计划、欧盟实行绿色技术研发计划等，都是为了塑造新的竞争优势，抢占新的制高点。从国内看，我国正处在消费结构快速变化和升级的时期。居民消费正由以衣、食为主的生存型、温饱型，向以住、行为代表的小康型转变，这就要求我们的产业结构要适应消费结构的这种变化，也就是要加快推进产业结构优化升级，促进经济增长由主要依靠第二产业带动向依靠第一、第二、第三产业协同带动转变。

沈阳市构建现代产业体系，是以全省“十二五”时期大力推进的“五项工程”（工业企业提升工程、项目工程、并购工程、产业集群工程、节能降耗和淘汰落后产能工程）为主要载体，推动跨城市、跨地区的产业一体化布局，全面推进信息化与工业化融合，构建以铁西装备制造业聚集区为核心、以战略性新兴产业为先导、以优势产业为主体、以现代服务业为支撑、以高效现代农业为基础的区域特色鲜明的现代产业体系。主要包括加快推进铁西装备制造业等的体制机制创新，推进国家工业化和信息化融合试验区建设，完善战略性新兴产业培育机制，探索服务业与制造业互动发展新路径，创建现代高效农业体系。

2. 创新科技研发体制机制，完善自主创新体系

创新大体有三种主要类型，即技术创新、管理创新和制度创新。我们现在常讲要提高城市的竞争力，而自主创新能力是一个城市竞争力的核心。一个城市只有拥有强大的自主创新能力，才能在激烈的国内和国际竞争中把握先机、赢得主动。中央提出要坚持把

推动自主创新摆在全部科技工作的突出位置，这是顺应形势要求的重大战略抉择。

《方案》提出创新科技研发体制机制，完善自主创新体系，就是以推进国家创新型城市建设试点为主线，以创新体系建设为重点，从完善政策体系入手，壮大创新主体，整合创新资源，集聚创新人才，不断提升城市的持续创新能力与核心竞争力。主要包括建立企业创新激励机制，大力构筑创新平台，营造自主创新环境，建立培养引进高端人才的激励机制等。

3. 创新企业发展体制机制，强化市场主体

企业是经济发展的微观基础，是新型工业化的市场主体。新型工业化体制机制创新，基础在企业，取得成效的关键也要看企业。优化企业发展环境，促进企业科学发展，共同探索强化新型工业化市场主体的政策措施，是新型工业化综改试验的题中之义，是实现新型工业化的有效途径。

《方案》提出创新企业发展体制机制，强化市场主体，就是要以国有经济战略性调整为重点，以大力发展非公经济和中小企业为主攻方向，在推进新型工业化的过程中进一步增强企业发展活力和竞争力。主要包括优化国有资本结构，创新企业经营新模式，推进重点企业战略性重组，探索解决国有企业历史遗留问题的途径，健全非公经济政策扶持体系，营造中小企业发展的良好环境等。

4. 创新发展空间体制机制，优化空间布局

做优发展空间的提出，是一项综合考虑沈阳经济社会发展的现实需要以及沈阳经济社会未来发展的重要战略部署，是一项需要持之以恒、紧抓不放的系统工程，是“十二五”期间需要一以贯之、

继续深化的一项重要任务。在做优发展空间这一任务目标导向下，沈阳市在金廊、银带建设、沈西工业走廊、沈北新区、大浑南和东部旅游度假区等城市空间建设中，取得了突破性的进展，城市基础设施建设等大批公共资源的投入，增强了公共产品对区位发展主体的聚集力，为“十二五”期间进一步优化城市发展空间奠定了坚实基础。

《方案》提出创新发展空间体制机制，优化空间布局，就是要完善空间布局体制机制，整合优势资源，逐步形成主体功能定位清晰、发展导向明确、开发秩序规范、经济与人口资源环境协调发展的新格局。包括创新产业聚集发展模式，加快沈阳经济区一体化进程，深化土地管理制度改革等。

5. 创新生态文明建设体制机制，探索可持续发展道路

综观历史，人类经济水平的提高和物质享受的增长，在很大程度上是以牺牲环境与浪费资源而得来的。发展经济与保护环境的矛盾到目前已经十分尖锐。环境问题已渗透到经济、政治、文化等各个领域，并且出现许多新的特点，环境、生态、可持续发展已成为世界各国共同关注的热点。环境是人类赖以生存、繁衍和发展的基本条件，而全球性资源短缺、环境污染和生态恶化，对人类生存和发展构成了严重威胁，环境问题已受到全人类的普遍关注。

《方案》提出创新生态文明建设体制机制，探索可持续发展道路，就是要以创建国家环境建设样板城为主线，以建设资源节约型、环境友好型社会为目标，通过创新生态文明建设的体制机制，增强全市乃至沈阳经济区的可持续发展能力。主要包括创建全国环境建设样板城，探索建立经济社会与资源环境协调发展的长效机

制，创新资源开发利用管理机制，探索城市发展循环经济新模式，完善节能减排激励约束机制等。

6. 创新投融资管理体制机制，构建资本支撑体系

当前，随着对城市基础设施需求的日益增长，建立在高度集中的计划经济体制基础上的，以政府财力直接投入为主导，行政配置资源为主体的投融资体制，已无法适应经济发展的需要，迫切需要进行投融资体制改革，进一步发挥市场配置资源的基础性作用，推行以市场化为取向的体制改革和机制创新，最终建立政府融资平台化、公用事业民营化、投资主体多元化、企业投资主体化、运营主体企业化、融资渠道市场化的新型投融资体制。

《方案》提出创新投融资管理体制机制，构建资本支撑体系，就是要整合金融、财税资源，突出产业金融，优化资本要素配置，加快东北区域性金融中心建设，为新型工业化提供资本支撑。主要包括开展国家优化金融生态综合试点，创新发展金融市场体系，创新金融机构体系，改革财税体制，推进投融资主体建设。

7. 创新城乡统筹发展体制机制，探索城乡一体化实现形式

发达国家的工业化大多经历过牺牲农业和农村发展的阶段，我国以往也存在忽视农业和农村发展的问题，长期延续了工业化超前而城市化滞后的经济发展模式，导致当前城市化创造的消费需求不足，工业化创造的供给产能过剩。党的十七届三中全会指出，我国总体上已经进入了以工促农、以城带乡的发展阶段。

城市化是一个国家和地区社会经济发展水平和文明程度的重要标志。工业化与城市化是现代化进程中的一对孪生兄弟，工业化以城市化创造的需求为发展动力，城市化以工业化创造的供给为基本

支撑。目前，沈阳市的城市化水平较高，但由于城市化的制度性壁垒还没有随着市场化改革而同步消除，城市化进程仍然慢于市场化和工业化。因此，统筹城乡发展，推动城乡一体化，也就成为新时期、新形势下加快沈阳市城市化步伐，打破城乡二元结构，推进新型工业化发展的重要内容。

温家宝同志在《求是》杂志发表的文章《中国农业和农村的发展道路》指出，在我们这样一个人口大国，在推进工业化、城镇化的过程中绝不可忽视农业现代化。家庭经营是最基本的农业经营形式，要鼓励有文化和农业技能的青壮年农民留在农村。农村建设应保持农村特点，有利于农民生产生活，保持田园风光和良好生态环境。土地承包经营权、宅基地使用权、集体收益分配权等，是法律赋予农民的财产权利，无论他们是否需要以此来作基本保障，也无论他们是留在农村还是进入城镇，任何人都无权剥夺。对于温家宝同志的这些要求，我们在统筹城乡试验中，要作为基本原则加以把握。

探索城乡统筹，就是要促进新型工业化与新型城镇化紧密衔接，统筹城乡发展规划、基础设施与公共服务体系建设，促进公共资源在城乡之间均衡配置，生产要素在城乡之间自由流动，实现城乡经济社会协调发展。在近郊开展城乡统筹及新型城镇化改革试点，新民、辽中、法库、康平四市（县）全面跟进，加速推进全域城市化。包括创新城乡一体的规划新机制，深化农村改革，探索新城、新市镇建设新模式。

8. 创新全方位开放体制机制，提高国际化水平

对外开放的原意是使各种要素在国际间流动起来，但开放的意义远远超出了要素流动本身。开放的意义还在于对制度的深刻影

响。对内改革和对外开放并不是相互独立的两项政策，而是整个制度变迁的一个整体。对外开放必然要求对内改革与之相适应。可以这样说，是开放使得“改革”和“制度”都成为经济系统的内生变量。经济开放不仅本身就意味着一种制度变迁，而且极大地加速了旧制度向新制度的调整过程。开放是制度变迁的强制力，开放又是制度创新的源泉。

沈阳市综改提出的对外开放，就是要加速推进全方位开放，积极参与经济全球化和区域经济一体化进程，抢占国内外经济竞争制高点，全面提高新型工业化的国际化水平。包括推进涉外经济体制改革，建立利用外资导向机制，创新利用外资方式，创新“引进来”和“走出去”模式。

9. 创新社会领域体制机制，构建和谐社会环境

我们所说的和谐社会，不是一种社会形态，而是一种社会状态。和谐的社会状态，有其内在的本质属性，也就是说社会主义和谐社会具有十分丰富的科学内涵。早在2005年，胡锦涛同志在省部级主要领导干部提高构建社会主义和谐社会能力专题研讨班上的讲话中明确指出，我们所要建设的社会主义和谐社会，应该是民主法治、公平正义、诚信友爱、充满活力、安定有序、人与自然和谐相处的社会。

构建和谐社会这一决定，是国家根据国内出现的新情况、新问题做出的。从20世纪70年代末开始，中国实行改革开放政策，经济持续高速发展，人民生活大为改善，社会局面总体安定。但是，空前的社会变革在为发展带来巨大活力的同时，也带来诸多新的矛盾和问题。较为突出的是，城乡、区域、经济社会发展差距拉大，收

入分配不尽合理，社会保障体系亟须建立，民主法制还不健全，一些社会成员诚信缺失，一些领域的腐败现象比较严重。提出构建和谐社会，就是要解决这些问题，以促使经济的进一步发展、社会公平与公正的建立，确保国家的长治久安。

《方案》提出的创新社会领域体制机制，构建和谐社会环境，就是要坚持以人为本，着力推进以改善民生为重点的社会领域改革，建立促进社会事业发展的长效机制，确保新型工业化体现构建和谐社会的时代要求。包括完善就业创业促进机制，完善社会保障机制，深化教育综合改革，推进文化领域改革，深入推进医药卫生体制改革。

10. 创新行政管理体制机制，建设公共服务体系

行政管理体制改革是上层建筑与经济基础的结合点和各个领域改革的支撑点，特别是对于保持和增强综合配套改革的稳定性、协调性至关重要。

沈阳市综改试验的行政管理体制创新，就是要进一步转变政府职能，创新管理体制，坚持依法行政，增强公共服务功能，努力构建服务型政府。包括推进政府管理创新，完善公共服务体系，推进社会管理创新综合试点工作，加强基层社区建设，建立符合科学发展观的绩效考核体系。

（四）关于《要点》的主要内容

《要点》是《方案》的年度实施计划，突出重点，突出当年，具体包括“深入推进五项改革，着力构建五大体系”。《要点》确定了五个方面22项改革任务。

重点改革任务之一：深入推进“两化融合”改革试验，着力构

建综合实力较强的现代产业体系

构建现代产业体系，最重要的就是要坚持走科技含量高、经济效益好、资源消耗低、环境污染少、人力资源优势得到充分发挥的新型工业化道路，在科技进步的推动下，实现经济发展方式逐步转变、产业结构逐步优化升级。在这一过程中，我们必须尊重市场机制在产业资源配置中的重要作用，同时，也必须充分发挥政府在构建现代产业体系中的积极推进作用。

第一，深入开展国家级信息化和工业化融合试验。

“两化融合”是综改工作的重头戏，也是沈阳市构建现代产业体系的突破口。以信息化带动工业化，是新型工业化道路的核心内容，也是新型工业化的重要特点。

当今世界，信息技术已渗透到经济社会发展的各个领域，特别是已成为促进传统工业改造升级、工业生产率提升、产业竞争力提高的重要手段和基本支撑。“两化融合”的核心就是信息化支撑，从党的十五大提出“大力推动国民经济和社会信息化”到十六大的“以信息化带动工业化、以工业化促进信息化，走新型工业化道路”，再到十七大的“大力推进信息化和工业化融合，促进工业由大变强”，反映出我国对信息化和工业化关系认识的不断深入。

2011年，沈阳市被国家工信部批准为“国家级信息化和工业化融合试验区”，迅速组织编制了《沈阳市国家级信息化和工业化融合试验区实施方案》，将“两化融合”作为推进全市工业由大变强的重要举措，以建设国家新型工业化综合配套改革试验区为主线，加快推进信息技术在产品研发设计、生产过程控制、经营管理、营销流通等各个环节的应用、渗透和融合。国家工信部认为，沈阳市的“两化融合”推进工作已在第二批国家级“两化融合”试验区中独占鳌头。目前，全市铁西、东陵（浑南）、大东、沈北、于洪五个“两化融合”市级试点已全部启动，公共服务平台等支撑服务体系已开始运转，“两化融合”的产业和技术支撑不断得到强化。特别是“两化融合”对企业的助推作用日益显现，以三一重装为例，该企业不断创新和深化信息化应用，不断向商务智能领域拓展，目前企业的净利润率已高达20%。全市将重点以信息化推动高档数控机床、IC装备、通信、生物医学工程、航空发动机等技术发展，特别是要加快推进沈鼓集团、三一重装、北方重工集团等核心骨干企业向大型化、高端化、集成化、成套化发展。2012年底前实现全市“两化融合”发展指数由目前的50提高到65以上；信息化对企业经济效益增长的贡献率超过25%；市级以上企业技术中心由183个增加到230个；企业电子商务应用率超过50%。同时，重点推进东陵区（浑南新区）以IC装备和先进制造、大东区以汽车电子和嵌入式软件、沈北新区以光电信息、铁西区以装备制造业和生产性服务业、于洪区以装备制造配套为特色产业的市级“两化融合”试点工作。

第二，积极推进生产性服务业与装备制造业互动发展。

我们所说的生产性服务业，是为保持工业生产过程的连续性，促进工业技术进步、产业升级和提高生产效率提供保障服务的服务行业。它是与制造业直接相关的配套服务业，是从制造业内部的生产服务部门独立发展起来的新兴产业，本身并不向终端消费者提供直接的、独立的服务效用。

目前，生产性服务业和制造业的关系正在变得越来越密切。随着企业规模的扩大和国际市场竞争的加剧，制造企业已不再是简单地销售工业产品，也在销售与该产品配套的包括电子控制、维护服务等在内的完整服务体系。制造企业将其内部非核心的服务性经济活动外包给专业的服务商来做，不仅使制造企业提升了自己的核心竞争力，同时也带动了生产性服务业的发展。从生产性服务业发展这一现象本身来看，伴随着生产组织方式变革和专业分工细化，制造业企业基于自身核心竞争力，对价值链进行分解的趋势也就变得非常明显，它们将自身价值链的一些支持活动，甚至是基本活动，如人力资源管理、会计、研发设计、采购、运输、仓储、售后服务等都外包出去，这些外包出去的业务就逐渐形成了独立的产业，这些产业在为客户提供专业化服务的同时，自身的业务水平也不断提高，同时分工也更加细化，提供服务所发生的成本也不断降低，规模经济效应和学习效应不断得到释放，进而又推动制造业企业将更多业务进行外部化，实现制造业与生产性服务业的良性循环。

沈阳市装备制造业发展有着雄厚的基础与优势，建设具有国际竞争力的先进装备制造业基地的发展定位，为全市发展生产性服务业创造了巨大的空间。因此，要将推进生产性服务业与装备制造业互动发展作为综改工作的重点任务，进一步推进国家现代服务业综合试点和铁西区国家服务业综合改革试点工作。加快建设软件研发、翻译服务、检验检测等公共服务平台和浑南软件动漫产业带、沈阳设计产业园、沈阳国际物流港、临空现代物流港、汽车城物流产业带等服务业聚集区。积极推进企业总部基地建设。鼓励装备制造企业发展服务外包，重点推进远大、特变、鼓风、三一重装、北方重工等大型企业的研发、结算、营销、管控、物流与生产制造环节相分离。

第三，下大力气提升自主创新能力。

当今世界，国际间的经济竞争，说到底是综合国力的竞争，而其关键是科学技术的竞争。一个国家能不能在激烈的国际经济竞争中保持优势，已越来越取决于其科技进步的速度和自主创新的能力。没有自主创新，就没有属于民族的核心技术、关键技术，在国际竞争格局中就只能充当配角，陷于被动。而真正的核心技术、关键技术是买不来、招不来、转不来、引不来的。

改革开放30多年来，我们始终在探索调整产业技术进步的路径，主要是通过大规模地引进技术、引进外国投资，“以市场换技术”的方式，促进传统产业的技术改造和结构调整，取得了很大的成绩。但随着国民经济的不断发展，新的问题和矛盾开始凸显。由于缺乏核心技术，我们很难以单纯的劳动力比较优势换来应有的利益和好处，如10亿件衬衫才能换一架波音飞机，8亿双鞋才能买一架“空客”。目前，我国制造业核心技术、关键零部件及重要原材料受制于人的局面没有根本改观。企业自主创新能力不足，研发资金投入水平低。高技术产业需要的许多关键装备，如数控机床的70%、光纤制造设备接近100%、集成电路的85%都依赖进口。“中国制造”远没有达到“中国创造”的水平。

我们走新型工业化道路也同样必须以科技进步为动力，不断提高工业产品的科技含量；必须以自主创新为突破口，通过观念创新、科技创新和体制创新的结合，充分发挥企业在自主创新中的主体作用，充分发挥政府在自主创新中的引导作用，充分发挥市场在配置创新资源中的基础性作用；必须“开发当自主，创新图自强”，敢于创新、勇于创新、善于创新，切实发挥自主创新在新型工业化发展过程中的支撑和引领作用。为此，将重点加强科技创新服务平台建设，加快国家大学科技城建设，引进院士工作站两家，完成60万平方米孵化器建设。鼓励科研院所与企业建立产业技术创新联盟，促进科技成果转化。鼓励企业参与制定国际、国家、行业等各级标准。进一步加强海外研发团队引进工作，努力拓宽海外高层次人才和紧缺人才引进渠道。深入开展国家创新型城市建设试点工作。

重点改革任务之二：深入推进金融领域改革，着力构建与实体经济紧密衔接的产业金融体系

我们将着眼于服务先进装备制造业基地建设和将沈阳市尽快建设成为东北地区金融中心的要求，加快推动全市产业与金融相互融合，互动发展，为新型工业化提供有力的资本支撑。

产业金融作为一个全新的经济金融领域，是以满足生产者的融资需求为主要功能的金融体系，是在特定的产业发展环境下，依托并服务于特定产业发展的金融体系，是产业与金融的紧密融合。如科技金融、能源金融、汽车金融、房地产金融、物流金融、环境金融等。

发展产业金融是走新型工业化道路的重要举措。沈阳市发展产业金融，就是要面向国内外加快产业链资源整合，助推企业做大做强，加快把沈阳建设成为东北区域金融中心。从制造业基地发展为产业金融中心，国际上早有先例。美国的洛杉矶是文化产业金融的中心，造就了好莱坞；加利福尼亚州的硅谷从农庄变为高技术产业金融中心，是由于有斯坦福大学的技术辐射和数以百计的风险投资与投资银行，以及纳斯达克的资本市场退出机制；底特律作为汽车

产业中心曾经辉煌一时，但由于区域产业金融资源不足，金融危机来临后，企业受到重大冲击，实际上是被华尔街击垮了。

第一，全面开展国家优化金融生态综合试验。

国家优化金融生态综合试验，作为沈阳市新型工业化综合配套改革的重点专项试验之一，其主要内容是发展完善资本市场和要素市场，优化金融市场环境；健全金融组织体系，优化金融服务环境；完善金融风险防控和化解机制，优化金融安全环境；推进改革创新试点，优化金融创新环境；建立金融人才引进和培养机制，优化金融人才环境；完善金融布局和基础设施建设，优化金融空间发展环境；创新完善信用奖惩机制，优化社会信用环境等。

按照国家的要求，在综改试验过程中，凡涉及金融、土地方面的改革，均需要得到国务院批准后方可实施，而其他领域的改革试验，地方有较大的自主权。

第二，创新发展资本市场。

资本市场创新不足将制约市场价格、资源配置功能的发挥，特别是风险定价、风险转移、风险分散等作用的开发力度不够，不利于企业拓宽金融渠道、降低融资成本。为此，我们将进一步强化产业与金融深度融合，提升直接融资比重，积极推动多层次资本市场融资。推进沈鼓集团、博林特电梯等一批企业及成长型科技中小企业在主板、中小板和创业板上市。引导上市公司通过增发、发行公司债等方式再融资。积极开展代办股份转让系统试点准备工作。支持企业利用企业债券、短期融资券、中期票据、信托计划等融资工具融资。加快推进创业投资和股权投资市场发展，大力发展和引进创业投资机构和私募股权投资基金。推动装备制造业投资基金组建。完善股权投资大厦软硬件建设，搭建股权投资信息平台，打造股权投资聚集区。

第三，加快金融企业集聚。

在经济金融全球化和信息技术不断发展的大背景下，从20世纪70年代以来，越来越多的金融机构出现集聚趋势，金融企业集聚已经成为现代金融产业组织的基本形式。目前，沈阳市现有金融布局与现代化大城市的定位相比，金融集聚效果不显著，未能实现金融产业的高度整合集聚，这在一定程度上影响了金融集聚促进金融创新和经济增长作用的发挥。目前，北京市金融街有各类金融机构153家，上海市的陆家嘴金融商贸区有143家金融机构，沈阳全市有金融机构111家，差距十分明显。因此，要大力发展金融机构总部和区域金融总部，争取国家在设立信托公司、金融租赁公司、再担保公司等金融机构上给予沈阳市优先支持。重点支持和推动沈阳机床组建金融租赁公司。重点在金廊地段开展金融地产招商，引进、设立有影响力的总部金融机构。在吸引金融企业集聚上，研究制定优惠政策，其中包括对金融机构购买、租赁经营场所给予一定补贴，对金融企业高管在沈阳购房给予相应补贴等，通过政策支持营造金融企业、金融人才集聚的洼地。

重点改革任务之三：深入推进统筹城乡发展综合配套改革，着力构建城乡协调发展的一体化经济体系

抓好新型工业化综合配套改革，决不能只盯着工业化，而必须同时在综合性、配套性、系统性上下功夫。将统筹城乡发展作为综改的一项重要任务，就是要积极探索建立以工促农、以城带乡的长效机制，推动新型工业化、城镇化和农业现代化协调发展，逐步形

成城乡经济社会发展一体化新格局。

第一，大力推进城乡一体化进程。

城乡一体化是城市化的最高阶段，是一种高级的经济社会结构形态，是城乡人口、技术、资本、资源等要素相互融合，互为资源、互为市场、相互服务、以城带乡、以乡补城，逐步达到城乡间在经济、社会、文化、生态上协调发展的过程。沈阳市目前正处于城乡关系由隔离走向融合的调整时期，城乡二元特征仍比较突出。我们将进一步统筹城乡基础设施建设和重大项目布局，加快城乡公共服务、社会保障均等化步伐。

目前，沈北新区、于洪区、苏家屯区已分别成为辽宁省综合配套改革试验先导区、城乡统筹示范区和新型城镇化示范区。这三个区要加快先行先试步伐，在城乡一体化上取得更大的成效。沈北新区重点构建由战略性新兴产业、现代服务业和现代农业组成的现代产业体系，建设中心城市新都心、新兴产业集聚区和生态田园新城区。于洪区重点推进城市基础设施向农村地区延伸，加快推进城乡就业、保险、救助等社会保障和文化、教育、医疗卫生及社区建设等社会公共服务一体化试点，加速全域城市化进程。苏家屯区重点构建核心城区、新城新市镇、重点建制镇以及特色产业村组团发展的新型城乡空间布局。

在积极探索城乡一体化的新模式方面，于洪区做了一个很好的示范。于洪区作为沈阳市的近郊区，受城市空间扩张影响，近郊村较早地融入了都市圈，二、三产业发展迅速，而中远郊村工业基础薄弱、商业规模较小，主要收入来源仍为有限的耕地。该区的陆家村位于于洪区平罗镇西北部，主要以种植业支撑经济，经济相对不发达；而隶属于北陵街道的近郊城中村——沙河子村，1995年实行集体经济股份合作制后，现已拥有50余家企业，总资产达20多亿元，农民人均纯收入1.4万元，但由于城市建设用地的扩展，土地资源所剩无几，严重制约了该村集体经济的发展。于洪区着眼于破解“二元”结构难题，大胆创新，将沙河子村和陆家村进行“融合”，充分整合两地区的资源优势，发展设施农业，调整产业结构，将近郊村的产业、资金向“异地”远郊村转移，将近郊村的资金、技术、人才等综合优势与远郊村农村劳动力、资源条件等优势相“整合”，以强带弱，从而促进了两村经济共同发展、两地村民共同致富。

第二，创新土地管理机制。

当前，沈阳市正处于经济社会快速发展的重要战略机遇期，但老工业基地发展过程中遗留的历史问题也正在逐步显现，工业用地布局、土地利用方式等问题日益突出，耕地保护压力逐渐增大，节约集约用地的要求更加迫切。如果继续靠单纯采取增量扩张的方式促进新型工业化发展，则土地资源难以为继，耕地保护难以为继，持续发展难以为继，将严重地制约产业升级和结构调整，严重制约新型工业化和城镇化的进程。因此，我们要紧紧围绕新型工业化发展，以盘活存量土地、优化用地布局、节约集约用地为重点，加快推动土地利用由“增量扩张”向“存量挖掘”的转变，由“粗放低效”向“节约集约”的转变。这方面我们要认真学习借鉴广东省旧城镇、旧厂房、旧村庄改造的成功经验，争取国家政策支持，大量盘活存量建设用地。广东省“三旧”改造的最突出特点就是着眼内部挖掘，通过争取国土部政策支持，突破现行的体制机制束缚，将无合法手续用地通过补办手续变为合法用地；将农村集体建设用地通过确权变为国有建设用地；允许建设项目用地协议转让；允许分散土地合并后实施整体开发。通过“三旧”改造，广州市盘活存量土地418平方公里，其中217平方公里历史遗留问题用地通过补办手续变为合法用地。沈阳市开展新型工业化综合配套改革，就要充分利用好综改赋予的先行先试权，争取成为促进新型工业化发展土地管理机制创新试点，获得国土部在盘活存量用地上的支持，实现从“要指标”向“要政策”、“争取指标”向“挖掘存量”的转变，形成土地要素保障由新增建设用地指标“一马当先”转向争取新增建设用地指标、城乡建设用地增减挂钩指标和盘活存量建设用地“三驾马车”共同保障的新格局。据初步统计，目前全市四环内和新城重点镇“三旧”建设用地面积达189平方公里，其中四环内有104平方公里，如果通过国家政策支持盘活这些存量用地，将极大地破解土地要素瓶颈。

重点改革任务之四：深入推进文化体制改革，着力构建充满发展活力的现代文化体系

文化体制改革看似与综改无关，但文化是民族的血脉，是人的精神家园。当前，文化已成为城市综合实力的重要因素、社会文明进步的重要标志和人民群众幸福生活的重要源泉。我国传统的文化体制是在计划体制下形成的，具有运用行政手段配置资源的显著特征。改革开放以来，随着经济体制改革的深化和国民经济的迅速发展，文化生存和发展的经济基础、体制环境、社会条件和传播方式都发生了深刻的变化，人民群众的精神文化需求日益觉醒，形成了多层次、多元化、多样化的文化格局。然而，由于我国文化体制改

革相对滞后，经济体制与文化体制、经济发展水平和文化发展水平之间形成了较为明显的落差。大力加强文化建设，着力提升文化软实力，对于沈阳市走新型工业化道路，优化产业结构，加快转变发展方式，完善区域功能，打造国家中心城市，提升形象品位，改善群众生活质量，都具有十分重要的意义。简单地说，文化为新型工业化提供了强大的精神支撑和动力。

沈阳市作为全国文化体制综合性改革试点城市，2009年、2010年、2011年连续三年成为“全国文化体制改革先进地区”。特别是充分发挥了文化产业对优化经济结构、转变发展方式的推动作用，实现并提高了文化产业对经济增长的贡献率，文化产业总体呈现出稳步发展的态势。

下一步在推进文化体制改革方面将重点抓好三方面工作。

第一，积极推进文化产业体制机制创新。

推动全市文化大发展大繁荣，要将文化产业作为推动经济增长方式转变的战略性产业和重要载体，着重从创新文化管理体制机制出发，通过转变文化发展方式，优化布局结构，不断提升文化产业发展的规模化、集约化、专业化水平，拉动居民消费结构升级，扩大就业和创业，形成文化发展与经济增长的协调。具体来说，我们将坚持政府扶持引导与市场化、企业化运作有机结合，努力形成多元投入、协同发展的文化产业新格局。以棋盘山国家级文化产业示范区和华强文化科技园等产业基地为依托，实施重大文化产业项目带动战略，打造一批具有影响力和竞争力的文化企业集团。整合演艺、传媒、影视、出版发行等资源，做大做强电影有限公司、出版发行集团等品牌文化企业。支持沈阳杂技演艺集团引进国内外战略投资者进行股份制改造；完成非时政类报刊社转企改制工作。重点抓好棋盘山大型实景演出、故宫方城和北市锡伯族家庙文化广场改造及沈阳（法库）陶瓷文化产业园、大东汽车文化产业园、北运河历史观光带等项目。

第二，加快文化市场发展。

推动全市文化大发展大繁荣，要不断壮大文化市场主体，健全现代文化市场体制，通过培育新的文化消费增长点，把文化事业和文化产业结合起来。我们要积极推进新闻出版行业数字化改造升级。积极与周边城市在更大范围内整合各类文化资源，培育文化消费市场。实施文化科技带动战略，重点发展数字音乐、网络书刊、数字电影等新兴业态。做好沈阳广播电视台新闻频道和频率在沈阳经济区有关城市的落户工作。加强历史文化遗产的保护和利用，加快建设国家一流历史文化名城。完善沈阳文化知识产权交易服务平台功能。以承办第十二届全国运动会为契机，完善公共体育服务体系，加快形成全民参与健身活动的体制机制。

第三，进一步完善公共文化服务体系。

推动全市文化大发展大繁荣，要加快统筹公共文化服务体系与产业服务体系的建设，平衡城乡之间的文化发展差异，基本建成覆盖城乡的公共文化服务体系，满足人民日益增长的文化需求。我们将加强文化基础设施建设，大力发展公益性文化事业，加快形成全覆盖、普惠型的公共文化服务体系。加强沈阳艺术大厦等标志性文化设施建设，推动市图书馆、群众艺术馆、朝鲜族文化馆的设施完善和功能升级，推进乡镇文化站、社区和村文化活动室等基础公共文化服务网点建设。继续实施艺术惠民“双百万”工程，举办市民文化艺术节，建成1000支群众合唱团。

重点改革任务之五：深入推进行政管理体制改革，着力构建具有较强公共服务功能的现代行政体系

我国的改革是在原有的国体和政体框架内，以渐进方式探索前进的。一方面，经济改革势必与原有的行政管理体制和政府职能发生矛盾，因而产生政府管理体制改革的内在要求。另一方面，政府作为全社会共同利益的代表和制度供给的决定者，又必须在改革中起到主导和引领作用。政府既是改革的领导者和推动者，又是改革的对象，这种双重角色和双重任务，决定了我国行政管理体制改革的独特性和复杂性。行政管理体制改革是上层建筑与经济基础的结合点和各个领域改革的支撑点，更是综合配套改革的重要任务之一，牵动各方，影响全局，对于保持和增强综合配套改革的创新性、稳定性、协调性至关重要。同时，综改工作的深入推进，也对深化行政管理体制改革提出了新的、更高的要求。

第一，推进行政管理体制机制创新。

行政管理创新的难点不在于管理科学的层面，而在于愿不愿意用先进的行政文化和行政理念去创新。这不仅是提高政府行政能力、建设服务型政府的迫切需要，更是实现经济社会全面协调可持续发展的客观要求，同时也是开展新型工业化综合配套改革试验的题中应有之义。

为此，我们将按照“转变职能、理顺关系、优化结构、公开透明、提高效能”原则，进一步优化政府组织结构、行政层级、职能责任，深化政务公开，加大机构综合设置力度，降低行政成本，建立健全科学有效的激励约束机制。加快形成科学合理的政府职能结

构，在政府和部门间合理配置政府的政治管理、经济管理、社会管理和公共服务职能，推进政府事务综合管理。坚持全面、统一、精干、效能的原则，加大机构整合力度，探索实行职能有机统一的大部门体制。协调推进政府机构、事业单位、社会组织的配套改革，形成公共部门与社会组织相协调的公共治理结构体系。规范行政问责程序，加大责任追究力度。

同时，要深化东陵区（浑南新区）、沈北新区等地区行政管理体制改革试点工作，总结、推广其成功经验。浑南新区、沈北新区围绕建设服务型政府，以整合机构、压缩编制为突破口，构建起结构优化的行政体制，极大地增强了整体行政效能，为各个新区提供了改革示范，为其他地区提供了有益借鉴。我们必须以形成“小政府、大社会”的管理格局为目标，合理进行机构设置，科学整合行政资源，加快推进政企、政事、政社分开，切实把不该由政府管理的事项坚决转移出去，把社会可以自我管理的事务交给社会，把市场能够解决的问题交给市场，注重加大政府购买社会组织服务的力度，将精力集中到做好经济调节、市场监管、社会管理和公共服务等工作上来。

第二，深化行政审批制度改革。

加快政府职能转变是行政管理体制改革的关键，而深化行政审批制度改革则是加快政府职能转变的主要方面。行政审批一头连着政府，另一头连着企业和群众，其质量和效率如何，是各方面评价政府形象和发展环境的重要标准。我们要在设立“一站式”审批机制、开展“保姆式”服务等方面不断创新，营造优越的服务软环境。继续巩固以往成果，以做强市、区两级行政审批服务大厅为重点，进一步把行政审批制度改革推向深入，全面推进批管分离改革，积极推动审批权限相对集中，从根本上提高审批效率。大力推行网上审批等现代技术手段，努力打造全市联网的虚拟政务大厅，不断提高审批的标准化、信息化水平。同时，努力适应群众需求，对与民生紧密相关的简单行政审批事项，本着就近就地、能放则放的原则，交由基层单位进行审批，最大限度地为群众提供高效便捷的服务。

第三，积极推进事业单位分类改革。

参与社会事务管理、履行管理和服务职能的事业单位，是为经济社会发展提供公益服务的主要载体，是我国社会主义现代化建设的重要力量。但随着我国经济社会的快速发展，一些事业单位的功能和作用出现了诸多的问题。主要表现在：功能定位不清，政事不分、市企不分，机制不活；公益服务供给总量不足，供给方式单一，资源配置不合理，质量和效益不高；支持公益服务的政策措施还不够完善，监督管理薄弱等。这些问题严重影响了公益事业的健康发展，迫切需要通过分类推进事业单位改革加以完善。

党的十七大报告明确提出，要分类推进事业单位人事制度改革。2010年召开的十七届五中全会又再次提出，要积极稳妥地推进科技、教育、文化、卫生、体育等事业单位分类改革。作为推进行政管理体制改革的重要内容之一，我们将坚持“统筹安排、区别对待”的原则，继续完成事业单位的清理整顿和规范管理工作。研究制定事业单位分类目录，进一步整合资源，优化事业单位布局结构。对承担行政职能的事业单位，逐步将其行政职能划归行政机构或转为行政机构；对从事生产经营活动的，逐步将其转为企业；对从事公益服务的，继续将其保留在事业单位序列，强化其公益属性。

五、要全面掀起综改试验的新热潮

目前在全国已经批准的综合配套改革试验区中，沈阳经济区是唯一以新型工业化为主题的综改试验区，国家和辽宁省对沈阳寄予厚望，希望沈阳率先走出一条中国特色的新型工业化、城镇化道路，推动老工业基地全面振兴，为在东北地区乃至全国范围内加快经济发展方式转变，实现科学发展和社会和谐发挥重要的示范和带动作用。我们要进一步深化和发展现行专项试验的新成果，全面贯彻国家、辽宁省与时俱进的新要求，迅速掀起综改工作的新高潮。要大力鼓励、推进综改试验的新探索。探索有中国特色、沈阳特点的新型工业化道路是广大人民群众不断深化实践、不断探索创新、不断提高认识的过程。

综观国内先行启动的上海浦东新区、成渝地区等国家综改试验区，在已取得显著综改成绩的同时，其创新探索并没有停歇，仍在不断地推出新的探索课题，寻求新的改革突破。如重庆市2007年获批统筹城乡综改试验区以来，始终保持强烈的改革创新精神，不仅获得了国家赋予的“鼓励类产业企业所得税15%税率”、“建设长江上游地区金融中心”等“12+7”重大政策支持，而且还与国家有关部委签订了部市合作协议81个，获得中央资金支持超过1000亿元，户籍制度改革、双轨制住房制度、地票制度等也走在了全国前列。重庆市还将在推动城乡金融服务、促进农村产权制度改革、加强收入分配调节等方面进一步加大改革创新力度。又如，上海浦东新区作为全国第一个综改试验区，经过多年探索实践，取得了丰硕的改革成果，但其仍然锐意进取，不断开拓创新。特别是在强力推进金融领域发展方面，经过上海市的积极工作，国家发改委于2012年1月30日下发了《“十二五”时期上海国际金融中心建设规划》，提出到2015年，上海金融市场交易额达到1000万亿元（2010年为386.2万亿元）；债券托管余额进入全球前三位（2010年为全球第五位）；金融市场直接融资额占社会融资规模的比重升至22%左右（2010年为16.7%）；金融从业人员达到32万人左右（2010年为24.5万人），进一步奠定上海国际金融中心的地位。

2010年沈阳经济区获批为综改试验区以来，沈阳市的综改试验已经拥有了较高起点的开局，但与综改试验的“先行者”相比，沈阳市综改试验的深度、广度、力度，特别是成效方面还存在较大的差距，亟须奋起直追。2012年的《综改要点》除了将国家、辽宁省业已批准的专项改革试验纳入其中外，又提出了争取成为“促进新型工业化发展土地管理机制创新试点”、“中国服务外包示范城市”等17项试点。目前，全市已将各地区、各部门承担的改革试验任务纳入绩效考评体系，希望借此激发出全市方方面面敢闯敢试的精神，迅速形成大胆创新体制机制，勇于探索新路径、新模式的改革热潮。

加强区域金融合作 加快东北振兴

国家实施东北地区等老工业基地振兴战略，对应对全球经济危机、促进新阶段老工业基地全面振兴具有重要意义。东北振兴，产业先行，产业振兴，金融先行。因此，加强区域金融合作是加快东北振兴的题中应有之义。

一、金融合作在东北亚经济发展中的作用日益凸显

随着经济全球化，东北亚区域经济合作已经在贸易、投资、科技、产业、环境、能源等多个领域发展，并逐步向金融领域延伸。目前，东北亚区域金融合作面临着前所未有的发展机遇，在东北亚经济发展中的作用日渐突出。

（一）区域经济合作对区域金融合作提出新要求

20世纪90年代以来，全球化发展趋势进一步加快，国家和地区间的优势互补明显增强，国际贸易和投资成为世界经济增长的两大引擎。资本流动的速度加快，全球金融市场一体化的步伐迅速超越了商品和劳动市场，并成为经济全球化的一个有效补充。

从国际情况看，欧盟、北美自由贸易区、东盟在加强区域经

济合作的同时，区域金融合作也十分紧密。对东北亚各国而言，由于区域内金融市场联系更加密切，资本流动规模不断扩大，金融创新日新月异，金融活动的区域一体化进程正在加快。根据专家分析，对东北亚地区进行国际开发，仅基础设施的改造和升级在今后10多年内每年大约需要75亿美元，而现有的国际金融机构最多只能提供其中的1/3，每年大约50亿美元的资金缺口，必须通过金融合作弥补。

在国内，随着改革开放的深入，长三角、环渤海和珠三角三大经济区已经形成，合作日益深化，以上海、北京和深圳为代表的金融中心在竞争中逐步显示出比较优势，以区域金融资源集聚为特征的金融合作逐渐加强。东北地区独特的地缘优势，相同或相近的文化、政治、经济特征，决定了东北成为新兴快速发展地区的可能性，东北乃至东北亚地区金融合作出现了新机遇和新要求。

（二）应对全球金融危机对区域金融合作提出新要求

在全球金融危机的情况下，那些经济上相互依存、发展水平相似或地缘关系密切的国家面临着共同的金融风险，其防范和解决逐渐成为一个超越国界的区域性问题，从而使金融一体化日益成为经济全球化的核心内容。

金融合作作为一种相对独立于其他产业的战略资源，可以维护区域内整体金融运行环境，强化风险防范与化解能力，带动所在城市及周边地区投资的繁荣，形成产业的扩张和交易的集聚，创造大量的就业机会和财政收入。因此，在新的形势下，应从国家战略高度，把加快建设东北区域金融中心作为振兴东北的突破口和战略任务抓紧抓好。

（三）新阶段老工业基地振兴对区域金融合作提出新要求

党中央、国务院实施振兴东北等老工业基地战略以来，东北地区取得了长足的发展。2007年，东北地区完成地区生产总值23325亿元，完成固定资产投资13957.5亿元，分别比振兴初期增长103.8%和300.4%；实际利用外资120.75亿美元，同比增长42.7%。

目前，东北振兴已经进入了一个新阶段。东北地区山水相连，腹地相接，口岸相通，资源相近，具有区位上的同一化优势和联动优势；东三省产业关联度高、互补性强，区域合作关系十分紧密；而且，作为我国装备制造业和原材料工业的重要基地，东北地区产业结构呈现规模大、资金和技术密集、投资回收期长、风险相对较高的特点，只有依靠金融和技术两个轮子，才能加快东北老工业基地振兴的步伐。加强区域金融合作，构建金融发展新格局，实现金融机构的协调发展和互利共赢、金融资源在更高层面与更宽范围内有效共享和高效配置，将会进一步提升老工业基地的竞争力，全面提高参与国际经济一体化的能力和水平，提升整体经济的运行质量和效率。

二、加强区域金融合作的战略选择

伴随经济全球化的进程，区域金融一体化呈现加速发展趋势。加强东北地区乃至东北亚地区金融合作，不仅是经济发展的客观要求，也是东北老工业基地振兴的题中应有之义。应注重如下战略选择：

（一）确立合作新理念

一是共同。在欧洲金融一体化进程中，“必须共同走向未来”的理念发挥了重要作用。因此，建立东北各省区在防范金融危机、繁荣区域经济等共同利益基础上的合作意识至关重要。

二是共赢。欧洲金融一体化之所以能在扩大的道路上不断推进，源自一体化带来的巨大利益和兼顾各方的共赢策略，因而东北区域金融合作也需要兼顾各方利益。

三是渐进。东北区域金融合作要循序渐进，有序发展，先从具备条件的领域开始，从周边开始逐步扩大合作范围，从东北地区合作扩大到东北亚区域合作。

（二）建立合作新机制

一是建立政府间区域金融合作协调机制。形成协调有力、工作顺畅、衔接有序的工作机制。

二是加快建设东北区域金融中心。区域金融中心是区域金融合作的载体，是实现区域资源优化配置的有效平台。加快东北区域金融中心建设，不仅在东北老工业基地振兴战略中具有重要意义，同时也是完善珠三角、长三角、京津冀和东北四大金融战略布局，促进我国金融产业的南北协调发展，促进我国和东北地区经济可持续发展的重要内容。

三是促进东北区域金融市场一体化建设。通过市场手段，有效整合内蒙古、辽宁、吉林、黑龙江等省区金融要素资源，构建合理的金融产业体系，推进金融创新，形成发展合力。

（三）确定合作内容

一是促进地方政府、金融管理部门和金融企业的跨区域合作与协调。地方政府、金融管理部门之间要紧密配合，共同努力，从战略高度加强东北地区金融合作。金融机构要通过整合金融资源，提高金融服务水平和效率，逐步实现跨行政区综合经营。

二是以金融创新促进东北地区资金跨行政区流动。东北地区经济活跃、资金充裕，区域内业务创新和跨区业务发展的动力强劲，应该在金融创新方面进行探索，实现资源的优化配置和风险的有效管理。

三是建立金融公共设施建设和金融合作协调机制。区域金融合作的顺利实施离不开区域金融公共设施建设，要通过公共基础设施为区域金融合作中出现的信息流、资金流、人才流提供畅通的渠道。

四是建立区域金融稳定体系。采取跨区域金融监管、风险预警、风险救助等一系列合作措施，研究建立区域征信体系、区域金融信息披露管理系统、区域反洗钱合作系统等，共同构建防范金融风险、维护金融稳定的机制。

三、建设东北区域金融中心的基本思路

开展东北区域金融合作，有利于在更高层面与更宽范围优化和配置资源，推动区域产业结构优化升级，解决经济长期持续增长所引发的资金短缺问题，解决东北所特有的经济结构和经济改革问题，从而为东北老工业基地振兴奠定坚实基础，提供有力保障。

（一）推动东北区域金融中心建设晋升为国家级发展战略

积极争取将东北区域金融中心建设上升为国家战略，争取国家加大对东北地区城市金融业发展的支持力度，争取中央金融监管部门及驻外机构的支持，赋予金融改革和金融创新的试点政策，推动金融产品创新和业务创新。

（二）有效整合区域金融要素资源，形成功能互补、协调发展的区域金融合作体系

通过市场机制，整合沈阳、哈尔滨、长春、大连等东北各地区的金融要素资源，构建合理的金融产业体系，形成发展合力，促进东北区域金融市场的一体化建设。扩大与日本、韩国、俄罗斯和蒙古等国家和地区的金融合作，增强对东北亚区域的金融服务辐射功能。

（三）加快建设东北区域性产权交易市场

推进东北产权交易平台互联互通、区域整合和功能拓展，依托东北各市产权交易机构，加快建设涵盖股权、债权、物权、知识产权、权益性资产等各产权领域的东北地区综合性产权交易市场。研究探索组建东北产权交易所股份有限公司，搭建东北地区老工业基地资产转让交易平台。

（四）大力发展产业金融机构

支持东北大型装备制造企业设立融资租赁公司，开展融资租赁业务；支持东北地区优势企业设立金融机构，实现产业资本向金融资本的转化。推进产业投资基金的建立和发展，为装备制造业、高科技和创业型产业项目提供直接股权融资支持。扶持具有实力的企业通过参股银行、保险等金融机构，促进产业资本与金融资本的融合，为产业实体的多元化发展开辟渠道。

（五）积极探索建立区域性期货交易市场

建设区域钢材期货交易和交割中心。借助东北地区集中了国内近70%的石油供应量（包括俄罗斯管道输入的石油）的资源优势，争取在沈阳设立石油期货交易市场，建设东北亚国际能源金融中心，实现石油期货交易从区域到全国再到国际市场的联结和对接。

建设金融中心 助推全面振兴

金融是百业之首，是现代经济的核心和命脉，也是实体经济良性运行不可或缺的支撑力量。特别是在加快转变发展方式、调整经济结构的大背景下，金融业越来越成为引领科学发展的先导产业，成为支撑创新发展的战略资源。2011年9月，国务院批复的《沈阳经济区新型工业化综合配套改革试验总体方案》中明确提出，“以沈阳金融商贸开发区为主体，开展国家优化金融生态综合试验，加快建设区域性金融中心”，这不仅使区域金融中心建设上升为国家战略，而且确立了沈阳金融业在东北地区的发展地位。

建设东北区域金融中心，从战略定位和目标看，沈阳市应坚持金融服务实体经济的本质要求，依托独特的区位优势和雄厚的产业基础，以建立产业金融创新体系为核心，以优化金融生态为突破口，以沈阳金融商贸开发区为主体，积极探索优化金融生态和金融促进经济发展的新模式，力争用10年左右的时间，构建起符合东北产业特色的、覆盖东北地区的、辐射东北亚的区域性金融中心。为此，应重点在以下五个方面加大力度。

一是大力推动产业金融创新发展。着力建立和发展产业金融体系，探索有利于装备制造业等支柱产业改造升级、战略性新兴产业大力发展的多种融资方式。鼓励和引导民间资本进入金融业。积极开展重大设备、汽车、航空等装备租赁服务业务。积极推进文化知识产权交易市场建设，推动知识产权评估体系建设及质押融资。大力发展以财政科技投入为引导、金融投入为主体的科技金融体系，服务于科技创新和科技型企业的多元化发展。积极开展专利权、著作权等质押贷款工作，探索商标专用权质押贷款试点。推动金融机构开展企业股权质押贷款业务，拓宽中小企业融资渠道，有力促进金融资本与产业资本、科技资本的深度融合。

二是大力发展多层次资本市场。充分发挥地方政府在资本市场建设中的积极作用，大力发展产权交易市场，依托沈阳联合产权交易所，加快建设东北最大的综合性产权交易市场和区域性股权交易市场。重点围绕沈阳工业产业集群，设立和引进一批产业投资基金。大力发展创业投资企业，设立创新投资引导基金，建立创业投资风险补偿机制。积极争取国家场外柜台交易市场先行先试资格。大力发展债券市场，支持符合条件的企业利用企业债券、集合债券、短期融资券、中期票据、信托计划等方式进行融资。大力发展要素市场，争取沈阳成为上海期货交易所钢材期货交割仓库，探索组建沈阳仓单交易中心。引进设立东北区域商品交易中心和东北石油、煤碳交易中心，推动沈阳环境资源交易所发展，努力构建辐射东北地区的要素市场体系。

三是大力加强核心功能区建设。沈阳在推进区域金融中心建设的过程中，已经形成了沈阳金融商贸开发区和沈阳金融街“一区一街”的核心功能区。特别是沈阳金融商贸开发区，地处沈阳中央商务区，是国内除上海陆家嘴外唯一的金融商贸开发区，也是东北地区金融业发展最快的先导区和聚集区。下一步，应进一步做大做强金融商贸开发区，全面实施开发区环境综合整治，加快基础设施国际化、生态化进程，大力引进总部性金融机构，创新金融服务体系，全力打造国家优化金融生态综合试验的形象标志区，使其成为沈阳经济区最具吸引力的金融企业和商务总部的聚集区，充分发挥核心功能区的辐射和带动作用。

四是大力优化金融生态。全面优化金融市场环境、服务环境、融资环境、安全环境、创新环境、人才环境、空间发展环境、法治环境、社会信用环境，加快构建符合新型工业化和市场化发展要求的全新金融生态体制机制，努力推动沈阳市在金融生态环境建设方面示范全国，沈阳经济区金融生态综合评价水平跃居全国金融生态最优地区行列。

五是大力加强区域金融合作。加强沈阳经济区八城市的金融合作，打破金融服务壁垒，提高金融资源和金融服务的共享度，以金融一体化助推经济一体化。建立北方金融合作格局，建立沈阳与大连、天津、北京等地优势互补的合作机制，建立辽、吉、黑、内蒙古金融合作发展体系，共同推进东北区域金融中心建设。

从国家战略高度建设东北区域性金融中心，责任重大，任务艰巨。我们要以世界眼光和战略思维，从理论与实践相结合的层面，多建睿智之言，多献务实良策，特别是在聚集金融机构、做大资本市场、创新金融服务、优化金融生态以及提升行业竞争力、区域辐射力和国际影响力等方面，加大推进力度，使东北区域性金融中心在服务实体经济、支撑新型工业化建设、实现东北老工业基地全面振兴的进程中，发挥更大作用，做出更大贡献。

ZHANLUEZONGLUNPIAN

战略纵论篇

把握战略取向 谋划科学发展

"十二五"规划的编制工作，总的战略取向应该是紧紧围绕以人为本、全面协调可持续的科学发展观，站在新的历史起点上，落实好关于全面建设小康社会的各项要求。重点要突出以下几个方面的战略性研究：

一、更加注重城市群或大都市圈建设，带动区域经济协调发展

21世纪中国区域经济发展的核心内容之一就是要培育出一大批具有国际竞争力、富有活力和创造力的城市群，作为牵动全国新型工业化的增长极，这是实现中国城市化可持续发展的重要途径，是贯彻区域统筹发展的具体体现，也是克服和解决未来中国区域经济发展重大问题的主要举措。目前，东部沿海地区已经形成以"长三角"、"珠三角"和"京津冀"为核心区域的三大都市经济圈，在全国经济社会发展中发挥着举足轻重的作用，成为支撑我国经济发展的核心地区。山东半岛、辽东半岛、成渝地区、中原地区、武汉都市圈、长株潭城市群和关中地区等城市群或都市圈在不断发展壮

大，成为拉动区域经济发展的主导力量。以沈阳为中心，连同其周边城市组成的沈阳经济区也正在快速崛起，成为辽宁老工业基地振兴乃至东北地区振兴的重要载体。但相比前几个经济区而言，沈阳经济区还有一些差距，如城乡经济发展不够平衡、资源与环境问题比较突出、资源型城市转型依然艰难等。因此，促进沈阳经济区及其他一批城市群的发展应该成为“十二五”规划研究的重要取向。

二、更加注重装备制造业发展，着力打造若干世界级装备制造业基地

当今世界，一个国家装备制造业的发展水平已经成为其科技水平、工业水平的综合体现，成为国家经济实力和竞争力的集中代表。综观世界上美国、日本等工业化强国，它们在产业发展竞争战略和政策选择等方面都进行了精心的策划，我国也应在这些方面下更大的功夫，着力打造若干世界级装备制造业基地，以促进我国由产业大国向产业强国的跨越。

三、更加注重国际或区域金融中心建设，不失时机地增强综合国力

现代服务业的发展水平是衡量现代社会经济发达程度的重要标志。随着我国经济的不断发展，经济规模不断壮大，对外开放程度和世界经济地位不断提高，尤其是世界金融危机导致美、欧金融地位的下降，为我国加快建立国际金融中心提供了难得的历史机遇。

国际金融中心是国际金融机构高度集中区和国际金融资本集散地，更是一国经济发展的标志和综合国力的象征。现阶段国内建立国际金融中心应选择几个城市，集中力量将其打造成为具有国际金融辐射力的金融中心，与此同时选择一批金融业发达、具有相当发展潜力的区域性城市作为副中心，与中心城市开展错位发展，为中心城市提供腹地支撑。因此，中国要建立未来的国际金融中心，有必要将其作为国家发展战略来实施。

四、更加注重生态环境建设，促进经济社会可持续发展

中国在经济高速发展的同时，在资源环境方面也付出了高昂的代价。由于我国人口多、底子薄，人均占有经济资源、生态资源量较低，加之以往过度对GDP的追求，导致全国资源和生态形势非常严峻。过去发达国家在一二百年工业化过程中曾经出现过的生态破坏问题，在我国比较短的时间就集中暴露出来了，以致生态安全问题显得更加尖锐。因此，在“十二五”规划的编制过程中，应结合全国主体功能区规划的实施，切实加强生态环境保护力度，做到经济、人与自然的和谐发展。

五、更加注重东北老工业基地的振兴

国家实施振兴东北老工业基地战略以来，东北三省紧紧抓住这一重大历史机遇，坚持以科学发展观为统领，不断加快振兴步伐，使得东北三省的经济总量、体制与机制创新、产业结构优化、工业

竞争力、空间发展布局和社会保障体系建立等方面均全面实现阶段性目标，基本完成了老工业基地的调整改造任务，为下一步实现老工业基地的全面振兴打下了坚实的基础。“十二五”期间，国家应继续坚持和强力推进这一重大战略。

以沈阳为中心，以鞍山、抚顺、本溪、营口、辽阳、铁岭和阜新为紧密联系的沈阳经济区，城市化率近60%，居国内几大城市群的前列；基础产业发达，工业实力雄厚，已经形成了以汽车制造、成套装备制造、冶金建材、石油化工等支柱产业为主的产业格局，是我国重要的原材料工业和装备制造业基地，成为继长江三角洲、珠江三角洲和京津冀地区之后，最具发展潜力的地区之一。“十二五”时期，我们将以城市化为契机，加强经济、技术合作，加速推进经济一体化，建成先进装备制造业基地、高加工度原材料基地、高技术产业和农产品加工示范区。为此，应在国家战略层面对沈阳经济区建设给予指导、支持。

振兴战略的实施使东北地区的经济持续快速增长，更重要的是促进东北经济走上市场经济的轨道。东北地区不断上升的经济实力，必然需要一个与其相适应的、积极促进其经济增长和引导资源优化配置的区域性金融中心。近年来，沈阳经济、社会发展业已步入全面、协调、持续发展的“快车道”，具有较强的集聚和辐射能力，为其发展成为区域性金融中心奠定了坚实的根基，而得天独厚的区位和交通优势，更为沈阳建成区域性金融中心提供了基础条件。更为重要的是，沈阳金融业发展已经达到了较高水平：现有银行机构30家，外资银行分行5家，外资银行驻沈代表处4家，保险机构28家，证券业机构8家。全市金融机构密度和资金总量居东北之首，业已成为东北地区的货币集散地。作为辽宁省省级开发区的沈阳北站商贸金融开发区，是目前我国除上海陆家嘴之外唯一以金融商贸为属性的开发区。在第三届中国金融市长年会暨中国金融生态城市发展年会上，该区被确认为东北三省唯一的“中国金融生态区”，标志着沈阳的金融中心建设已经迈出了重要步伐。为此，以国家“十二五”规划为引导，把沈阳建设成东北区域性金融中心，有利于沈阳加快建设现代化大都市的步伐，有利于东北经济区与世界经济迅速接轨，符合振兴东北的需要，也符合我国经济发展的要求。

近年来，在国家和辽宁省的大力扶持下，沈阳以铁西为重点的老工业基地改造取得了重大突破。2007年，国家发改委、国务院振兴东北办授予了“铁西老工业基地调整改造和装备制造业发展示范区”称号。2007年，该区基础产业集群已达到20个，其中汽车及零部件产业集群产值突破百亿元；机床集团工业总产值突破100亿元，跻身世界机床行业前八强；沈鼓、沈重、沈矿等重点骨干企业产值增幅均在40%以上。装备制造业聚集区现有5个国家级企业技术中心，13个省级技术中心，1个企业国家数控机床重点实验室，4个博士后流动站；在国家支持的16个装备制造业重大专项中，百万吨乙烯压缩机、特高压变压器等10余项重大技术装备填补国家空白，现已成功研制开发出21个世界级产品。加之，国家发改委批准沈阳建设民用航空国家高技术产业基地，依托沈阳启动世界级装备制造基地建设的时机已经成熟。“十二五”时期，我们要继续加大调整改造力度，全力打造世界级先进装备制造业基地。国家应继续给予支持，强力推动，打造中国制造升级版。

坚持科学发展观　描绘宏伟新蓝图

党的十七届五中全会审议通过的《中共中央关于制定国民经济和社会发展第十二个五年规划的建议》，提出了“十二五”时期我国发展的指导思想、基本要求、主要目标、重点任务，特别是着重强调坚持以科学发展为主题，以加快转变经济发展方式为主线，深化改革开放，保障改善民生，促进经济长期平稳较快发展和社会和谐稳定，为全面建成小康社会打下具有决定意义的基础，这对于我们科学编制“十二五”规划具有重大指导意义。回顾沈阳市“十二五”规划的编制工作，既充分体现了十七届五中全会的新要求，又凸显了沈阳自身实际和地域特色，为全市人民描绘了“十二五”发展的宏伟新蓝图。

一、《规划纲要》的编制是一个发扬民主、集思广益、科学决策的过程

《沈阳市国民经济和社会发展第十二个五年规划纲要（草案）》（以下简称《规划纲要》），是在国家和辽宁省的统一部署下，认真贯彻党的十七届五中全会及省委十届十一次全会精神，以市委十一届

十次全会通过的《中共沈阳市委关于制定全市国民经济和社会发展第十二个五年规划的建议》为指导编制完成的，已经市委常委会议、市政府常务会议审议并原则通过。沈阳市“十二五”规划编制工作大体经历了调研起草、征求意见、科学决策三个阶段。

（一）深入调查研究，夯实工作基础

沈阳市“十二五”规划编制工作是在市委、市政府直接领导下和市人大常委会、市政协精心指导下进行的。2009年上半年，市委、市政府相继成立了“十二五”规划建议和“十二五”规划编制工作领导小组，并确定了由1个总体规划、63个专项规划和18个地区规划组成的规划体系，建立了市委《规划建议》起草组与市政府《规划纲要》起草组密切配合的工作机制，使《规划建议》得以在《规划纲要》中全面落实。在规划编制过程中，先后组织开展了近50项重大课题研究，并就其中的9项课题面向社会公开招标，形成了一批高水平、高质量的前期研究成果，使我们对“十一五”时期取得的成绩有了更为客观的评价，对当前存在的问题有了更为清醒的认识，对未来五年的发展环境特别是面临的重大机遇和严峻挑战有了更为准确的研判，从而使“十二五”发展目标的提出、预期指标的安排、重点任务的确定更为科学合理。

（二）充分发扬民主，广泛征求意见

在规划编制过程中，我们始终坚持开门编规划，在全市范围内开展了市民建议征集活动，并广泛征求了市人大代表和市政协委员的意见，共收到意见和建议3000多条。对于这些真知灼见，市政府高度重视，认真对待，组织各有关部门深入研究，广为吸纳，已充分体现到《规划纲要》和各专项规划之中。同时，我们还先后多次与国家和辽宁省发改委进行衔接，并提报了希望纳入国家和省“十二五”规划的若干政策建议及50多个重大项目。组织省、市有关专家学者对《规划纲要》进行论证，并深入开展部门和地区之间的对接，实现了专项规划、地区规划与总体规划的有机衔接。

（三）坚持科学决策，保证规划质量

市委、市人大常委会、市政府、市政协四大班子高度重视“十二五”规划编制工作，认真研究，严格把关，科学决策，有效地保证了规划的高质量和高水平。市委多次召开会议，研究指导规划编制工作，并集中召开三次座谈会，分别听取党外人士、部分党代表、人大代表、政协委员和决策咨询委员会委员以及副市级以上老领导的意见建议。2010年12月30日，市委常委会研究讨论并原则通过了《规划纲要》。市人大第二十四次常委会审议了规划思路及其编制情况，提出了12个方面应重点关注的问题，并召开专门委员会会议和各区县（市）人大常委会主任座谈会听取意见，市人大财经委还对《规划纲要》进行了预审。市政府认真落实市委、市人大、市政协提出的意见，充分吸纳社会各界的建议，及时研究解决规划编制工作中遇到的重大问题，不断修改完善《规划纲要》，并向省政府做了汇报，得到省领导的充分肯定。市政协组织各专门委员会和广大政协委员提前介入“十二五”规划编制工作，召开主席会议进行专题协商，提出了40余条指导意见和建议。在四大班子的高度重视和精心指导下，经过科学民主决策，《规划纲要》更具科学性、战略性和指导性，必将成为沈阳市未来五年科学发展、创新发展、和谐发展的行动纲领。

《规划纲要》的编制过程，是一个深入调查研究、理清发展思路的过程，是发扬民主、集思广益、科学决策的过程，也是统一思想、形成共识的过程，集中体现了市委、市政府的战略意图，凝聚了全市人民的智慧和心血。

二、《规划纲要》内容丰富、重点突出、结构科学，构成了完整的规划体系

《规划纲要》采用文字、图表和专栏相结合的章节式结构，除前言和附表外，由规划背景、发展构想、重点任务、保障措施四章十八节组成，共3万多字。

第一章，规划背景。这部分是《规划纲要》的基石，回顾了全市“十一五”时期六个方面的主要成就，总结了四条基本经验，提出了经济社会发展中存在的一些深层次矛盾和问题，深入分析了“十二五”时期的发展环境，特别是加快发展所面临的三大新机遇和转变经济发展方式的新要求，使我们可以更加全面准确地把握目前沈阳所处的历史方位，并以此为新起点，推动沈阳老工业基地在科学发展道路上加快全面振兴。

第二章，发展构想。这部分是《规划纲要》的统领，阐明了“十二五”时期需要遵循的指导思想，提出了应当坚持的五条基本原则，确定了未来五年的发展目标及其内涵，安排了经济社会发展的主要指标，这既为确定重点任务和保障措施提供了重要依据，更为全市人民描绘了值得共同期待的宏伟蓝图、需要团结奋斗的美好愿景，必将进一步提振全市人民再创新业绩、续写新辉煌的信心和士气。

第三章，重点任务。这部分是《规划纲要》的主体，阐述了“十二五”时期“做优发展空间、做大中心城市、做强县域经济、加强生态建设、着力改善民生”五项重点任务，内容涵盖了经济建设、社会建设、文化建设和生态文明建设各个方面，包括工业、农业、服务业以及城市建设和管理、保障和改善民生等重点内容，既全面具体，又有很强的针对性、实效性和可操作性，为实现“十二五”时期的“三大目标”提供了有力支撑。

第四章，保障措施。这部分是《规划纲要》的保障，分别阐述了强化体制机制创新、强化自主创新能力、强化对内对外开放、强化重大项目建设、强化资源要素供给、强化人才队伍培养、强化规划组织实施七项措施。其中，体制机制创新、自主创新和对内对外开放是全面完成“五大任务”、加快实现“三大目标”的动力所在，重大项目建设、资源要素供给和人才队伍培养是重要支撑，而强化规划组织实施则是必然要求。

三、《规划纲要》充分体现时代特征、中国特色和沈阳特点

在谋划“十二五”发展的过程中，我们深入贯彻党的十七届五中全会精神，紧密结合沈阳实际，力求更好地体现时代特征、中国特色和沈阳特点。

第一，在总体思路上，主题明确，主线突出。以科学发展为主题，以加快转变经济发展方式为主线，是党的十七届五中全会针对做好“十二五”时期经济社会发展工作提出的明确要求，也是

中央、辽宁省、沈阳市“十二五”《规划建议》的一个鲜明特点。为此，我们在《规划纲要》中通篇突出这一主题和主线，并把调整经济结构作为主攻方向，贯穿于《规划纲要》的始终和各个方面。一是着力调整产业结构，加快构建现代产业体系。“十二五”时期，预期将三次产业比重由2010年的4.6：50.7：44.7调整到3.4：50.5：46.1，使服务业比重增加近2个百分点。工业的重点是全面实施“五项工程”，大力发展七大战略性新兴产业，不断优化五个传统优势产业，加快建设一批生产性服务业和工业互动发展平台，形成“751”发展新格局。到2015年，培育一批千亿产业集群，新兴产业产值年均增长25%以上，高新技术产品增加值占工业增加值的比重达到45%以上。服务业的重点是大力发展现代服务业和生产性服务业。到2015年，现代服务业占服务业的比重由2010年的52.8%提高到60%以上。农业的重点是全面推进“六大工程”，加快发展现代农业，努力实现县域经济跨越发展。到2015年，现代农业面积占耕地面积的比重由2010年的44.9%提高到50%以上，新民、辽中进入全国百强县，法库、康平跻身全省县域第一集团。二是着力调整空间结构，加快推进区域协调发展。核心是要将空间优势转化为产业优势和竞争优势，使中部地区加快形成国内具有重要影响的现代服务业聚集区，西部地区重点建设具有国际竞争力的先进装备制造业聚集区，南部地区建成高新技术和新兴产业聚集区并力争成为第三代城市的典范，东部地区形成国内重要的汽车产业基地和国家文化产业示范区，北部地区重点建设全国领先的农产品精深加工产业基地和光电信息产业基地。同时，坚持工业化和城市化“双轮驱动”，加快19个新城新市镇建设，大力推进沈阳经济区一体化进程。到2015年，城镇化率由2010年的76.1%提高到78%以上。三是着力调整所有制结构，加快发展非公有制经济。到2015年，非公经济占GDP的比重由2010年的65.5%提高到70%以上。四是着力调整需求结构，加快形成消费、投资、出口协调拉动经济增长的新局面。

第二，在发展目标上，体现了生产发展、生活富裕、生态良好三位一体的要求。《规划纲要》提出的“三大目标”，既紧密结合沈阳实际，也完全符合科学发展观的要求，符合党的十七届五中全会精神，体现了生产发展、生活富裕、生态良好三位一体的要求和经济效益、社会效益、生态效益的有机统一。

一是建设国家中心城市。这是省委、省政府对沈阳提出的新要求，是沈阳必须肩负起的新使命。按照比较公认的说法，目前全国有三个国家中心城市，即华北的北京、华东的上海、华南的广州。从区域布局来看，东北理应有一个国家中心城市，而沈阳是最有条件、最有可能的。为此，《规划纲要》提出了加快建设国家中心城市的目标和主要措施，并在附表中列出了“一个实力、六个能力”共43项参考指标。

二是建设先进装备制造业基地。这是沈阳实现老工业基地全面振兴的重要标志。工业特别是装备制造业是沈阳之根，是沈阳之魂，也是沈阳的脊梁。“十一五”时期，通过深入实施振兴战略，以铁西区被国家授予“双示范区”为标志，沈阳基本完成了老工业基地的调整改造任务。在这种背景下，加快建设先进装备制造业基地，既是国家的殷切期望，也是沈阳的必然选择，同时也有利于我们向国家争取更多的政策、资金、项目等方面的支持。为此，《规划纲要》提出了加快建设先进装备制造业基地的目标和主要措施，并在附表中列出了9项参考指标。

三是建设生态宜居之都。这是科学发展的新要求，是人民群众过上美好生活的新期盼，是沈阳走出世界十大污染城市“黑名单”，成为国家环保模范城、国家森林城市和园林城市后的新目标，也是创建国家生态市和全国环境建设样板城的题中应有之义。为此，《规划纲要》提出了加快建设生态宜居之都的目标和主要措施，并在附表中列出了18项参考指标。

第三，在主要指标安排上，体现了全面、协调、可持续的科学发展。一是坚持经济发展与民生改善相同步。主要体现为城市居民人均可支配收入年均增长12%以上，与GDP增幅相同；农民人均纯收入年均增长13%以上，高于GDP增幅，既体现了以人为本，又可以进一步缩小城乡收入差距，完全符合党的十七届五中全会关于“实现居民收入增长与经济发展同步”的要求，充分体现了市委、市政府始终把保障和改善民生作为各项工作的出发点与落脚点，不断提升人民群众的幸福感，真正使振兴发展成果更多地惠及全市人民的执政理念。二是坚持发展速度与质量、效益相协调。“十二五”时期，沈阳市地区生产总值预期年均增长12%以上，与国家和辽宁省的安排走向相一致，主要考虑为调结构、转方式留出空间。同时，地方财政一般预算收入预期增长13%以上，高于GDP增幅，体现了更加注重发展质量和效益的工作取向。三是坚持预期性指标与约束性指标相结合。除了主要经济社会发展预期性指标外，还在生态建设方面安排了单位GDP能耗、主要污染物减排等约束性指标，以坚决完成国家下达的节能减排指标，加快推进资源节约型和环境友好型社会建设。

第四，在重点任务上，体现了市委、市政府工作思路的稳定性和连续性。《规划纲要》坚持继承与创新相结合，在重点任务部分提出了做优发展空间、做大中心城市、做强县域经济、加强生态建设、着力改善民生“五大任务”。做优发展空间，就是以走新型工业化道路和调整经济结构为主要内容，加快转变经济发展方式，实施主体功能区战略，进一步优化空间布局，完善区域功能特色，提升产业层次和水平，切实将空间优势转化为产业优势和竞争优势，实现创新发展。做大中心城市，就是以承办第十二届全运会为契机，以建设国家中心城市为目标，加快建设新城区，改造提升老城区，大力发展现代服务业，不断完善城市功能，切实增强中心城市的承载力、集聚力和辐射力，实现率先发展。做强县域经济，就是坚持工业反哺农业、城市支持农村和多予少取放活的方针，以富民强县为目标，以工业化为主导，以农业产业化为基础，以城镇化为支撑，加快发展县域经济，努力形成城乡经济社会一体化新格局，实现统筹发展。加强生态建设，就是以创建国家生态市和全国环境建设样板城为载体，全面加强生态环境保护与治理，提升全社会生态文明理念，努力建设资源节约型和环境友好型城市，实现可持续发展。着力改善民生，就是完善符合市情、比较完整、覆盖城乡、可持续的基本公共服务体系，深入实施各项民生工程，增加政府支出用于改善民生和社会事业的比重，着力解决人民群众最关心、最直接、最现实的利益问题，不断提高人民群众的福祉指数，使振兴发展成果更多地惠及全市人民，实现和谐发展。

“五大任务”是“十一五”期间市委、市政府在全面贯彻落实科学发展观，不断深化对市情认识的基础上提出来的，完全符合沈阳实际，符合未来发展方向，并在实践中取得了显著成效，在全市上下形成了广泛共识，应当在“十二五”时期继续坚持、深入推进。为此，《规划纲要》继续将其作为“十二五”时期的主要任务，并从正在做的事情入手，根据中央的新要求、形势的新变化和发展的新趋势，赋予其新的内涵，进行了进一步的深化、细化和具体化。

践行五大新理念 科学编制新规划

党的十八届五中全会是我们党历史上具有里程碑意义的会议，对于如期实现我们党确定的第一个百年奋斗目标即全面建成小康社会具有重大历史和现实意义。会议审议通过的《中共中央关于制定国民经济和社会发展第十三个五年规划的建议》，提出了“十三五”时期我国发展的指导思想、基本原则、目标要求、基本理念、重大举措，是指导今后一个时期国民经济和社会发展的纲领性文件，对我们科学编制“十三五”规划具有重大指导意义。

一、以习近平总书记系列重要讲话为指导，扎实开展“十三五”规划编制工作

沈阳市“十三五”规划编制工作大致分为三个阶段。

第一阶段：2014年初以来，起草组认真学习了党的十八大、十八届三中、十八届四中全会精神和习近平总书记系列重要讲话，以此为指导，组织开展了48项规划前期重大课题研究，取得了重要成果；召开了专家咨询座谈会，并通过网络媒体广泛征集市民建议，充分体现了民主、科学、开放编制规划的理念，在此基础上形

成了规划的基本思路。

第二阶段：2015年初以来，起草组认真学习领会习近平总书记在浙江、贵州等省座谈会上的讲话精神，特别是在吉林省调研时提出的“四个着力”要求，借鉴市委“大调研”成果，编制完成了“十三五”《规划纲要》（初稿），几上几下征求方方面面的意见和建议。政府常务会审议《规划纲要》，并就《规划纲要》的主要内容向省政府常务会议做了汇报，得到了充分肯定。

第三阶段：2015年10月之后，起草组认真学习十八届五中全会精神，以中央“十三五”《规划建议》为指导，并与正在编制的市委“十三五”《规划建议》充分衔接，对沈阳市《规划纲要》进行修改完善和提升。在此期间，市人大常委会和在辽全国人大代表专门听取了沈阳市“十三五”规划编制情况，对沈阳市“十三五”规划给予了好评。

二、全面贯彻落实十八届五中全会精神，科学谋划“十三五”发展蓝图

（一）坚持以十八届五中全会精神为统领

十八届五中全会提出的创新、协调、绿色、开放、共享五大发展理念，是编制“十三五”规划的精髓和主线，起草组力求把五大发展理念贯穿沈阳市《规划纲要》的始终。

一是在指导思想中，把牢固树立创新、协调、绿色、开放、共享的发展理念和“四个着力”的要求作为其中的重要内容加以体现。

二是在基本原则中，围绕落实创新发展理念，要坚持创新驱动

与增强内生动力相契合的原则，通过实施创新驱动发展战略，推动发展从主要依靠要素驱动、投资驱动向主要依靠创新驱动转变；围绕落实协调发展理念，要坚持自身发展与区域发展相协调的原则，以实现城乡统筹发展和沈阳市与沈阳经济区协同发展；围绕落实绿色发展理念，要坚持经济建设与优化生态相一致的原则，把生态文明理念贯穿经济社会发展的全过程和各领域，实现环境与发展的双赢共进，人与自然的和谐共生，经济、社会和环境的协调统一；围绕落实开放发展理念，要坚持深化改革与扩大开放相统一的原则，以改革促开放，加快构建开放型经济新体制，真正形成高水平、多层次、全方位、宽领域的全面开放新格局；围绕落实共享发展理念，要坚持推动发展与改善民生相结合的原则，把保障和改善民生作为根本出发点和落脚点，使全市人民更多地享受振兴发展成果。

三是在重点任务中，《规划纲要》提出的十项重点任务充分体现了五大发展理念。

在创新发展方面，要以《沈阳市系统推进全面创新改革试验方案》为统领，实施创新驱动发展战略，建设创新驱动的“知识城市”和创业至上的“宜商城市”；全面深化体制机制改革，确保在重点领域和关键环节取得决定性进展，形成同市场完全对接，充满内在活力的体制机制；加快产业转型升级，建设“中国制造2025”先行区。

在协调发展方面，要推进以人为核心的新型城镇化，逐步打破城乡二元结构，打造城乡一体的“全域城市”；推进沈阳经济区一体化，加速形成沈阳经济区核心增长极。

在绿色发展方面，要实施“青山”、“碧水”、“蓝天”工程和绿化工程，推进绿色发展、循环发展和低碳发展，形成人与自然和谐发展的现代化建设新格局，打造资源节约型和环境友好型的“生态城市”。

在开放发展方面，要紧紧抓住国家“一带一路”战略机遇，深入实施对外开放战略，积极利用国际国内两个市场，协同推进经贸合作、人文交流，努力融入全球经济体系，不断提升沈阳市外向型经济发展水平。

在共享发展方面，要全力解决好人民最关心、最直接、最现实的利益问题，使发展成果更多更公平地惠及全体人民，努力提升人民的幸福感，实现全市人民共同迈入全面小康社会，打造以人为本的“宜居城市”。

（二）体现目标导向和问题导向相统一

《规划纲要》既从实现全面建成小康社会目标倒推，厘清到时间节点必须完成的任务，又从迫切需要解决的问题顺推，明确破解难题的途径和办法。

关于问题导向。我们按照习近平总书记视察东北时的重要讲话和市委“大调研”的重要成果，梳理出当前全市经济社会发展中存在的主要问题和矛盾：一是产业结构不够优化。传统产业比重较大，增长乏力，重大产业项目储备不足，新兴产业虽然成长较快，但体量偏小，支撑作用有限。二是体制性、机制性矛盾仍然突出。国有企业活力不足，民营经济不大不强，小微企业适应市场变化的能力较弱，缺乏市场竞争力。三是创新能力不足。企业创新的主体作用不突出，科技创新和科技成果转化的原动力不强，对科研成果转化的支持力度不够，自主创新人才缺乏。四是小康社会建设需进一步推进。根据国家和辽宁省《全面建设小康社会统计监测方案》的监测显示，2014年沈阳市总体实现小康程度达到92.7%，比2000年的59.27%提高了33.43个百分点，总体进展良好。在32个监测指标中，实现程度达到100%的指标有21个，实现程度在90%~97%的指标有3个，但实现程度在80%~90%的指标有3个，实现程度在80%以下的指标有5个，主要是社会事业发展、生态环境保护、民生保障等方面还存在着一些明显的短板。

关于目标导向。依据中央"十三五"《规划建议》中全面建成小康社会的总体要求，结合市委"十三五"《规划建议》的目标要求，确定沈阳市"十三五"时期的总体发展目标为：加快建设国家中心城市、具有国际竞争力的先进装备创新制造基地、生态宜居之都，进而实现沈阳老工业基地的全面振兴，确保如期全面建成小康社会。这个总体目标既体现了党的十八届五中全会的新要求，也体现了市委、市政府提出的中长期发展目标的连续性。

围绕实现上述总体目标，依据国家和辽宁省规划最新指标设置要求，沈阳市《规划纲要》提出了4大类（经济发展、创新驱动、民生福祉、生态文明）35项具体指标。从GDP和居民收入两大核心指标来看，按照到2020年实现"两个翻一番"的要求，GDP如按2015年实现6%的增速测算，要实现翻一番目标，"十三五"时期沈阳市GDP需要年均增长5.9%；如按2015年GDP增速4%测算，要实现翻一番目标，GDP需要年均增长6.2%。加之国家和辽宁省"十三五"规划中GDP增速均安排在6.5%以上，其他14个副省级城市GDP增速最低安排为7%等因素，沈阳市"十三五"时期GDP增速拟安排年均增长7%左右。城乡居民人均可支配收入若实现翻一番目标，“十三五”时期需年均分别增长3.9%和3.1%，按照十八届五中全会提出的“保持城乡居民收入与GDP同步增长”和“进一步缩小城乡居民收入差距”的要求，沈阳市城乡居民人均可支配收入增速拟分别安排为7.5%和8%以上，略高于GDP增速，这样有利于振奋民心、改善民生。

（三）注重突出时代特征和沈阳特色

一是突出全面创新改革试验。根据中央《关于在部分区域系统推进全面创新改革试验的总体方案》（中办、国办48号文）要求，沈阳市制定了《沈阳市系统推进全面创新改革试验方案》，“十三五”的前三年正值推进方案实施的关键阶段，《规划纲要》对方案中提出的目标和任务进行了全面对接与吸纳，着力在体制机制改革和创新驱动发展中实现新突破。

二是突出老工业基地产业转型升级。以实现沈阳老工业基地全面振兴为目标，推动产业向中高端迈进，加快建立现代产业体系。工业方面，以“中国制造2025”为指引，提出了“2255”工业体系，即打造具有国际竞争力的先进装备创新制造基地和全国重要的汽车产业基地；抢占机器人及智能制造产业和航空产业两大产业制高点；加快培育和发展新一代信息技术、生物医药、现代建筑、新材料、新能源及节能环保五大新兴产业；改造和提升轻工、化工、医药、冶金、纺织五大传统产业。服务业方面，重点实施服务业发展行动计划，突出抓好“两提”、“两业”。“两提”是指服务业增速明显提升，服务业比重不断提高。未来五年，全市服务业占比要达到50%左右，形成以服务经济为主导的发展格局。“两业”是指突出抓好生产性服务业和生活性服务业。生产性服务业方面，以推进东北金融中心建设为重点，大力发展金融、物流、科技、商务、信息等生产性服务业；生活性服务业方面，以推进东北商贸流通中心为重点，大力推进商贸、旅游、文化、体育、健康、养老等生活性服务业。同时，积极发展电子商务等服务业新兴业态，注重提升现代服务业占服务业的比重。农业方面，重点是积极构建现代农业产业体系，抓好“三个三”，即“三高”：抓好高端精品、高效特色、高产生态农业加快发展；“三带”：抓好环城都市农业产业带、沈康现代农业示范带和沈阜现代农业产业示范带建设；“三个业态”：抓好互联网+农业、农产品冷链物流和都市休闲观光旅游农业建设。

三是突出空间布局。“十二五”期间，市委、市政府持续做优发展空间，并取得了明显成效。在此基础上，“十三五”时期，我们提出更加注重绿色发展、生态保护和统筹城乡发展，以实施主体功能区战略为统领，进一步优化空间布局和产业布局，推进形成优化开发、重点开发、限制开发和禁止开发四类主体功能区。

四是突出沈阳经济区建设。以沈抚同城化为突破口，进一步完善区域合作机制和利益协调机制，推进沈阳经济区各城市协同发展，加速形成沈阳经济区核心增长极，切实增强沈阳作为核心城市的综合实力和辐射带动作用，引领沈阳经济区全面崛起。

五是突出保障和改善民生。立足沈阳市实际，着力做好扶贫开发、促进充分就业、提高居民收入水平、推进基本公共服务均等化、健全社会保障体系、提高教育质量、提高全民健康水平、增强居民身体素质、健全公共安全保障体系等方面的工作。

（四）切实增强规划的操作性和实效性

习近平总书记在中央《规划建议》说明中着重提出，要坚持战略性和操作性相结合，既强调规划的宏观性、战略性、指导性，又突出规划的约束力和可操作、能检查、易评估。为此，在《规划纲要》编制过程中，我们要特别注重规划的操作性和实效性，使之能检查、易评估、可考核。

一是要筹划一批重大项目和工程。围绕十大方面的重点任务，在重点领域和关键环节精心筹划了一批事关经济社会发展全局、体量大、带动性强的重大项目和工程，确保规划的实施具有坚实的项目支撑。

二是要提出具体的保障措施。主要是法制保障、人才保障和实施保障三大项保障措施，分别要在完善地方性法规、推进依法行政、建设法治政府、建设法治社会、创新人才引进机制、完善人才培养机制、优化人才发展环境、实施人才保障计划、强化规划落实、加强要素保障、实施监督评估等方面做出具体安排。

加强环境保护 共同建设生态型宜居区域

党的十七大首次提出“建设生态文明”，节约资源和保护环境已经成为基本国策。当前，我国已经进入工业化中期，同时城市化水平也在不断提高。国内外发展规律表明，这一时期环境与发展的矛盾尤为突出。大规模发展制造业的必然性、容易积聚污染的严峻性和保护环境的艰巨性相互交织，实现环境保护与经济发展相协调成为我们必须破解的重大课题。加强工业化、城市化进程中的环境保护，建设生态型宜居城市，对于改善城市人居环境，加强区域协调合作，推动经济社会可持续发展，具有十分重要的战略意义。

建设生态型宜居区域，要坚持发展经济与保护环境并重，实施大规模环境治理与改造。

一是积极转变发展方式，促进经济结构优化升级。以科学发展观为指导，积极探索新型工业化道路，大力发展先进装备制造业、现代服务业、高新技术产业，努力构建现代产业体系。围绕提升城市功能，优先发展金融、物流、商贸、休闲旅游等现代服务业，现代服务业占服务业的比重达到50%以上。着力提高自主创新能力，大力发展高新技术产业，促进信息化与工业化融合，淘汰落后生产能力，积极发展新兴产业。

二是加强基础设施建设，提高城市环境承载力。全面推进城市基础设施建设，加大交通、水利、环保等项目建设力度，在加快地铁、道路、桥梁等社会公共设施建设的同时，重视与环保密切相关的基础设施建设，重视相对薄弱的农村基础设施建设，重视与产业发展相关的环境基础设施建设，实现环境基础设施建设的历史性突破。

三是强化自然资源保护，大力发展绿色经济。进一步扩大自然保护地区范围，按照生态保护原则，制定绿色项目准入政策，积极引进高科技产业和清洁生产项目，严格控制高污染、高消耗、资源破坏性的产业进入，有效防止新的环境污染和生态破坏。推广地源热泵、煤层气、风能等清洁能源，开展再生能源利用。

四是加大环境治理力度，改善城乡环境面貌。重点实施村镇和社区环境、河流流域、污染源、城乡水源地保护和建设四大综合整治工程，大力改善城乡尤其是农村地区的环境面貌。大力推进村屯道路环境、老旧小区和小街小巷改造，进一步改善人居环境和出行条件。开展辽河、浑河流域综合整治，实施环城水系改造工程和绿化工程。加大重点污染源企业关停搬迁力度，大规模拆除烟囱，实施燃煤锅炉脱硫工程。整治城区集中式水源地，实施农村改水工程，让城乡居民喝上放心水。开展区域合作，加快推进跨省区重大基础设施项目建设取得重大进展。为此，我们应加强以下几方面工作。

第一，抓紧编制相关规划。按照国家主体功能区要求，共同编制生态建设和环境保护规划，确定优先开发、重点开发、限制开发和禁止开发区域，在更大范围内统筹区域资源，指导各地合理调整产业结构、加强环境保护，打造各具特色的生态型宜居城市。

第二，积极争取政策支持。探索建立生态补偿、环境容量置换及排污权交易机制。争取设立环保产业投资基金，在重大环境基础设施建设方面争取国家政策支持。

第三，不断拓展合作领域。实施跨区域公共工程，在水系建设、重点河流治理、节能减排、清洁生产，以及能源结构优化等方面开展合作。推进循环经济发展，大力发展静脉产业，鼓励企业开展跨地区合作交流，实现技术、资金、人才的无障碍流动，形成区域之间的循环经济圈。

第四，完善区域合作机制。建立区域合作机构，加强区域合作的沟通协调，协商解决涉及生态建设和环境保护的重大问题。鼓励各城市相关部门加强信息沟通、交流，共享工作资源。

抓住机遇　合作共进
推动东北地区全面振兴

当前，国际主要经济体增长乏力，主权债务危机恶化扩散，世界经济下行风险有所增大。国内物价形势仍不乐观，部分企业生产经营困难，实现保增长、调结构和控物价三者平衡的难度加大。在当前国内外局势复杂多变、新情况和新问题不断出现的特殊背景下，东北区域合作也随之进入了一个全新阶段。尽管影响经济发展的不确定因素明显增多，但东北地区强劲发展的势头没有改变，国内外投资者竞相涌入的势头没有改变，老工业基地加快全面振兴的势头没有改变，东北地区仍处于大有可为的重要战略机遇期。

——内需拉动为主的增长模式，为东北地区抵御外部冲击提供了强大支撑。与华东、东南沿海地区不同，东北地区外贸依存度较低，经济发展主要依靠内需拉动。这种增长模式为防止经济波动、实现总量持续扩张提供了稳定可靠的基础。2010年东北四市固定资产投资增速在副省级城市中居前四位，2011年上半年东北三省地区生产总值平均增速高出全国3.5个百分点，都充分验证了这一点。

——工业化、城市化的双轮驱动，为东北地区加快全面振兴提供了内生动力。东北三省都处于新型工业化和新型城市化加快推进、互为牵引的重要时期，正在建立现代产业体系以及与其相匹配的现代城镇体系。这是一个涉及城乡经济社会发展各个领域、各个方面的深刻变革，必将创造出巨大的发展需求，开辟更为广阔的发展空间，催生促进发展的巨大内生动力。

——对外开放的重心开始转移，为东北地区实现跨越发展提供了良好条件。2011年上半年，东北三省实际利用外商投资158.5亿美元，占全国的比重达26%。这种开放格局的形成说明，改革开放30多年后的今天，与东南沿海相比，东北地区在空间、产业、资源、要素等方面的后发优势日益凸显。伴随着众多国内外投资者竞相涌入，新体制、新技术、新产业加速形成，必将推动东北地区全面进入发展的“快车道”。

——振兴东北战略的深入实施，为东北地区加速区域经济一体化发展提供了有力保障。辽宁“五点一线”沿海经济带发展、图们江区域合作开发和沈阳经济区建设先后上升为国家战略，贯通东北三省的哈大客专、通化至丹东的高速公路等重大基础设施加快建设，预示着更大范围、更高层次、更多领域的一体化发展将在东北地区全面展开。

“十二五”时期是深入贯彻落实科学发展观、加快经济发展方式转变的攻坚期，也是全面建设小康社会、实现老工业基地全面振兴的关键期。当前区域经济竞相发展、各领风骚，正在改变着中国的经济格局。进一步加强东北区域经济合作，不仅是激发区域经济活力的内在需求，更是每个城市谋求竞争优势的必然选择。

第一，深远谋划合作大计。继长三角、珠三角、环渤海之后，围绕打造第四增长极的区域竞争异常激烈。如湘鄂赣正在构建促进中部崛起的“中三角”，对东北地区构成有力挑战。东北各省市应立足当前、着眼长远，以更高的站位、更宽的视野、更大的胸怀研究制定一体化发展战略，在重点产业布局、重大项目摆放、新兴产业发展、金融创新等方面共同给予支持和倾斜。

第二，深入破解合作难题。推动区域间合作，关键在于打破行政壁垒。要进一步建立和完善高层沟通协调机制，充分协商、科学论证，确立区域合作发展计划。共同探索区域性资源共享机制，促进生产要素合理流动和优化配置。加快建立产业协同发展机制，从根本上解决产业同构、低水平重复建设以及过度竞争等问题。积极推进统一市场建设，努力畅通人流、物流、信息流、资金流。

第三，深层挖掘合作潜力。近年来，尽管东北各市联系愈发紧密，合作项目日益增多，但仍有巨大的合作潜力。东北地区装备制造业骨干企业及配套企业云集，各市具有良好的产业合作基础和广阔的合作空间。在此基础上，可以以重大项目建设为依托，积极开展跨区域的大协作、大配套，不断增强产业关联度。充分发挥科研院所集中、科研力量雄厚的优势，共享国家重点实验室等研发平台，开展重点课题联合攻关，促进科技成果加快转化。依托沿海沿边的地理优势，发挥保税物流园区和内陆港口的作用，跨区域整合物流资源，积极构建贯通东北的大物流体系。

第四，深度拓展合作领域。应对日趋激烈的区域竞争，必须把城市间合作向纵深推进。要立足东北地区产业基础和山水相连的地域特质，大力发展循环经济，合力推进河流综合治理，巩固和加强东北地区整体生态环境的根基，建设生态东北。统筹研究东北区域内铁路、航空、公路等各种运输方式的综合布局，共同推进交通设施建设，构建便捷、高效的交通通道。深入推进旅游业战略合作，发挥区域组合优势，打造精品线路，共同建设东北无障碍旅游区。积极推进文化资源整合，注重关东文化品牌塑造和宣传推介，进一步扩大东北地区在全国的影响力。

以科学发展观为指导做优发展空间问题

地域空间是经济社会发展的载体。优化城市空间布局，完善城市功能，已经成为打造发展新优势、提升核心竞争力的必然选择。本文以沈阳市为例，谈谈按照科学发展观的要求，做优城市发展空间的问题。

一、沈阳市空间布局演变的进展及其现状

（一）总体情况

一个城市的空间利用水平，突出表现为这座城市在整个国民经济中所处的战略地位及发挥的作用，即城市的主要对外服务功能。换言之，在既定的空间条件下，如果一个城市的产出规模、生产水平、综合实力在国民经济全局中贡献大、影响力大，那么其空间利用或优化水平就高，反之则低。21世纪特别是国家实施东北老工业基地振兴战略以来，沈阳市伴随着老工业基地的调整改造，城市外向服务功能也发生了积极变化：沈阳由全省的政治、经济、文化中心加速建设东北经济中心城市；由全国重要的工业基地逐步建设世

界级装备制造业基地。这些重要特征标志着沈阳的空间利用或空间优化进入了新时期。改革开放以来，沈阳市空间布局结构变化大致可分为三个阶段。

第一阶段（改革开放至21世纪初），平稳渐变阶段。这一时期，沈阳市经济社会有了较快的发展，但是空间布局变化并不十分明显：主要是城乡“二元结构”的特征比较突出，绝大部分工商经济活动集中在二环以内218平方公里的建成区内，经济技术开发区和浑南高技术开发区等少数新兴产业区尚处于发展初期。

第二阶段（2002~2007年），快速变化阶段。市委、市政府明确了发展方向和建设重点，开辟了四大发展空间：棋盘山国际风景旅游开发区位于市区东北部，规划总用地约203平方公里，其功能定位是以良好的区位条件、丰富的旅游资源和世园会为依托，以园艺博览、冰雪旅游、自然山水环境为特色，建设东北地区风景旅游度假胜地及国家级文化产业示范区。沈北地区是城市重要的拓展区域，承载着统筹城乡、辐射北部的发展重任，总面积1098平方公里，其功能定位是绿色沈北、和谐沈阳；以农产品深加工为主导、高新技术产业为支撑、现代高效都市型农业为依托的全面协调、城乡统筹的示范区；城市服务功能与产业功能外溢的主要承接区之一，带动辽西北、辐射东北经济区的核心区域；沈阳市经济发展新的增长点。西部工业走廊的规划范围为850平方公里，其功能定位是立足于沈阳，依托辽宁中部城市群，辐射东北经济区，面向东北亚，建设以先进装备制造业为主体的重化工业基地。大浑南地区的规划范围为1400平方公里，其功能定位是大浑南、新沈阳；通过大浑南地区的建设，推动沈阳的跨越式发展，进而建设一个全新的沈阳，一个面向国际的开放之城，一个现代化的大都市区，成为城市新的文体中心、会展中心、航空中心、国家级高新技术产业区和民用航空高技术产业基地。四大发展空间适应了城市空间拓展的需要，为城市快速发展提供了基础保障，实现了城市在空间拓展中功能的优化调整。

第三阶段（2008年至今），启动新的变化的阶段。沈阳市从实际出发，提出了做优发展空间这一重大战略任务，在原有四大发展空间的基础上，对发展空间进行了进一步的外延和拓展，谋划了航高基地和东部汽车产业零部件聚集区等重点发展空间。

（二）全市空间布局的分区特点

经过上述三个阶段的调整、改造，沈阳城市空间布局也发生了深刻变化，具体表现在：城市发展空间全面拓展，中心城区建成区面积由218平方公里增加到347平方公里，增长了59.2%；城市综合服务功能开始凸显，城市核心区“退二进三”进程加快，形成了“金廊”、“银带”等现代服务业发展骨架；在城市主城区周边，按照“东汽、西重、南高、北农”的功能配置，明晰了大浑南、沈西工业走廊、沈北新区、东部旅游度假区四大发展空间的产业定位，并开始呈现出彼此不同的特色。

1. 城市的主城区，特别是核心区的综合服务功能显著增强

随着国家振兴东北等老工业基地战略的实施，沈阳市中心城区服务业总量规模持续扩大，在经济中的地位进一步提高。一批重大项目纷纷落户“金廊”、“银带”，形成了以“金廊”、“银带”为基本骨架，以商贸金融开发区、太原街、中街都市商贸中心等重点服务功能区为支撑点的服务业发展新格局，基本上承担着沈阳市

作为区域商贸、金融中心的综合服务功能。2007年沈阳市服务业增加值实现1455.5亿元，是1978年的33倍，2000年的2.5倍；服务业增加值同比增长达到14%，为近20年来的最高水平。

一是服务业结构加速升级。2007年，全市现代服务业增加值实现695.7亿元，同比增长18%。现代服务业占服务业的比重达到47.8%，比2000年提高了3个百分点。批发零售、交通运输、仓储和居民服务业等传统服务业的层次与水平不断提升；连锁经营、代理、电子商务等现代流通方式，以及大型综合超市、购物中心、专卖店等新兴业态蓬勃发展；物流、会展、科技信息、动漫、中介等新兴服务业不断成长，成为服务业发展的新亮点；物流、科研设计、中介咨询、法律、会计、金融、人力资源开发等生产性服务业快速成长。中心城区现代服务业的迅速发展，成为推动沈阳服务业增长的主要生力军。

二是服务业核心圈的集聚能力迅速提升。位于全市服务业典型核心圈的和平区和沈河区，在占地不到全市0.5%的土地上，集聚了17%以上的人口和34.6%的服务业增加值，是全市发展现代服务业的制高点。随着城市改造和空间布局规划的调整，金廊中央商务区、北站金融商贸开发区、太原街和中街都市商贸中心等重点服务功能区的服务功能日益突出。中国家具城、中国鞋城、五爱小商品批发市场、东行市场跻身于全国50大专业批发市场行列。故宫方城文化旅游街区、三好科技商业街等一批特色街区的影响力不断提升，形成了一批特色鲜明、功能定位清晰的服务业集聚区，极大地增强了核心圈的集聚能力。

三是服务业开放格局已经形成。外资、民资投资规模持续增长，投资发展势头强劲，已进入除公共管理和社会组织以外的13个服务业门类，对服务业发展的促进作用十分明显。

2. 重点空间的新兴产业基地快速崛起

——东部地区。形成了以汽车产业为主体的聚集区，在棋盘山生态旅游度假区的基础上开发建设了生态旅游文化空间。

一是汽车产业基地框架已初步形成。2008年，大东区规模以上工业总产值742亿元，同比增长7.1%；其中汽车产业产值331亿元，占全市汽车产业的52%。上通北盛二期、中华骏捷A级车、沈飞日野重组等整车项目和沃尔特紧固件、沈阳捷众汽车零部件、国瑞汽车配件博览中心等10多个重点配套项目正在加紧建设，“汽车城”的总体框架基本形成。

二是生态功能和文化功能同步增强。作为沈阳市的“东部空间”，棋盘山开发区拥有完整复合、良性循环的生态系统，区内各项指标均达到国家生态城市的环境标准，是沈阳市的“绿肺”。棋盘山开发区已形成了以浑河文明为依托的历史文化，以满族文化为依托的民族文化，以创意文化为依托的现代文化体系。形成了世博园、清福陵、沈阳国际冰雪节、世界摄影节等品牌，效应强大。“世园会”、“世遗会”和“奥展会”等世界级展会的成功举办，打造了“一园多会”模式。国家级文化产业示范区的品牌效应促使文化产业要素不断聚集，形成了新的文化生产力。

——西部地区。以铁西新区为主体，辐射辽中、于洪、新民的部分地区，启动建设了以先进装备制造业为主体的重化工业基地。沈西工业走廊已成为省重点战略发展空间。

一是铁西装备制造业聚集区得到长足发展。2007年，该区实现装备制造业增加值182亿元，占全市装备制造业增加值的31.4%，占辽宁省的13.3%。在国家振兴东北等老工业基地战略的指引下，铁西装备制造业聚集区各项主要经济指标高速增长；国有企业改制基本完成，劣势企业有序退出市场，国有集体企业改革全面推进，国外知名企业和国内新兴民营企业大量涌入；企业自主创新能力全面提升，研制出了数控机床、特高压变压器、百万吨乙烯压缩机等一批具有自主知识产权、填补国家空白的世界一流产品；形成了机床集团、沈鼓集团、特变电工沈变集团、北方重工集团等一批国内行业领军企业。目前，铁西装备制造业发展已上升为国家战略。这些都标志着铁西装备制造业发展进入一个崭新的历史阶段。

二是于洪大工业区建设正在积极推进。2008年末，区内工业企业总数达到6800户，工业总产值实现775亿元；拥有宏发家具、舒丽雅沙发等四个国家级驰名商标，以及“金德”牌管业、“沈防”牌气相防锈纸两个国家级名牌产品；规模以上工业增加值实现152.5亿元，对GDP的贡献率达到55%；产业优势集中，全区共有规模以上家具制造类企业56家，设备制造类企业300家，金属制品企业85家，技术创新能力不断增强，规模以上高新技术企业发展到153户，实现产值180亿元。

三是近海经济区建设步伐加快。沈阳近海经济区于2007年3月26日“借壳”辽中经济技术开发区组建成立，为省级经济区，享有市级经济管理权限。近海经济区的开发建设以及重大工业项目落户，加快了沈西工业走廊的建设。目前，已入驻近海经济区的企业项目达100多个，计划总投资300多亿元，在建项目中亿元以上项目16个。其中，投资85亿元的中钢集团废金属再生园项目、总投资8亿元的沈阳保税物流中心项目等已签约落户现代物流产业园，并正在积极准备开工建设；银丰铸造、辽冶重工等一批大型机加及铸锻造企业已初具规模，年产值实现20亿元；以九星集团为龙头的有色金属加工企业以及正在建设的沈阳和世泰实业有限公司板钛材项目及银河铜业项目，给有色金属产业园的发展带来新亮点；机加泵阀产业园入驻企业达39家，投资达20亿元，三期工程规划占地1200亩，即将投入建设；国际石化产业园正在进一步规划及进行基础设施建设。

——南部地区。以浑南新区为主体，辐射东陵、苏家屯的部分区域，具有国家级开发区的政策优势，以及桃仙空港的区位优势。航空产业基地开始启动建设，成为沈阳市高新技术产业的又一新增长点和制高点。

一是浑南新区科技优势进一步显现。截至2007年底，新区现有各类注册企业7661家，其中规模以上工业企业247家，高新技术企业446家，引进各类外商投资企业400多家，世界500强企业30家。IC 装备和IGCC清洁能源项目被列入国家“十一五”重大专项；投资3000万元以上新开工项目68个、竣工30个；服务业发展迅速，动漫基地新引进企业29家，2009年底企业总数将超过100家，产值突破15亿元，原创作品达到1万分钟，进入全国第一集团。已形成电子信息、先进制造等支柱产业集群和东软数字医疗产业园、IC装备产业园等高新技术产业园，以高新技术产业为主的工业发展势头良好。

二是航高基地建设全面启动。航高基地总面积127平方公里，北至三环，南至塔山北，西至哈大客运专线及沙河，东至沈丹高速及李相路。目前，沈阳市与中国一航签订共建航高基地合作协议，中国一航将整合即将重组的中国一航、二航相关民机项目进入航高基地，打造集航空制造、研发、维修、培训、服务等为一体的我国最重要的航空产业区。基地区沈飞Q400飞机大部件转包、C系列飞机机身等重点项目进展顺利。

——北部地区。以沈北新区为主体，辐射康平、法库地区，初步形成了以乳业、食品等为标志的农产品深加工和食品产业集聚区，并已开始向电力、新能源等高技术产业拓展。

一是新型产业基地已初步建成。2008年，沈北新区实现地区生产总值295亿元，规模以上工业产值850亿元。目前，新区已经培育形成农产品深加工、光电信息、文化创意三大优势产业集群，初步建立以辉山农产品深加工产业园、沈阳光电信息产业园、沈阳文化创意产业园等产业园区为载体的产业体系；水稻、林果、花卉、药材、现代化养殖等特色农业产业发展迅速，初步形成农业产业化、规模化生产格局。

二是北部生态新区的地位初步建立。新区相继获得全国生态示范区、中国特色旅游之乡、中国名优食品产业基地、全国绿色食品原料标准化生产基地、国家级农产品深加工基地、中国十大农产品物流重镇、全国社会主义新农村建设示范区（联系点）、东北亚科技创新与成果转化基地、全国社区建设示范区、辽宁省综合配套改革试验区、辽宁最具发展潜力区、深港企业投资潜力城市等多项殊荣。以生态居住、物流商贸和休闲旅游为主体的现代服务业蓬勃发展，正在成为沈阳市经济社会发展新的增长点。

3. 县域工业园区的发展开始步入“快车道”

沈阳市工业园区建设工作开始于20世纪80年代，经过多年来的建设，现已初具规模，在促进县域经济发展中发挥了重要的牵动作用。2008年，依据沈阳市实际情况，对原有20个县域工业园区进行了调整，将相关经济区、大工业园区的工业企业集中区域和单独建园、已初具规模的产业集群纳入县域工业园区。调整后，全市规划内县域工业园区为24个。其中有8个省级开发区，主导产业是汽车零部件、机械加工、农产品加工、高新技术、动漫、医药、化工、新材料、陶瓷、包装印刷、光电子、电力电器、家具、服装、纺织。产业初具规模的园区有14个，正在起步之中的有8个，规划之中的有2个（浑河南岸工业园区、苇塘工业园区）。24个县域工业园区规划面积796.4平方公里，实际占地面积271.2平方公里。截至2008年底，共入驻企业2169户，吸纳就业43. 8 万人，实现产值1624.1亿元。

（三）空间利用发展形成的新优势

1. 改革开放以来的空间结构调整保证和支撑了全市经济的持续快速发展

一是空间布局的调整带动了项目产业等其他资源的优化配置。例如，城市核心区的“退二进三”，特别是铁西区著名的“东搬西建”，不仅拓宽了现代服务业的发展空间，而且为新型产业基地建设注入了活力。二是涉及空间开发利用的战略研究和前瞻性规划为进一步做优发展空间提供了坚实的保障。在市委、市政府的正确领导下，沈阳市已完成了“金廊、银带”、“四大发展空间”的规划编制，正在逐步加以实施。超前的规划研究，使沈阳市空间结构及发展方向日渐清晰，也为做优发展空间乃至实现资源优化配置奠定了坚实的基础。

2. 形成了一批区域经济增长点

在拉开空间布局的同时，形成了一批可以带动全市经济平稳快速发展的区域增长极。在国家及辽宁省的高度重视下，沈阳市拉开了重点空间发展的帷幕。西部铁西老工业基地调整改造暨装备制造业发展示范区实施效果显著，以装备制造业聚集区为龙头的沈西工业走廊已成为辽宁省重点的战略发展空间；南部国家级民用航空高技术产业基地确立及沈抚连接带规划业已付诸实施；东部“汽车城”的建设、棋盘山旅游文化产业的开发，开辟了新型工业化、新型生态化发展的新道路。加之城市核心区的中街商贸文化聚集区、太原街都市商贸中心以及金融商贸区等一批现代服务业聚集区迅速拓展，为沈阳市的经济发展提供了强大的支撑。

3. 进一步明确了结构合理的城镇发展新格局

构建“中心集聚、轴带拓展”的开放式城市空间形态，形成“中心城区、新城、重点镇、一般镇”的等级规模结构，有助于落实城市产业发展设想，融合各区域发展重点，促进各区域空间的优化，加强县域经济发展，形成城乡协调发展的新格局。

二、存在的主要问题

（一）部分区域的功能定位不够清晰

在城市核心区热点地域功能定位过分叠加，一些工业园区的产业结构趋同；县域城镇由于基础设施供给不足，其公共服务功能明显匮乏；由于受产业竞争和地区间无序竞争的影响，导致规划实施的科学性与合理性受到冲击，局部地区产业布局尚显混乱，项目摆布不尽协调；部分区域为了当地的经济发展，对本地区的功能定位重视不够，即使定位清晰的区域，也因招商时招来一个项目摆一个，而不能充分体现既定功能定位。

（二）重点企业、重点项目数量较少，单体规模小

尽管目前沈阳市已聚集了许多在国内具有影响力的企业，但各区域产业布局中缺乏具有重大影响力的项目，世界500强和国内百强企业及其配套企业的引进不足。在2007年中国大企业集团竞争力500强中，沈阳市只有5家企业入围（沈阳机床、沈阳九星、沈阳鼓风、沈阳化工、沈阳远大铝业），而副省级城市中，杭州有34家、宁波有16家、青岛有13家。在重点发展产业和领域内，缺少龙头企业和提供产业链支撑的中小配套企业。企业的单体经济总量与世界知名装备制造企业相比差距很大，成套配套能力不强，缺少以技术总包为支撑，集产品设计、制造、营销、总承为一体的核心企业，部分企业的单机水平较高，产品成套和工程成套能力较弱，影响了区域内的协作配套。

（三）土地的集约化、集中化布局程度不高

多年来，沈阳市虽然引进了大量企业，但集聚效应和拉动作用不强，部分项目资源利用效率低，投入产出率低。据初步统计，沈阳市县域工业园区规划用地近800多平方公里，已开发面积达405平方公里，超过沈阳市中心城区建成区面积50多平方公里；但现有园区企业入驻率尚不足50%，其平均容积率仅为0.34，低于全国0.36个百分点；设计投资强度偏低，仅为16.8亿元/平方公里，其实际投资强度仅为设计的41.7%。另外，全市仍有5.25平方公里闲置土地在清理之中。

（四）部分区域基础设施相对薄弱

随着重点发展空间的不断拓展，特别是金廊、银带、地铁等一批大项目的快速推进，原有基础设施不仅在功能、标准方面不能满

足新的要求，而且供给总量也出现了较大的缺口。特别是县域地区的基础设施发展严重滞后，远远不能满足经济社会发展的需要，极大地制约了经济社会的发展。

（五）城镇化的速度落后于土地的大规模开发

2007年，全市的城市化率（非农业人口占全市人口的比重）为64.2%，仅比2000年提高了1个百分点，而同期仅县域工业园区和开发区建设用地就增长了10倍左右。远郊地区整体经济水平十分低下，在经济发达程度、基础设施配套、产业发展水平、群众生活质量乃至教育、卫生、文化等社会事业等诸多方面均有很大差距，城乡发展不平衡问题依然十分突出，极大地制约了城市化进程。

（六）传统的行政区划体制观念影响了空间的优化和拓展

多年的空间结构调整经验表明，“体制”既具有“先导性”，也具有“基础性”。例如，铁西新区、沈北新区的空间优化之所以取得显著成果，是由于首先实行体制创新。由于全市的多数地区仍在沿用传统的区划体制（这方面的体制创新仍处在探索阶段），客观上造成了“过多中心”、“过多重点”、“过多基地”的态势，给统筹全市空间优化布局增加了难度。

三、国内外案例的借鉴

（一）集中型城市化向扩散性城市化的过渡

广州市：多年来广州市的发展一直受到行政边界的制约。2000年，花都、番禺撤市设区，广州城市发展的空间结构也随之发生了新的变化。《广州市总体发展战略规划》主要是以城市土地利用、城市生态环境和城市综合交通这三个专题为核心展开的，深化并形成了广州市长远发展战略与政策框架，从物质形态的角度为实现城市发展目标提供了一个比较稳定的城市结构框架和可持续的生态发展模式，从而面向21世纪将广州发展成为国际性区域中心城市、适宜创业发展又适宜居住生活的山水型生态城市。规划确定东、南部为中心城区发展的主要方向。

中心城空间布局的基本取向为：北抑：北部是广州主要的水源涵养地，故抑制城市向北的发展；新白云国际机场在花都，贯彻“机场控制区”规划，适当发展临港的“机场带动区”，建设物流中心。南拓：大量基于知识和IT技术的会议展览中心、生物岛、大学园区、广州新城等新兴产业区将布置在都会区南部的番禺北部地区。西调：旧城区和白云山以西地区，重点是保护名城，促进人口和产业的疏解。东移：拉动城市发展重心向东拓展，将旧城区的传统产业向黄埔—新塘一线集中迁移，利用港口条件，在东翼大组团形成密集的产业发展带。

（二）大都市空间结构演变

上海市：城市的发展方向是拓展沿江沿海发展空间，形成滨水城镇和产业发展带，继续推进浦东新区功能开发，重点建设新城和中心镇，完善城镇体系，把崇明岛作为21世纪上海可持续发展的重要战略空间。

市域空间布局结构按照城乡一体、协调发展的方针，以中心城为主体，形成“多轴、多层、多核”的市域空间布局结构。“多轴”是由沪宁发展轴、沪杭发展轴、滨江沿海发展轴组成，也是长江三角洲城市带的重要组成部分。“多层”是指中心城、新城、中心镇、一般镇所构成的市域城镇体系及中心村五个层次。“多核”主要由中心城和11个新城组成。

中心城是上海的政治、经济、文化中心，以外环线以内地区作为中心城范围；新城是区（县）政府所在地城镇或依托重大产业及城市重要基础设施发展而成的中等规模城市，人口规模一般为20万~30万人；中心镇是由市域范围内分布合理、区位条件优越、经济发展条件较好、规模较大的建制镇，依托产业发展而成的小城市，人口规模一般为5万~10万人；一般镇由现有集镇根据区位、交通、资源条件等适当归并而成，人口规模一般为1万~3万人；中心村是在合理归并自然村后形成的具有地方特色、环境优美、布局合理、基础设施和服务设施较完善的现代化农村新型社区，人口规模一般为2000人。

产业布局分为三个层次：第一层次，城市内环线以内的地区，以发展第三产业为重点，适当保留都市型工业；第二层次，城市内外环线之间的地区，以发展高科技、高增值、无污染的工业为重点，调整、整治和完善现有工业区；第三层次，城市外环线以外的地区，以发展第一产业和第二产业为重点，提高经济规模和集约化水平，集中建设市级工业区，积极发展现代化农业和郊区旅游业。

（三）大伦敦空间发展战略

构想与目标：实现保持伦敦的城市个性、生活质量以及快速的经济增长等目标的同时，不得破坏城市的历史遗迹；为了支撑这一增长过程，伦敦必须在10年多的时间内对现有高度紧张的基础设施进行现代化改造，以补偿过去30年的投入不足。

提出构想：在增长（强劲、多元、长期的经济增长）、公平（社会包容性以及所有伦敦人拥有同样的机会分享伦敦未来的成功）和可持续发展（根本性地改善伦敦的环境和资源利用状况）三个相互交织的主题下，将伦敦发展为一个典范的、可持续的世界城市。

目标：在伦敦边界内，不侵蚀开敞空间的条件下容纳伦敦的发展；使伦敦成为更适宜人居住的城市；使伦敦成为经济强劲、多元增长的繁荣之城；促进社会包容性，消除剥削和歧视；改善城市的可达性；使伦敦成为更具吸引力、更好设计的绿色城市。

战略内容：支持并协调次区域发展的主动性，架设伦敦区域层面与地方层面互动的桥梁；重视对东伦敦的更新并给予大范围的区域优先权，特别是泰晤士河口和伦敦—斯泰斯太德—剑桥增长区；进一步发展中央活动区和相关机遇区以强化容纳可持续的增长；在沿泰晤士河口的伦敦东部地区优先发展的情况下，发展其他机遇区，同时伦敦中心的活动向城市边缘区转移；强化、丰富市域范围内具有良好公共交通可达性的城镇中心的角色；在有良好公共交通服务的强化区，适当提高土地利用率、混合土地用途；在更新区统一各种空间政策，包括邻里更新、增进健康、改善学习和技能、安全、更好的就业与住房机会等；明显改善郊区的通路、服务与可持续性；管理并促进战略就业区作为伦敦产业能力的战略储备；通过交通的协调，促进公共交通的改善，减少拥堵，从而改善伦敦的可达性。

（四）大都市圈或巨大型城市发展的新趋势

上海：中心城主要是完善功能、体现繁荣繁华，进一步强化和完善金融、贸易、信息、交通、管理等功能，大力发展现代服务业，提升产业能级。充分考虑生态环境建设，积极推进“双增双减”工作，即增加公共绿地和公共空间，减少容积率和建筑总量，创建适宜国内外人士创业和生活的城市环境。郊区是上海未来城市发展的重点，要加快发展，体现综合经济实力，特别要在“集约、节约”上做文章；要切实推进“三集中”方针，促进工业向郊区集中、人口向城镇集中、土地向规模经营集中；积极推动社会主义新农村建设，形成城乡协调、共同发展的城市发展格局。依托大交通和大产业支撑，充分发挥郊区城镇在人口集中、产业集聚、土地集约利用方面的重要作用，突出重点，有序推进，集中力量建设新城，规划形成若干个城市功能完善、产业结构合理、2010年人口规模在30万人以上的新城，充分发挥集聚和规模效益。

广州：为加强广州市在区域中的地位，必须首先强化广州市与其直接吸引区——“广佛都市圈”的政策协同。

第一圈层——中心区与高科技产业带。由原广州城市规划发展区构成，进一步强化第三产业的发展，现状工业考虑全面搬迁。

第二圈层——区域制造业带。包括都市区副中心佛山、地方性中心、大型工业区和高质量的新市镇。

第三圈层——次级中心地，远郊生态农业，港口工业基地，旅游城市。以发展技术密集型工业为导向，同时建设完善的配套第三产业，并安排个别区域性大型公共服务设施。

四、沈阳市做优发展空间的总体构想

（一）指导思想

以科学发展观为指导，以四大发展空间格局为基础，按照“中心集聚、轴带拓展”的开敞式布局，通过大力发展现代服务业等都市型产业，做优中心城区空间；通过加速推进新型工业化、新型生态化以及新型城镇化，做优县域空间；通过深化跨市经济一体化，做优沈阳经济区空间；进而完成“五大任务”，加速实现“三大目标”，全面打造兼具现代化区域性金融、商贸、物流中心以及世界级装备制造业基地等功能的国际大都市地区。

（二）基本原则

一是坚持统筹规划的原则。严格按照国家、省、市相关法规规范的程序开展规划工作。在充分衔接、认真论证的基础上，坚持下位规划服从上位规划，即市内各区县（市）、开发区的规划应该服从市级规划，各部门、各地区的规划工作应当接受市级规划主管部门的业务协调和指导。

二是坚持“大分散、小集中”的原则。伴随着沈阳市城市化业已进入集中化与扩散化并存的发展阶段，应切实注意处理好整个城市“尺度”上的扩散以及小城镇特别是重点镇“尺度”上的集中，尤其要重视广大县域的工业园区向小城镇集中，在县域有条件的地区积极推进撤乡并镇，以集中化、集约化的县域方式推进农村城市化。

三是坚持发挥地域比较优势的原则。做优发展空间的基本要义是在既定的发展空间条件下，从资源要素的条件以及区域本身的特点出发，形成富有区域特色的经济功能，最终形成各具特色的主体功能区。

四是坚持依托母城、依托交通线、突出重点、梯次推进的原则。为充分利用现有基础设施及其他配套设施条件，经济有效地推进工业化、城市化，在与生态建设相协调的条件下，应尽可能地依托母城、现有城镇以及交通干线发展，谨慎采用“飞地”型的孤立发展模式。

五是坚持注重生态建设与保护的原则。要结合生态市建设，在空间布局过程中，高度重视必要的生态功能区、生态廊道、生态结点的保护与建设；高度重视宏观层面上的生态经济发展与微观层面上的循环经济发展，使沈阳的生态市建设跻身全国特大城市前列。

六是坚持城际间互利双赢的原则。要按照沈阳经济区一体化战略的总体要求，并结合沈阳市空间的放射状开敞式布局的要求，以共享性基础设施和共同市场建设为引领，有重点、分阶段地推进与周边城市的相向建设。近期应以距沈阳市主城区最近的沈抚连接带的相关建设为主攻方向。

五、做优发展空间的总体布局

（一）基本框架

依据城市发展战略规划，结合各区域实际空间发展需求，在市域城镇体系中，规划形成“一城、多轴、多中心”的空间布局结构。“一城”指中心城区；“多轴”指以中心城区为中心，向外辐射了7条发展轴；“多中心”指中心城区外围的8个新城，其中辽中、新民、康平和法库4个新城为带动县域经济发展的县域中心，有助于促进县域的全面协调发展。在中心城区、新城发展的基础上，积极培育中心镇，形成规模化的产业体系，成为带动一般镇和农村腹地发展的重要增长极，为此全市确定了10个重点镇和34个一般镇。新农村建设中坚持“工业反哺农业，城市支持农村”的方针，形成城乡一体、共同发展的新格局，实现区域和城乡的统筹协调发展。

初步考虑将规划区范围由上一轮城市总体规划确定的1220平方公里调整到3861平方公里，增加了城市规划统一管理的范围。同时规划区内形成一个中心城区、五个新城的空间结构。其中，中心城区在上一轮总体规划确定的1150平方公里基础上拓展至1650平方公里，以“金廊、银带”大十字结构为空间主骨架，形成“一主、四副、一区、两组团”的空间结构。“一主”指主城，即城市三环围合的区域，是沈阳作为东北中心城市履行经济、文化、管理等核心职能的集中区域，以大力发展现代服务业、提升中心服务职能为目标，重点加快城市用地结构调整。“四副”指在主城外围形成的东西南北四个副城，东部副城依托沈抚连接带重点发展高新技术、休闲度假等产业；西部副城整合沈阳经济技术开发区、于洪沙岭工业组团、五金产业集群、化工园、冶金园等产业区，重点发展装备制造业、高新技术等产业；南部副城依托苏家屯城区、满融经济区和国家级航高基地，重点发展航空制造业、临空产业、会展业、高科技研发产业、先进制造业；北部副城依托蒲河新城，重点发展农产品深加工、光电信息、汽车零部件等产业。“一区”指东部棋盘山国际风景旅游开发区，重点建设多个特色风情小镇和文化旅游功能区。“两组团”指马三家子和大淑堡两个城市组团，马三家子组团作为于洪大工业区建设的启动点，主要发展工业与物流产业；大淑堡组团作为苏家屯浑河新城建设的启动点，主要发展新型居住和现代工业。

规划区内五个新城分别为辽中、新城子、胡台、细河和空港新城，形成承接中心城区功能转移和发展新兴产业的基地，使其具备参与区域协作分工的能力和实力。辽中新城依托近海经济区建设，重点发展机械、冶金及现代物流产业；新城子新城重点突出农产品深加工、贸易、物流等功能；胡台新城重点培育包装印刷产业集群；细河新城重点发展装备制造业；空港新城重点发展临空产业、休闲度假产业等。

（二）发展路径

1. 围绕完善中心城市的综合服务功能做优主城城区

具体是以三环内的主城城区为载体，以建设现代化区域商贸物流、金融中心为目标，构筑起适应东北地区中心城市需要的现代服务业框架体系，使沈阳市尽快形成以服务经济为主导的产业格局。

一是组织制造业全部退出服务业发展主导区。沈阳市规划的服务业发展主导区包括和平区、沈河区、皇姑区、铁西区、大东区二环以内区域和棋盘山风景旅游开发区。到2012年，该区域内的服务业占地区生产总值的比重要达到 90%以上，现代服务业的比重要达到70%以上。

二是明确功能定位，避免同质化竞争，实现错位发展。除明确服务业发展主导区以外，还确立了生产性服务业发展先导区、服务业发展提升区，主要承载东北地区金融中心、物流中心、商贸中心、文化旅游中心、商务会展中心、制造业研发基地、国家级服务外包和动漫产业发展基地等功能。

三是实施服务业重点集聚区建设。重点培育建设金廊银带中央商务区、中街商贸文化集聚区、太原街都市商贸中心和棋盘山生态文化旅游区等18个现代服务业集聚区。

此外，结合“十二五”规划编制工作，还应深入研究扩大中心城区的“净空”资源，以及结合地铁建设深入拓展“地下空间”资源。

2. 围绕建设新型产业基地，特别是世界级装备制造基地做实新区（副城和新城）

重点是以四部副城为载体，加快装备制造业、航空制造业、汽车制造业、光电产业和农产品深加工等新型产业基地建设，构筑新的竞争优势，配套建设集聚发展、功能融合、生态和谐的卫星城。

一是集中在新区摆放重大项目。无论是中心城区“退二进三”的大型企业，还是招商引资引来的新项目，均要向上述新区集中。

二是集中在新区建设一批重大基础设施项目。主要是建设为产业服务的给排水、道路、热电项目等，为工业项目的发展提供支撑。

三是集中在新区建设生活服务设施。在促进产业集中的同时，促进人口集中。要以新型城市的标准规划、建设新型产业基地。要切实做到统筹规划、分步建设，实现产业与住宅、学校、医院生活设施的配套建设。

四是集中政府的财力、物力支持新区建设。要制定和完善相关政策，进一步整合政策贷款、工业发展资金、科技三项费用，落实国家、辽宁省相关政策，重点支持新型产业基地的发展，特别是公共基础设施建设和社会事业的发展。

3. 围绕增强县域经济实力，集中建设一批重点小城镇和工业园区

重点发展茨榆坨、胡台等一批小城镇，建设陶瓷、塑编、包印、鞋业等一批产业园区，使之成为沈阳市城乡统筹发展的示范和县域经济发展的增长点。

一是鼓励工业园区向小城镇集中。借鉴奥地利、德国、荷兰等国家的经验，工业园区发展要与小城镇的建设相结合，现有工业园

区要向小城镇集中。要积极争取更多小城镇进入全国小城镇建设用地挂钩试点范围，扩大小城镇建设用地规模。

二是促进公共基础设施和公共服务向小城镇延伸。要在市区两级财政实力增强的同时，加大对小城镇基础设施建设的支持力度；积极探索与小城镇经济社会发展特点相适应的投融资方式；扶持一批重点小城镇发展建设，使之逐步成长为卫星城。

三是在小城镇和工业园区建设中注重资源节约和生态环境保护。要对过于分散的工业园区进行归并和整合，提高土地利用的集约水平。要通过耕地保护和绿化带的建设，增加空间布局中的绿带间隔，使小城镇和工业园区成为点轴式发展布局中的生态组团。

4. 围绕沈阳经济区建设，构筑开敞式发展新格局

沈阳市做优发展空间要以更广阔的视野，站在东北地区中心城市的高度，研究沈阳市与鞍山、抚顺、本溪、辽阳、营口、铁岭和阜新等城市的经济一体化进程。

一是打破行政区划界限，构造经济发展带。依托区域交通轴和重要节点，拓展经济发展空间，构筑跨市际经济发展带。加速推进沈阳经辽阳、鞍山至营口的通海产业大道建设，构建通海产业大道经济带；以沈阳至铁岭102线为依托，打造沈铁工业走廊，构建沈铁工业经济带；以沈阳至本溪的沈本产业大道为依托，构建沈本工业经济带；以沈抚大道为依托，以沈抚连接带为载体，构建沈抚产业经济带；以沈阳至新民102线和304线为依托，构建沈阜经济带。

二是依托经济带，形成合理的区域分工。做优发展空间关键是依托不同地域的比较优势，形成合理的区域产业分工。这些经济带是沈阳与周边城市优化区域产业发展空间的重要桥梁，是产业整合和产

业链培育的基础。初步构想，通海产业大道经济带重点发展装备制造业，打造世界级先进装备制造业基地；沈铁工业经济带重点发展食品加工业及相关产业；沈本工业经济带重点发展高新技术产业和医药产业；沈抚产业经济带重点发展高新技术产业；沈阜工业带重点发展装备制造配套产业、新型能源（煤化工）、信息文化产业。

三是依托经济带培育世界级产业集群。培育世界级产业集群是沈阳市及沈阳经济区参与国际竞争的必然选择。做优发展空间，就是要在这些经济带的特定区域中，从沈阳市目前的产业集群中培育一批产业特征明显、生产规模大、竞争能力强的百亿元企业集群，抢占国内乃至世界产业的制高点，实现空间资源的最优配置。

做优全市发展空间，还要充分利用沈阳市与沈阳经济区北部内蒙古地区的发展资源。具体是要依托沈康高速、203线构建沈康经济带，从而进一步带动北部康法地区的发展。

六、做优发展空间的重点任务

（一）做大主导产业

1. 服务业

紧紧抓住当前服务业发展的重要机遇期，立足建设东北地区中心城市，发挥比较优势，着力提高服务业发展水平和质量，实现集聚力、辐射力和竞争力的全面提升，加快构筑与中心城市相适应的现代综合服务业体系。

一是大力发展金融服务业。充分发挥沈阳市作为区域中心城市的比较优势，增强东北地区金融管理中心的辐射效应，吸引中外金融机构落户，促进金融机构集聚，形成对周边省市的互补效应和扩散效应，加快形成银行、保险、证券、期货、信托等多业并举，中外资金融机构并存的金融机构体系。实现金融资本总量、信贷额居东北地区领先地位，成为立足辽宁中部城市群、服务东北、辐射东北亚的区域性金融中心城市。

二是加快发展现代物流业。充分发挥区域航空、铁路、公路交通枢纽以及沈阳经济区核心城市的综合辐射功能，借助制造业巨大的运输市场和高度集中而庞大的消费人群，加快物流业发展。建设沈阳经济区转运和配送中心、国家级物流枢纽城市、国际物流节点城市。

三是做大商务服务业。依托沈阳市的区位优势和沈阳经济区的产业基础优势，放大“制博会”、“世园会”、“冰雪节”等展会的品牌效应，着力构建以总部经济为主导，以会展业、中介服务业和广告业为支撑，其他商务服务为补充的现代商务服务体系，实现商务服务业的倍增式发展，使沈阳市成为中国北方商务设施功能齐备、商务服务发达的商务会展中心。

四是做强科技服务业。以科技服务环境与能力建设为重点，全面整合、有效配置各类科技服务资源，构建功能完备、开放协作、运行高效、与国际接轨的现代科技服务体系。

五是培育壮大信息服务业。抓住全球服务外包业务转移的契机，以软件产业和动漫产业为重点，吸引境内外知名企业入驻沈阳，尽快形成体系完整、效益显著的现代信息服务业新格局，建设国家服务外包基地城市，打造国家动漫产业发展基地，实现信息服务业的跃升式发展。

六是巩固提升商贸服务业。充分发挥交通设施便捷、发展基础雄厚、网点布局完善、高端消费业态集中、购物环境优越的有利条件，加快提升商贸流通业态，拓展城市商圈，促进多样化商业业态发展，进一步增强区域商贸辐射功能，打造东北亚区域商贸中心。

七是积极发展生态文化和旅游产业。在国家级文化产业示范园区的框架下，充分发挥棋盘山的区位、环境、品牌优势，尽快引进建设一批内涵丰富、影响巨大、示范性强、市场前景广阔的文化旅游项目。依托厚重的历史文化底蕴和关东文化特色、丰富的旅游资源、完善的文化旅游设施等优势，优化相关产业布局，完善产业链条，使沈阳市成为东北地区文化产品的生产、流通中心，文化创意中心，以及东北地区最具吸引力的旅游城市。

八是稳步发展房地产业。保持房地产投资平稳增长和供求总量基本平衡，促进房地产业的良性发展。

2. 装备制造业

按照走新型工业化道路的要求，以信息化、智能化、集成化为突破口，加快推进企业技术进步，提升企业自主创新和系统集成能力，提高重大装备国产化水平和国际竞争力。

一是发展九大主导产业。重点发展数控机床、通用石化装备、重矿机械、输变电装备、工程机械、汽车及零部件、新能源装备、农业机械、环保设备九大优势产业，着力引进和培育城市轨道交通、船舶动力装备、空港装备、军工装备等产业。

二是培育20个世界级企业。全力培育沈阳机床集团、北方重工集团、沈鼓集团、远大集团、特变电工沈变集团、北方交通重工集团、三一重装等15户已经入区的国内知名装备制造企业成为世界级企业。未来10年内还将引进和培育5户左右的世界级企业，使世界级企业数量达到20户。

三是打造100个世界级产品。围绕国家装备制造业发展的16大方向，重点发展100个世界级产品，使聚集区具备高端技术研发制造、基础产业配套、产品成套和工程成套的能力，主导产品达到国际先进水平，国内外市场份额较大，成为世界装备制造业领域有影响力的重要区域之一。

四是重点发展20个基础产业集群。加速发展仪器仪表、模具及压铸件、铸锻、机泵阀、汽车及零部件5个基础产业集群，扩充建设机床功能部件、输变电配套件、轴承及紧固件、液气密元器件等15个基础产业集群。到2012年，20个产业集群的企业数量达到1700户，总产值突破1000亿元。

3. 汽车及零部件产业

依托华晨金杯、华晨宝马、上海通用北盛汽车三大整车企业，大力推进华晨金杯、华晨宝马二期扩产项目，并组织扩产项目尽快落地实施，完成上海通用北盛二期15万辆轿车项目等。以中顺汽车、航天三菱为依托，重点发展整车、发动机变速器及动力总成的配套产品、汽车电子产品等。以现有的汽车零部件产业集群为基础，继续发展汽车车桥、汽车座椅、汽车轮毂、汽车转向器等优势产品，做强西部汽车零部件产业集群。

4. 高新技术产业

以创建“国家创新型科技园区”为契机，进一步明确科技创新工作重点，做强电子信息、先进制造、生物制药、节能环保和新材料五大主导产业，做优软件、动漫、IC装备、数字医疗和科技服务五个特色产业，加快高新技术产业核心区建设。重点发展电子信息产业特别是软件和动漫产业，建设全国一流的软件产业基地，重新确立东北地区的领先地位。

5. 民用航空产业

依托沈飞公司、黎明公司等重点企业雄厚的航空制造能力，发挥沈阳桃仙国际机场的空港优势，深化国际合作，推进“三个联合”，打造“一个基地”。加快与我国最重要的航空资源中国一航的合作，加强与世界第三大航空制造业企业庞巴迪公司的合作，推进与全国最大的航空公司之一的南方航空公司的合作，联合开发沈阳民用航高基地，重点推进Q400和C系列等支线飞机总装和大部件转包、零部件制造项目，赛斯纳L162轻型运动飞机等通用飞机项目，CF34航空发动机项目，A320系列飞机维修基地项目，R0110重型燃气轮机项目和航空工程技术学院项目等。加快形成国际知名、国内重要的航空高技术产业基地。

6. 农产品加工产业

以建设国家级农产品精深加工产业基地为目标，以延长农产品精深加工产业链、提升加工技术水平为手段，以辉山国家级农产品加工业示范基地为依托，在辉山经济区规划建设20平方公里的农产品精深加工产业园。继续引进国内外农产品加工龙头企业，发展和壮大粮油、乳品、畜禽、果蔬（饮料）四大产业。

（二）完善基础设施

1. 交通设施

主城区的建设重点：一是围绕强化主干道功能，加快打通和优化东西向、南北向的道路系统，形成向内贯穿主城、向外联络四大发展空间的快速、便捷通道。二是打通断头路，改造道路瓶颈，完善路网系统，均衡交通流量，全面提高路网的通行能力。三是在不断优化道路网的同时，大力推进地铁1号线、2号线建设，优先发展公共交通，建立常规交通与轨道交通相结合的立体客运交通体系。

重点发展空间的建设重点：一是加快实施重点发展空间与主城以及四大发展空间之间的快速通道建设。二是加强农业经济区内的路网建设，为重点发展空间、农业经济区的发展提供服务与支撑。

沈阳经济区建设的重点：全面推进沈本大道、沈抚开发大道以及沈抚轨道等交通系统建设，通过城际间快速道路、快速轨道交通“双快”系统建设，优化区域交通系统功能，加快推进沈抚同城化、沈本和沈铁一体化，促进沈阳经济区一体化发展。

2. 资源保障设施

加快大伙房水库输水配套一期工程建设，2009年底前向沈阳日送优质水90万立方米，保证2015年前沈阳生产生活用水。扩大煤层气开发利用规模，到2010年实现日新增供气量75万立方米，在现有供气能力基础上增加1倍，满足1000万人口的燃气需要。建成百公里绕三环燃气高压外环，增加管道燃气供应、储备、调剂能力。大力推广地源热泵、太阳能等清洁能源，到“十一五”末期，沈阳市地源热泵技术应用面积达到6500万平方米，新建建筑太阳能应用面积1020万平方米，进一步调整和改善能源供应结构，促进清洁发展。

3. 调整重大基础设施布局

随着沈阳市经济社会的快速发展，地铁等基础设施引导空间布局调整的作用日益显现。但主城区特别是核心区原有的大型货场（如沈阳站货场）、机场以及铁路线对当地经济、社会的负面影响日益突出，需要有计划、有步骤地加以解决。其中尤以东塔机场的“限高”

对周边高层建筑的排斥最为严重，应加大力度予以尽快解决。

（三）改善生态环境

生态是空间的重要组成部分，优化生态结构既是做优发展空间的重要内容，也是做优发展空间的重要条件。

1. 空间布局必须注意生态安全

要开展生态功能区划工作，实行分区分类管理。结合沈阳市区域生态功能特点，对全市进行一级、二级生态功能分区，确定重要生态功能区域和生态保护地；对已形成的工业开发区域，要优化工业产业发展布局，形成合理的城市空间和产业布局；对尚未开发的区域，要重点实施封山育林、退耕还林还草、水土保持、湿地修复等措施；加强棋盘山等东部省级重要生态功能保护区的生态资源保护和环境综合治理；加快康、法防风固沙生态功能保护区建设，重点完善防护林带、农田林网、草地恢复等建设。

2. 空间布局要考虑生态设施建设

健全城乡污水处理系统，重点完善中心城区城市地下污水管网，新建南部污水处理厂。加强农村垃圾处理设施建设，清理全市列为重点污染源的企业，建设水、气、固废、噪声污染处理设施。加快大型热源厂建设，推进集中与联片供热。完善固体废物处置、利用，建立危险废物安全处置系统。强化农用土壤环境监管与综合防治，建立土壤监测及预警体系。

3. 空间布局要考虑构建和谐的人居环境

要继续扩大水面建设，完善公共绿地植被覆盖，打造金廊、浑河、南北运河、二环、三环等南北贯通、东西网联的水绿廊道生态景观，进一步加强城市社区、单位庭院的美化、绿化、亮化，使之与水系建设、交通绿地互为补充，努力构筑绿色生态景观体系。完善城市道路交通体系，建立以轨道交通为主导、常规地面公交为主体的城市大众捷运系统。从群众身边的环境建设着眼，对噪声污染、尾气超标排放、城市扬尘等问题开展专项治理。

（四）加快项目建设

项目是做优发展空间的主要载体，也是做优发展空间的重要抓手。做优发展空间，关键在于加快建设重点项目。要按照做优发展空间的统一要求，围绕最大限度地发挥现有的基础条件和资源配置能力，超前策划和组织实施一批重大产业和功能性项目，全力为做优发展空间提供项目支撑。

1. 项目摆放要与空间功能定位相一致

实施差别化发展战略，要严格依据产业分工和布局来策划、引进和建设项目。按照东部重点发展旅游业和汽车产业，南部重点发展高新技术产业和航空制造业，西部重点发展装备制造业，北部重点发展高新技术产业和农产品深加工产业及中心城区重点发展现代服务业的方向和要求，继续整合资源，合理引导产业进入，形成特色鲜明、布局合理的产业空间布局。

2. 项目在每个空间都要集聚

项目建设不能多点开花，四面出击。在每个园区内，要以完善产业链为主线，以核心企业和高成长性创新企业为依托，以产业配套为中心，以集约利用土地资源为重点，按照产品互补性强、产业关联性高的原则，实现园区内的产业集聚。

七、做优发展空间的对策建议

（一）整合规划资源，发挥规划的导向作用

编制好规划是做优发展空间乃至实现科学发展的重要前提。要着眼于长远发展，立足于增强发展后劲，统筹编制好分规划、专项规划、区域规划等各类规划。在制定和完善配套政策时，要依据规划要求，结合贯彻国家政策法规，认真编制和严格执行沈阳市经济社会发展规划和城市总体规划，制定出针对性强的具体意见和办法。通盘考虑、统筹安排，实现城乡之间、城市各区域之间的协调和可持续发展。

（二）加快体制机制创新

强化政府职能，继续推行政企分开、政资分开、政府与中介组织分开，逐步减少和规范行政审批事项与费用。建立高效的行政服务体系，全面推行政务公开，不断完善“一站式窗口”。在加强宏观管理的基础上，沈阳市政府将进一步下放土地开发、机构设置、规划审批、社会管理等方面的权力，赋予铁西、浑南、棋盘山、航高基地这四个国家级开发区市级审批权限，实行封闭管理。通过体制机制创新，做到既加强宏观管理，又放开搞活，提高经济运行效率。

（三）建立健全促进做优发展空间的政策体系

1. 财政政策

制定支持做优发展空间的积极财政政策。市区两级财政部门要理顺现行市、县、乡之间的财政关系，重点满足禁止、限制开发区域基层政府提供公共产品和服务的财力需求。改革现行的税收返还利益格局，适当降低优化、重点开发区域地方财政的返还比例，适

当提高限制、禁止开发区域地方财政的返还比例。

2. 金融政策

积极扩大投融资渠道，解决制约发展的瓶颈问题。充分发挥资本市场、银行的融资功能，实现多渠道融资。在铁西、棋盘山、浑南和航高基地这四个国家级开发区及沈北新区，分别建立投资融资平台。县域可探索将省、市政府投入及地方政府配套资金组合起来，建设投融资平台，利用贷款进行园区基础设施建设和土地整理。加强对中小企业的财税支持，完善社会化服务体系、担保体系和担保风险补偿机制，解决融资难问题。

3. 产业政策

制定与优化发展空间相适应的产业结构调整政策。明确不同空间鼓励、限制和禁止发展的产业。制定优先发展先进装备制造业、高技术产业和现代服务业等的具体产业政策。积极争取国家装备制造业200亿元的产业投资基金落户沈阳，抓紧做好筹建方案。鼓励大企业通过重组、兼并等形式发展壮大，提高装备制造业竞争力，重点打造具有世界竞争力的新型装备制造业基地。对不同重点空间的产业投资项目实行不同的占地、耗能、耗水和排放等标准。要将占地、耗能、耗水和排放标准作为不同空间产业政策的重要内容。研究出台鼓励高新区技术扩散和带动周边发展的政策。抓紧编制东北金融中心的战略规划，制定扶持金融中心建设的政策措施。

4. 土地政策

建立与做优发展空间要求相适应的土地管理制度，向空间要土地，向管理要土地，向存量要土地，促进土地集约节约利用。积极推进农用地的保护和整理，实行建设用地总量和增量的控制标准，严格土地审批管理，优化现有建设用地的用地结构，引导产业利用存量土地，集中建设、集群发展，以最小的土地消耗换取最大的发展效果。建立土地市场化配置机制，逐步推行和建立城市建设用地集中供应、土地使用权公开交易及专项检查制度。制定并实施不同功能区的人均建设用地面积、人均城镇用地面积等标准，制定并实施城市化地区工业用地的建筑容积率、投资强度、单位面积产出率等标准。

5. 环境政策

大力落实节能减排政策，满足污染物总量控制要求。制定重点发展空间污染物减排目标，逐步扩大实施总量控制的污染物类型范围，实现增产减污，全面提高资源利用效率。提高污染物排放标准，推行清洁生产，使重点开发区节能降耗水平达到国内先进水平。根据特定的资源开发和项目建设需求，谨慎分配污染物排放总量，减少污染物排放。

6. 绩效评价政策

建立符合科学发展观并有利于推进重点空间发展的绩效评价体系。绩效评价体系要强化对各地区政府提供公共服务、加强社会管理、提高人民生活水平、增强可持续发展能力等方面的评价，增加开发强度、耕地保有量、环境质量、社会保障覆盖面等评价指标。在此基础上，按照不同区域的功能定位，实行各有侧重的绩效评价和考核办法，引导各地区经济布局、人口分布与资源环境承载能力相适应，保持人口、经济、资源环境的空间均衡，促进区域协调发展。

（四）整顿提高现有的工业园区

实施多元化投资，加强工业园区建设。2015年前应继续执行市政府每年对“一市三县”开发区基础设施建设投入1000万元补助资金政策。进一步优化市本级财政支出结构，增加对县域工业园区基础设施建设的投入，建立政府引导、市场运作、多元投入、上下联动的园区建设模式。鼓励、引导和协调城区与“一市三县”共建工业园区，实现城区与县（市）资金和资源互补。鼓励市内产业向县域工业园区转移。实施市内产业转移计划，按照县（市）发展定位，有组织地将发展空间受限、不宜在市内发展、符合环保要求的工业企业向“一市三县”工业园区集聚。对于搬迁的规模以上企业，给予项目贷款贴息支持，其土地出让金用于企业新址基础设施建设。加快园区服务平台建设，提升园区建设水平。积极推进研发中心、培训中心、检测中心等公共服务平台建设。拟由市中小企业发展基金出资1000万元用作园区服务平台建设的补助资金。

（五）创新基础设施的融资模式

要建立多元化投资体制和管理体制，放开基础设施投资市场，允许非公有资本进入公用事业和基础设施领域：纯公共产品建设由政府承担；准经营性基础设施，可制定鼓励政策，引导民间和企业投资建设；经营性基础设施，全面推向市场，实行建设和运营的市场化。逐步推广以有限合伙制形式组建创业投资公司或基金的做法，充分发挥资本市场、银行的融资功能，实现多渠道融资。

（六）适时进行区划调整

为解决中心城区发展空间不足和重点发展空间结合部发展滞后以及跨区优化产业、资源难度较大的问题，应鼓励大胆创新，突破原有行政区划界限，整合空间资源，理顺行政体制，理顺市区与开发区的关系，改变城乡分割的管理体制，使城市功能结构和土地配置方式得到较大改善。

沈阳经济区一体化发展战略的研究

区域经济一体化是当今世界区域经济发展的主题，是区域提升国际竞争力和参与国际产业分工的核心内容。构建沈阳经济区是辽宁省委、省政府为顺应世界经济全球化和区域一体化发展潮流而做出的一项重大战略决策。加速推进沈阳经济区经济一体化，对沈阳建设东北地区中心城市、搞好辽宁区域经济发展和东北老工业基地振兴具有十分重大的战略意义。目前，沈阳经济区区域合作成果显著，合作领域逐步拓宽，经济和社会事业全面发展，重大基础设施建设项目不断增多，产业发展和空间整合步伐加快，区域同城化建设全面启动，沈阳经济区功能性一体化和制度性一体化正在快速推进。

一、区域经济一体化内涵的理解

区域经济一体化已经成为当今国际和国内经济关系中最引人注目的趋势之一，对于“区域经济一体化”的概念，到目前为止尚没有统一公认的定义。本文对其内涵的理解是：在一定地域范围内（经济区）消除体制和机制壁垒，实施经济整合，区域经济化为一体的过程或者状态。体制和机制壁垒被削弱或消除，生产要素和商品自由流动，进行多边经济合作。组织一体化是推进一体化的基础，区域合作、经济整合、互惠互利和资源共享是区域一体化的基本内容，并定格在共同遵守的区域合作的契约上。实施区域经济一体化的基本要素包含五个方面：消除壁垒、组织推动、经济整合、互惠互利、合作契约。

从我国目前区域经济发展态势上看，竞争形势不再是单个城市的竞争，而是以城市圈为基础的区域间的整体竞争，大城市圈的形成和城市圈产业布局分工、合作和竞争、区域一体化将主导区域发展，甚至全国经济发展格局，大城市圈对经济社会发展的作用将进一步加强，并将形成最具有活力和实力的经济体系。所以，近年来全国一些主要经济区都相继提出发展大城市圈，推进区域一体化战略举措。如长三角一体化、珠三角一体化、大武汉城市圈一体化、长株潭一体化、成渝一体化等。

实施区域经济一体化的主要目的在于：一是有利于发挥市场配置资源的决定性作用，实现要素和资源自由流动，提高资源和要素使用效率；二是有利于发挥各自的比较优势，推进产业整合，加强和提高专业化水平，扩大规模经济，提高区域发展力和竞争力；三是有利于避免区域内重复建设、结构趋同和同质化，提升区域经济增长质量；四是有利于加快现代化基础设施网络化建设，实施环境治理一体化，实现好、快、省建设现代化基础设施和提高环境治理水平；五是有利于发挥中心城市和发达地区的辐射力和带动力，推动欠发达地区发展，促进区域协调发展。

同时，在我国实施区域一体化面临诸多难题。我国目前的经济形态是从计划经济向市场经济转型过程中的一个过渡的中间经济形态，有的学者将其称为“行政区经济形态”，各行政区的政府负有规划、发展、管理经济的责任。财税“分灶吃饭”和经济发展统计数据等都是以行政区为基础单元。“政区经济”对区域经济一体化发展的刚性约束很强，“诸侯经济”现象也就难以避免，集中反映在以下五个主要方面：一是生产要素在跨行政区流动的过程中，受到地方政府的干预和阻滞，要素难以自由流动，资源也就难以实现优化配置，直接影响要素使用效率；二是各行政区从局部利益出发，结构趋同化、同质化不可避免，直接导致区域内重复建设、过度竞争、内耗加重，将大大削弱区域经济的发展力和竞争力；三是在现行的经济管理体制和财税体制下，经济中心城市和发达地区的辐射力和带动力受到制约，难以得到有效发挥，区域协调发展困难重重；四是行政区经济直接影响区域基础设施的科学配置和高效网络化的形成，特别是区域环境治理难以达到预期，区域实现可持续发展面临诸多难题；五是行政经济区发展与布局框架一般都把重心放在行政区的中心部位，而行政区边界和行政区间的连接带不可避免地成为经济发展的盲点，出现经济衰竭区。

二、沈阳经济区实施区域一体化的战略意义

（一）沈阳经济区的战略地位

1. 沈阳经济区是辽宁和东北老工业基地的核心区。重化工产业高度聚集、工业基础雄厚是辽宁和东北老工业基地的缩影和核心。沈阳经济区地区生产总值占全省的60%，占东北三省的30%，其区域发展事关辽宁和东北老工业基地的振兴。新中国成立后，在

“一五”时期，国家充分利用以沈阳为中心的辽宁中部城市群的产业基础、资源优势及发达的交通运输条件，举全国之力重点建设，使其成为我国最先建成的重工业基地，素有“共和国长子”之美誉，并经几十年的艰苦努力形成了具有全国意义的三大优势产业。一是以沈阳为中心的装备工业基础雄厚、门类齐全。基础装备、运输设备、通用装备、电力装备、重型装备等形成了全国规模最大、门类最为齐全的装备工业生产基地；二是以鞍钢和本钢为重点的钢铁工业发展历史悠久，产业基础雄厚，成为全国规模最大的钢铁生产基地之一，钢铁产量占全省的95%，占东北地区的86%，占全国的近1/10；三是以抚顺和辽阳石油化工为依托，石油化工产业闻名中外，是全国重要的石油化工产品生产基地。

2. 沈阳经济区是多种优势资源聚集的经济区。一是地缘条件优越。沈阳经济区地处东北亚的中心部位，是辽宁沿海经济带和东北经济区的结合部，并且现代化交通运输网络密集，是连接东北与北京和全国的纽带和桥梁。优越的地缘条件与本区雄厚的重化工产业基础，成为构建中国第四增长极的主体。二是矿产资源种类多样，品种较全，优势矿产组合配套得天独厚。铁矿、有色金属矿、化学矿、非金属矿和能源矿齐备，特别是优势矿产储量丰富，其中铁矿保储量超过百亿吨，占全国的1/4，居全国之首，与之相匹配的冶金辅助原料菱镁矿的储量居世界第一位，并还有相当储量的能源矿，保有储量65亿吨的煤炭，超百亿立方米的煤层气，36亿立方米的油母页岩。此外，还有比较丰富的非金属矿，如水泥石灰岩矿。资源禀赋成为沈阳经济区重化工产业形成的基础条件。三是农业资源丰富。沈阳经济区的主体部分是下辽河平原，土地肥沃，降雨适中，是全国粮食主产区之一，是辽宁最大的商品粮和菜篮子基地，农产品主产区距城区一般都在50公里半径内，具有鲜明的城郊型农业特点，农产品商品率高，一般都在75%~85%。四是东临天然的“绿色水库”，水资源补给条件十分优越。沈阳经济区是我国北方水资源极为匮乏的地区之一，同时又是消耗水资源量较大的地区，但由于背靠降水充沛、水资源丰富的辽东天然“绿色水库”，以及拥有一系列大型水利工程，为沈阳经济区的经济社会发展提供了极为重要的水资源供给支撑。五是科教发达，人力资源占有明显优势。沈阳经济区科教发达，现有高校45所，占全省的2/3，人才济济，专业技术人员超过百万人，占全省的70%以上，并有一大批数以十万计的熟练技术工人和劳动者。

（二）实施沈阳经济区一体化的战略意义

从沈阳经济区的战略地位看，实施沈阳经济区一体化意义重大，事关沈阳经济区又好又快发展和辽宁老工业基地全面振兴。

1. 实施区域一体化有利于更有效地发挥中心城市沈阳和以中心城市为依托的城市群的辐射及带动作用，消除行政体制壁垒，带动欠发达地区经济社会发展，推进城镇化和城乡一体化进程，促进区域协调发展和民生改善。

2. 实施区域一体化有利于沈阳经济区走新型工业化道路，合力共建新型产业基地，即世界级装备制造业基地和高加工度原材料基地。首先，实施区域一体化有利于发挥市场配置资源的决定性作用，实现生产要素自由流动，优化资源配置，发挥资源利用的最大效应，又好又快建设新型产业基地。其次，可以更好地发挥中心城市和各市域的产业及资源的比较优势，共同打造区域优势产业合作发展平台，实现优势互补、资源共享、互惠互利、合作共赢，有效避免市域间结构趋同化和同质化，避免重复建设，提高经济增长质量，全面提升区域发展水平和竞争力，进一步加快新型产业基地建设。

3. 实施区域一体化有利于沈阳经济区实现区域基础设施一体化建设和环境治理同城化，促进沈阳经济区资源节约型和环境友好型社会尽早实现。

（三）实施沈阳经济区一体化的基础条件优越

实施沈阳经济区一体化既要看到来自传统观念和体制机制等方面的阻力和障碍，也要看到沈阳经济区实施区域经济一体化有着良好的基础条件，这也是沈阳经济区实施区域经济一体化的有利条件所在。

1. 中心城市沈阳的亲和力、凝聚力、辐射力和带动力不断增强，可以有力地促进区域一体化进程。中心城市是带动和促进区域发展、推进区域一体化的关键。作为中心城市的沈阳，应紧紧把握东北老工业基地振兴的历史机遇，以提高自身发展力，增强对区域的辐射力、带动力，推进区域一体化为发展战略的基本取向。首先，沈阳市委和市政府把推进沈阳经济区一体化纳入重要的议事日程，全力做好区域一体化的“领头羊”，在沈阳经济区率先组建了沈阳经济区建设工作协调办公室，在市政府统一领导下，具体负责推进沈阳经济区一体化的日常协调工作；市各经济、环保、建设、交通、水利、旅游、科教及劳动人事等管理部门与经济区各市相关部门相继建立了工作联系制度，使规划编制与实施对接，区域合作与一体化推进从务虚转入实质性工作，并先后同经济区各市签署了多项合作协议。其次，全面启动和加速推进轨道交通、城际间快速通道、城际客运公交化及环境治理等一体化基础设施建设。最后，经济高速增长，经济体量和结构迈上新台阶，2003~2008年，沈阳经济增长幅度都在14%~16%，经济规模迅速扩大，经济实力显著增强，地区生产总值由2002年的1400亿元增加到2008年的3860亿元；而且经济结构和布局也在不断优化，创造出了一批具有世界先进水平的产品。不难看出，沈阳在沈阳经济区中的亲和力、凝聚力、辐射力和带动力显著增强，将有力地推动沈阳经济区一体化进程，促进经济区全面振兴。

2. 大中城市密集，城市化水平高，现代化交通网络形成，成为区域一体化的基础条件。以沈阳为中心的沈阳经济区大中城市密集，超百万人口特大城市四座（沈阳、鞍山、抚顺和本溪），超50万人口大城市三座（营口、辽阳和阜新），中等城市一座（铁岭）。城市间距离仅为30分钟到1小时的车程，城市化水平高，城市化率达到65%，并且还有密集便捷的现代化交通运输网络，把辽宁中部城市群和整个经济区连为一个整体，成为推进沈阳经济区一体化的重要基础条件。

3. 经济区各市域优势产业基础差别化，支柱产业特色鲜明，互补性很强，实施区域一体化条件优越。例如，沈阳的装备工业，鞍山的钢铁及冶金矿山设备工业，抚顺的石油化工，本溪的钢铁及中药，辽阳的石油化工，营口的临港产业，阜新的煤电及液压设备工业和煤化工，铁岭的新能源和改装车及农产品加工等。尽管“鞍本钢”钢铁产品有其相似的一面，但也存在很多差异，如鞍钢的优势产品中有宽厚板、船板、重轨及无缝管材等，而本溪全力推进优势产业转型，并发展新兴产业如中药制药；抚顺和辽阳的石油化工差异更为明显，抚顺石化产业的主体为炼油和乙烯，辽阳石化的主导产品为芳烃等。优势产业差别化无疑奠定了区域产业一体化的基础。

三、沈阳经济区一体化发展评估

在辽宁省委和省政府的正确领导及全力支持下，中心城市沈阳和经济区各市积极推动，克服了重重阻力和困难，沈阳经济区一体化取得了重要进展和突破，成效显著。同时，也面临着一些亟待解决的困难和问题。为了加快推进沈阳经济区一体化进程，有必要对沈阳经济区一体化的进展状况做一初步分析和判断，以利于巩固和发展区域一体化所取得的成效，有针对性地解决面临的主要问题。

（一）区域一体化初显成效

在推进区域经济一体化的大背景下，通过转变发展方式，走新型工业化道路，建设新型产业基地，整个经济区重现了生机和发展活力，经济快速发展，经济增长质量显著提高，产业结构明显提升，新型产业基地的构架基本形成。

1. 经济快速发展，综合经济实力显著增强。实施区域一体化六年来（2003~2008年），沈阳经济区实现了经济高速增长，年均增长幅度在15%左右。区域经济综合实力明显增强，2008年地区生产总值8783亿元，是实施区域一体化前2002年的地区生产总值3239亿元的2.7倍；规模以上工业增加值2008年为4006亿元，是2002年655亿元的6.1倍；全社会固定资产投资完成5739亿元，其中，城镇固定资产投资完成5087亿元，是2002年城镇固定资产投资920亿元的5.5倍；实际利用外资75亿美元，是2002年17亿美元的4.4倍；完成一般性财政预算收入601亿元，是2002年182亿元的3.3倍。

2. 经济增长质量显著提高，民生明显改善。实施区域一体化后，财政收入与经济增长同步，并且财政增长速度高于经济增长速度，平均高于经济增长幅度5~6个百分点，充分表明区域经济增长质量明显提高。民生显著改善，城乡居民人均收入水平大幅度提升，城镇居民人均可支配收入达到14595元，高出全省城镇居民人均可支配收入202元；农民人均纯收入达到6726元，高出全省农民人均纯收入1150元。社会消费品零售总额大幅度增加，表明城乡居民生活水平得到提高，2008年沈阳经济区社会消费品零售总额达到2900亿元，比2002年的1299亿元增加了1601亿元。

3. 走新型工业化道路，建设新型产业基地初见成效。转变发展方式，以结构调整为主线，建设新型产业基地——世界级装备制造业基地及高加工度原材料基地。首先，世界级装备工业基地初步形成。实施区域一体化以来，以沈阳为中心，进一步加大调整和优化结构力度，全力实施原始创新、引进创新、集成创新和产业链创新，装备工业总体技术设备水平接近和部分达到世界先进水平，能够生产制造具有世界先进水平的装备产品，如沈阳机床的高端数控机床、沈鼓的百万吨乙烯设备用裂解气压缩机、北方重工的盾构机、沈特变的超高压变压器、沈飞的飞行器、鞍钢制造的轧钢设备、营口中冶的重型冶金设备等。其次，原材料工业精深加工基础框架体系基本形成。一是钢铁工业。鞍钢和本钢是辽宁钢铁工业的主体，进入21世纪以来，通过把钢铁产业发展的重点放在内涵调整上，加速引进技术，推进技术设备改造和创新，仅仅经过七八年时间钢铁工业就初步实现了脱胎换骨，整体技术设备水平达到国内先进，接近国际先进水平，部分达到国际先进水平。能够生产具有当代世界先进水平的热轧板、冷轧板、宽厚板、重轨及无缝管材等，能够生产高技术含量的汽车板、船板、高铁用重轨等，高端产品已占钢铁产品的80%以上，从根本上改变了长期以来的“三为主”状况（以粗加工为主、中低档产品为主、初级产品为主的状况）。钢铁工业主导产品全面升级，实现了跨越式发展。二是石化产业。通过大力引进新技术，调整和优化结构，建设具有当代国际先进水平的大型石化产业，如抚顺千万吨炼油和百万吨乙烯、辽阳百万吨芳烃工程，从根本上改变了沈阳经济区石化工业主导产品单一、产业链条短的状况，“油头化身轻纺尾”的产业链条开始逐步形成，将有力地促进和带动地区经济发展。

4. 生态环境明显改善。沈阳经济区是高耗能、高污染的重化工产业聚集区，是全国污染最为严重的地区之一。治理生态环境成为实施区域一体化的一项重要任务。首先，在环境治理的基础设施建设上，全面实施生态环境治理设施网络化、一体化已收到显著效果，污染最重的中部城市群的大气环境和水环境明显改善。以沈阳为例，20世纪90年代中期被联合国列为世界十大污染城市之一，如今生态环境明显改善，先后被国家命名为环保模范城和森林城市。环境污染问题严重的铁西工业区得到全面治理，区域生态环境彻底改变，被国家发改委命名为老工业基地改造示范区，被联合国命名为人居适宜区；沈阳新北新区已通过国家生态区的验收。其次，整个经济区的水环境也显著改善。辽河是我国北方污染最重的河流之一，为劣五类，流经城区河段几乎成为死水，近年来明显改善，已由劣五类部分河段上升到四类，少部分河段上升到三类，流经各市区的河段已成为各市的生态景观带。

（二）区域一体化的突破和进展

1. 区域一体化的运行机制和路径选择方式的重要突破

（1）区域一体化的运行机制架构基本形成。一是省政府和经济区八市政府相继组建了沈阳经济区建设工作协调办公室，在省和各市政府直接领导下，具体负责区域一体化的推进和协调工作，包括组织区域发展规划编制与实施、区域合作、产业对接、发展情况通报、区域招商及日常区域一体化协调工作等。二是每年举行的区域高峰会议制度化、常态化，具体研究讨论和解决推进区域一体化的重要问题，共同签署60余项区域合作协议。三是建立了区域一体化的规划指导机制，在省政府指导下，由省发改委会同经济区各市及相关部门编制完成了《沈阳经济区总体发展规划》和《区域一体化规划实施方案》，即“一核（建设沈阳特大经济核心体）”、“五带（打造沈抚同城化经济带、沈本一体化经济带、沈鞍辽营通海产业经济带、沈铁工业走廊经济带和沈阜产业经济带）、“十群（沈西先进装备制造、浑南电子信息、航空产品制造、鞍山钢铁产品深加工、营口仙人岛石化、辽阳芳烃及化纤原料、抚顺新型材料、本溪生物制药、铁岭专用车改装和阜新彰武林产品深加工十大产业集群）”。

（2）区域一体化运作方式的突破。体制是推进区域一体化的主要障碍，并且在近期内很难一下子解决。为了突破体制障碍，加快沈阳经济区一体化，选择以市域间的连接带为切入点，依托相关各市产业基础和资源比较优势，发展各具特色的产业聚集区。如沈抚连接带发展先进装备制造业、新材料产业聚集区，沈本连接带发展生物制药产业聚集区，沈铁连接带发展专用车及物流产业聚集区，沈辽鞍营各市连接带分别发展化工、钢铁产品深加工及装备、石油化工等产业聚集区，沈阜连接带发展林木深加工等产业聚集区等。仅仅经过二三年时间，具有鲜明特色的聚集区的基础框架初步形成，有些聚集区开始形成生产力，如沈抚连接带、鞍山达道湾、沈本连接带、沈铁工业走廊等产业聚集区等，发展连接带产业聚集区不仅有效越过了行政区管理体制障碍，而且有力地促进了两市间的产业连接和融合，推进了区域一体化进程，并在产业聚集区的基础上建设了新城，如沈抚新城、本溪药谷新城、铁岭新城、阜新彰武新城、辽阳河东新城、鞍山城南新城等。目前，各新城基本完成了新城规划的总体设计，有的新城已见城市雏形，如沈抚新城、本溪药谷等；有的则基本建成，如铁岭新城，是一座以商贸物流、旅游、专用汽车改装等为主体的现代化生态文明新城。重点发展连接带产业聚集区和建设新城，实现了四大突破：一是发展连接带产业聚集区，突破了行政区管理体制障碍，促进了市域间产业对接、要素流动、合作发展；二是推进城市化方式实现新突破，建设连接带新城在一定程度上改变了传统的扩边展沿推进城市化的方式；三是推进城乡一体化方式实现新突破，通过发展连接带产业聚集区和建设新城，改变了农民身份，为就近转移农村剩余劳动力进城务工打开了新通道；四是发展连接带产业聚集区和建新城，有效改变了长期存在的市域间连接带经济发展盲区的历史问题。

（3）区域一体化路径选择取得重要突破。基础设施一体化是实施区域一体化的基础条件。实施沈阳经济区一体化战略以来，把区域基础设施网络化建设、一体化实施、同城化推进作为推进沈阳经济区一体化的基础性工作，全力实施，加速建设，目前成效显著。

一是以沈阳为中心的现代化交通运输网络基本建成，轨道交通建设扎实快速推进并将与建设中的沈阳地铁一线、二线实现无缝连接，在沈阳经济区各市和主要县（市）通达高速公路的基础上正在加快建设环沈阳经济区高速公路。继沈抚两市实现公路客运公交化运营之后，沈铁二市也实现了城际公路客运公交化运营，建设了沈阳至鞍山、本溪、辽阳和营口四条“双休日”经济区城际公交专线。二是水利基础设施一体化建设，在基本完成大伙房水库输水工程的同时，正加快经济区各市输水管道网络化建设，确保沈阳经济区中部城市群的各市生活、工农业用水需求。三是环境治理基础设施网络化建设、一体化实施、同城化推进。特别是水环境治理，目前已显现成效。基础设施一体化建设有力地促进了区域一体化进程。

2. 区域一体化取得的重要进展

（1）区域共同市场框架基本形成。以沈阳为中心区、各市为支撑的区域共同市场，即产权市场、商品市场（投资类产品、消费品等）、人才及劳动力市场、技术成果转让市场、商品房市场、旅游市场等基本形成，初步实现了“一证”（工商许可证、质检证）通，商品和农产品流动无障碍限制。沈阳中心市场地位进一步增强，沈阳社会消费品零售总额已占沈阳经济区的52%。

（2）区域合作取得重要进展。几年来，先后签署了金融、商贸、旅游、环保、交通、科技、人力资源、水利、产业、文化教育等60余项合作协议，按照协议稳步实施区域合作。一是要素开始跨市域流动。鞍钢在营口鲅鱼圈开发区建立大型精品钢材基地，目前已投产，生产具有当代世界先进水平的“宽厚板”精品钢材；快速发展的沈铁工业走廊产业聚集区有70%左右的投资来自沈阳；“沈辽”连接带的辽阳市灯塔“铁西化工能源工业园区”的主要投资者之一是沈阳的“沈煤”集团。二是产业对接与合作开始起步。沈阳的汽车和部分装备工业进一步调整及优化结构，其产业链条不断向各市延伸，并同相关市建设汽车和装备工业零部件加工基地。三是金融合作开创新局面。沈阳盛京银行同各市金融机构在资本联合、资产业务合作、柜台通业务、信用卡代理、资金业务、国际业务、科技建设和员工培训等方面开始步入合作轨道；营口商业银行在沈阳设立分支机构，目前存、贷款余额超过6亿元人民币。为加快沈阳经济区基础设施建设，缓解资金短缺和融资困难，沈阳市成立了城市建设基础设施融资平台，已为城市间交通等基础设施项目融资接近20亿元。四是旅游业合作迈上新台阶。以沈阳为中心共同搭建旅游交易、旅游咨询和旅游综合服务平台，沈阳成为沈阳经济区和东北地区规模最大的现代化旅游集散中心，全年接待游客10万人次；合力开发30条精品旅游线路，重点开发独具区域特色的专项旅游产品及工业旅游产品。五是营口港务集团在沈阳设立沈阳陆港有限公司。沈阳陆港项目已开工建设，该项目规划面积1000亩，总投资10亿元。六是地产合作迈出重要一步。沈阳经济区住房公积金贷款买房同城化启动，公积金贷款可到异地买房，此项举措成功地跨越了区域公积金管理体制障碍。近年来在沈阳市共同举办了沈阳经济区房地产、工业地产、商业地产项目展示交易会。沈阳经济区房交会已成为集中展示沈阳经济区城市群体形象、促进区域一体化的平台。七是建立全国首家区域性商业网——沈阳经济区商业信息网。搭建了区域商务合作、推进资源整合、建设物流体系、共建区域开放型大流通格局的平台。八是人力资源合作已显现成效。先后多次举办了沈阳经济区大型人才招聘会、高校毕业生就业洽谈会、失业人员和农民工就业招聘会等；经济区各市间建立了劳务市场合作与发展合作机制、就业服务同城化机制、信息共享机制等，多次联合召开经济区劳务合作洽谈会，提供就业岗位8000多个。九是科技合作稳步开展。沈阳经济区各市共同建立了区域科技创新体系的工作机构和实施方案（草案），建立了科技合作机制和工作制度等。十是教育与文化区域合作开始起步。对优质教育（中等教育）资源共享问题进行了深入探索，并逐步进入实施阶段，沈阳“东北育才学校”等名校在营口、铁岭新城等拟建分校。大力推进文化事业区域合作，重点开展了表演艺术交流，举办了区域群众文化事业发展论坛等。

（3）实施抚沈同城化战略举措取得了重要进展。以开发沈抚连接带为切入点，规划同城，措施同体，推进同步，有力地促进了沈抚两市经济社会向一体化、同城化发展。首先，夯实沈抚两市同城化基础，全力推进交通基础设施同城化建设。两市规划建设一条高速公路、七条干线公路、三条铁路。沈抚大道和沈抚轻轨建成通车，并取消了实行已近20年的沈抚高速公路收费站。沈抚城际客运交通全面实施公交化。交通运输基础设施同城化快速推进，将沈抚两市连接为一体，将进一步促进沈抚同城化进程。其次，沈抚连接带开发成效显著，基本形成“一带两区”发展格局。其一，“一带”，即浑河景观带建设显现成效。以建设亮丽秀美、旅游休闲、人居适宜的浑河景观带为基本取向，沈抚两市同步实施五大重点生态工程建设：沈抚新城核心区生态工程；景观带和浑河堤坝全面整治工程；整治浑河水系，包括采沙场、林地、河滩垦荒地及废弃铁路、公路等沿河岸治理工程；按规划加速建设污水处理厂工程；建设浑河橡胶坝及船闸码头工程。目前已收到明显成效，景观秀美的浑河景观带已见雏形。其二，“两区”发展格局形成雏形。北部生态区（沈阳棋盘山地区）以建设生态景观区为发展取向，全力实施生态立区、旅游兴区、文化强区、科技富区，生态景观区的发展格局基本形成。南部产业集聚区框架已见雏形。连接带（抚顺段）以建设先进装备制造业为重点，目前已见成效，部分产业开始形成生产力。在产业集聚区发展的基础上，现代化抚顺新城开始出现在沈抚连接带上。连接带（沈阳段）正全力加快建设沈阳奥园动漫城、太阳能环保产业园、新材料产业园、新型装备产业园和东北国际农产品物流园五大产业园，产业园基础构架基本形成。“一带两区”的快速开发和发展，进一步促进了沈抚同城化进程，特别是破解了抚顺市长期以来城市拓展无空间、经济发展滞增长和两市的连接带经济发展存在盲点的历史问题。

（4）共同打造区域品牌，沈阳经济区品牌效应显著提升。为全面提升沈阳经济区的国内外影响力，全省上下齐心协力打造沈阳经济区品牌。一是过去一向以“沈阳”冠名的各类招商会、贸易洽谈会、会展、论坛、商品展销会等除必须以“沈阳”冠名外，均以“沈阳经济区”冠名，如沈阳经济区贸易洽谈会、沈阳经济区国际旅游产品推介会、沈阳经济区农产品展销会、沈阳经济区商品房展销会、沈阳经济区国际招商会等。同时，沈阳经济区各市组团到境内外招商，多以“沈阳经济区”名义进行。二是沈阳经济区各市政协在辽宁省政协的大力支持下，连续多年召开了“沈阳经济区政协论坛”，在省内外产生了较大影响，不仅有力地促进了沈阳经济区一体化进程，并且进一步叫响了“沈阳经济区”品牌。三是各新闻媒体对实施沈阳经济区一体化战略高度重视，辽宁省和沈阳经济区各市及中央有关媒体大力报道和宣传沈阳经济区一体化，进一步提升了沈阳经济区的品牌知名度。

（三）沈阳经济区一体化面临的主要问题

沈阳经济区一体化面临的主要困难和问题归纳起来有以下八个方面。

1. 中心城市沈阳的辐射力和带动力需要进一步增强。一是沈阳市经济体量虽然近年来快速扩大，但同广州、南京、杭州等经济发达城市相比尚存在一定差距，直接影响对区域发展的带动力；二是大部分骨干企业的组织结构调整迟缓，“大而全”、“小而全”依然存在，企业的辅助部门和零部件加工向周边城市及地区转移的进展缓慢，产业和技术辐射受到制约。

2. 要素流动不畅，优势产业跨地区整合困难重重。产品雷同的钢铁工业企业、装备工业企业及轻工业企业、农产品加工业企业等重组兼并困难重重，优势产业地区分割状态依然存在，重复建设在部分地区尚存在发展苗头。

3. 市场准入门槛不统一，争项目、争投资普遍存在。近年来各市、县（市区）政府对所在地区发展经济的积极性空前高涨，这是应当肯定的，但有些地区特别是部分县（市区）不从本地产业基础和资源条件出发，争项目、争投资，违反市场游戏规则，提出一些过度的优惠条件招商引资，有的甚至引进高污染产业。

4. 社保、医保卡，一卡区域难通。区域内市域间社保、医保标准不统一，特别是沈阳同经济区各市存在较大差异，直接影响人力资源跨市域流动和区域一体化进程。

5. 市场化运行机制存在缺陷，产业集聚区和工业园区发展不平衡。沈阳经济区正在大力发展的产业集聚区和工业园区，存在着发展不平衡问题，除了产业基础、地缘和资源条件等因素外，也必须看到产业集聚区、工业园区在发展建设中市场化运行机制存在缺陷，政府常以主体身份出面进行运作，办事效率低，服务不到位。

6. 土地利用规划滞后于产业发展规划，环评在一定程度上存在无差别。一是产业集聚区和工业园区不同程度地存在着土地利用规划滞后于产业集聚区发展规划和工业园区发展规划的问题，产业发展受到不同程度的约束；二是环评对区域可持续发展意义重大，必须坚持进行。但是对规模以上大型企业的市场准入，不论其对环境污染的轻重都要经过环保部门层层审批，特别是污染较轻的大型企业环评时间过长，一般在半年以上，甚至有的超过一年，直接影响地区经济发展。

7. 跨地区产业整合重组相关政策不配套。政策不配套主要反映在以下三个方面：一是企业被重组兼并的地区财税分割与未来发展的财税政策不清晰；二是企业被重组兼并的地区经济统计数据计算同未来发展的统计政策缺失；三是企业重组整合后，企业冠名同被重组的企业关系模糊等。相关政策不配套直接影响产业整合，特别是那些效益较好而被重组的企业，其所在地区政府一怕财政收入受损，二怕经济增长数据下降，三怕企业名称不存在，地区知名度受到影响。

8. 沈抚同城化虽然取得了明显成效，但是行政区体制障碍尚未得到有效破解。合作开发、产业对接、产业重组等难以越过行政区体制障碍。

综上简要分析不难看出，沈阳经济区一体化进程中的主要障碍是观念、体制、机制矛盾问题，消除体制和机制障碍势在必行，势在改革中突破。为进一步加快推进沈阳经济区一体化，必须大力实施综合配套改革。

四、对策与建议

对策与建议的基本点是消除观念、体制和机制障碍，推进区域一体化，促进新型工业化，建设新型产业基地（世界级装备制造业基地、高加工原材料基地），促进辽宁和东北老工业基地全面振兴。

（一）转变传统观念和思维定式，全力实施综合配套改革

（1）进一步解放思想，转变传统观念和思维定式，促进综合配套改革。解放思想，转变传统观念，摒弃以“自我”为中心、以我的“过去”为中心研究未来，谋划未来，而要用现代思维方式，即用发展中的未来、经济社会发展趋势、市场竞争格局和走向，与时俱进地研究沈阳经济区发展和一体化进程，消除沈阳经济区一体化和新型工业化的传统思想观念和思维方式障碍，推进改革，谋划发展。

（2）全力实施综合配套改革。综合配套改革的目标取向是：通过综合配套改革消除老工业基地转型和振兴中的体制机制性矛盾与障碍，实现“两化”，加快建设“五区”进程。即实现“沈阳经济区一体化”和“新型工业化”；建设“五区”，促进老工业基地转型，建设国家新型产业基地引领区、建设老工业基地体制机制改革创新试验区、建设新型工业化带动农业现代化和城乡一体化先行区、建设资源型城市转型示范区、建设资源节约型和环境友好型的

人居适宜的生态文明区，以此推动老工业基地全面振兴。

综合配套改革的基本任务包括：一是着力解决并消除老工业基地转型和振兴中的体制机制性矛盾与问题，促进辽宁和东北等老工业基地向新型工业化转变。二是着力解决和消除沈阳经济区一体化进程中的体制机制障碍，促进要素自由流动，发挥市场配置资源的决定性作用，提高资源使用效率；促进产业整合，合力共建新型产业基地；促进市场整合，建立竞争有序的市场体系。三是着力解决和消除对外开放中的体制机制矛盾和问题，促进辽宁和东北地区对外开放，参与东北亚经济合作，拓展对外开放新空间。四是着力解决和消除资源型城市转型进程中的体制机制矛盾和问题，促进和加快资源型城市转型，发展接续产业，推动振兴。五是着力解决和消除老工业基地转型和振兴中的城乡、地区、经济与社会、经济发展与资源环境等矛盾，促进城乡、地区、经济与社会、经济发展与资源环境等和谐发展。

把握综合配套改革的关键。改革过程是调整利益关系的过程，不可避免地会出现利益冲突，不仅影响社会稳定，而且直接影响改革进程。所以，实施综合配套改革，一要研究改革成本，调整处理好改革与社会稳定的关系。二要综合配套推进，建立新的利益双方平衡点，包括要素流动、企业重组、产业整合、经济和产业转型的平衡点；建立现代新的区域平衡的发展关系，包括经济与社会、城乡和地区、经济与资源环境等平衡和相互促进关系，促进沈阳经济区形成经济社会和谐发展的新格局。三要突出重点，先易后难，重点突破，有序推进。要把综合配套改革的重点放在实现“两化”，解决新型工业化和区域一体化的体制机制矛盾与问题上。

（二）做大做强中心城市沈阳，进一步增强辐射力和带动力

中心城市沈阳在促进沈阳经济区发展和推进区域一体化进程中发挥着引擎作用，为进一步增强和发挥沈阳的核心作用，其经济体量和优势产业规模要做大，骨干支柱产业的核心竞争力要做强。为此，一要进一步调整和优化结构，做大做强装备制造业。以优势骨干企业为依托，以研发、集成、销售为核心，优化企业组织结构，将辅助部门和零部件加工分离，向周边城市转移，消除大而全、小而全的企业组织结构弊端，提高企业专业化水平。全力实施以企业为核心，以产、学、研为一体的研发体系，大力推进原始创新、引进创新、集成创新、产业链创新，着力增加研发投入，由目前研发投入占产品销售收入总额的不足1%，增加到2%~3%。充分利用当前国际金融危机的有利时机，收购具有国际先进水平的装备工业企业和研发机构，有条件的大型企业可以建立国外研发中心和销售中心。分别以沈机、沈鼓、沈特变、北方重工、华晨、沈飞、黎明、沈车等大型骨干企业为核心，做大做强基础装备、通用装备、电力装备、重型装备、运输设备、汽车及飞行器装备等，经过5~10年时间，沈阳装备制造业的产业规模和总体技术水平达到国际先进水平。二要进一步调整和优化空间布局，按照沈阳四大发展空间“东汽、西重、南高、北农”的发展格局，突出地区产业特色，以高新技术为基础，以优势企业为依托，按产业链条配置产业部门，逐步形成特色鲜明的产业聚集区。在沈东地区形成以华晨为核心、以汽车制造业为重点的产业集聚区；沈西地区分别以沈机、沈鼓、北重工、沈特变等大型骨干企业为核心，形成多门类内在联系紧密的装备制造业产业聚集区；沈北地区形成以高新技术为基础、以农产品

精深加工和无污染生态产业为重点的产业聚集区；南高地区以发展高新技术产业为重点的逐步形成以电子信息制造、软件、新材料和民用飞行器为重点的高技术产业集聚区。同时，在产业聚集区的四大板块，要重点发展为产业聚集区服务的现代服务业，主要包括金融服务、商贸物流服务、研发技术服务、中介服务等。三要完善中心城市功能，大力发展现代服务业，建设中国北方国家城市。充分利用沈阳交通运输在东北地区为主枢纽的战略地位，以中心城区为载体，进一步调整和优化经济结构，大力发展以金融、商贸、物流、产权交易、会展、信息、中介、地产、科教文及旅游业等为重点的现代服务业，建设中国北方重要的、东北地区最大的金融中心、商贸物流中心、高新技术研发创新中心、信息中介中心、会展中心、科教文中心及产权交易中心等，全面提升中心城市沈阳的战略地位，进一步增强对沈阳经济区的辐射和带动作用，促进沈阳经济区一体化进程和老工业基地全面振兴，成为中国北方国家城市。四要全面提升建设现代化大城市的管理与建设理念。眼睛向外，利用国外发达国家大城市建设和管理的先进方式，特别是要学习和借鉴日本及中国香港的城市建设与管理的成功经验，总结成绩，厘清问题，找出差距，分析症结，促进沈阳城市建设和管理水平迈上新台阶，为沈阳建设北方国家城市奠定坚实的基础。

（三）着力开发连接带，培育新的经济增长点，促进区域经济一体化进程

开发连接带是沈阳经济区推进区域一体化、培育新的经济增长点的一大突破，要进一步坚持实施。

第一，完善规划，改善投资环境。紧紧依托相关“母城”的产

业基础和所在地域的地缘条件，调整和完善规划，建设和改善投资环境，尽快形成“洼地”效应。一要打开“两扇门（境内外）”，大力引进资金技术。二要降低市场准入门槛，放开放活民营经济；三要调整相关“母城”产业结构，向连接带辐射转移，合力共建各具特色的产业集聚区。

第二，转变发展方式，走新型工业化道路，开发连接带，建设新型产业集聚区。在连接带开发和产业集聚区建设上，一要建立科学有序的市场准入机制，既要放开放活市场准入，也要限制高耗能高污染产业进入连接带产业集聚区。二要转变开发方式，建设资源节约型和环境友好型产业集聚区。在产业集聚区的产业布局上，要本着减量、再利用、零排放的基本要求，按产业链科学配置产业，全面提升资源利用率，最大限度地降低和减少废弃物排放量。三要搞好产业集聚区环境基础设施建设，连接带开发建设要与环境基础设施建设同步。

第三，土地利用规划与连接带开发规划要同步衔接。在省国土规划部门的具体指导下，各相关市土地利用规划部门要加快编制连接带土地利用规划与连接带产业（集聚区）发展规划，促进连接带开发有序推进。

第四，省市环保部门对于连接带开发的环评要从实际出发，科学实施。一要把住市场准入关，防止污染产业进入连接带产业集聚区。二要对低耗轻污染企业做好预审，使其尽快进入连接带，缩短环评时间。

第五，建立科学的运行机制和制度安排，推进连接带开发。一是建立合作开发机制，相关两市组建连接带联合开发机构（办公室），编制开发规划和开展日常协调工作。二是本着平等、互利、合作共赢的基本原则，消除体制和制度障碍，签署共同遵守的合作开发协议。三是投资者市场准入审批与凭证可按沈抚连接带方式根据投资者意愿选择相关两市中一市的工商管理部门审批，当然，财税分割依然按原属地。

第六，连接带开发要把发展服务生产型现代服务业作为一大重点。主要包括商贸物流、金融、信息、中介、技术与劳务培训等，切不可单一重视发展工业，轻视发展现代服务业，进而导致产业集聚区结构畸形和失调。

（四）大力推进产业整合，实施主导产业差别化发展

首先，坚持错位发展，差别化推进主导产业。经济区八市应立足发挥和充分利用各自产业基础和资源比较优势，坚持实行错位发展，差别化推进优势主导产业。最大限度避免重复建设，避免沈阳经济区各市结构同质化趋势和出现区域内过度竞争，从而影响区域整体发展力和竞争力。

其次，加快实施优势产业重组和整合，合力打造区域产业新优势。以本区优势产业如装备工业、钢铁工业和石油化工以及建材工业和高新技术产业、农产品加工业等为重点，以大型骨干优势企业为核心，全力推进产业重组整合，特别是要创造条件大力支持央企重组兼并地方企业，全面提升沈阳经济区优势产业的综合实力和竞争力。在推进优势产业重组和整合的进程中，要实施综合配套改革，建立有利于企业重组和整合的制度环境与运作机制，调整好利益关系（财税和经济统计数据），建立比较科学的利益平衡机制，确保被重组整合企业的属地利益不受损。

（五）坚持和完善区域基础设施建设一体化规划、同城化推进

沈阳经济区基础设施建设一体化规划、同城化推进已经取得了重要进展和突破，有力地促进了区域一体化进程。今后，区域基础设施建设主要包括能源、交通、通信、水利、环保等重要基础设施建设，一是以中心城市沈阳为核心，进一步完善重要基础设施区域网络化建设规划，一体化实施、同城化推进。二是以沈阳为中心，以沈阳地铁一号线、二号线为连接点，进一步加快推进轨道交通建设；全面实施市域间客运交通公交化举措，同时，为减轻乘客和车主负担，促进区域人流快速流动，建议实施区域内城际间公交车过高速公路费用或免或减半。三是以整治水环境为重点，进一步加快环境基础设施建设。凡辽浑太水系过境的城区、县镇、较大工业园区，同步建设污水无害化处理设施（污水处理厂），力争3~5年内流经沈阳经济区的主要河流水体质量提升到四级。

（六）加强区域共同大市场建设

区域统一大市场是实现区域一体化的基础条件。实施沈阳经济区一体化战略举措以来，沈阳经济区共同市场的基础框架基本形成，但依然存在着亟待解决和突破的一些障碍与难题。例如，人才和要素流动不畅，区域共同金融市场缺失，市场准入、优惠政策与公共服务及社会管理的地区差异较大，“一卡”（医疗卡、社保卡）区域难通等。建设区域共同市场是当前沈阳经济区推进一体化进程中的一大重要任务。一是进一步完善区域共同市场总体架构，加速推进市场整合，统一区域市场，以沈阳为中心，以区域八市为支撑，以金融、产权、要素、人才、劳务、商品（生产资料和消费品）等为重点建设区域共同市场。二是加快建立市场准入和市场监管方面的统一标准、统

一规则、统一政策。全力实施质量检验证、市场准入许可证等八市间互认制度，实现一证通全区域，做到市场面对的是一个政府。三是本着优势互补、资源共享、互惠互利和合作共赢的基本原则，建立资源和要素流动利益均衡机制，对资源和要素流出地区给予必要的补偿，进一步促进资源和要素自由流动，发挥市场配置资源的决定性作用。四是深化社保、医保管理体制改革，鉴于目前八市间社保、医保标准存在明显差异，可分两步走，在省实施统筹前，率先打开医保卡绿色通道，在沈阳经济区内实行一卡通。五是社会公共服务全面开放，异地服务享受同城待遇。

（七）同城化地域扩大与体制机制改革创新

为扩大抚沈同城化发展成果，下面提出两点建议。

首先，建议拓展同城化地域，实施沈铁同城化举措。铁岭具备与沈阳同城化的基本条件：一是沈阳和铁岭城区相近，特别是随着铁岭新城基本建成，铁岭市的政治与经济管理中心迁至新城区，城市间距离同沈抚相当，仅有30分钟车程。二是历史渊源曾同属一市，1959年1月5日辽宁省人民委员会（省政府）决定将原属铁岭专区的铁岭、法库、康平、开原、昌图、西丰等县划归沈阳市领导，直至1964年3月16日辽宁省委决定设立沈阳专区，将铁岭地区各县划归沈阳专区。三是经济联系紧密，早在20世纪60年代，沈阳市委和市政府为改善铁岭地区以农业为主体的产业结构，改变经济欠发达的局面，决定从沈阳市迁出一批企业到铁岭地区。新时期，在推进沈阳经济区一体化的进程中，开发沈铁工业走廊来自沈阳的投资占65%~70%。四是为进一步贯彻并落实省委和省政府突破辽西北的战略，将铁岭划入沈铁同城化发展轨道很有必要。尽管近年来铁岭经济发展很快，但铁岭市经济基础依然很薄弱，产业结构单一，第一产业占地区生产总值的比重为23%，高出全省平均水平一倍以上。实施沈铁同城化有利于发挥中心城市沈阳的辐射和带动作用，进一步促进铁岭市结构调整和地区经济发展。

其次，推进体制和机制创新，促进同城化地域经济社会又好又快协调发展。实施同城化地区的体制改革的目标取向就是消除同城化地区的行政壁垒，使体制和机制化为一体，这是实现完全同城化的前提条件，也只有实现体制和运行机制一体，才能做到规划一体、结构相融、优势互补、互为依托、发展同步和发展成果共享，进而给实施同城化的地区，特别是欠发达地区的百姓带来实实在在的好处。行政壁垒要有重大突破和管理体制要创新，其关键环节是相关市党委和政府的主要负责人，争取省委支持组建同城化联合领导班子，发改委、经委、财政、外经委、服务委、建委、交通、工商、人事、社保、科教和质检等部门实施对接，各部门主要负责人合署办公，逐步淡化市域名称，实现行政管理体制一体化。

建设国家创新型城市的思考

2010年初，国家发改委和科技部先后批准沈阳市为国家创新型城市试点，为沈阳市实现创新发展提供了难得的发展机遇。提高自主创新能力，转变经济发展方式，把经济社会发展切实转入科学发展的轨道，是落实科学发展观的必然要求和关键环节，是推动沈阳经济社会发展模式转型、实现经济社会全面协调可持续发展的迫切需要，是巩固和提升沈阳区域性中心城市地位的核心要素。当今世界，国家之间和地区之间的竞争，实质上是综合实力的竞争，而其核心是自主创新能力的竞争。谁拥有强大的自主创新能力，谁在竞争中就能立于不败之地。自主创新已不仅限于科技层面，而是牵动经济社会发展的重要支点。当前，要发展活力沈阳，提升实力沈阳，构建和谐沈阳，打造中心城市，根本的是坚持以创新推进经济社会的全面发展，建设国家创新型城市。只有建设国家创新型城市，形成强大的核心竞争力，才能在激烈的竞争中掌握发展主动权，在东北振兴中当好排头兵，实现由产业链的低端向高端转变，实现由“沈阳制造”向“沈阳创造”转变；只有建设国家创新型城市，推动经济发展方式从要素驱动型向创新驱动型转变，走科技含量高、经济效益好、资源消耗低、环境污染少、人力资源优势得到充分发挥的新型工业化道路，才能实现产业结构的优化升级，实现老工业基地全面振兴；只有建设国家创新型城市，用先进的科技手段提高社会管理水平，才能为构建和谐沈阳提供重要支撑。可以说，抓住了自主创新能力建设，就抓住了沈阳发展的关键，就抓住了沈阳发展的根本，就抓住了沈阳发展的未来。

一、面临的形势和基础条件

（一）建设国家创新型城市是推动沈阳经济发展方式转变的战略选择

创新型城市是指主要由科技、知识、人力、文化、体制等创新要素驱动发展的城市，对其他区域具有高端辐射与引领作用。提升自主创新能力，建设创新型国家是党中央、国务院的重大战略决策。创新型城市是创新型国家的重要支柱，是区域创新系统的核心。

——建设国家创新型城市是推进沈阳经济发展方式转变的战略选择。改革开放以来，特别是“十五”以来，沈阳市的经济实现了快速发展，取得了令人瞩目的成绩。但是对于以装备制造业为主的老工业基地来说，经济结构不够优化、高新技术产业比重低、资源消耗高、环境污染重等矛盾仍然突出。沈阳市正处于发展转型的关键时期，在工业化、信息化、城镇化、市场化、国际化深入发展的形势下，要破解人口、资源、环境等瓶颈制约，实现由产业链的低端向高端转变，实现由“沈阳制造”向“沈阳创造”转变，推进经济发展方式从要素驱动向创新驱动转变，提高自主创新能力，建设创新型城市已成为加快产业升级、加快转变经济发展方式的必然选择。

——建设国家创新型城市是推动沈阳老工业基地全面振兴的必由之路。国家实施老工业基地振兴战略以来，沈阳市在优化经济结构、建立现代产业体系、保护生态环境、着力改善民生等方面进行了积极探索和实践，取得了突出成效。当前，沈阳老工业基地振兴已经进入了一个新阶段，走科技含量高、经济效益好、资源消耗低、环境污染少、人力资源优势得到充分发挥的新型工业化道路，加快实现老工业基地全面振兴，迫切要求我们创新思维、创新机制、创新措施，通过创新型城市建设提升核心竞争力，在老工业基地全面振兴中当好排头兵。

——建设国家创新型城市是推动沈阳经济区建设的客观要求。国务院批准沈阳经济区新型工业化综合配套改革方案，使沈阳经济区的建设上升为国家战略，这既是沈阳建设创新型城市的重大机遇，也是沈阳经济区建设的内在要求。作为区域经济社会发展的中心和创新策源地，建设创新型城市，创新发展模式，提高自主创新能力，提升创新资源集成和综合配套能力，在区域范围内促进创新资源统筹协调、优化配置和开放共享，有利于发挥中心城市的引领和带动作用，促进形成充满活力的区域创新体系，在更大的范围内实现发展方式的创新，为东北乃至全国新型工业化改革发挥示范和带动作用。

（二）沈阳建设创新型城市的优势

——经济发展优势。沈阳经济实力雄厚。2009年，全市实现地区生产总值（GDP）4359.2亿元，比上年增长14.1%。其中，第一产业增加值197亿元，增长7.3%；第二产业增加值2214.7亿元，增长16.1%；第三产业增加值1947.6亿元，增长12.6%。三次产业结构为4.5∶50.8∶44.7。三次产业对经济增长的贡献率分别为2.2%、56.8%

和41.0%。按常住人口计算，人均GDP为55816元，增长12.3%。

全市规模以上工业增加值2017.5亿元，比上年增长19.1%。其中，机械装备、汽车及零部件、医药化工、IT产品、农副产品加工、黑色金属冶炼及压延、有色金属冶炼及压延、航空航天器制造业这八大优势产业实现增加值1620.7亿元，增长20.4%。装备制造业实现增加值967.4亿元，增长18.6%，占全市规模以上工业增加值的48.0%。规模以上工业实现高新技术产品产值3216.2亿元（占规模以上工业总产值的比重为42.3%），增长19.1%。规模以上高新技术产品增加值占规模以上工业增加值的比重为41.7%。工业出口产品交货值240.4亿元，下降17.4%。工业拥有市级以上名牌产品146种，其中国家级名优产品19种，省级名优产品91种。

全市规模以上工业企业实现利税总额509.7亿元，比上年增长23.4%；利润总额315.6亿元，增长24.6%。工业经济效益综合指数273.25%，比上年提高35.98个百分点；工业产品产销率98.2%，提高0.3个百分点。

全年全社会固定资产投资3676亿元，比上年增长22.2%。全年社会消费品零售总额1778.6亿元，比上年增长18.1%。实际利用外商直接投资额54.1亿美元，增长2.3%。地方财政一般预算收入320.2亿元，增长10.0%。万元GDP能耗下降6%，主要污染物排放总量减少4%。铁西装备制造、东部汽车、航高基地三大聚集区建设加快推进，《铁西装备制造业聚集区产业发展规划》获国家批准，它标志着铁西装备制造业聚集区产业发展规划上升为国家战略。铁西老工业基地改造成为中国改革开放30年18个典型之一，铁西区入选新中国60大地标。

金融要素市场建设取得突破性进展。全国第一个金融外包服务中心在沈阳揭牌，沈阳国际投融资交易服务中心正式运营，沈阳市成为“中国金融生态城市”，法库县成为“全国农村金融产品和服务方式创新试点县”，沈阳联合产权交易所获得金融企业省级国有产权交易机构资格。

民生保障工程建设顺利，社会保障体系不断完善。养老保险制度不断完善，医疗保险保障水平不断提高，城镇居民基本医疗保险覆盖高校，农民工医疗工伤综合保险全面实行，失业保险保障功能有效发挥，工伤保险工作稳步开展。多层次、全方位的住房保障体系和城乡社会救助体系基本建立，教育事业得到优先发展，公共卫生服务水平不断提升，文化、体育等社会事业取得进展。2009年，城市居民人均可支配收入18560元，农民人均纯收入8752.87元。

——创新资源优势。2009年，全市拥有科技人力资源近50万人，两院院士28人，拥有普通高等院校 40所（其中本科高等院校19所），拥有市及市以上独立科学研究与技术开发机构107个，省级以上工程（技术）研究中心136个，省级以上重点实验室166个。拥有国家级技术创新平台26家，其中国家工程研究中心7个、国家工程技术研究中心7个、国家工程实验室2个、国家级重点实验室10个；拥有省级及以上企业技术中心81家，其中国家级13个，均位居全国副省级城市前列。2009年专利申请7708件，其中发明专利申请2920件；专利授权3637件，其中发明专利授权802件。2006年以来，全市获得国家科技奖励49项，获得省级科技奖励567项，取得了R0110重型燃气轮机、正电子扫描成像系统等60多项世界级重大科技成果。变压器、鼓风机等国家级行业研究所及技术监测中心设在沈阳。初步建立起以科研机构、大专院校为主体的知识创新体系和以企业为主体的技术创新体系。

——体制环境优势。改革开放以来，沈阳多次承担国家的重要改革试点任务，先后有10余项综合配套改革、20多次单项改革试点。改革涉及国企改革、市场建设、科技改革、教育体制综合改革、文化体制改革、经济体制综合改革等众多领域。近年来，沈阳市先后成为全国文化体制改革试点城市、国家知识产权工作示范城市、“铁西老工业基地调整改造暨装备制造业发展”示范区、国家新型工业化综合配套改革试验区，2009年列为联合国环境规划署生态城市中国唯一示范项目。改革为城市增添了活力，创新已成为城市发展的主导战略，全社会形成了鼓励创新的文化氛围。

——区位条件优势。沈阳是辽宁省省会，是沈阳经济区（辽宁中部城市群）的核心城市，是东北地区的交通中心、经济贸易中心、金融中心，位于东北亚经济圈的中心区域、东北经济区与环渤海经济圈的结合部，是欧亚大陆通往太平洋的重要门户及物流服务和交通枢纽，是国内参与东北亚经济循环的中心地带。推进沈阳经济区一体化，是辽宁省委、省政府的重大战略决策。从2003年开始，沈阳经济区八城市（沈阳、鞍山、抚顺、本溪、营口、阜新、辽阳和铁岭）就开始建立高层协调机制，经济区已签署了多项合作协议，促进了区域内优势产业整合，加速形成了对内对外开放与合作的良好区域环境。目前，沈阳经济区已成为国内城市群发育最好、经济区域合作进展最快、基础最扎实的地区之一。2010年4月，国务院批准沈阳经济区为国家新型工业化综合配套改革试验区，沈阳经济区肩负起在特定领域先行先试一系列改革创新举措、为全国老工业基地探索新型工业化道路的光荣使命。

（三）沈阳建设创新型城市的制约因素

建设创新型城市，沈阳市还存在一些制约因素和突出问题。

一是城市创新尚未形成合力。由于体制机制不够完善，部门分割，条块分割，工作缺少协调配合，公共政策统筹协调不够，财政投入没有形成合力，创新型城市建设工作缺乏有机协调。

二是创新体系尚不完善。沈阳还没有完全形成企业、高校、科研单位的互动机制，企业创新缺少外部支撑，高校、科研单位成果未能充分向应用领域转移。公共创新平台建设尚不完善，为中小企业创新提供的服务和条件仍显不足。

三是高端创新人才不足。缺少重大技术和关键核心技术创新人才，缺少高端服务业领军人才，从而制约沈阳市整体创新能力的提升。

二、建设国家创新型城市的总体思路

（一）指导思想

深入贯彻落实科学发展观，以实现创新发展为目标，以提升自主创新能力为主线，以体制机制创新为动力，以创新体系建设为重点，着力营造创新友好环境，整合区域创新资源，壮大创新主体，集聚创新人才，发展创新文化，促进科技、产业融合，实现“沈阳制造”向“沈阳创造”的跨越，实现经济发展重心从要素驱动型增长向创新驱动型增长转变，不断提升城市的持续创新能力与核心竞争力，把沈阳建设成为创新体系健全、创新资源集聚、创新实力雄厚、创新成果丰硕、创新人才荟萃、创新环境优良的国家创新型城市。

（二）基本原则

——坚持全面创新，着力转变城市发展方式。转变发展思路，创新发展模式，统筹经济社会发展，统筹三次产业发展，统筹科技、产业、社会文化创新，把坚持创新作为城市发展的战略取向，全方位实施城市创新战略，全面提升城市的核心竞争力和综合实力，实现经济社会又好又快发展。

——坚持经济科技融合，着力提升自主创新能力。加强经济系统与科技系统的融合，加强经济发展路径与科技发展路径的融合，加强经济组织系统与科技创新系统的融合，增强自主创新能力，发展战略性新兴产业，改造提升传统产业，提高科技进步对经济增长的贡献率。

——坚持产业创新为主导，着力强化企业的主体地位。把提升产业发展竞争力摆在突出地位，以市场为导向，突破主导产业、新兴产业、第三产业特别是生产性服务业的发展瓶颈，着力实现科技创新，突出重大共性和关键产业技术。推动企业自主创新，引导企业技术创新向研发前移，引导高校院所研发重心向应用转移，促进技术和产业向价值的高端延伸，提升持续创新能力。

——坚持区域互动，着力集聚创新资源。充分发挥开发区建设创新型城市的策源地作用，通过开发区的示范效应，带动全市经济与科技结合，科技创新与制度创新结合，从而形成集成创新能力。充分发挥沈阳经济区核心城市的服务、辐射和集聚功能，引领区域互动，带动区域创新，在更大层面上集聚创新资源。

（三）发展目标

到2015年，科技进步贡献率提高到65%以上，全社会研究与开发经费占地区生产总值的比重达到3%以上，自主创新能力明显提高；三次产业在更高水平上协同发展；新兴产业快速发展，年均增长25%以上，在现代产业体系中发挥主导作用；现代服务业占服务业的比重达到60%以上；规模以上高新技术产品增加值占规模以上工业增加值的比重达到45%以上。

资源节约型和环境友好型社会建设取得显著进展，在国内率先建成创新体系完善、创新资源集聚、创新机制高效、创新环境优良、创新人才荟萃、创新实力雄厚、创新成果丰硕、经济社会效益好、辐射引领作用强的国家创新型城市。建设自主创新、集成创新、引进消化吸收再创新有机结合的区域创新中心和新兴产业与传统产业升级并重、具有国际竞争力的先进装备制造业基地，为建设经济与生态协调发展的国家中心城市打下坚实基础。

三、加快推进城市发展方式转变

（一）创新发展理念

以自主创新为动力，优化经济结构，突破资源制约瓶颈，促进发展动力由要素驱动向创新驱动转变、发展方式由外延粗放型向内涵集约型转变、发展路径由资源消耗向生态循环转变、发展空间由一维向多维转变，实现产业链和价值链由中低端向高端提升，建设资源节约型、环境友好型社会和生态文明城市。

（二）创新体制机制

——完善创新资源配置机制。强化市场在资源配置中的决定性作用，通过政策支持和资金引导，促进创新资源的集成与整合。建立创新资源共享机制，鼓励创新资源开放共享，促进公共创新资源使用的公开、公平和社会化。建立创新资源合作机制，充分发挥行业协会等中介机构在创新资源配置中的桥梁和纽带作用，促进产学研的紧密合作。

——完善创新激励保护机制。健全创新人才激励机制，营造人尽其才、充满活力的人才发展环境。健全利益分配机制，鼓励技术、知识、管理等生产要素参与分配。健全知识产权保护机制，提高全社会的知识产权保护意识，联合打击侵权行为。建立信用监督机制，促进社会信用自律，保护创新活动。

——完善政府管理服务体制。深化政府行政管理体制改革，制定支持创新、服务创新的政府考核制度，建立高效服务型政府。深化政府科技管理体制改革，完善科技管理决策程序，健全听证公示、社会咨询、专家论证和效果评估制度，提高创新决策的科学化、民主化水平。深化社会事业管理体制改革，完善义务教育、文化事业、基本医疗、社会保障等社会基本公共服务保障体系，消除人才流动的体制障碍。

（三）创新经济发展方式

——促进三次产业协调发展，着力提高服务业比重。增强第一产业发展能力，优化第二产业结构，提高服务业尤其是现代服务业比重，全面推进信息化与工业化的融合，形成以高效农业为基础、优势产业为主体、现代服务业为支撑、新兴产业为先导的产业发展新格局。

——促进经济增长方式转变，大力发展绿色、循环、低碳经济。完善资源节约长效机制，加强资源综合利用。完善环保制约机制，建立生态环境资源账户，对重点行业开展生态调整，对新兴行业和新建园区实施生态定位，对传统产业进行生态改造。完善循环型生产模式，加强低碳经济研究，促进节能减排，构建循环型产业体系。

——促进科技进步，提高科技进步对经济增长的贡献率。提高企业技术创新能力，推进技术转移，创新科技投入机制，创新科技人才激励机制，合理配置科技资源，优化创新发展环境，促进优势产业加快发展，培育新兴产业迅速壮大，走新型工业化道路。

（四）创新社会发展模式，着力促进公共服务均等化

——建设学习型城市，构建全民终身教育体系。建设与经济发展、社会进步、人的发展融为一体、相互适应的学习型城市。普及高中阶段教育，大力发展远程教育，建设数字教育资源平台，健全社区教育管理体系，促进学校教育、家庭教育和社会教育的紧密结合，建立基本完善的终身教育体系和运行模式。

——深化医药卫生体制改革，提高全民健康水平。加快医药卫生体制改革，构建满足城乡居民需求的公共卫生服务体系、医疗服务体系和突发公共卫生事件应急体系。建立国家基本药物制度，健全基层医疗卫生服务体系，推进基层医疗卫生机构的综合配套改革，完善医疗保障制度，提高全民健康水平。

——加强文化建设，促进城乡文化服务均等化。加快建设公共文化体育服务体系，按照结构合理、运行有效、惠及全民的要求，建设公共文化服务体系，缩小区域发展差距。推进艺术中心、艺术大厦、全运场馆、博物馆等重大文体设施建设，加大文化资源向农村倾斜的力度，构建村、镇（乡）、县（区）三级文化体育服务设施，全面完成乡镇综合文化站等建设工程；加强社区、农村基层体育设施建设，促进体育设施向全民开放。充分利用村村通宽带的资源，加强网络开发利用，普及文化、科技知识，传播先进文化。整合村级公共服务资源，构建村级文化活动平台，活跃农村文化生活。大力发展文化产业，促进文化消费，创新文化产业发展模式，加快文化项目建设，培育品牌文化企业，培育文化产业增长点。

——创新社会保障体系，促进社会和谐。完善企业职工基本养老保险、医疗保险、失业保险等各种保险制度，落实城乡最低生活保障制度、城乡医疗救助政策，推进社会福利设施建设和社区基础设施建设，制定和完善工伤保险制度，促进民生改善和社会和谐。

（五）推进国家环境建设样板城创建工作，建设生态文明城市

以生态文明建设为核心，以绿色发展为主线，推进国家环境建设样板城创建工作，全力打造绿色经济、静脉产业、环境宜居、绿色政府、公众参与、低碳城市六大示范城，建设生产发展、生活和谐、生态良好的生态文明城市，为推动沈阳国家新型工业化综合配套改革试验区建设和国家创新型城市建设提供强有力的环境支撑。

四、着力推升产业创新能力

（一）积极发展现代高效农业

以工业理念谋划农业发展，推动设施农业、高效特色农业和都市观光农业建设，促进农业生产方式和增长方式转变。大力发展生物技术育种、农业信息技术、绿色有机农业生产技术、农产品深度加工等，加快农业规模化、标准化进程，确保农产品质量安全。大力发展设施农业，强化农业发展基础。建设农业主导产业区、农业经济区，形成区域化、特色化、品牌化主导产业，推动农业结构调整和农民增收。大力发展高效特色农业，重点推进优质农产品生产基地建设、特色农产品生产基地建设，提高基地生产的专业化、产业化水平。大力推进都市观光农业发展，拓展农业功能。发展外向型农业，促进农产品出口。深化农业担保体系、农业保险、基层农技推广体系等农村改革。

（二）加快传统优势产业结构优化与升级

推进工业化与信息化融合，利用信息技术改造和提升机械装备、汽车及零部件、医药化工等传统优势产业，鼓励利用信息技术对沈阳工业产业结构进行升级改造，实现资源优化整合。加快装备制造业与现代服务业的融合，催生新兴产业，发展生产性服务业，形成新的经济增长点。加快利用信息技术推进沈阳新型工业化进程，力争成为国家“两化融合”试点东北三省的先行城市。

（三）加快发展现代服务业

立足于东北中心城市的区位优势，重点发展金融、商务会展、商贸、物流、旅游等现代服务业，着力提高服务业发展水平和质量，实现集聚力、辐射力和竞争力的全面提升，构建全国重要的现代服务业大都市和东北地区现代服务业中心城市。以金融商贸开发区及和平金融街为重点，加快形成银行、保险、证券、期货、信托等各业并举，中外资金融机构并存的金融机构体系。重点建设一批具有国际水准、超大体量的高端商务设施，吸引更多的国内外知名企业总部和地区总部入驻沈阳市，加快总部经济发展，打造特色会展品牌。加快都市商贸中心、区域商贸中心、社区商服中心三级商贸服务体系建设，扶持发展大型商贸流通企业，发展特色街区、专业市场，增强对区域的服务辐射能力。重点规划发展“西重”、“南高”、“东汽”、“北农”、“中服”五大特色物流产业集群，积极发展生产性物流和生活性物流，培育发展一批专业物流中心，鼓励发展第三方物流企业，支持一批现代第三方物流企业发展。

（四）大力培育新兴产业

充分发挥新兴产业在优化产业结构、转变经济发展方式和建立现代产业体系中的重要作用，立足沈阳产业基础优势、人才集聚优势、技术装备优势，突出重点区域、重点技术、重点企业、重点产品，大力发展先进装备制造、信息、生物医药、航空、新材料、新能源、节能环保这七大新兴产业，加快形成产业核心竞争力，壮大新兴产业规模，形成新的经济增长极。

——先进装备制造业。依托沈阳机床、沈鼓、中科院沈阳自动化所、中科院沈阳计算所等骨干企业和科研院所，以提高先进装备制造业自主创新能力和企业核心竞争力为重点，重点发展重大技术装备、高档数控机床、IC装备和自动化控制系统、轨道交通装备、物流技术装备。重点建设重大技术装备产业基地、高档数控机床产业基地、IC装备产业基地、物流技术装备产业基地、先进装备制造产业园和轨道交通装备产业园。对于重大技术装备，重点发展大型煤矿采掘及洗选成套设备、大型工程施工成套设备、特（超）高压交/直流输变电成套设备、百万吨级乙烯装置成套设备、百万千瓦超超临界火电机组关键设备、煤气化燃气—蒸汽联合循环机组关键设备等。对于高档数控机床，重点发展高速加工中心、大型镗铣加工中心等。对于IC装备和自动化控制系统，重点发展PECVD设备、干泵与系列真空阀门产品、凸点封装涂胶显影及单片湿法刻蚀设备、IC装备机械手及硅片传输系统系列产品、工业机器人、柔性制造系统和成套设备、汽车电子、工业过程控制系统等。对于轨道交通装备，重点发展高速客车接触线和承力索、信号系统等高速铁路装备，通风环控系统、AFC自动售检票系统、BAS设备监控系统等城市轨道交通装备。对于物流技术装备，重点发展AGV物流自动装卸设备、智能化物流仓储设备、配送及交通系统等。

——信息产业。依托东软集团、沈阳先锋、沈阳昂立、中科院沈阳自动化所等骨干企业和科研院所，积极推进工业化与信息化加速融合，利用信息技术提升传统装备制造业水平，提高工业数字化、智能化水平，加快数字城市建设，推进三网融合。重点发展软件和服务外包、通信、数字视听、物联网技术及设备、动漫和创意文化产业。重点建设数字视听产业基地、软件产业基地、动漫产业基地、创意文化产业基地、通信产业基地和软件服务外包产业园。对于软件和服务外包，重点发展基础软件、工业软件、信息安全软件，承接国际外包等。对于通信，重点发展新一代移动通信网络技术和产品，建立从终端到系统的完整产业链。对于数字视听，重点发展大屏幕数字高清平板电视、激光电视、网络智能多媒体终端等。对于物联网技术及设备，重点发展物联网所需关联器件与设备、下一代互联网技术设备、超级计算和信息处理技术设备等。对于动漫和创意文化产业，重点发展原创动漫及其衍生品生产和推广、游戏研发设计、动漫加工代工、广播电影电视及音像制作、艺术创意设计、文化艺术品创意创作等。

——生物医药产业。依托沈阳三生制药、辽宁诺康制药、东软数字医疗、辽宁成大、东北制药集团、沈阳药科大学等骨干企业和高校，促进医疗设备和新医药项目研发、中试和产业化，重点发展生物医学工程、现代中药、化学新药、生物新药、生物医药产业服务外包。重点建设浑南生物医药产业核心区、棋盘山眼科生物医药产业园、新民生物医药产业园等。对于生物医学工程，加快发展生物医学设备、生物人工器官、生物医学材料等，重点发展多层CT扫描设备、MRI、PET机、全自动生化分析仪、多参数心电监控仪、高强聚焦超声肿瘤治疗系统、新型医用内窥镜、生物分子核医学显像等设备，以及新型骨关节、血管支架等产品。对于现代中药，重点发展用于肿瘤、肝病、心脑血管病等重大疾病治疗的中成药，质量稳定可控、技术含量高、具有显著中医药特色与优势的中药新药，以及中药制药关键技术研究和产业化等。对于化学新药，重点发展拥有自主知识产权，针对艾滋病、心脑血管疾病、肿瘤、结核等重大疾病的创新药物，对治疗常见病和重大疾病具有显著疗效的小分子药物，以及控释、靶向等各类新型制剂。对于生物新药，重点发展用于心脑血管疾病、肿瘤等重大疾病以及单基因遗传病治疗的基因工程药物，以及生物疫苗、单克隆抗体药物、眼科生物药品、诊断试剂、新型酶制剂、核酸类药物等。对于生物医药产业服务外包，积极开展新药研发及生产流程外包服务，引进著名医药外包企业，培育生物医药产业新的增长点和创新发展模式。

——航空产业。以沈阳国家民用航空高技术产业基地为基础，依托沈飞、黎明、601所、606所、626所、沈阳航空航天大学等骨干企业、科研院所和高校，重点发展支线飞机及部件、航空发动机、通用飞机、飞机维修及服务。重点建设浑南航空产业基地和北部通用飞机产业园。对于支线飞机及部件，重点发展波音和空客飞机大部件转包、冲8－Q400总装及大部件转包、C系列飞机转包、直升机及航空结构件、ARJ21国产支线飞机配套部件、C919国产飞机配套部件。对于航空发动机，重点发展大型航空发动机研发制造、CF34－10A发动机总装和维修、大机匣及短轴等航空发动机零部件转包，以及R0110系列重型燃气轮机等航空发动机技术衍生产品。对于通用飞机，重点发展塞斯纳L-162轻型飞机总装及零部件生产、SAC-10商务飞机总装及零部件生产。对于飞机维修及服务，重点建设南航A320系列飞机维修基地、中一太客商务航空有限公司商务航空总部基地、通用飞机飞行员培训基地。

——新材料产业。依托东大冶金、中科三耐、中科院金属所、东北大学等骨干企业、科研院所和高校，重点发展金属新材料、有机高分子新材料、无机非金属新材料、先进复合材料。重点建设高性能碳纤维复合材料产业基地、金属新材料产业园、现代建筑产业园和现代陶瓷产业园。对于金属新材料，重点发展服务于机械装备、航空航天、电子信息等重点行业的有色金属精深加工材料、多金属复合材料，以及高技术新型金属结构材料、功能性特种合金材料。对于有机高分子新材料，重点发展丙烯酸橡胶、合成纤维等精细化工材料，新型酶制剂、高性能水处理剂等生物化工材料，新型高性能工程塑料、有机硅、有机氟等化工新材料，以及高性能、新型催化剂及助剂材料。对于无机非金属新材料，重点发展服务于建筑业、航天航空、军工等领域的现代节能环保建筑材料、高效环保添加剂、高性能陶瓷制品以及产品性能改良剂等。对于先进复合材料，重点发展碳纤维原丝、聚丙烯腈碳纤维、碳纤维预浸料、碳纤维复合电缆芯、碳纤维复合材料风力发电叶片等。

——新能源产业。依托沈阳鼓风机集团公司、沈阳远大集团公司、沈阳华晨金杯汽车有限公司、沈阳华创风能有限公司、沈阳工业大学风能技术研究所等骨干企业和科研院所，以新能源开发利用为重点，开展传统能源清洁利用，推进康平、法库等风电场建设，加快智能电网建设。重点发展1.5MW~3MW单机大容量风电机组等风电装备，核电用泵、阀等核电装备，新型混合动力汽车、纯电动汽车等新能源汽车，太阳能电池及相关配套产品，半导体照明应用产品。重点建设新能源汽车生产基地和风电装备产业基地。

——节能环保产业。依托沈阳隆达环保、沈阳禹华环保等骨干企业，把加强环境保护与发展循环经济有机结合起来，推进垃圾处理余热发电、秸秆综合利用、污水处理厂中水余热供热、区域热电联产、建筑节能、绿色照明等工程。重点发展秸秆综合利用、余热余气循环再利用、燃煤催化燃烧节能、工业废水沼气发电、变频器调速节能、干熄焦、热泵节能等节能关键技术和装备，生活污水和工业废水治理成套设备、大气污染治理成套设备、固体废弃物处置成套设备、环境监测和环保监控仪器设备等环保关键技术和装备。重点建设沈阳市静脉产业示范基地。

（五）积极发展文化产业

实施文化强市战略，加强文化载体建设，大力发展文化产业，形成国内领先的文化产业创新体系。

——实施文化强市战略。建设全国文化名城，使沈阳成为文化创新的活力之都、魅力之都，成为优秀文化人才辈出、优秀文化产品不断涌现、文化设施先进和文化活动丰富的文化高地。

——建设文化产业服务平台。加强文化产业公共技术、服务、信息平台建设，建设国际文化产业博览交易基地，推动文化产品和文化服务的出口。

——大力发展文化产业集群。推进华强文化科技产业基地、棋盘山国际创意谷等一批特色文化产业园区的建设，做大做强沈阳杂技集团、沈阳出版发行集团等一批大型文化企业集团和著名品牌，提升壮大传媒出版、演艺娱乐、艺术培训、会展业，重点扶持创意设计、数字动漫、数字游戏、影视制作等行业，做大做强创意产业、传播产业和文化服务产业等文化产业集群。

五、注重加强创新体系建设

（一）加强企业创新主体建设

加快企业技术创新体系建设，健全激励机制、服务体系，加快发展沈鼓、机床、新松机器人、东软、诺康制药、三生制药等一批自主创新骨干企业，培育一批具有自主知识产权的核心技术，增强企业的自主创新能力和核心竞争力。

——推动企业成为创新投入主体。建立企业创新投入的激励机制，加快形成以企业为主体、市场为导向、政府为主导、产学研资介紧密结合的创新投入体系，引导和鼓励企业以新体制、新模式建立研发机构，鼓励有条件的企业建立院士工作站、博士后工作站（流动站）。

——推动企业成为产学研合作主体。鼓励企业与高校、科研院所合作建立股份制科技企业，形成以企业为主导、以科技合作项目为龙头、以产权为纽带、以市场为导向的产学研战略联盟，实现科技开发链与产业链的有机衔接。

——推动企业成为成果转化应用主体。鼓励企业购买科技成果，促进科技成果在沈阳市转化。引导驻沈高校和科研院所面向市场确定研究课题，就地转化科技成果。鼓励沈阳市企业购买、引进国内外发明专利。

——建立企业技术创新评价体系。围绕推动企业技术创新，对全市工业自主创新能力进行定期评价、分析，采用科学的方法，指导和推动企业技术创新活动。

（二）促进创新人才集聚

——实施人才引进工程。积极实施“十百千高端人才引进工程”、“凤来雁归工程”等各类人才队伍建设计划，使管理人才、专业技术人才和技能人才队伍建设不断取得新进展。鼓励和支持用人单位以重大项目为依托，采取团队引进、核心人才带动引进等方式，引进沈阳市急需的海内外高层次创新人才特别是领军人才，加快形成各类创新人才聚集沈阳的良好局面。对引进创新型、高层次的经营管理、专业技术和技能人才予以资助。对引进国内高层次、紧缺和急需人才，在购房、交通以及子女就学等方面提供优质服务。

——强化人才培养体系建设。实施创新领军人才培养计划，依托重点工程、重大项目、重点学科和科研基地，加快培养一批中青年学科带头人、科技拔尖人才和创新型企业家。实施“555工程”，鼓励高校加强与沈阳市优势产业相关的学科建设，为沈阳培养优秀创新人才。鼓励民办培训机构参与政府主导的技能人才培训，支持企业建立技能人才培训基地，实施农民科技研修计划和科技示范户培训工程。

——构建人才交流平台。建立以市场为主导、开放灵活的人才流动机制，全面推进多层次、多门类人才市场建设，形成功能完善、服务优质的人才市场体系。构建人才中介服务体系，使其成为沈阳市配置人才的重要渠道。

——优化人才创业环境。鼓励各类创新人才以知识、技术、成果、专利、管理等要素创业。推动建立人才资本产权制度，完善落实各类要素参与分配的政策。充分发挥创业型人才特别是企业家在自主创新中的引领作用，加快实现人才资源向人才资本的转化。支持高层次人才以拥有自主知识产权的技术和产品创办、领办科技型中小企业。

——激励人才创新。完善创新人才激励机制，加大对优秀科技创新人才的奖励力度，对在技术、研发、金融、文化、管理创新等方面做出突出贡献的创新型人才给予奖励。大力宣传沈阳市著名创新人物和企业。

（三）提升科技成果研发转化能力

——提升科技研发能力。加强自然科学与社会科学两界合作，携手促进沈阳市的自主创新。建设与创新型城市相适应的高等院校和科研院所，在基础性、前瞻性、战略性科技领域，布局建设若干具备国际先进水平的科研基础设施。深化产学研合作，在先进装备制造、生物医药、航空等新兴产业领域，新建一批工程实验室、工程研究中心和企业技术中心，实现产业核心技术和关键技术的重点突破，进一步增强企业的创新研发能力。

——提升技术成果产业化能力。根据国家高技术产业化发展战略，在先进装备制造、生物医药、新能源等领域组织实施高技术产业化重大专项，推动研究成果产业化。培育一批创新能力强、产业化效益好的创新型企业，促进产业创新的可持续发展。

（四）构建创新平台体系

——构建科技资源共享平台。依托企业、高等学校和科研院所现有的技术中心、工程（技术）研究中心、重点实验室，建立一批市场化运作的开放式公共技术平台，向社会和中小企业提供研发、中试、检测等技术服务。鼓励大型设备仪器等科技资源共享。

——构建创业孵化平台。以规模化孵化器为重点，以专业孵化器为补充，大力支持以沈阳高新区为龙头的综合型孵化器和专业型孵化器建设，鼓励在沈高校建设大学科技园，吸引国内外名校来沈投资兴建创业园和孵化器，逐步形成布局合理、功能完备的科技创业孵化体系。坚持孵化器与标准厂房建设相结合，积极探索孵化器建设的新模式。

——构建中介服务平台。鼓励发展生产力促进中心、科技成果转化中心等中介服务机构，加快培育科技经纪人队伍，推动中介机构向专业化、社会化和网络化方向发展。发展区域技术产权交易市场，支持非上市中小股份制科技企业产权流通。

——构建科技交流合作平台。加强对外开放，密切国际科技合作与交流。积极承接国际跨国公司研发中心向沈阳转移，探索国际合作新形式，以企业为载体建立一批国际科技合作示范基地，鼓励跨国公司以中外合办、外资独办等形式在沈建立研发机构和国际科技合作基地。探索在国外建立科技合作窗口，支持企业“走出去”，在国外设立研发机构或产业化基地。支持产学研单位及社团举办高水平的国际科技展览、学术会议等活动，畅通对外科技合作交流渠道。

六、不断优化创新发展环境

（一）弘扬城市创新文化

积极引导全社会树立强烈的创新意识和创新思维。培育以合作与竞争互动为特征的人文精神和科学精神。提倡“崇尚创新、勇于突破、鼓励成功、宽容失败”的创新理念，营造有利于创新的社会环境。通过新闻媒体开辟“专题”、“专栏”等方式，做好创新型城市的宣传和舆论引导工作，在全社会营造激励创新、尊重创造的浓厚氛围。通过城市景观和网络宣传等，展示城市创新文化。大力弘扬企业家精神，切实维护企业家的各项合法权益，强化企业家在自主创新活动中的核心地位，吸引和培育更多具有创新精神、创新意识的企业家，使沈阳真正成为创业者的乐园。

（二）推进城市管理创新

提高创新型城市的管理服务水平，营造有利于创新创业的人居环境。深入推进行政审批、政府投资监管、国有资产监管、政府决策等方面的制度改革，充分发挥政府的公共服务职能，确保公共财政向公共事业等民生领域倾斜。鼓励市民参与城市管理并形成互动，加快数字化城市建设，建立科学、严格、精细、高效的城市管理模式。实施多元联动的综合开发模式，合理确定开发建设时序，优化城市开发建设方式。合理规划社区规模，增大公共活动空间，改善人居环境。

（三）实施知识产权战略工程

认真实施《沈阳市知识产权战略纲要》，以知识产权保护为核心，大力实施知识产权战略，建立以专利、商标、版权、商业秘密等为主要内容的知识产权体系，完善知识产权地方法规政策体系，支持企业创造、使用、保护知识产权，支持建立以行业协会为主导的国际知识产权维权援助机制。

——加大专利科技经费投入。重点支持原创性发明和有产业化前景的专利，鼓励企业申请国际发明专利。

——完善名牌（商标）培育机制。在全市广泛开展创建名牌产品活动，引导和鼓励企业加快培植一批高技术含量、高附加值和高市场占有率的知名产品，在政府采购等方面对企业开发获得国家级名牌称号或拥有驰名商标的自主创新产品予以重点支持。同时每年扶持一批有望入围中国名牌或驰名商标的企业，走品牌兴企、品牌兴市之路。

——重视技术标准的制定和实施。支持企业主导或参与技术标准的制定，对企业技术标准被批准为国际、国家、行业标准的，给予奖励支持。整合检测资源，构筑沈阳经济区检测协作平台。

（四）加强社会服务创新

推进社会公共服务内容多样化，实现公共资源均衡化发展和优化布局。促进社会事业供应主体多元化，满足社会群体多样化和多层次的需求。规范和发展社会组织，促进社会组织在公共服务领域发挥积极作用。建立可持续发展的社会保险制度，与社会救助、社会福利、优抚安置和社会慈善事业共同形成完善的社会保障体系，消除创新发展的后顾之忧。按照“绿色、生态、环保”的标准，打造精品小区，建设具有地方风格特色的生态住宅，建设接近自然、低能耗、无污染、环境宜人的生态社区。完善产业集聚区的交通、教育、医疗等配套环境，建设国际化商务中心区和高标准住宅区，满足创新人才的工作生活需要。

（五）提高公众创新素质

加强科普载体建设，把科普教育、科普宣传工作落实到各个部门和单位，建立科普工作的社会化运作机制。加快基础教育科研和教学改革，合理开发利用教育资源，培养青少年的创新意识和实践能力。实施全民学习计划，建设学习型社会。深入开展文明社区、文明行业等群众性精神文明创建活动，推进文明城市建设。

七、全力实施区域创新合作

（一）构建沈阳经济区创新合作体系

加强沈阳经济区区域创新合作，发挥服务与辐射带动作用。以城际连接带建设为纽带，着力提升区域自主创新能力，通过产业转移和城市功能互补，与经济区其他城市建立更紧密的合作关系，围绕区域特色资源和共性技术开展联合攻关，形成区域产业协作和战略联盟，促进创新资源在经济区内实现优化配置。

——建立区域创新协调机制。整合沈阳经济区内现有科技资源，编制区域发展的科技规划，制定区域性创新的政策法规，协调区域内科技资源配置及利益分配，组织实施区域内科技体制运行的监督评估等。

——建立区域科技研发共享平台。整合经济区现有的工程（技术）研究中心、企业技术中心等研发资源，建立研发共享平台，围绕经济区重点行业和重点领域的共性、关键性重大技术难题开展联合攻关，以产业技术升级带动和促进产业结构的优化。

——建立科技资源共享平台。整合各市现有各类科技信息资源，建立沈阳经济区区域性文献信息网络、大型科学仪器设备共用网络、科教信息网以及包括专家库在内的各种数据库信息网络，建立科技资源共享平台。

——建立区域技术产权交易共享平台。依托沈阳技术产权交易中心以及经济区内各市技术产权交易机构，建立沈阳经济区共享技术交易网络、共享技术产权交易平台、共享科技投融资渠道，联办展览及展示活动，共同开展计划项目招标以及共享科技成果拍卖业务等。

（二）以产业为载体，推进铁西新区、浑南新区、沈北新区的创新建设

——铁西新区重点发展机械装备制造业，将机械装备制造业建成规模大、产业密集度高、产业体系完整、大型企业聚集、产品技术水平领先、公共服务体系完善、环境友好的先进装备制造业基地。

——浑南新区重点发展软件、动漫、生物医药等新兴产业，加快推进动漫、生物医药等重点产业基地建设，引导创新资源向创新产业基地集聚，使之成为带动沈阳自主创新的“火车头”和全国一流的高新技术产业基地。

——沈北新区重点布局农产品精深加工、光电信息、创意产业等，努力建设成为沈阳老工业基地加速振兴的新引擎，支撑沈阳市“五大发展空间”和谐发展，发挥地区发展的优势潜力，将新区打造成为现代化、高品质、国际化的“生态新区”。

（三）促进土地资源集约高效利用

完善城市功能，提高城市发展的空间承载力，形成沈阳经济区核心城市的空间优势。优化产业布局，把握国际产业转移的有利时机，促进产业技术相互渗透融合和资源优化整合，催生新产业和新业态发展，拓展城市发展的产业空间。完善基础设施，构建中心城市的支撑体系。开拓虚拟空间，优化虚拟空间管理，培育虚拟空间产业，加快“数字城市”建设，提高城市信息化水平。

八、保障措施

（一）加强组织领导

成立沈阳市国家创新型城市建设领导小组。由市长担任领导小组组长，各有关政府组成部门为领导小组成员单位，负责全面推进、统筹创新型城市建设工作。领导小组下设办公室，负责全市创建创新型城市工作的指导协调、督办、检查和落实。

（二）完善财政投入政策

把科技教育投入作为预算保障的重点，按照法定增长要求，保证增长幅度不低于财政经常性收入的增长幅度。逐步提高财政科技投入占国内生产总值的比例，优化财政科技资金配置，整合科技发展扶持资金，提高资金使用效益。设立创新型城市建设专项资金，加快形成以政府投入为引导，以企业为主体，以风险投资等社会投入为补充的多元化科技投资机制。

（三）营造政策法制环境

创新公共政策理念，完善创新政策体系，充实政策内容，改善政策环境。认真落实国家和辽宁省、沈阳市的各项政策，结合创建创新型城市工作实际，抓紧制定配套政策及其实施细则，逐步形成比较完善的政策体系。

加强创新法制环境建设，加大知识产权保护，保障创新人才合法权益，营造创新发展环境，推动自主创新工作进入法治化的轨道。

（四）强化考核指导

将各地区、各部门创建国家创新型城市工作的完成情况纳入年度绩效考核的重要内容。加强对各地区创建工作的指导，制定科学合理的考核体系，强化考核监督。明确各部门职责，加强督促检查。通报情况，推广经验，确保创建创新型城市工作有序全面推进。开展指标评价工作，形成科学的评价机制，指导创建工作规范有序进行。

论扩大有效投资促进经济持续稳定增长

国家实施老工业基地振兴战略以来，沈阳市经济社会等领域得到了全面长足的发展，固定资产投资实现了连续多年高速增长，总量居于副省级城市前列。

随着投资的快速增长，投资对经济的拉动作用逐渐减弱。投资率始终在80%以上高位运行，投入产出比逐年下降；单位投资强度不高，土地利用率不高；投资增长与产业发展不协调，服务业在GDP中的占比有所降低；投资对调整产业结构的作用不突出，对产业的带动能力不强。

当前和今后一段时期，投资仍是沈阳市经济和社会发展的关键性因素，通过持续有效的投资，增加产出，促进生产力提高，完善基础设施建设，拉动消费，才能实现经济的可持续增长和社会事业的不断发展。面对资源环境的压力，今后的投资不仅要保持一个合理规模，更要突出投资的有效性和质量。应通过提高投资质量，优化投资结构，减少重复建设，实现投资与经济、社会和生态建设相协调，形成有效投资，从而为经济发展提升增长力，为城市发展增加承载力。

一、进一步促进重点领域有效投资

（一）农业

以实现农业现代化为目标，加强农业基础设施建设，大力发展都市现代农业，加快农村生态文明建设，改善农村生产生活条件。

加强农业基础设施建设。推进农田水利建设，完善田间灌排沟渠及机井、农田林网等方面的基础设施。加快农业机械化作业建设，推进粮食作物生产全程机械化。大力发展节水灌溉，加快大中型灌区改造，加强移动排灌能力建设。加强防洪抗旱减灾工程建设。健全动植物疫病防控体系，开展统防统治，推广使用飞防。加强森林火灾预警体系和森林防火基础设施建设。开展气候资源高效利用等技术研发应用，强化气象灾害监测系统建设。推进农产品产地批发市场、粮食现代物流体系建设，推广鲜活农产品冷链物流。

大力发展都市现代农业。以高产生态农业、高效特色农业及休闲观光农业为重点，构建现代都市农业体系。发展设施农业，提高设施水平。大力发展家庭农场，鼓励适度规模化经营。扶持农业龙头企业，鼓励企业建设生产基地，延伸产业链条。推进标准化农产品出口生产基地建设，提高农业标准化生产水平。

加快农村生态文明建设。深入推进天然林保护、退耕还林、三北防护林等重点生态工程。加快实施青山工程，推进山区综合开发，促进林业产业发展。加强区域水土保持工程建设。加强湿地保护，实施湿地生态修复与生物多样性保护工程。加强农村节能减排，鼓励发展循环农业，推进养殖业无害化处理项目建设。

（二）工业

以建设先进装备制造业基地为目标，深入推进“两化”融合，着力发展高端制造业，大力发展战略性新兴产业，加快传统优势产业转型升级。

深入推进“两化”融合。加大企业设计研发、生产过程控制、企业管理等关键环节信息化建设项目招商力度，鼓励企业开展信息化基础设施建设，支持企业“两化”融合由单项业务应用向综合集成和融合创新转变。

着力发展高端制造业。进一步扩大数控机床及自动化生产线、通用机械、重矿机械、工程机械、输变电装备和新能源装备等优势领域投资规模，推进技术自主化、装备成套化的制造业体系建设，支持一批骨干企业做大做强，增强制造业对全市经济发展的支撑作用。

大力发展战略性新兴产业。优先发展先进装备制造、电子信息、航空、新材料、新能源、节能环保等战略性新兴产业，加强具有行业引领作用的重大项目和补链型项目投资，引导新的市场需求，促进关键技术研发和产业化。推进铁西、浑南、沈北三个新兴产业聚集区建设。充分发挥中小型科技企业的作用，加大培育骨干企业，开展示范基地建设项目投资，支持具有产业基础和技术优势的企业进一步向规模化、高端化方向发展。

加快传统优势产业转型升级。围绕宝马、通用、中华等整车企业，加强汽车零部件产业招商，加快形成高端系列配套能力。增强以混合动力、纯电动为主的新能源汽车及其动力系统开发项目的招商力度。加大绿色建筑设计、可再生能源装置与建筑一体化应用等技术的投资规模，重点发展墙体制造业、建材装备制造业等现代建筑产业。加大农产品深加工、医药化工、钢铁及有色金属深加工行业在原创性技术创新、高尖端技术引进、工艺改造、节能降耗等方面的投资，提升产品的技术含量和附加值，促进传统优势产业的产业链和价值链从低端向高端延伸。

（三）服务业

以建设国家中心城市为目标，加快服务业集聚区建设，积极发展生产性服务业，促进生活性服务业改造升级，加快形成以服务经济为主导的发展新格局。

加快服务业集聚区建设。完善金廊银带中心商务区建设，引导新的金融总部机构集聚，加强资本、货币与信贷、保险等五大金融市场建设投资。推进商务总部经济中心建设，吸引金融、中介和其他大型集团公司总部集聚。推进生产性服务业集聚区建设，实现园区化管理、专业化服务，形成社会化、市场化运作新机制。拓展生活性服务业集聚区建设，着力建设特色商业街区，发挥核心商贸企业的品牌和管理优势，提升服务功能和水平。

着力发展生产性服务业。鼓励商业地产项目单位优先建设为生产性服务业服务的地产功能设施。重点加强为产业集群、优势产业及战略性新兴产业提供支撑的工业设计、检验检测、供应链物流信息化、第三方电子商务支付等公共服务平台建设投资。鼓励开展跨行业、跨领域的合资合作，推进分离的生产性服务企业获得资质认证和提升服务资质等级。大力实施生产性服务业名牌战略，积极培育区域品牌、产业品牌、企业品牌。

促进生活性服务业改造升级。大力发展电子商务，提升业态水平，扩大市场份额。加强品质型生活性服务业，以及商贸、文化旅游、房地产等生活性服务业项目招商，促进中心城市生活品质不断提高。打造以“夜经济”为主题的集聚区，延长经济活动时间，提高设施利用率。繁荣“夜经济”，支持和引导商业企业丰富商品种类，创新经营模式，满足群众多层次、多样化的夜间消费需求。以泗水科技城健康产业园为重点，扩大健康科技、健康保健、健康服务以及相关支撑产业的投资规模。

（四）社会事业

以保障和改善民生、提高公共服务供给能力为目标，增强公共服务供给能力，推进社会资本进入公共服务领域试点，构建开放型社会公共服务的发展机制。

增强公共服务供给能力。加大政府在保基本、保民生等方面的投入力度，实施《沈阳市基本公共服务五年规划（2013~2017年）》，有序推进项目建设，进一步优化在城乡教育、就业、社保、医疗卫生、住房保障、文化体育及残疾人服务等方面的资源配置。建立基本公共服务标准动态调整机制，逐年提高财政转移支付水平。创建多元化的社会公共服务供给方式，制定政府向社会力量购买服务的指导性目录，逐步加大政府向社会力量购买服务的力度。

推进社会资本进入公共服务领域试点。制定开放型、市场化的社会公共服务准入制度和扶持政策，构建有利于社会资本广泛参与的公共服务设施建设与运营管理制度体系。培育发展文化旅游、健身娱乐、养老保健等新兴消费业态，大力发展民办幼儿园和职业培训机构，鼓励和引导社会资本举办医疗机构并参与公立医院改革。推动社会资本兴办各类养老服务和残疾人康复、托养等机构，支持建设一批风景养老、森林养老等养老机构、基地。通过政府委托经营、服务外包等方式引入社会资本，管理运营各类剧场、体育场馆等公共服务设施。

（五）基础设施建设

以提升城市综合服务功能为目标，完善城市交通通行能力，加大给排水和固废处置系统建设投入，加强能源动力系统建设，推进信息基础设施建设，促进城乡协调发展。

完善城市交通通行能力。结合京沈、哈大、沈丹铁路客运专线项目，推进实施城际铁路、高快速路、枢纽机场、出海铁路等区域交通设施规划，提高城市放射型复合交通能力。加大城市道路和轨道交通建设投资，形成城市路网骨架系统和快速轨道交通线网。加快交通枢纽体系建设，实现各类交通方式间的一体化换乘。

加大给排水和固废处置系统建设投入。推进城市供水和排水管网及泵站建设，实施雨污分流制。扩建西部、南部等污水处理厂，加强生活垃圾、餐厨垃圾、填埋场、渗沥液处理厂、污泥、秸秆、粪便等处理设施建设，鼓励实行建设—经营—移交模式，厂站由社会投资人建设、运营和维护，优化给排水和固废处置系统投资结构。

加强能源动力系统建设。加大供电工程建设投入，提高本地电厂供电能力。大力发展集中供热，鼓励企业建设大型热电厂和热电联产供热项目，加强天然气和地源热泵等清洁能源供热项目招商。通过引入陕京线天然气、大沈线天然气、大唐国际天然气等主气源，推进配套基础设施建设。

推进信息基础设施建设。加大信息网络设施、有线和无线技术项目招商力度，推动电信网、广播电视网和互联网融合发展，加快宽带、融合、安全、泛在的城市信息基础设施建设。

统筹城乡基础设施建设，加强规划顶层设计，确定重点建设内容、标准，充分发挥市场配置资源的决定性作用，多元化投入，促进城镇化发展。

（六）科技创新

以提升自主创新能力为目标，加快利用高新技术改造传统产业的步伐，支持重点企业提升自主创新能力，大力推进创新平台建设，推进经济发展方式从要素驱动向创新驱动转变。

加快利用高新技术改造传统产业的步伐。针对重点行业和领域的需求，加强高新技术应用转化，有效促进技术改造和产业升级。推进工业化与信息化融合，利用信息技术改造和提升机械装备、汽车及零部件、医药化工等沈阳市传统优势产业。加快用信息化手段推进现代农业建设，发展农业信息服务，开展农业物联网应用示范。

支持重点企业提升自主创新能力。加快形成以企业为主体、市场为导向、产学研资介紧密结合的技术创新体系，探索财政、税收和政府采购政策支持产学研合作创新的新模式，支持企业创新基础能力建设，加速创新要素向企业集聚，加快发展一批自主创新骨干企业，培育一批具有自主知识产权的核心技术，增强企业的自主创新能力和核心竞争力。

大力推进创新平台建设。支持企业、高校和科研院所联动，鼓励产学研面向经济社会发展需要和重大市场需求，联合开展重大关键共性技术研究和攻关。对国家级企业技术中心、国家（省）级工程研究中心和工程实验室建设提供配套资金支持，鼓励高校和科研院所与企业联合申报工程研究中心及工程实验室。

二、进一步优化产业布局

（一）四大空间产业布局

结合沈阳市新一轮区划调整，合理策划安排投资项目，进一步优化和完善四大空间产业布局。按照特色谋划、错位发展、差异竞争的原则，构建与新型产业体系相匹配、与可持续发展相适应的发展空间布局。东部以大东区为核心区域，建设汽车产业集中区。西部依托装备制造业的集聚发展优势，重点发展先进装备制造、冶金深加工、石化深加工等重化工业及现代建筑产业。南部依托国家级高新技术产业区和创建国家创新型科技园区的基础与优势，集中力量发展高端制造业，形成以电子信息和航空制造业为重点的高端制造业聚集区。北部突出农产品精深加工和光电信息等先进制造业，大力发展环境友好、循环低碳、可持续发展的精深加工制造业。探索沈阳市与沈阳经济区其他城市相关产业带的连接和融合方式，加大招商力度，通过产业融合，促进区域发展。

（二）推进产业集群和工业地产项目发展

进一步强化产业集群化发展战略，逐步提高工业产业集群占全市工业的比重。将产业集群培育的重点由百亿集群推向千亿集群，逐步将大东汽车及零部件、铁西装备制造、东陵（浑南）软件及电子信息、沈北手机（光电信息）、沈北农产品精深加工及生物制药、铁西医药化工、铁西现代建筑、沈阳民用航空产业集群八大产业集群培育成超千亿产业集群。

大力发展工业地产项目，按照全市工业地产规划，坚持规模化建设，以集中连片为原则，促进产业集聚，缩短企业建设周期。进一步创新开发建设模式，鼓励建设多层标准化厂房，实现集约、节约用地。集中各资源要素向重点工业地产企业倾斜，强化基础设施和生活设施配套。同步推进工业化和城镇化进程，实现产城互动发展。

（三）提高产业集聚能力

建设分工合理的配套产业链条，加强重要零部件企业招商，增强集群的协同效应。重点支持聚集区的龙头领军企业，强化领军企业的辐射能力和带动能力。加大集聚区基础设施投入力度，提高基础设施的产业承载能力。进一步完善公共制造、公共研发、工业设计、质量检测、现代物流等生产性公共服务平台，鼓励生产性服务业与产业集群的融合互动，促进企业集约化、专业化、规模化生产。

三、进一步提高资源要素利用水平

（一）提高土地利用水平

优化用地结构，优先保障重大项目、社会公共服务项目以及符合城市定位和产业规划的工业、现代服务业项目的用地需求。建立土地指标评估制度，细化土地使用办法，引导全社会投资由外延式扩张向内涵式提升转变，提高土地使用效率。开展闲置土地的清理，积极推进土地二次开发，盘活土地存量，提升土地利用率。建立土地指标与固定资产投资挂钩的机制，逐步提高土地使用投资强度标准，集约使用土地资源。

（二）优化产业发展专项资金使用方式

在保持现有资金支持政策相对稳定的基础上，扩大有偿使用试点，采用资本金注入、贴息、补助等方式，大力支持重点领域项目，促进沈阳市转变经济发展方式，优化产业结构，保持沈阳市经济平稳快速增长。加强专项资金的管理、监督和评估，完善使用专项资金项目的专业评估和财务评审方式，确保专项资金有效使用，提升专项资金的使用效益。

（三）拓展项目融资渠道

按照政府引导、社会参与、市场运作的原则，充分发挥沈阳市现有的金融服务平台功能，改善融资环境，引导民间资本参与项目建设，推进投资主体多元化、融资渠道多样化。积极搭建银企对接平台，建立广泛稳定的银企交流机制、项目对接机制，拓宽项目融资渠道，提高融资能力。完善开发性金融合作机制，提升开发性金融对重点领域企业和项目的支持力度。将沈阳市投资重点领域和中央预算内投资、省财力投资支持方向有机结合，积极做好重大项目储备和项目前期工作，争取各类专项资金支持。

四、进一步提高项目组织水平

（一）加强项目策划与储备

要加强重大项目的策划力度，围绕进一步优化投资结构的主攻方向，重点策划储备一批对全市经济社会发展引领作用强、促进产业结构调整、提升人民群众生活水平的重大项目，完善重大项目策划储备制度，发挥重大项目储备库在要素配置、招商引资、年度计划安排等方面的基础性作用。加快建立市、区两级重大项目储备库制度，研究制定储备库项目的动态监测和管理机制，落实项目建设条件，保证储备项目的质量和水平。

（二）加大项目招商力度

加强招商引资工作的策划组织，坚持主要领导带队，配强一线招商工作人员，突破传统方式、传统地区，瞄准全球500强、中国500强以及行业排名前十的大企业、大集团，开展规划招商、重点区域招商、产业集群招商、产业链招商等多种有针对性的招商活动，为保证沈阳市经济平稳发展、提升投资质量奠定基础。加大招商签约及签约项目的推进力度，实现项目早日落地。将项目招商和高端人才引进、高新技术引进相结合，促进沈阳市高层次人才集聚，推动产业技术创新。

（三）强化项目考核

探索并完善投资工作考核机制，以促进产业结构优化、实现有效投资等作为考评导向，改进项目考核指标。在考核投资指标和重大项目的基础上，适当增加项目考核的分值、权重，促进沈阳市投资工作从“重投资”向“重项目”转变，以项目建设促进投资平稳较快增长。

五、进一步发挥市场的决定性作用

（一）鼓励民间投资

抓住国家鼓励民间投资发展的有利契机，按照《沈阳市人民政府关于鼓励和引导民间投资健康发展的实施意见》，通过顶层设计，明确民间资本进入各行业的基本建设模式，研究探索税费、资源要素配置、税费扶持等方面的配套政策，加快构建公平竞争的环境。合理引导民间投资，鼓励民间资本参与沈阳市公共服务等重点领域投资建设，扩大有效投资规模，增强投资发展的内生动力。

（二）引进社会资本加强公共服务领域建设

制定出台《关于鼓励社会资本参与沈阳市公共服务领域建设的实施意见》，鼓励社会资本以建设—经营—转让（BOT）、公私合营（PPP）、转让—运营—转让（TOT）等多种方式，进入轨道交通、公共交通、固废处置、污水处理、电力、供热、燃气、教育、养老、医疗等具备引入社会资本条件的公共服务领域。完善公共服务领域投资、建设与运营的市场化体系，为社会资本创造畅通的投资渠道，实现沈阳市公共服务的跨越式发展。

（三）大力发展投资咨询业务

大力推进投资项目咨询、政策服务等中介服务机构建设，积极引进国内外知名咨询服务机构，建立统一开放、平等竞争的投资咨询市场环境，充分发挥投资咨询在优化投资结构等方面的专业化服务作用。进一步规范政府投资建设项目的咨询管理，提高投资的科学决策水平，提升投资建设项目的质量和效益。

六、进一步优化投资环境

（一）加强组织领导

进一步加强投资工作的组织领导，由综合部门牵头，各相关部门密切配合、分工协作，依托重大项目建设，做好投资工作的统筹协调、任务分解和跟踪督查。各区、县（市）要建立相应的协调机制，按照全市统一部署，统筹组织开展本区县的招商引资、项目前期推进等工作。

（二）提升信息公开水平

政府各相关部门要加强政务公开，推进投资信息平台建设，及时向社会发布鼓励投资的发展规划、投资政策、产业目录、招商项目、财税政策、统计数据等信息，合理引导投资。建立项目投资信息发布制度，凡是鼓励社会投资进入的领域和项目，公开项目名称、内容、经营期限、投资概算构成、投资回报方式、必要的政府投资、财政补贴及政府承诺等事项，为社会投资参与提供方便。

（三）简化审批手续

着力打造服务型、效能型、责任型服务机关。落实国家和辽宁省关于简政放权的精神，在符合政策的情况下，下放项目审批权限，发挥区县和开发区项目审批的职能作用。进一步优化项目审批办法，深入推进并联审批，清理和简化一批审批事项和前置条件，优化审批环节和流程，提高审批效率。

十年产业结构回顾和未来产业升级

2015年7月，习近平总书记在吉林调研时就新常态下推动东北老工业基地振兴，提出了“四个着力”的要求，其中之一就是“着力推进结构调整”。就沈阳来说，工业是沈阳的脊梁，在三次产业中，工业一直占据主导地位。近年来，随着国际金融危机的持续发酵，三期叠加影响日益深化，沈阳工业经济下行压力持续增大，结构性矛盾日益凸显，下大力气调整优化工业结构迫在眉睫。本文以经济发展阶段相关理论为基础，通过对工业产业结构调整动力、调整方向、调整制约因素、调整主要任务的研究和分析，理清沈阳市工业结构调整与转型升级的思路，以期解决深层次结构矛盾，切实增强经济发展的内生增长动力。

一、有关产业结构调整的主要理论

（一）经济发展阶段理论

经济发展阶段演进是产业结构不断升级的过程。对于经济发展阶段的判断，不同的学者依据不同的经济指标给出了大体相同但又有差异的判断。最为著名的是美国经济学家钱纳里等的工业化阶段的划分：人均GDP水平与工业化程度成正比，并将经济发展划分为三个大的阶段，即前工业化阶段、工业化的实现阶段和后工业化阶段。

美国经济学家西蒙·库兹涅茨等研究认为，工业化必然伴随产业结构的变动和升级，产业结构的变动和升级是工业化演进过程中的主要表现之一。随着工业化的推进，第一产业比重持续下降，第二产业和第三产业比重不断提高并超过第一产业。

配第—克拉克定理认为，就业结构是一个国家或地区经济发展阶段的重要标志，随着人均收入水平的提高，劳动力首先由第一产业向第二产业转移，当人均收入水平进一步提高时，劳动力便由第二产业向第三产业转移。

德国经济学家霍夫曼对工业化的演进规律进行了开拓性研究，在其1931年出版的《工业化阶段和类型》一书中，提出了著名的霍夫曼定律，其内容是：在工业化进程中，霍夫曼系数（即消费资料工业净产值与资本资料工业净产值之比）是不断下降的。工业结构的高加工度化，是指在重工业化过程中，工业结构表现为以原材料工业为中心转向以加工装配业为中心的发展趋势，这一过程又称为高附加价值化。工业结构的高加工度化具有两大特征：一是产业链延长，附加价值提高；二是对能源、资源的依赖程度下降。随着工业结构的重心由轻工业转向重工业，由原材料工业转向加工装配业，工业生产要素结构的重心也分别由劳动力转向资本，再由资本转向技术。

20世纪70年代以来，美国社会学家贝尔出版的《后工业社会的到来》一书，把人类社会的发展进程区分为前工业社会（即农业社会）、工业社会和后工业社会三大阶段。在前工业社会里，主要是依靠丰富的农业资源，大力发展资源密集型和劳动密集型产业。农业产值占工农业总产值的70%以上，工商业相对不发达。工业社会这一阶段为产业结构的重工业化阶段，主要是实现两个转变：一是由农业经济向工业经济的转变，工业产值开始超过农业产值；二是由以轻工业为主向以重工业为主的转变。工业社会这一阶段为产业结构的高加工化阶段，工业生产向规模化、专业化、技术化方向发展，其产业链条不断延长，经济效益不断提高，工业产值占总产值的比重超过70%。后工业化社会这一阶段为产业结构的技术密集阶段，主要实现由资本密集型向技术密集型转化，产业发展的技术化、知识化、工业化、智能化趋势明显，科学技术成为经济发展的第一动力，农业产值占工农业总产值的比重下降到10%以下。这一阶段，技术密集型产业的内涵进一步拓展，经济的知识化、全球化成为经济发展的主流，跨国公司成为推动全球产业转移与变革的动力。产业边界模糊是后工业化社会的重要特征。

（二）要素投入结构调整理论

区域经济增长的生产要素包括资源、资本（包括物质资本和人力资本）、劳动力和技术进步，要素投入结构是指推动一国或地区经济增长与发展的资源投入、劳动投入、资本投入和科技进步投入等多种投入要素之间的比例结构。各种生产要素间具有一定的替代性，因而能够满足生产需求的要素组合不止一种，但不同生产要素的产出效率存在差异，这也就表现为经济增长的差异性。理论界将生产要素投入结构不合理的情形大概分为两种：一方面，某种生产要素尤其是不可再生能源的过量使用或低效率利用，使得其他要素不能与其结合形成相应的生产力，会造成其他生产要素的闲置和浪费，而且生产要素的边际收益是递减的，当要素投入量达到饱和限度时，其边际收益将趋近于零；另一方面，如果某种生产要素的利用不足，不仅会造成该生产要素的闲置，也会使得经济增长的低成本优势不能有效发挥。我国的要素投入结构问题表现为经济增长高度依赖低成本资源和生产要素的高度投入，科技进步和创新对经济增长的贡献率偏低。

产业结构调整就是要做到产业结构的合理化和高度化。在产业结构调整中，高新技术产业是一个方向，但必须同时注重产业结构的合理化与高度化，防止投资过度和重复建设。从沈阳工业化进程来看，其相当于发达国家中期水平，经济发展正向以知识密集型为主的产业结构演化，劳动生产率的提高将逐步让位于科技创新对经济增长的贡献。从人均GDP来看，沈阳已经超过9000美元，工业化已经进入从效率驱动到创新驱动的过渡阶段，这一阶段效率、规模经济和要素驱动还会发挥效用，但驱动力减弱，未来将主要靠知识创造和自主创新能力驱动经济持续健康发展，这将对现代服务业，特别是支撑先进装备制造业的知识型服务业产生更大需求，现代服务业将与第二产业互相推动发展。

国内学术界的主要观点认为，产业结构调整优化包括产业结构高度化和产业结构合理化两个方面。产业结构高度化是指产业结构从第一产业向第二、第三产业发展的过程，可以用第二、第三产业比重、技术与资金密集型产业比重以及中间与最终产业比重来衡量一国经济发展水平的高低、发展阶段以及发展方向。产业结构合理化是指提高产业之间有机联系的聚合质量，可以用产业之间的均衡程度和关联作用程度来表示。

二、沈阳市工业结构现状分析

（一）工业发展现状

党中央、国务院实施东北地区等老工业基地振兴战略后，沈阳市委、市政府抓住机遇，确定了将沈阳市建设成为具有国际竞争力的先进装备制造业基地的发展方向，2003年以来，沈阳市不断加大招商引资力度，努力创造优良的投资环境，吸引国外工业企业的产业转移，同时不断加大国企改革力度，扩大社保覆盖面，减轻企业负担，使沈阳的工业走上了“快车道”，连续几年保持高速增长的势头。中央实施东北等老工业基地振兴战略给沈阳带来了发展机遇，“沈阳制造”转型升级带动工业整体走强。沈一、中捷、沈三三大机床厂合并成立集团，相继并购德国希斯、重组云南机床、控股昆明机床，形成国际化、世界级的机床企业，2011年实现机床销售收入27亿多美元，位列世界第一。其中，300多个品种的“沈阳制造”覆盖全国，并出口到80多个国家和地区。沈阳机床先后将普通机床制造及数控机床零部件配套资源以OEM方式向社会进行扩散，腾出制造资源集中发展各类数控产品，2013年机床产值数控化率提高至61%。2013年，沈阳机床中捷钻镗厂通过传统的新机销售渠道，建立再制造机床营销体系，打造沈阳机床独立的再制造品牌，实现再制造业务收入2亿元，成为国内最大的再制造机床工业服务商。沈鼓集团、北方重工、远大集团等企业也在重组改造中摆脱困境，如今正在向世界级企业集团迈进。装备制造业的振兴崛起提振了沈阳人的信心和底气，其产业的连锁和辐射效应带动了全市工业整体走强。2014年沈阳市工业总产值近1.4万亿元（见表1），而老工业基地改造前的2002年还不到900亿元。

表1 2003~2014年沈阳市工业增加值率

年份	工业总产值（亿元）	工业增加值（亿元）	工业增加值率（%）
2003	1064.4	300.4	28.22
2004	1620.2	420.8	25.97
2005	2195.2	652.1	29.71
2006	3290.9	914.2	27.78
2007	4786.0	1368.2	28.59
2008	6529.5	1714.2	26.25
2009	7637.1	2017.5	26.42
2010	9612.5	2361.4	24.57
2011	10880.6	2960.9	27.21
2012	12702.3	3304.7	26.02
2013	13735.2	3522.2	25.64
2014	13759.1	3614.9	26.27

资料来源：沈阳市统计局官网，沈阳市第三次经济普查统计数据。

但是工业结构与发展水平有待进一步改善和提升。2003年以来，沈阳规模以上工业增加值率平均在26%左右，数值较低，工业整体结构和水平不高。2014年，规模以上工业增加值率为25.78%，并未改变工业增加值率低的现状。不仅与广州（26.72%）、深圳（29.85%）、成都（44.78%）、武汉（29.35%）差距较大，而且与济南（35.85%）、西安（30.13%）、长春（29.12%）相比也存在较大差距，企业转型升级任务比较艰巨。

从轻重工业结构来看，轻工业比例较小，重工业比例较大。2003~2014年，沈阳市重工业产值比重一直保持在73%以上，轻工业比例为27%以下。2014年沈阳市工业总产值13759.1亿元，轻重工业总产值分别为3454.5亿元和10304.6亿元，在总产值中的比重分别为25.1%和74.9%。

（二）工业结构主要特点分析

观察2003年以来沈阳市工业结构变化情况，其特点主要体现在如下几个方面：

（1）装备制造业产业的支撑作用比较明显。装备制造业是沈阳的传统优势产业，是沈阳经济发展的根基和命脉，是沈阳的立市之基、发展之魂，装备制造业是近年来才明确具体类别的多行业叠加复合型产业。改革开放30多年来，随着产业结构不断优化升级，全市已经形成了以重大装备制造业为主的完整工业体系，产品门类齐全，配套完整。在全国165个工业门类中，沈阳有142个，具有生产制造100大类、1000余个系列近万种产品的能力。在重大技术装备制造业方面取得了突破性进展，在高档数控机床和基础制造装备、核电技术设备、特高压输变电设备制造等方面实现了技术升级。其中，高端装备制造业已成为沈阳工业第一大支柱产业，拥有沈阳鼓风机集团、沈阳机床集团等一批国内行业领军企业，百万吨级乙烯压缩机、数控机床、百万伏输变电设备、大型盾构机等重大装备已经迈入世界先进行列。面临严峻的国际国内宏观经济形势，沈阳市加快发展装备制造业思路清晰、措施有力，目前沈阳装备制造业产业规模不断扩大，为沈阳经济又好又快发展提供了有力支撑。2003年以来，沈阳市装备制造业发展情况如表2所示。

表2 2003~2014年沈阳市装备制造业发展情况

项目 年份	规模以上工业增加值（亿元）	比上年增长（%）	装备制造业实现增加值（亿元）	比上年增长（%）	占全市规模以上工业增加值比重（%）
2003	300.4	33.5	145.6	39.3	48.5
2004	407.7	33.6	224.0	53.8	54.9
2005	665.7	42.3	289.8	29.4	43.5
2006	929.3	32.5	439.5	51.7	47.3
2007	1233.4	31.9	592.3	34.8	48.0
2008	1714.2	23.5	804.1	21.9	46.9
2009	2017.5	19.1	967.4	18.6	48.0
2010	2361.4	19.1	1187.6	20.1	50.3
2011	2960.9	16.0	1418.8	16.1	47.9
2012	3304.7	11.0	1531.8	12.6	46.4
2013	3522.2	10.0	1743.7	12.1	49.5
2014	3614.9	4.9	1791.9	8.3	49.6

2014年沈阳装备制造业产业支撑作用仍然比较明显，其实现工业增加值1791.9亿元，比上年增长8.3%，增速比规模以上工业快3.4个百分点，装备制造业占规模以上工业增加值的比重达到49.6%，工业向高端化转型演变，奠定了沈阳智造走向省外甚至海外的基础。

（2）小微企业发展形势较好。按企业规模分，有大中型工业企业和小微型工业企业。2014年，沈阳市大中型工业企业实现增加值

1536.3亿元，比上年增长5.5%。小微企业作为经济发展的重要力量，近年来发展迅速，绝大多数为民营企业，广泛分布于各行业和地区，在推动经济发展、促进市场繁荣、不断扩大就业的过程中发挥着重要作用。目前，沈阳市获批首批国家小微企业创业创新基地示范城市。在政策支持和自身发展的过程中，沈阳小微企业经营状况基本稳定，2014年末，沈阳市有小微企业3070家，在沈阳3635家企业中占84.5%，实现工业增加值2078.6亿元，比上年增长3.5%（见表3）。

表3 2014年沈阳市小微企业和大中型企业情况

规模以上工业企业总数（个）	规模以上工业增加值（亿元）	小微企业				大中型企业			
		企业数量（个）	占比（%）	增加值（亿元）	占比（%）	企业数量（个）	占比（%）	增加值（亿元）	占比（%）
3635	3614.9	3070	84.5	2078.6	57.5	565	15.5	1536.3	42.5

（3）第二、第三产业结构进一步协调。目前，沈阳市经济进入新常态，在经济增速放缓但是结构转优的过程中，主要工业行业对于节能环保标准的执行进一步严格，工业、制造业增速放缓，第三产业增加值增速加快，产业结构变化明显。2014年，沈阳第三产业增加值3232.3亿元，比上年增长6.9%，在三次产业增加值中增速最快。按照比重看，2014年，第三产业增加值占地区生产总值的45.5%，同比提高1个百分点，这表明产业结构正不断优化升级。

（4）创新能力对产业增长的驱动日益增强。自2010年沈阳市获批国家创新型城市试点以来，全市科技创新资源富集，创新能力显著增强。2014年，全市科技企业孵化器67个，其中国家级科技企业孵化器10个，比2008年增加3个；全市国家级高新技术企业数大幅增加，由2008年的100家增加到2014年的372家；全市R&D人员由3.04万人年增加到3.53万人年；研发机构也不断增加，其中省级以上重点实验室和省级以上工程（技术）研究中心分别比2008年增加139个和113个。创新投入持续增加。作为技术创新主体，2014年，沈阳市规模以上工业企业R&D经费内部支出72.8亿元，是2008年的2.1倍，规模以上工业企业研发投入占企业销售产值的比重也有小幅提升，创新基础能力显著增强。产学研合作模式成效显著。近年来，沈阳市制定实施相应的政策措施支持和鼓励企业与大学、科研院所建立产学研结合长效机制，以企业为主体的产学研战略联盟、示范基地、创新平台纷纷涌现。创新型城市试点以来，沈阳机床集团、鼓风机集团、北方重工集团、东药集团、沈阳黎明航发集团等多家知名企业根据自身发展规划，打破了以前企业“单打独斗”的自主研发模式，与国内外高校和科研院所建立了长期稳定的产学研联盟关系，新组建各类产业技术创新联盟近20家，有效推进了科技成果转化。在创新驱动下，第二产业劳动生产率不断提高，高新技术产业快速发展。2014年，全市规模以上高新技术产品产值、规模以上高新技术产品增加值、规模以上高新技术产品实现利税总额分别为2008年的2.13倍、2.53倍和3.02倍，规模以上高新技术产品增加值占规模以上工业增加值的比重和占地区生产总值的比重分别比2008年提高7.99个百分点和4.71个百分点；规模以上高新技术产品实现利税占规模以上工业利税的比重比2008年提高7个百分点。在全国主要工业门类中，沈阳有15个行业的专业化水平全国领先。凭借多年自主创新的艰难跋涉，沈阳机床、沈鼓、特变沈变、远大等一批企业厚积薄发，重新成为行业“排头兵”。与此同时，沈阳市进一步鼓励企业研发首台（套）装备，探索建立自主研发首台（套）装备风险补偿机制。加大产业资金对有优势、有潜力、有市场的重点装备制造企业的支持力度，沈鼓工程成套、华晨中华汽车等近200个重大项目从中受益，成为沈阳市稳增长的企业主力军。

（5）产业布局进一步完善。产业转型升级改造与城市空间布局调整相结合，结合城市功能和城市环境改善，对老企业进行搬迁、改革、重组、升级等系统性和整体性改造。沈阳推进老城区向现代商贸服务区转型，通过土地级差地租等形式，把主城区内部的工业企业搬迁出去，盘活资金用以支付改革、改制、改造成本，完成传统优势企业战略重组、升级和城区转型。初步形成了各具特色的铁西、浑南、沈北三大产业聚集区；已经建成或正在建设一批创新能力强、成长潜力大的高新技术产业园区和产业集群。沈阳铁西装备制造业基地等集聚效应明显，已成为推动区域经济快速增长的重要力量，有效支撑了基地所在城市工业经济的发展和区域特色经济品牌的形成。沈阳、抚顺之间的沈抚新城着力在新型工业化上寻找突破口。目前，在其产业区规划5平方公里作为沈抚新城机器人产业基地建设用地，产业定位为机器人及智能装备制造业。重点引进工业机器人、关键基础零部件及通用部件生产企业，包括与主机配套的液压件、轴承、齿轮、传感器等生产企业和智能仪器仪表与控制系统、高档数控机床与基础制造装备等生产企业。沈北新区30个重点项目开（复）工，计划总投资367亿元，预计重点项目总量全市第一。以辉山乳品城、雨润农副产品采购中心、海尔工业园等为代表的20个全市重点项目全面实现开（复）工，使沈北新区在城市节点处实现重点发力。

（6）“两化”融合程度进一步加深。推进工业化和信息化“两化”深度融合是沈阳市工业经济持续发展的“加速器”。近年来，沈阳市“两化”融合工作取得实质性进展，提升了产业核心竞争力。确定建设铁西区、浑南区两个“两化”深度融合示范区、10大类公共服务平台和20个重点企业示范项目。目前，沈阳市重点行业骨干企业的信息化管理应用率达到95.45%，大型骨干装备制造业综合评分达到75分。在2014年5月举行的国家级“两化”融合试验区工作验收中，沈阳以优异的成绩名列前茅。目前，沈阳市第二批42个市重点工业项目正在加紧推进实施当中。依托沈阳机床、沈阳高精数控等龙头企业，开展了高精高速五轴加工等先进产品研发，提升了高档数控机床主机及关键功能部件的整体技术水平。依托沈阳新松公司，攻克机器人本体结构优化及控制等核心共性技术，开发出系列化机器人及高档数控机床用高精度轴承产品。针对新能源开发与节能发展方向，重点实施新能源与节能装备专项，依托大连华锐集团、沈阳鼓风机集团、特变电工沈变集团、沈阳黎明公司等大型企业，开发出国内首台套R0110燃气轮机和核电站用环行起重机、500kV变压器以及核电机组二级泵等核电关键设备。

（7）非公有制经济作用凸显。2014年，全市不同所有制经济竞相发展，呈现出非公有制经济比重提高、公有制经济快速发展、外商及港澳台商投资经济增速（比上年增长9.1%）领先等特点。

从表4中可见，公有制经济增加值788.3亿元，比上年增长7.4%，非公有制经济为2826.6亿元，比上年增长4.3%；公有经济占全市比重为21.8%；非公有经济占全市比重为78.2%，比上年提高0.4个百分点。从这组数据来看，非公有经济对于整个城市经济发展的贡献率不容忽视，正逐步引领沈阳经济呈现质的飞跃。非公有制经济正成为企业改制的重要力量，应积极吸引非公有资本参与企业改制重组。

表4 2014年按所有制分类的工业增加值

	规模以上工业增加值（亿元）	比上年±%	占全市比重（%）
公有经济	788.3	7.4	21.8
非公有经济	2826.6	4.3	78.2

（8）传统重点行业整合重组得到进一步推进。近年来，沈阳市传统优势行业积极探索国有大企业之间强强联合重组和吸引域内外优势发展资源的途径，提高了传统优势产业的领军型企业发展能力，优势产品市场竞争能力增强。重点行业优势和竞争力进一步提高。沈阳机床集团兼并重组了沈阳第一机床厂、中捷友谊厂和沈阳第三机床厂，近年又陆续并购德国希斯公司，控股昆明机床，形成了国际化、世界级的机床企业。华晨集团通过省市合作，引入沈阳市及辽宁省政府投资，顺利实施了华晨集团A级车扩能项目，促进了辽宁汽车产业结构调整和优化升级。此外，沈阳矿山机械和北方重工集团等都是通过整合重组，促进了资源的优化配置，使国有资产向重点行业和支柱产业集中。

三、沈阳工业结构调整面临的新形势和新要求

“十三五”时期是沈阳努力破解发展难题、依靠内生发展推动经济提质增效的关键阶段。老工业基地振兴战略实施10年来，沈阳在国企改革、解决历史遗留问题等方面取得重大阶段性成就，部分技术装备达到了国际先进水平，装备制造等主导产业在某些核心技术方面已经实现突破。未来沈阳工业结构战略性调整的质量与成就，不仅关系到沈阳的地位提升和空间拓展，也必将对区域发展产生巨大的牵动和辐射作用。新时期世界经济和国内经济都处于大调整与变革中，工业发展越来越受全球化趋势的影响，再加上国内区域间竞争愈发激烈，对沈阳市工业产业结构调整形成了巨大的压力和倒逼机制。

（一）新技术对经济各行业的渗透力不断增强

新一轮科技革命和产业变革正在孕育兴起，带动几乎所有领域发生了以绿色、智能为特征的群体性技术革命。生物医药、新一代信息技术、新材料微结构与纳米技术和新能源等前沿科学技术面临重大突破，也是未来新兴产业发展的战略重点。互联网正在颠覆传统行业的运营方式，物联网、云计算、3D打印技术等重塑产业发展格局。各国更加重视高技术产业发展，通过加强对高技术产业的前瞻布局，从政策颁布、加大预算等方面促进高技术产业的发展创新，将其作为提振经济的新增长点。各国比以往更加重视创新在经济增长中的作用。

（二）发达国家再工业化战略使高端制造业竞争更加激烈

制造业体现出加快融合互联网技术、智能化、服务化、专业化

的新趋势。美国再工业化和发达国家的科技创新战略对我国经济发展形成了较大的战略性挤压，如德国推出“工业4.0”战略，提出未来制造的模式是“网络+工业机器”，“智能制造将推动第四次工业革命”。发达国家对于实体经济，特别是制造业更加重视，国际产业格局加速调整。发达国家再工业化有两个核心特点：一是制造业信息化，二是制造业服务化。沈阳工业化后期和发达国家的再工业化叠加在一起，这种叠加在一定程度上弱化了沈阳产业的比较成本优势。再加上国内区域间竞争愈发激烈，经济从高速向中高速转换，固定资产投资增幅回落，企业产能过剩，企业经营成本上升，这些矛盾与问题都对传统优势产业的发展形成制约，沈阳市经济发展和转型创新面临巨大考验。国家实施“中国制造2025”战略，是应对西方国家“再工业化”、“工业4.0”等战略，提升制造业竞争力和综合国力的重大举措，作为中国装备制造业基地，沈阳应在“中国制造2025”战略中发挥核心作用，全力提升自主创新能力，推进智能化发展，提高综合集成水平，完善多层次人才体系，促进产业转型升级，实现制造业由大变强的历史跨越。

（三）“一带一路”发展战略拓展企业参与国际竞争与合作的空间

通过“一带一路”和与其他国家的自由贸易区战略加快中国国际化步伐，打造多元化开放通道，统筹谋划全方位的开放格局。从沈阳市工业经济运行数据看，制造业投资和民间投资低迷的状况反映出当前经济内生增长乏力，这不仅是经济周期调整的问题，更反映出经济转型和经济结构调整的艰难曲折。过度投资在实体层面累积为过剩产能，如何消化过剩产能应该说是实现转型升级的关键。

对于过剩产能中的优势产能，要紧紧抓住国家实施“一带一路”战略的有利时机，拓展对外开放的思路，转移过剩产能，增强企业开拓海外市场的能力。

（四）沈阳市经济发展进入由要素驱动向创新驱动转变的阶段

从经济发展要素投入看，依靠高投入、高消耗、高排放带动GDP高速增长的模式已经难以为继，人口红利出现拐点，廉价人工的终结是必然趋势，这将对城市产业结构调整和重塑产生直接影响。未来随着土地资源的日益紧缺，提高单位建设用地的增加值，集约化利用土地是产业发展的基本要求。依靠出口需求和基础设施建设带动的发展动力也受到限制，从国际经济大的发展环境和趋势看，出口需求继续扩大的空间不大，基础设施建设经过1997年、2002年和2009年以来的这几轮建设浪潮，城乡之间、城市之间的交通等基础设施已经明显改善，下一阶段将主要致力于改善城市排水、排污、供热、供水、通信等提高城市现代生活质量、完善城市功能的基础设施建设。这些外在条件的变化客观上要求经济发展由要素驱动、效率驱动向创新驱动过渡转变，经济增长将更多依靠人力资本质量和技术进步，要实现经济持续稳定有质量地发展，强化科技同经济的对接、创新成果同产业的对接、创新项目同现实生产力的对接、研发人员创新劳动同其利益收入的对接，增强科技进步对经济发展的贡献度，营造大众创业、万众创新的政策环境和制度环境，让创新成为驱动发展的新引擎。经济持续健康发展的关键在于构建充满活力的市场微观基础，促进大众创业、万众创新对于脱胎于计划经济的老工业基地地区来说具有特别的意义。“创客经济”和“互联网+”代表着新模式、新创意、新技术，是构筑市场微观基础的重要来源，是促进产业结构升级的重要动力，必须给予充分的重视，并提供扎扎实实促进其培育、发展、壮大的环境。

四、沈阳工业结构调整面临的制约因素分析

（一）传统优势产业持续扩张面临未来市场需求风险

沈阳市工业近年来得到国家政策和资金的支持，大部分国债项目集中在石化、钢铁、装备制造等战略性竞争行业中，工业发展面临着始于2003年的投资热潮可能带来的产能过剩的负面影响，一些领域已经出现生产规模明显大于预期市场需求规模的情况，传统优势产业发展面临严峻的竞争环境。产能利用率低的行业主要集中在化工、建材等传统行业。新建规模以上工业企业中，部分企业仍属于产能利用率较低的行业。特别是部分新建企业并非是产品的转型、升级或创新，而是在原有产能基础上的重复建设，这些新增加的产能，将进一步加剧相关行业的产能过剩，加大转型压力。

（二）新兴产业未形成明显竞争优势

近年来，沈阳市新兴产业呈现快速发展势头，成为发展最快的产业亮点和经济增长点，但与发达城市、发达地区相比，还存在较大差距。新兴产业发展面临的主要问题主要体现在：一是产业竞争力有待提升。现有节能环保、新一代信息技术、生物、高端装备制造、新能源、新材料、新能源汽车七大战略性新兴产业中，一些企业产品结构单一，科技含量低，生产规模小，装备水平低，核心竞争力薄弱，市场占有率低，没有形成完整的产业链。二是产业配套能力有待加强。战略性新兴产业之间关联性较低，区域内专业化协

作配套能力较弱。虽然具备成套装备的生产基础，但具有系统解决方案和工程成套实力的企业不多，高技术、高附加值的重大装备产品及关键器件仍然依赖进口，尚未形成成套装备的市场优势。三是自主创新能力有待提高。企业自主创新能力依然较弱，存在“创新不多、能力不强、动力不足”的现实问题。技术开发主要集中在企业内部，技术开发的各种资源尚未有效整合。在战略性新兴产业的关键技术和前沿技术方面，拥有核心知识产权的重大关键性创新技术不多。四是投融资体制有待改善。沈阳市战略性新兴产业创业投资企业少，创业投资规模小，创投从业人员不足，融资性担保机构不够发达，多层次金融市场不够完善，需进一步发展。

沈阳市作为老工业基地、国家创新型城市、沈阳经济区核心城市、东北地区中心城市等，具备发展战略性新兴产业的强大产业基础和创新潜力。沈阳市必须抓住当前重要的战略机遇，开拓国际视野，立足战略高度，大力发展在信息化和工业化深度融合基础上的先进制造业，提升产业集聚和创新能力，加快形成支撑经济持续健康发展的支柱性和先导性产业，实现产业结构优化升级，切实把推动发展的立足点转到提高质量和效益上来。

（三）工业重型化特征明显

分行业看，增加值排在前面的通用设备制造业、交通运输设备制造业、农副食品加工业、电气机械及器材制造业、非金属矿物制品业等均为传统产业。从大的行业分类来看，装备制造业增加值占规模以上工业增加值的比重近50%，但高端装备制造发展薄弱。近些年重工业比重略有下降，但也都在70%左右。这种传统产业、重型工业占主导的产业结构，必然导致工业发展受限于资源和环境的影响。重工业导致耗能加快，产能严重过剩，环境压力较大。当前，沈阳市重工业比例较大，如图1所示。

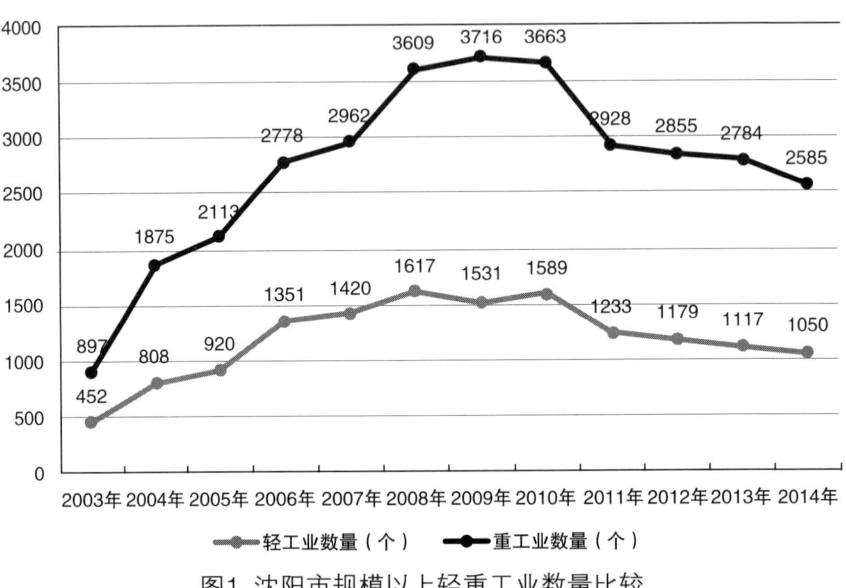

图1 沈阳市规模以上轻重工业数量比较

从图1的数据来看，2014年规模以上工业企业和生产单位中，轻工业1050个，重工业2585个。2003年以来，轻工业产值比重始终保持在27%以下，而重工业则始终处于73%以上（见表5），这对全市能源和环境保护造成了巨大压力。经济增速放缓，使产业结构不合理、经济发展方式粗放的问题进一步显露出来。

表5 沈阳市规模以上轻重工业产值比较

项目 年份	工业总产值（亿元）	轻工业总产值（亿元）	重工业总产值（亿元）	轻工业比重（%）	重工业比重（%）
2003	1064.4	253.4	811.0	23.8	76.2

续表

项目 年份	工业总产值（亿元）	轻工业总产值（亿元）	重工业总产值（亿元）	轻工业比重（%）	重工业比重（%）
2004	1620.2	360.2	1260.0	22.2	77.8
2005	2195.2	575.5	1619.8	26.2	73.8
2006	3290.9	864.1	2426.7	26.3	73.7
2007	4786.0	1221.5	3564.5	25.5	74.5
2008	6529.5	1676.8	4852.7	25.7	74.3
2009	7637.1	1974.0	5663.1	25.8	74.2
2010	9612.5	2510.1	7102.0	26.1	73.9
2011	10880.6	2855.2	8025.4	26.2	73.8
2012	12702.3	3353.7	9348.6	26.4	73.6
2013	13735.2	3498.6	10236.6	25.5	74.5
2014	13759.1	3454.5	10304.6	25.1	74.9

表6数据显示，2008年以来，沈阳市规模以上轻重工业增加值增速呈现下降趋势。特别是近年来，重工业增加值比上年增长10%左右，而2014年仅增长5.6%，是2003年以来的最低水平。重工业虽然在工业中比例较大，但因技术水平等因素，对经济增长的贡献率造成负面影响。

表6 沈阳市规模以上轻重工业增加值比较

项目 年份	规模以上工业增加值（亿元）	比上年增长（%）	重工业增加值（亿元）	比上年增长（%）	轻工业增加值（亿元）	比上年增长（%）
2003	300.4	33.5	201.5	27.8	77.2	22.5

续表

项目 年份	规模以上工业增加值（亿元）	比上年增长（%）	重工业增加值（亿元）	比上年增长（%）	轻工业增加值（亿元）	比上年增长（%）
2004	407.7	33.6	329.9	63.7	103.5	34.1
2005	665.7	42.3	483.3	46.5	182.5	76.3
2006	929.3	32.5	671.9	34.7	257.4	27.0
2007	1233.4	31.9	884.4	35.0	349.1	24.7
2008	1714.2	23.5	1231.4	25.0	482.9	21.2
2009	2017.5	19.1	1461.8	19.2	555.7	18.9
2010	2361.4	19.1	1740.2	19.6	621.2	17.9
2011	2960.9	16.0	2156.7	14.9	804.2	17.3
2012	3304.7	11.0	2400.6	10.9	904.1	11.2
2013	3522.2	10.0	2583.3	10.9	939.0	7.4
2014	3614.9	4.9	2638.5	5.6	976.4	3.1

（四）小微企业仍面临诸多发展难题

推进小微企业创业创新基地示范城市建设，是推动沈阳新一轮振兴的新引擎，破解体制机制障碍的“金钥匙”和扩大就业、增加收入的富民之道。2014年，沈阳市小微企业实现工业总产值7117.2亿元，比上年下降6.9个百分点。支持小微企业发展的政策环境和制度环境尚不完善，支持小微企业发展的有效模式尚未形成。在小微企业发展过程中，仍存在经营压力大、成本上升、融资困难、缺乏人才等问题。沈阳成为全国首批“小微企业创业创新基地示范城市”之后，为在全社会营造有利于大众创业、万众创新的政策环境和制度环境，充分发挥沈阳优势，在打造小微企业的市场化、专业化、集成化、网络化新型载体方面将面临前所未有的挑战。

（五）传统优势产业亟待转型升级

沈阳市传统产业特别是传统制造业的发展存在诸多困难。如整体产业级次不高，高耗能、低效能问题较为突出；有规模且处于行业领先地位的企业不多，适应市场的能力较弱，缺少发展后劲；整体附加值偏低，单机、零配件产品多，终端产品少，大多数企业处于价值链低端；企业自主创新能力不强，研发投入不足，拥有自主产权和核心技术的企业有限；企业高层次、复合型技术带头人和技能型人才紧缺，人才外流现象严重；体制机制问题仍然存在，习惯性思维已成为转型升级的最大障碍，出台的政策措施在精准度、公平性及惠及面等方面均显不足。

装备制造业必须转型，必须经历由生产型制造向服务型制造的转变。生产性服务业体系尚未建立健全，社会化分工不强，全新的产业形态亟待形成。据统计部门测算，沈阳市2009~2013年工业转型升级指数呈总体下降趋势，综合指数由2009年的33.5下降到2013年的31.5。结构优化指数呈“波动下降”，发展能力指数呈“直线下降”，投入强度和开放强度指数呈“逐年下降”态势。与其他副省级城市比，2012年沈阳市转型升级评价综合指数为30.91，落后于厦门（37.71）、武汉（35.5）、成都（31.74）等城市。总的来看，多年来优势支柱产业结构始终变化不大，产业优化升级进程缓慢。

（六）科技创新对经济增长的带动作用有限

产业持续发展和升级的技术支撑能力薄弱，多数产业不具备对产业核心技术和领先技术的掌控力，受市场波动影响严重。科技创新是经济增长的又一重要要素，尤其是在工业化发展的中后期阶段。沈阳市科技创新尽管在辽宁省乃至东北地区走在了前列，但与发达省份和城市相比，其科技创新程度、环境、创新投入和绩效还有差距。绝大多数企业由于缺乏持续创新的动力和能力，只能停留在产品价值链和产业价值链的低端，高端、原创技术产品少，航空设备、精密仪器、医疗设备、工程机械等具有战略意义的高技术含量产品的关键技术自给率较低。企业在软件信息集成、智能产品研发、生产流程自动化、信息安全防范等工作中遇到的难点和突出问题，急需技术支持。到2014年，规模以上拥有高新技术产品的企业共有724户，仅占19.9%，80%以上企业生产的产品为一般技术产品。全市实现高新技术产品总产值5757.4亿元，占全市的41.8%，占比远低于广州、深圳、武汉和成都的水平。产业技术水平低还表现为高端装备制造业技术创新能力有待提高。从2014年的工业增加值看，行业增加值占比较大的为汽车制造业（14.7%）、通用设备制造业（11.7%）、电器机械及器材制造业（7.5%）、金属制品业（6.4%）、专用设备制造业（5.3%）等传统装备制造业，而知识密集型的行业占比均较小，特别是通信设备、计算机及其他电子设备制造业同比增长-1.1%，占比已由10年前的第二大行业下降到10名以外。

（七）工业发展要素投入结构仍呈粗放型增长特征

过度依靠投资拉动的增长模式，既导致一些行业产能过剩，很多投资项目效益低，也是造成地方债务危机的主要原因。因此，在工业化和城镇化加速发展时期，依靠投资拉动经济增长是必要的，但长期依靠投资拉动的模式又是不可持续的。以装备制造业、原材料工业为主导产业的工业结构，在其经济发展过程中必将受到资源、环境问题的困扰。尽管国家在能源消耗上有严格的约束性指标，但是随着经济体量的增加，能源消耗量也在不断增长。煤类燃料消耗导致碳排放持续增长，影响环境质量。从经济发展的现实来看，这种能源消费持续增长的趋势以及以煤为主的能源结构在短期内很难改变。

总的来看，沈阳工业结构中重工业比重相对于前些年略有下降，但仍然保持在70%以上，呈现重工业“重”，轻工业“轻”的局面。装备制造业产品配套能力和系统集成能力不高，原材料工业精深加工度偏低，难以跻身产业链条高端。战略性新兴产业规模较小，缺乏核心技术，同时互联网、电子商务、快递等新兴产业未能得到快速发展。生产性服务业发展相对滞后，所占比重提升缓慢。金融等现代服务业发展缓慢，许多生产性服务业没有完全从制造业中独立出来。经济增长的竞争优势不稳定，老工业基地振兴的成果不巩固，受外部经济环境变化的影响比较大，尚未形成较强的内生增长动力和自我发展机制。沈阳目前传统产业、重型工业、小型企业占主导的产业结构，在很大程度上导致沈阳工业发展受限于资源和环境的影响。

五、沈阳工业结构调整和转型升级的主要思路与对策建议

工业结构调整和转型升级意味着从传统工业化转向新型工业化，从资源、资本驱动的工业化转向技术、知识驱动的工业化。工业创新能力的强弱是未来工业发展的决定性力量。工业创新是产业进步的基本条件和获得竞争优势的根本方法，要通过工业创新推动经济增长方式从投资驱动型向创新驱动型转变，将重工业化、高加工度化和技术

集约化结合起来，重视借助国内外先进的管理资源、资本资源、技术资源、知识资源等，培育和确立适应未来竞争需求的新的优势地位，特别是增强资本和技术密集型制造业的国际竞争力。

（一）工业结构调整的总体思路

传统产业转型升级与新兴产业发展并驾齐驱。通过创新驱动实现传统产业的优化升级，加快淘汰落后产能，进一步夯实工业基础，增强工业核心竞争力。重视培育和壮大战略性新兴产业集群，支持新产业、新模式、新业态的发展，促进信息化和工业化深度融合，致力于发展以信息化、高技术化、智能化、规模化为主要特征的现代制造业企业，重点发展高端装备制造、电子信息、新能源、新材料等产业，形成高端化、高质化、高新化的现代产业体系。建设高水平现代制造业和研发基地，加快重点产业集聚区、高新技术园区和经济技术开发区发展。

以创新为动力促进工业结构转型升级，建立区域科技创新体系，提升企业自主创新能力和吸纳国内外科技资源的能力。以创建国家自主创新示范区为突破口，全面实施创新驱动战略，构建内生增长动力。以绿色产业为方向，促进资源利用效率提高，改变具有扩张趋势的资源消耗型工业结构，严格控制高耗能、高污染产业的投资，形成资源节约、环境友好的集约增长模式。发展生产性服务业，推动服务业与制造业融合发展。

（二）对策建议

（1）将智能化、信息化、服务化作为传统产业转型升级的方向。提高传统产业的智能化和信息化水平，着力推进装备制造、原材料等产业转型升级，从沈阳市实际出发，加快应用高新技术改造传统制造业，做强做大通用设备制造、交通运输设备制造、电气机械及器材制造、金属制品、专用设备制造、电子通信设备制造等工业，鼓励技术开发和产品创新，引导生产要素更多地流入复杂技术工业部门和行业。深化信息技术在工业领域的集成应用，加强协同设计、精益制造、供应链协同等先进生产管理模式的创新发展。

产业融合是未来产业发展的方向，生产性服务业发展是工业转型升级的重要条件，应促进生产性服务业和制造业形成相互支撑、相互推动的紧密关系。把发展生产性服务业同建设现代装备制造业和重要原材料基地结合起来，使生产性服务业发展能够和制造业转型升级保持动态契合，推进生产性服务业的市场深化，全面提升服务业对经济发展的支撑力，促进生产性服务业大发展。未来要推动金融资本和产业资本的融合，一个方向是工业资本进入金融领域，另一个方向是金融资本进入工业领域。

（2）发展高端装备制造业。以智能制造、绿色制造和大型装备集成化为主要突破口，加快推进新材料装备、高效节能环保装备、电子信息装备、新能源汽车等高端装备制造业发展，发展带动性强、关联度高的通用设备、交通运输设备和成套设备制造业，发展核电设备、盾构机械、大型农业机械、高档数控机床等有市场需求且有一定优势的产品。以“工业4.0”的理念促进装备制造业的智能化发展，利用沈阳装备制造业优势，推动智能测控装置与部件的研发和产业化发展，加快实现各种制造过程的自动化、智能化、精密化，使智能技术及核心装置得到推广应用，推进智能装备制造业加快发展，并带动装备制造企业提供工业标准和控制系统。提升产业链完成程度，推动以产业链为纽带、科技与资本要素集聚的装备制造业集聚区建设，不断扩大高端装备制造业基地的规模和水平。

加快推进基础性和关键性行业发展，提高关键配套系统与设备、关键零部件与基础件制造能力。发展能够提供高性能材料和高功能零部件的产业群，这是沈阳工业向产业价值链中高附加值环节拓展的重要内容，是形成装备制造业内部具有国际竞争力的分工体系的关键，应以最终产品制造商为牵引点，带动高性能部件、元器件和中间材料的发展，培育和形成高起点、专业化的零部件产业集群。

（3）加快发展战略性新兴产业。围绕现有战略性新兴产业布局，促进技术、人才、资金等要素向具有技术创新优势的企业和产业集聚倾斜，培育创新能力强、创业环境好、特色突出、集聚发展的战略性新兴产业示范基地，形成几个具有较强竞争力的产业集群。以产业集群为载体，加快掌握核心关键技术，树立自主品牌，在高端制造、新材料等领域成为全球重要的研发制造基地。针对产业发展的薄弱环节，着力推进科技创新、产业创新、企业创新，不断壮大产业规模。坚持发挥市场决定性作用与政府引导推动相结合，加大政策扶持力度，通过政府采购、补贴等方式，加快产业形成和发展。以营造良好的产业发展环境为重点，以企业为主体，加速科技成果产业化，推动战略性新兴产业快速健康发展，抢占未来科技经济竞争的制高点。

促进新兴产业与传统产业融合发展。充分利用传统产业的雄厚基础，加快“两化”融合进程，通过生产装备数字化、生产过程智能化和经营管理网络化，把传统产业的内涵外延做深、做透，加快产业链向高端延伸，向战略性新兴产业渗透，逐步确立产业的国际竞争优势。依靠战略性新兴产业带动传统产业发展，将战略性新兴产业各领域的技术创新全面植入传统产业，建立有利于产业发展的新行业标准和重要产品技术标准体系，为培育和拓展市场需求创造良好环境。

（4）积极开拓国际市场，化解过剩产能。抓住国家实施“一带一路”战略的有利时机，拓展对外开放的思路，转移过剩产能，增强企业开拓海外市场的能力。下一步对外开放的重点不仅仅局限在对外出口方面，还要依靠对外投资带动企业转移过剩产能；企业的目标市场不仅是向发达国家出口产品，还要向周边国家和新兴市场直接投资，从而转移过剩产能。对于确实是落后的产能，要通过淘汰、整合实现转型升级，要有帮助严重产能过剩企业退出转型的资金支持，或者考虑向国家申请这笔资金，该资金主要用于企业退出或重组减少产能的补贴、职工安置和再就业培训补贴等。

应立足东北亚，深化多元开拓国际市场的战略，推动具有国际市场需求的过剩产能加快海外转移。充分利用国家的支持政策，大力开拓国际市场，支持沈阳重大装备“走出去”，为国外用户提供工程设计咨询、施工建设、装备供应、运营维护等全方位服务。适应对外开放的阶段性发展要求，灵活运用贸易、投资、承包工程等方式和买方信贷等手段，深度开发和巩固俄罗斯、韩国、蒙古、日本、朝鲜等周边国家和地区市场，实现产品、技术、资本全方位走出去。创新对外投资和合作方式，推动有条件的企业借助国际资本市场，兼并和收购境外企业和知名品牌，转移优势产能和开发资源能源，发展境外工程总承包项目，建立国际营销网络、研发中心和售后服务网络等。鼓励技术成熟、国际市场需求大的产品和企业依托能源资源产地和市场，设立境外生产基地。推动重大装备和优势产能走出去、技术标准带出去，提升制造业在全球生产价值链的分工地位。鼓励贸易企业与生产企业、金融机构、科研机构结成伙伴关系，共同开拓国际市场。

（5）建立以企业为主体的创新体系。紧紧抓住沈阳市创建国家创新型城市的有利时机，充分发挥科技创新对产业转型升级的驱动和支撑作用，地方政府要提供研发创新的引导资金，要注重企业家的作用，而且企业家与资本相结合才会由要素驱动变成项目驱动。同时，站在国家创新体系建设的高度，紧密结合沈阳创新优势，充分整合国内外各种资源和力量，形成一批具有特色和比较优势的创新产业集群。

建立以企业为主体的创新体系，突破一批产业核心技术，提高研发设计、加工制造和成套配套能力，针对各行业特征和薄弱环节，应明确和细化各主导产业提升核心竞争力的方向。重大装备工业应注重提高核心技术开发能力，构建产业供应链系统，增强工程成套系统集成能力、零部件专业化程度，提高产品质量和可靠性、营销服务水平等。原材料工业要突出企业产品上下游一体化，通过提高装备水平和工艺技术水平，在延伸产品深加工程度的同时，注重资源节约使用和循环利用。受制于资金和经验的制约，技术发展的主要途径可以是自主研发和联合开发并举，在关键领域着力实施自主创新模式。

进一步改革科技管理体制。通过减税让利等各种优惠政策，鼓励企业加速技术进步和新产品开发，加快完善多种形式的激励机制，激发科技人员的热情，鼓励科技人员创新、创业，支持领军人物或团队对重大科技项目开展以科技成果产业化为导向的研发。创新财政科技投入方式，引导金融资本、创业资本和民间资本加大对科技型企业的资金支持。扩大创新投资资金规模，通过天使投资、创业投资、融资担保、贷款贴息等多种方式带动社会投资。加大创业风险投资用于人才培养、科技研发和技术引进等“软投入”的比例。推广知识产权质押贷款业务，建立科技企业与创投机构、券商、保险和各类科技金融中介服务机构的经常性对接机制，加大对有一定科技实力和较强发展潜力的初创型中小科技创新企业的金融支持，让风险投资更多地进入传统优势企业的升级和创新领域。引导和激励企业加大科技投入，加强科技储备和新产品研发，加快集聚创新要素，不断提高企业活力和内生增长动力。充分发挥民营企业机制灵活的优势，培育一大批具有高成长性的民营科技企业，利用市场优胜劣汰机制，催生适应发展需求的新技术和创新模式。

鼓励各类企业之间的合作研发与创新，营造企业群落内部知识交流与共享的良好氛围。鼓励和支持沈阳大中型企业、高新技术企业联合全市高校、科研院所做大做强企业的研发机构，支持有条件的企业收购和兼并发达国家企业研发设计机构和知名品牌。在努力培育领军企业的同时，加大扶持创新型中小企业的力度，促进领军企业和中小型企业之间的配套协同发展。完善中小企业创新服务体系，加快推进创业孵化、知识产权服务、第三方检验检测认证等机构的专业化、市场化改革，壮大技术交易市场。培养和引进科技创新人才，依托沈阳市的高校资源，大力培育具有创新能力的科技创新人才，加大培养和留住科技人员的投入力度及对创新人才的激励力度，抓住培养人才、引进人才、留住人才和用好人才四个环节，充分发挥人才在推动科技创新中的作用。

（6）优化和拓展产业发展的空间布局。优化产业布局要以工业园区和工业走廊为载体，围绕功能定位，培育和发展各具特色、重点突出的产业园区，引导和扶持优势产业发展，在企业搬迁重组的过程中实现组织结构调整、业务流程再造、技术改造升级和全面信息化建设，实现企业制造能力和研发能力的全面提升。

整合和规范产业园区发展，逐步建立优扶劣汰的管理机制。对于已有项目用地中达不到园区集约用地标准的企业，应逐步置换。应进一步建立和完善园区内企业的退出机制，对达不到集约用地标准的企业进行跟踪督促，如经过整改仍达不到用地标准的企业应按要求退区。

打造高端产业园区，引领经济转型升级。推进沈阳铁西世界级装备制造业基地、中德高端装备制造业园区、沈阳军民融合发展示范园区建设，增强骨干企业的国际竞争力，支持其跨区域兼并重组，围绕优势产业的大企业、大项目来发展区域产业集群，通过主体企业、大项目的产业辐射优势，使传统优势产业内在产业链条有机衔接，并通过资源整合、技术协作、合资合作等方式，延伸产业链条，强化产业集群效应，有效扩大经济总量。

加强生态工业示范园区和循环经济示范区的建设与推广，注重产业链及其相互耦合关系，以汽车、装备、电力、建材等重点耗能行业为先导，大力发展循环经济和构建生态产业链，将传统工业化过程中“资源—产品—废物”的增长模式转变为新型工业化过程中“资源—产品—再生资源”的循环模式。另外，逐步建立企业为主、政府支持的循环经济技术创新体系。

（7）以体制改革带动工业结构升级。近年来，国有企业改革的步伐大大加快，但是在不同行业中，国有经济所占比重差异很大，轻工业中国有及国有控股所占比重较低，而传统重化优势产业国有比重仍较高，体制性矛盾在传统优势产业中表现得比较集中和突出。改造传统产业需要大量的资本投入，靠国有企业自身能力进行技术改造与结构升级不太容易实现，而且风险集中。传统优势企业的产权结构要实现多元化，除了关系国家安全和国计民生的企业，应该向民营资本和外资开放，允许外资、私人资本和法人资本采取多种形式参与传统优势企业的结构改造和升级。在产权清晰、产权结构多元化的基础上，实现产权的可流通性和交易性，建立资本退出和流动渠道。建立符合现代市场规范的法人治理结构，增强传统企业的市场开拓能力和产品开发能力，把传统优势企业建设成投资多元、运作规范、竞争力强的现代企业。

新常态下发展新路径的思考

认识新常态、适应新常态、引领新常态，是当前和今后一个时期我国经济发展的大逻辑。“聪者听于无声，明者见于未形”。积极探索沈阳经济发展新路径，进一步顺应当前及未来经济发展的变化和宏观调控的要求，主动作为，扬长避短，发挥沈阳优势，不仅有助于实现沈阳经济在调整中加快转型，而且能够进一步推动全市经济实现高质量、优效益、可持续的发展，进而助推沈阳老工业基地在新一轮振兴中行稳致远。

一、新常态的提出及发展

2014年5月，习近平总书记在河南考察时以“新常态”一词来描述中国经济。2014年11月，习近平总书记在APEC工商领导人峰会上系统阐述了新常态，指出新常态有以下几个主要特点：“从高速增长转为中高速增长”、“经济结构不断优化升级”以及“从要素驱动、投资驱动转向创新驱动”。之后的12月5日召开的中央经济工作会议，对APEC会议上习近平总书记关于增速、结构和动力的阐述做了进一步深化和系统化，分别从九个方面对新常态进行了完整和系统的解读，揭示了经济减速、结构转变和动力转换的根本原因。党的十八届三中全会、四中全会、五中全会后，关于新常态经济的基本框架基本确立。

从根本上讲，新常态经济就是社会主义市场经济，这是与改革开放以来以GDP为导向的旧经济形态与经济发展模式不同的新的经济形态与经济发展模式。新常态经济用价值机制取代价格机制作为市场的核心机制，通过还原市场经济的本性，使市场在资源配置中起决定性作用，通过提升原有发展模式，最终实现经济治理能力现代化的目标。

二、近年来沈阳经济的发展态势

近些年来，沈阳在振兴东北老工业基地的过程中，抢抓发展机遇，不断夯实前行基础，经济总体上始终保持增长态势。

（一）增长态势波动向上

振兴以来，全市经济无论总量还是增速均呈现上升态势：从经济总量上看，2003~2014年，全市经济总量从1501.9亿元增加到7098.7亿元，年均增量达到508.8亿元；从经济增速上看，2003~2014年全市经济年均增长速度达到13.6%，高出全省年均增速1.8个百分点，高出全国3.6个百分点。从经济增长周期上看，2003~2007年为经济快速增长期，经济增速一直保持在10%以上，其中2007年达到20.5%的高点。此后受全球金融危机影响，从2008年开始经济增长进入“减速换挡”阶段，经济增速逐年回落，到2013年经济增速回落至8.8%，2014年进一步回落至6.0%。近两年全市经济增速出现回落，反映出在经济下行压力较大的宏观环境背景下经济出现调整趋缓的客观事实，但全市经济发展的韧劲和张力仍然较强，经济发展的基本面仍然比较扎实，依然保持了向上的发展态势。

（二）增长质量改善提升

企业盈利能力不断增强。振兴以来，随着全市各项配套改革的深入，企业生产经营能力不断增强，盈利水平有较大提高。2014年全市限额以上批发零售企业实现主营业务利润224.9亿元，较2003年增长11.9倍；规模以上工业企业实现利润747.1亿元，较2003年增长29.4倍。

财政收入占地区生产总值的比重提高。全市财政收入占地区生产总值的比重从2003年的5.4%提高到2014年的11.1%，提高了5.7个百分点。充足的财力保证了政府对基本公共服务项目的支出，一方面满足了居民对公共产品和服务的需求；另一方面发挥了对宏观经济运行和资源优化配置的调控能力，在稳增长、扩内需、调结构方面起到了重要的支撑作用。

城乡居民收入稳步提高。2003年，沈阳城市居民人均可支配收入7961元，农民人均纯收入3818元；到2014年，城市居民人均可支配收入达到31720元，农民人均纯收入达到15945元，比2003年分别增长了3倍和3.2倍。2003年城乡居民收入比为2.08∶1，2014年下降到1.98∶1，城乡居民收入差距进一步缩小。

生态环境不断改善。2014年全市单位地区生产总值能耗下降4.5%，化学需氧量、二氧化硫排放总量分别下降2.5%和1.3%。全年共拆除20吨以下锅炉房134座，建成区绿化覆盖率达到41.8%，城市环境空气质量优、良天数达到191天。“蓝天”、“碧水”、“青山”工程稳步推进，涉农区县（市）全部成为国家生态文明建设示范区。

（三）增长动力平稳接续

工业稳定支撑。沈阳工业基础比较雄厚，自振兴以来，工业一直是推动沈阳市经济发展的主力，工业经济实力不断增强。2014年全市规模以上工业实现增加值3614.9亿元，较2003年增长7.3倍。在建设先进装备制造业基地的目标引领下，全市传统产业升级改造稳步推进，而以智能制造为重点的新兴产业发展也在不断取得突破，智能装备、通用航空、电子信息、新材料等战略性新兴产业从小到大，加速发展，2014年全市规模以上工业高新技术产品产值达到5757.4亿元。由此可见，工业对全市经济的快速发展发挥了较强的支撑作用。

投资拉动显著。2014年全市资本形成总额对经济增长的贡献率达到46.3%。从投资结构上看，第二产业占比逐年上升，到2014年达到38.6%，比2003年提高了10.8个百分点；私营、个体等民间投资快速发展，2014年民间投资占全市投资总量的比重为75.0%，比2003年提高了21.6个百分点。

消费助推发展。城乡居民收入的逐年增加，城乡市场建设发展的逐年加快，各种新兴消费业态、层出不穷的消费热潮的兴起，激发了人们的消费欲望，推动商品销售规模不断扩大。2003年，全市社会消费品零售总额为808.8亿元，2014年增加到3570.1亿元，增长了3.4倍，助推了全市经济的发展。

（四）结构调整呈现积极变化

产业结构逐步调整。作为国内重要的工业与装备制造业基地，一直以来，第二产业特别是工业在沈阳经济发展中居于主要地位。2003年第二产业增加值占全市地区生产总值的比重为39.8%，其中工业增加值占35.3%。2014年第二产业增加值比重上升至49.9%，比2003年提高了10.1个百分点，其中工业增加值占比46.8%，比2003年提高了11.5个百分点。服务业增加值对地区生产总值增长的贡献率从2003年的28.3%提高到2014年的52.1%，提高了23.8个百分点。尽管这些年全市服务业的发展有所起伏，但总体上仍保持了向上的发展态势。

所有制结构发生积极变化。2006年全市实现非公有经济增加值1561.5亿元，其中第一产业93.2亿元，第二产业780.9亿元，第三产业687.4亿元。非公有经济占地区生产总值及第一、第二、第三产业增加值的比重分别为62%、68.9%、68.6%和55.2%。到2014年全市非公有经济实现增加值4634亿元，其中第一产业224.3亿元，第二产业2638.5亿元，第三产业1771.3亿元。非公有经济占地区生产总值及第一、第二、第三产业增加值的比重分别达到65.3%、68.9%、74.5%和54.8%。与2006年相比，非公有经济占GDP的比重提高了3.3个百分点，其中第二产业提高了5.9个百分点，这表明沈阳市非公有经济的增长快于公有经济的增长，尤其是第二产业中非公有经济增加值得到了较快发展。

（五）发展空间不断拓展，县域经济日益壮大

近年来，沈阳市积极适应经济发展呈现的新变化，主动、稳步地推进全市行政区划调整，使区域发展空间不断拓宽，也促进了产业布局的优化："东汽、西重、南高、北农"以及"东北区域金融中心核心功能区"五大发展空间格局业已形成并向纵深化方向

发展；国家中心城市建设力度不断加大，综合配套改革进程大力推进，经济区一体化建设进度不断加快，沈阳经济区建设步入新阶段；沈抚同城化、沈铁同城化、沈本一体化等区域合作势头强劲，城际铁路等共享性重大基础设施建设项目和城际连接带的新城、新市镇建设不断加速推进。

县域经济日益壮大，经济实力明显增强，经济发展态势持续向好：新民市的沈阳西部工业副城初具规模，辽中县近海经济区建设如火如荼，法库县“东北瓷都”闻名中外，康平县作为辽吉蒙结合部区域中心县的影响力日益凸显。2014年，一市三县实现地区生产总值1347.9亿元，占全市经济总量的比重比2003年提高了4.5个百分点；实现社会消费品零售总额323.9亿元，比2003年增长4.3倍；实现一般公共预算收入100.3亿元，比2003年增长24.8倍。

三、向新常态过渡中沈阳经济发展面临的问题

经过多年连续快速发展，沈阳经济发生了深刻变化，成绩有目共睹。与此同时，沈阳在向新常态经济过渡的过程中，问题也相伴而生，主要存在四个方面的问题。

（一）经济增长下行压力较大

从全市近几年经济增长情况看，2007~2013年全市GDP增速分别为20.5%、16.3%、14.1%、14.1%、12.3%、10.0%和8.8%，呈现逐年回落趋势，2014年GDP增速为6.0%，降至1992年以来的最低水平，在15个副省级城市中排名第14位。关于经济增长减慢趋缓的原因，从宏观环境来看，全球经济在历经2008年金融危机后，仍在缓

步调整之中，国际经济形势复杂多变，发达经济体复苏缓慢曲折，新兴经济体增长乏力，国内经济近两年正处在“三期叠加”的复杂困难时期，经济转型压力较大，客观上也存在需求不足的问题，经济增速换挡的压力和结构调整的阵痛相互交织。从沈阳市微观环境来看，由于自身产业结构、体制机制、思维观念等方面的原因，与沿海先进地区相比仍显滞后；传统产业优势在减弱，新兴产业无论规模还是实力都不大不强。

（二）增长动力转换日益迫切

“进入新常态经济发展阶段，表象上看是经济增长呈现出减速换挡现象，而从本质上说其实是经济发展动力的转换和重塑。”从全市经济发展来看，需求侧“三驾马车”的拉动作用已经显现出减弱态势，稳增长的难度不断加大，增长动力向“供给侧”转换的要求日益迫切。

从投资来看，经济增长对投资的依赖度较高，而投资的效率在逐渐下降。2003年全市投资率为38.8%，到2014年这一比重达到56.5%，提高了17.7个百分点，可见GDP增长对投资的依赖度越来越高。与此同时，随着投资率的上升，投资的效益在不断下滑：2003年全市投资效果系数为30.2%，到2014年投资效果系数已经下降到了5.0%。随着投资效益的不断减少，其拉动经济增长的作用在减弱。

从消费来看，2003年全市消费率为47.6%，到2014年消费率下降到43.8%，下降了3.8个百分点。由于投资占比过大，一定程度上影响了消费的活跃程度。

从出口来看，2003年沈阳出口总额增长43.1%，2013年全市出口总额增长17.3%，2014年仅增长2.1%，比2013年下降了15.2个百分点。

（三）产业结构调整任重道远

采用2007年与2012年全市投入产出调查数据，从定量分析角度来考察全市产业结构变化情况。通过构建影响力系数矩阵计算出影响力系数[①]，并参考借鉴有关研究数据、研究成果，可以清晰地看到全市产业结构在近几年发展中存在的问题。

影响力系数的计算公式为：

$$m_j = \frac{\sum_{i-l}^{n} \bar{b}_{ij}}{\frac{1}{n}\sum_{j-l}^{n} \sum_{i-l}^{n} \bar{b}_{ij}}$$

根据2007年沈阳市三次产业完全消耗系数结果计算出影响力系数矩阵B_1：

$$B_1 = \begin{pmatrix} 0.020315508 & 0.009318684 & 0.016134496 \\ 0.259981571 & 0.404582563 & 0.145603321 \\ 0.019576518 & 0.037627275 & 0.049593128 \end{pmatrix}$$

据此，再进一步计算出2007年沈阳市三次产业的影响力系数如下。

①影响力系数是指某一产品部门增加一个单位最终产品时对国民经济各个部门所产生的生产需求波及程度。当影响力系数大于1时，表示该部门所产生的需求波及影响程度超过社会平均影响水平；当影响力系数等于1时，表示该部门所产生的需求波及影响程度等于社会平均影响水平；当影响力系数小于1时，表示该部门所产生的需求波及影响程度小于社会平均影响水平。

$$m_1=\frac{0.299873597}{\frac{1}{3}\times(0.299873597+0.451528522+0.211330845)}=0.934444682$$

$$m_2=\frac{0.451528522}{0.320911021}=1.407020926$$

$$m_3=\frac{0.211330845}{0.320911021}=0.658534083$$

根据2012年沈阳市三次产业完全消耗系数结果计算出影响力系数矩阵B_2：

$$B_2=\begin{pmatrix}0.017264925 & 0.016091509 & 0.011530699\\ 0.304125199 & 0.441562594 & 0.162337489\\ 0.018519907 & 0.046374236 & 0.047348609\end{pmatrix}$$

据此，再进一步计算出2012年沈阳市三次产业的影响力系数如下：

$$m_1=\frac{0.339910031}{\frac{1}{3}\times(0.339910031+0.504028339+0.221216797)}=0.957344573$$

$$m_2=\frac{0.504028339}{0.355055056}=1.419577979$$

$$m_3=\frac{0.221216797}{0.355055056}=0.623049280$$

对2007年与2012年沈阳市三次产业影响力系数进行比较，结果如表1所示。

表1 2007年与2012年沈阳市三次产业影响力系数比较

产业部门	2007年	2012年
第一产业	0.934444682	0.957344573
第二产业	1.407020926	1.419577979
第三产业	0.658534083	0.623049280

对比较结果绘制雷达图（见图1）：

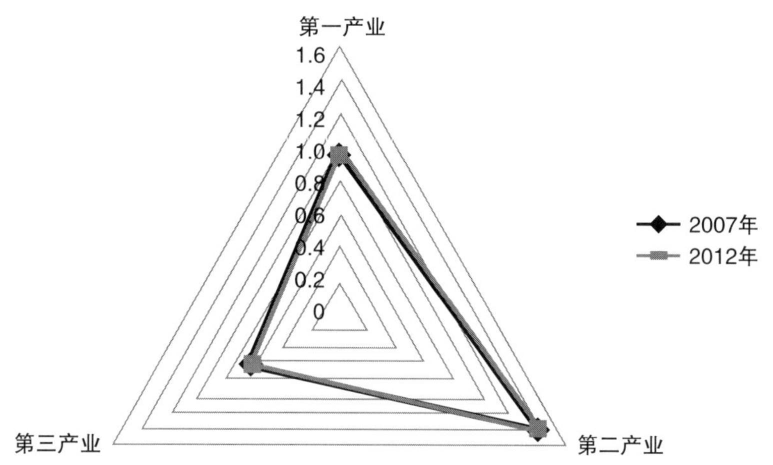

图1 2007年与2012年沈阳市三次产业影响力系数雷达图

通过对2007年与2012年沈阳市三次产业影响力系数进行比对分析可以看出：一是2007年和2012年沈阳市第一产业和第三产业的影响力系数均低于社会平均水平，第二产业的影响力系数则高于社会平均水平。二是在2007~2012年，沈阳市第一产业和第二产业的影响力系数均小幅上升，第三产业的影响力系数略有下降，其与社会平均水平的差距较2007年有所扩大。三是在2007~2012年，沈阳市第二产业的边际带动力大，对国民经济的拉动作用显著，相比之下，第三产业则显得比较疲弱。

（四）创新引领发展面临不足

从近些年全市经济发展的实际情况看，仍存在科技投入不足、企业自主创新意识不强、经济增长对要素投入的依赖性较大等问题。

在R&D投入强度（研发经费投入与地区生产总值之比）上，2003~2013年，全市R&D经费投入强度呈现缓慢上升趋势：2003年，全市R&D投入强度为1.74%，2013年提高到1.98%，但低于全国2.01%的水平，也低于武汉2.74%和西安5.25%的水平；2014年全市R&D投入强度为1.94%，较2013年回落了0.04个百分点。研发投入强度低，创新驱动力不足，一定程度上制约了技术进步对制造业的改造和提升。

在创新能力上，部分企业创新意识不强，企业家作为创新“灵魂”的引领作用发挥有限。从专利拥有量上看，2014年全市发明专利申请量15044件，专利授权量6661件，与西安和武汉相比，这两项差距较大，如2014年西安的申请专利量达到47134件，专利授权量16723件，武汉的申请专利量为27802件，专利授权量16335件，两市均高出沈阳市很多。从企业研发机构和高技术企业数量上看，沈阳市3859家规模以上企业中设立市级以上企业技术中心的只有248家，占比仅为6.4%，低于全国7.8%的水平；2014年全市经国家认定的高新技术企业仅有372家，而西安、武汉经国家认定的高新技术企业数量分别为1250家和1113家，分别是沈阳的3.4倍和3.0倍。

四、新常态下沈阳经济发展新路径的选择

“周虽旧邦，其命维新”，面对沈阳经济发展的新常态，我们应该因变思变，顺应经济发展的新变化，进一步解放思想，转变观念，发挥优势，主动作为，着力加强“供给侧”结构性改革，以改革来推动全市经济平稳发展，最终实现全市经济治理能力的现代化。

（一）发挥优势，抢占装备制造业“智高点”

装备制造业一直是沈阳的优势产业，经过近些年的调整优化、创新升级，全市装备制造业体系更加完善，一批重大装备制造企业在诸如航空航天、核电、大型数控机床等重要行业和关键领域里为国家提供了大量核心装备，发挥了巨大的作用。在当前全球制造业格局面临重大调整，我国经济发展环境发生重大变化，沈阳市处于振兴发展的关键时期，装备制造业更是肩负着振兴发展的重要责任。要充分发挥装备制造业体系全、技术优的长处，坚持以智能制造为牵引，抢占其发展的“智高点”，进而推动相关产业转型升级。一是继续大力发展智能化、数字化的产品，特别是对智能机器人、IC装备及零部件、电子信息、医疗器械等重点产业的产品生产要赋予其更高的智能化水平。二是加强以大数据、云计算等为代表的新一代信息技术的开发应用，使之与现代制造业相结合，实现其设计制造过程的数字化、网络化和智能化，进而促进诸如汽车及零部件业、机械装备业、现代建筑业、农产品加工业等产业的发展，提升其产品的市场竞争力。三是“创新生产模式、商业模式和新的业态”，特别是要在新一代信息技术和产业发展上，充分利用好国家出台的28号文件所赋予的政策，大力推进中德高端装备产业园区

建设，尽早实现“中国制造2025”与德国“工业4.0”融合成果惠及沈城，推进工业化与信息化融合工作向更深层次发展。

（二）因地制宜，加快现代服务业发展

在国家对东北实施新一轮振兴的战略大格局中，沈阳的服务业面临着难得的发展机遇，我们应该因地制宜，加快发展现代服务业，培育出适宜全市经济发展特点的、具有持续竞争力和支撑力的现代服务业产业体系。加快实施“服务业发展四年行动计划”，围绕推动生产性服务业跨越式发展的目标，以铁西区创建国家生产性服务业集聚发展示范区为抓手，积极引导工业企业分立生产性服务业，促进生产性服务业与先进装备制造业互动发展；力争在较短的时间内使金融、物流、信息、商务服务业取得突破性进展。围绕生活性服务业提档升级的目标，加快以“一宫两陵”、“温泉冰雪”为代表的文化旅游业发展；适应养老服务的需求，加快推动居家养老、机构养老等多种形式的养老服务业发展；改造农村传统市场，积极促进农村消费市场发展；不断提升家政服务业水平，推动社区服务业的健康发展。

（三）转换动力，推进供给侧结构性改革

一直以来，沈阳经济增长主要依赖于“三驾马车”来拉动，特别是依赖投资来拉动。然而，投资、消费、出口只是GDP的三大组成部分，制度变革、结构优化和要素升级这“三大发动机”才是经济发展的根本动力。对于沈阳而言，在“三驾马车”拉动力日渐式微的新形势下，在适度扩大总需求的同时从供给侧入手培育经济发展的新动力，将是未来一个时期经济发展的必然选择。其实供给侧结构性改革，从本质上讲是要处理好政府与市场的关系，发挥市

场在资源配置中的决定性作用。推进供给侧结构性改革，就是要更多地发挥好企业和个人的作用，政府的主要职责是把法律、法规、标准和政策制定好，给企业和市场相对稳定的预期，提高其参与市场建设、推动市场发展的积极性和创造性。一是加快全市行政体制改革进程，下大力气做好简政放权工作，加快建立行政权力清单和涉企收费清单制度，进一步完善市场、社会管理等方面的法规、制度，真正解放思想，主动作为，通过各项法规、制度来对经济社会实施有效管理，让政府、社会、市场各司其职。二是凡是市场能有效调节的就交给市场，凡是社会能有效治理的就交给社会，政府做好监管指导工作即可，无须越位。应以此为契机来撬动经济社会各领域的改革，通过一系列的制度变革逐步打造出推动经济发展的新动力。

（四）抢抓机遇，推动创新改革试验区建设

获批成为国家全面创新改革试验区，再次使沈阳获得了难得的发展机遇，也为沈阳发展注入了强大的动力。我们要紧紧抓住这个机遇，坚持问题导向，梳理总结沈阳市在经济社会发展中特别是在创新创造中遇到的矛盾和问题，破除制约创新创造发展的各种体制机制障碍，积极争取上级政策支持，解决好国企改革进程中遗留的历史问题，努力建立起公平竞争的市场体制，最终实现沈阳老工业基地的全面振兴。

具体而言，在R&D经费投入上，一是持续加大投入。可以选择能最大限度地促进沈阳经济发展的重点产业、重点领域和重点项目集中投入，实施重大科技专项，进一步提升核心技术研发能力。二是引导和鼓励企业增加R&D经费投入，政府在保证增加财政经费对

R&D经费投入的同时，可以通过经济杠杆、政策措施引导和鼓励企业主动增加R&D经费投入。三是鼓励金融机构扩大科技贷款规模，金融部门可以对高新技术成果商品化、产业化给予重点支持。

在创新创造上，进一步优化科技创新环境，发挥好高等院校、科技园区、行业协会等组织的作用，推广创客空间、创业咖啡、创新工场等孵化模式，构建一批便利化、开放式的众创空间，吸引有创新意愿的技术人员开展创新活动。加快形成以企业为主体、市场为导向、产学研相结合的技术创新体系，可以考虑采取“请进来，走出去”的办法鼓励外资研发中心在沈阳落户，鼓励本地企业并购、合资、参股国际研发企业或设立海外研发中心，支持有条件的企业和研发机构以境外投资并购等方式获取关键技术。

LILUNSIKAOPIAN

理论思考篇

重温《共产党宣言》的启示

《共产党宣言》于1848年问世，是国际共产主义运动的第一个纲领性文献，是马克思主义诞生的重要标志。《共产党宣言》第一次全面系统地阐述了科学社会主义理论，指出共产主义运动已成为不可抗拒的历史潮流，是一部具有划时代意义的伟大著作。迄今为止的世界历史实践证明，《宣言》是指导国际共产主义运动的不朽文献，它所阐述的基本原理是颠扑不破的真理。

毛泽东曾经说过："《共产党宣言》，我看了不下一百遍，遇到问题，我就翻阅马克思的《共产党宣言》，有时只阅读一两段，有时全篇都读，每阅读一次，我都有新的启发。"笔者也曾反复阅读《共产党宣言》，每次都有常学常新的感觉。特别是当下重温《宣言》，又有许多新的启发和感受，特别是使笔者深切感受到《宣言》对当前建设中国特色社会主义仍具有重要的指导意义。

《宣言》第一次向全世界公开说明了一种全新的世界观，这种世界观，明兴替之理、道古今之变，具有长久的指导价值。党的十八大明确提出了建设社会主义市场经济、社会主义民主政治、社会主义先进文化、社会主义和谐社会、社会主义生态文明"五位一体"的中国特色社会主义事业总布局。下面，笔者就围绕"五位一体”谈谈《宣言》对中国特色社会主义建设的启示。

第一，《宣言》对当前民主政治建设的启示。

阶级斗争理论是《宣言》中最重要的理论之一，贯穿于《宣言》的始终。现在一些人，包括我们党内的一些同志，经历过“文革”以阶级斗争为纲的年代之后，对“阶级斗争”唯恐避之不及，以为谁再谈阶级斗争谁就是极“左”，谁就是保守。这既不是唯物主义的，也不符合辩证法。我们要根据历史条件的变化来科学对待这一理论，阶级斗争的观念不能丢，但也不能夸大。邓小平同志说得好：“社会主义社会中的阶级斗争是一个客观存在，不应该缩小，也不应该夸大。实践证明，无论是缩小或者是夸大，两者都要犯严重的错误。”当前，在推进中国特色社会主义民主政治建设的过程中，我们只有全面准确地理解马克思、恩格斯关于阶级和阶级斗争的理论，才能防止犯严重错误。一是要严防走以阶级斗争为纲的老路。在实践中，对不同利益群体、不同阶层乃至不同阶级之间的利益矛盾，要善于在民主法治的制度轨道上来协调和整合，而不能用简单化的阶级斗争思维和方式来对待社会矛盾。二是要防止犯信奉“普世价值”、“天下大同”的错误。当今世界，不同领域、不同层次的意识形态斗争，作为阶级斗争的集中体现依然存在，只不过是以某种新的形态出现而已。美国重返亚太、遏制中国是什么，敌对势力暗中支持“藏独”、“疆独”又是什么，如果用马克思、恩格斯阶级斗争的理论来分析就会一目了然、一清二楚，笔者认为这些都是新的历史条件下阶级斗争的表现和反映。

第二，《宣言》对当前经济建设的启示。

《宣言》中包含着许多马克思对市场经济作用和经济全球化趋

势的敏锐观察。如《宣言》指出："资产阶级，由于开拓了世界市场，使一切国家的生产和消费都成为世界性的了"；"资产阶级，由于一切生产工具的迅速改进，由于交通的极其便利，把一切民族甚至最野蛮的民族都卷到文明中来了"。站在今天的时代高度来认识和理解，资产阶级在不到一百年的阶级统治中所创造的生产力能够超过过去一切时代的总和，恰恰是因为借助于市场的作用而实现的。这也恰恰说明，市场经济不是资产阶级、资本主义国家的专利。我们应该并且能够驾驭市场经济为我所用，我们可以据此更好地理解"让市场在资源配置过程中起决定性作用"的论断和要求。与市场经济密切相关、相伴相生的，就是经济全球化。我们要按照习近平总书记反复强调的，"要坚定不移走改革开放的强国之路，做到改革不停顿、开放不止步"。当然，在参与全球化的过程中，我们要注意掌控好全球化这把"双刃剑"，一方面，要紧紧抓住全球化的机遇，完善开放型经济体系，构建开放型经济新体制，让中国经济深度融入世界市场；另一方面，要保持清醒头脑，趋利避害，善于"与狼共舞"，学会运用国际规则保护和增进国家利益、民族利益和人民利益，始终坚持社会主义方向不动摇。

第三，《宣言》对当前文化建设的启示。

《宣言》在分析资本主义经济全球化的同时也指出，"物质的生产是如此，精神的生产也是如此"，"各民族的精神产品成了公共财产。民族的片面性和局限性日益成为不可能，于是由许多种民族和地方的文学形成了一种世界的文学"。由此可见，《宣言》早就预言了，伴随着经济全球化而来的文化全球化也是必然趋势。这就启示我们，在推进社会主义文化建设的过程中，要顺应文化全球化这一趋势，不能采取闭关锁国的做法；要坚持引进来与走出去相结合，处理好文化的民族性与世界性、文化的个性与共性的辩证关系，让中华文化走出去并发扬光大，积极融入文化全球化的浪潮中去。为此，我们既要吸取外来文化的优秀成果，又要让自己的民族文化走出去并得到世界的认同。在这一过程中，我们也应时刻保持清醒。在当今时代，只有民族的，才是世界的。马克思、恩格斯所揭示的是趋势、是必然，目前仍在过程中，结果尚没有出现。

第四，《宣言》对当前社会建设的启示。

《宣言》不仅直接使用了“社会和谐”的概念，肯定空想社会主义“提倡社会和谐”是关于未来社会的积极的主张，而且通篇蕴含着十分丰富的和谐社会的思想，其中最经典的论述就是：“代替那存在着阶级和阶级对立的资产阶级旧社会的，将是这样一个联合体，在那里，每个人的自由发展是一切人的自由发展的条件。”可以说，我们党提出构建社会主义和谐社会是对马克思这一理论的继承、创新和发展，同时也可以说是这一理论在中国特色社会主义实践中的现实展开。

第五，《宣言》对当前生态文明建设的启示。

《宣言》虽然没有对生态问题做正面论述，但是在马克思、恩格斯对资本主义经济危机周期性出现的阐述中已初露端倪，在其他经典著作里，更包含对这一问题的敏锐观察。恩格斯在《自然辩证法》中指出：“我们不要过分陶醉于我们人类对自然界的胜利。对于每一次这样的胜利，自然界都对我们进行报复。”面对当前资源约束趋紧、环境污染严重、生态系统退化的严峻形势，党的十八大正式将生态文明建设纳入中国特色社会主义事业“五位一体”总布局，并提出建设美丽中国的美好蓝图。习近平总书记也反复强调："我们既要绿水青山，也要金山银山。宁要绿水青山，不要金山银山，而且绿水青山就是金山银山。"这些都表达了我们党大力推进生态文明建设的鲜明态度和坚定决心。应该说，这也体现了我们对马克思关于尊重自然、顺应自然、保护自然思想的创新和发展。

总之，《宣言》不愧是一部不朽的经典著作，对于我们在新的历史条件下建设中国特色社会主义，不仅具有重要的理论价值，更具有重要的现实意义。

学习贯彻科学发展观
贵在落实　重在实践

在全党开展学习实践科学发展观活动，是党的十七大做出的一项重大战略部署。深入学习实践科学发展观，全面贯彻落实科学发展观，关键要在武装头脑、指导实践、推动工作上下功夫。

首先，认真学习，武装头脑。2003年4月，胡锦涛同志在广东考察时，第一次公开提出科学发展观；2003年10月，党的十六届三中全会通过了《关于完善社会主义市场经济体制若干问题的决定》，在中央文件中第一次正式提出科学发展观；党的十七大全面、深刻、系统地阐述了科学发展观，并将其确定为中国特色社会主义理论体系的重要组成部分，写入党章，成为全党的共同行动纲领和重要指导思想。因此，我们要认真学习党的十六大以来中央关于科学发展观的一系列重要论述，特别是深入、系统地学习党的十七大报告。通过学习，对科学发展观的发展脉络和完善过程要有更加清晰的了解，对科学发展观形成的时代背景和现实依据要有更加清醒的认识，对科学发展观的科学内涵和精神实质要有更加深刻的理解，对科学发展观的重要地位和重大意义要有更加深刻的领会，并进一步强化改革意识、创新意识、忧患意识与和谐意识，特别是对第一要义是发展、核心是以人为本、基本要求是全面协调可持续、根本方法是统筹兼顾要有更加全面的领悟和把握，增强贯彻落实科学发展观的自觉性和坚定性。

其次，学以致用，指导实践。在武装头脑的同时，要坚持学以致用，紧密结合实际，自觉用科学发展观指导各项工作，努力把科学发展观的要求转化为谋划发展的正确思路、政策措施。例如，在推动发展和改革工作时，要求大力开展结构优化，推动经济又好又快发展；突出重大项目建设，进一步做大做强项目经济；坚持把深化改革、扩大开放摆在更加突出的位置，为经济社会发展提供强大动力；坚持城乡统筹，进一步发展壮大县域经济；坚持以人为本，加强以改善民生为重点的社会建设。在推动财政工作时，要求认真落实科学发展观，牢固树立科学理财观念、“公共财政”观念和“大财政”理念。在推动审计工作时，要求以科学发展观统领新时期审计工作，加强预算执行审计，助推经济社会又好又快发展；加强民生审计，确保各项惠民政策落到实处；加强经济责任审计，促进廉政建设；等等。

最后，注重实效，推动工作。以党的十七大精神和科学发展观为指导，积极推动各项重点工作的落实。一是围绕发展这个第一要务，狠抓项目建设。加强对重大项目的调度，及时解决遇到的问题，确保顺利推进，争取更多的项目早日签约落地，开工建设。同时，认真组织经济运行分析，深入研究突出问题，及时提出对策措施，在国际不确定因素增多、国内宏观形势偏紧、物价指数始终高位运行的形势下，全力保持经济平稳、快速发展的势头。二是根据全面协调可持续的要求研究制定一、二、三产机构优化方案，编制中长期发展规划，出台鼓励政策；制定生态建设的实施方案，明确工作目标，确定重点任务、阶段安排和具体措施。三是坚持以人为本，高度重视民生。对为群众办实事工作进行任务分解，并长期跟踪督办，确保实事办实、好事办好。四是按照统筹兼顾的根本方法，在抓好经济发展的同时抓好和谐社会建设工作。五是加强考核，组织实施好绩效评估工作。要以科学发展观为指导，从经济发展、社会进步、生态文明、民生改善等方面建立起科学的工作绩效考核评估体系，确保尽可能全面、真实、客观、准确地反映各地区、各部门贯彻落实科学发展观，推动经济社会又好又快发展的实际情况，切实形成正确的工作导向，引导各地区、各部门以科学发展观引领正确的政绩观，以正确的政绩观落实科学发展观，全面做好各项工作，继续保持经济社会又好又快发展的强劲势头。

总之，我们要通过不断的学习和实践，切实增强贯彻落实科学发展观的自觉性和坚定性，并深入研究科学发展的正确思路，不断完善促进科学发展的政策措施，进一步提高领导科学发展的实际能力，努力在武装头脑、指导实践、推动工作上取得新成效。

准确把握科学发展观的价值取向和属性特征

科学发展观是一个非常重要的战略思想。在科学发展观指导下所进行的科学发展实践活动，就是把这一当代中国的马克思主义伟大理论通过一个个环节，将其从一种精神上的指导，转换到我们的工作当中去。这是一个很重要的问题，也是我们在实践活动中需要着力解决的问题。

一、从价值取向视角看科学发展观

首先，科学发展观是一个世界观。科学发展观已上升为当代中国共产党人的世界观和方法论。既然是世界观和方法论，那么既是指导我们改造客观世界的思想武器，也是改造主观世界的思想武器，意义十分重大。

其次，科学发展观是一个价值观。它反映出当代中国共产党人总结了世界发展的经验教训和发展的规律性，然后提出我们的发展是一种什么样的价值取向。这种取向是一种以人为本、全面协调可持续的发展，不是单一的发展，不是“见物不见人”的发展，也不是片面的发展。它是一个统筹兼顾的发展，从发展的方法和手段来看，更加注重速度与结构、质量、效益相统一，注重经济发展与人口、资源、环境相协调，强调“五个统筹”和全面推进经济、政治、文化、社会建设及党的建设、反腐倡廉建设。这就说明了我们在发展过程中的取向，而且是一种新的价值观念、价值取向。

最后，科学发展观是一个新的政绩观。我们在学习实践科学发展观的过程中，领导干部要联系实际，学习怎样面对政绩。所以笔者认为这既是科学发展观的重大作用，也是在实践活动中一个非常有价值的东西。也就是说，科学发展观所要求的政绩，既要看经济指标，又要看社会指标，同时还要有人文指标、环境指标；既要看到显绩，又要看到潜绩；既要看经济增长的情况，又要看人民群众得实惠的情况。中国2008年经济总量在世界上列第三位，如果保持年均8%的增长速度不变（美国也保持目前速度不变），那么再过20年，中国经济总量将成为世界第一。但是我们的人均增长、人均收入以及环境指数、生活质量指数等还有很大差距，目前排在世界第90多位，这与我们发展的速度相比还很不协调。我们究竟采取什么样的价值取向，走向什么样的发展道路，与我们坚持什么样的价值观、政绩观乃至每个人的人生观，为什么而活着，为什么而工作，都是紧密相关的。所以，我们要通过深入学习实践科学发展观，让科学发展观扎根到我们的头脑中，固化为我们的思维方式，转变为我们的工作方式。这是学习实践科学发展观的一个要义。

二、从属性特征视角看科学发展观

第一，科学发展观理论性强，作为一个理论体系，科学发展观博大精深，不是一看就知道的事。针对这一特点，我们要深入地去学习，系统地去把握，全面地去掌握，深刻地去理解，真正学深、学细、学透。

第二，科学发展观实践性强，它是在改革开放30年当中产生的，我们领导干部几乎每一个人都亲身经历过这30年，我们是怎样发展的，从哪儿发展的，从哪里来，到哪里去，这都是亲身经历的。针对这一特点，就是要在实践中去把握它、去推动它。

第三，科学发展观时代性强，是当今时代的马克思主义，时代印记很深，主题是保增长，要害和重点是应对金融危机。在这样的背景和时点下，我们更应以科学发展观为统领，践行科学发展的重要举措。在这一过程中，我们将更能体会到科学发展观所发挥的巨大作用。

第四，科学发展观人民性强，以人为本，实际就是以人民为本。针对这一特点，我们如何问计于民，进行科学决策、民主决策，如何体谅人民群众的疾苦，解决人民群众的困难，都要求我们抓好落实科学发展观。

总的来说，科学发展观是一个伟大的理论，需要我们不断深入学习，认真领会。

沿着历史发展的轨迹深化对科学发展的理性思考

一、科学发展理念的历史由来和形成过程

胡锦涛同志在党的十七大报告中指出，科学发展观是立足社会主义初级阶段基本国情，总结我国发展实践，借鉴国外发展经验，适应新的发展要求提出来的。由此说来，科学发展观具有深厚的历史感、强烈的时代感、浓重的理论感和鲜明的实践感。因此，了解科学发展理念的历史由来和形成过程，有利于准确把握科学发展的理念和科学发展观。

第一，科学发展理念的提出，顺应了当今世界的时代潮流。从世界历史来看，尽管对发展的理解不同，但发展都是各个国家不懈追求的目标。以18世纪工业革命爆发为起点，人类社会开始了现代意义上的发展，其演进过程大体可以分为三个阶段。

一是从第一次工业革命爆发（1750年）到20世纪初期，以英国为代表。在农业文明向工业文明过渡的过程中，工业化为英国创造出大量的物质财富和很高的经济增长速度。1844年，也就是马克思撰写经济学哲学手稿的时候，英国的钢产量已经超过当时世界上

所有国家的总和。但这一时期的所谓发展，与工业化是同义语，重点是物质财富的增长和积累。其代价之是工人阶级的贫困化和相当一部分平民的赤贫化，导致阶级严重分化和对立；代价之二是自然资源的浪费、生态环境的破坏以及对国民健康造成的危害、道德沦丧与社会风气的败坏。恩格斯曾经发出感慨："工业生产是在付出生命和健康代价的条件下迅速发展起来的。"典型事例一个是英国首都伦敦因为工业烟尘遮天蔽日而被称为"雾都"，另一个是爆发了英国宪章运动，列宁称之为"世界上第一次广泛的、真正群众性的、政治性的无产阶级革命运动"。

二是从第一次世界大战爆发（1914年）到20世纪70年代，以美国和苏联为代表。1913年，美国GDP超过英国，成为世界第一经济强国。1917年，俄国爆发十月革命，成为世界第一个社会主义国家。两次世界大战后，为修复战争创伤，世界各国都致力于加快经济增长。以美国为代表的资本主义国家和以苏联为代表的社会主义国家都创造了前所未有的经济增长奇迹。但由于片面追逐经济增长，忽视环境保护和能源、资源节约，导致有的国家为解决能源、资源消耗过大和生态环境严重恶化问题付出了高昂的发展代价；有的国家由于经济结构失衡、社会发展滞后，导致发展的质量不高、后劲不足。这一时期的特点是，将经济增长等同于发展，资源制约、环境破坏问题更加突出，表现为能源危机频现、局部战争不断、冷战思维左右着世界格局。

三是从第一次石油危机爆发（1973年）到21世纪初期，以拉美国家为代表。在发达国家忙于应对能源危机、环境破坏之时，一大批发展中国家为加速现代化进程，赶超老牌资本主义国家，摆脱在国际分工体系中的“边缘经济”地位，试图走一条既不同于美国、也不同于苏联的“第三条道路”。它们以民族主义为旗帜，以牺牲民众现实利益为代价，崇尚国家利益高于一切，谋求经济高速增长，实施赶超战略。但结果只是实现了“没有价值的工业升级”和不惜代价的经济增长，而且出现了贫富悬殊、失业增加、社会腐败、政治动荡等社会问题，并因此深陷“拉美陷阱”之中。

近现代世界各国谋求发展的历史给人类以启示：发展不仅应该包括经济增长的数量和速度，还应该包括发展的质量和效益；不应是单纯的经济增长，而应是包括经济、政治、文化、社会的全面协调发展，是人与自然相和谐的可持续发展。科学发展理念正是在这样的历史大背景下应运而生的。

第二，科学发展理念的提出，是对近现代一系列发展理论的辩证扬弃。国外发展理念与上述各个阶段相适应，伴随着由传统工业化理论，到经济增长理论，再到可持续发展理论的历史演进而不断提升。这一过程大体经历了三个阶段。

一是传统工业化理论。古典经济学代表人物亚当·斯密和大卫·李嘉图思想的基本前提是“经济人”和完全自由市场的假设，信奉市场经济可以解决所有经济领域的问题。受此影响，同时也由于在工业化初期，自然环境虽遭受破坏，但还没有达到引起高度关注的地步，传统工业化理论重点研究的是资源及资本的作用和利用，忽视了环境的自然约束，忽视了人作为社会人存在的现实。

二是单纯经济增长理论。凯恩斯发表《就业、利息、货币通论》的时期以及战后相当长一段时间，围绕如何走出“大萧条”，修复战争创伤，各种经济增长理论纷纷强调要发挥政府这只“有形的手”对于经济增长的作用。虽然其中涉及就业、分配等社会问题，但在主体上仍然属于经济增长学派，资本收益被当作发展的主要内涵，发展的标准就是经济增长，认为经济增长能带来社会的全面进步，只要GDP保持增长，就业、分配等社会问题也就能够自然得到解决。

三是可持续发展理论。由于单纯经济增长理论在实践中受挫，人类对发展道路的反思和总结不断深化，形成了未来学。我们比较熟悉的是托夫勒的《第三次浪潮》和奈斯比特的《大趋势》。未来学分为两派：①以罗马俱乐部为代表的悲观派。1972年，罗马俱乐部发表的第一个研究报告——《增长的极限》认为，如果世界现有的人口、工业化、环境污染、粮食生产、资源消耗的发展趋势不变，那么，世界将在未来100年内的某时达到增长的极限。②以西蒙为代表的乐观派。针对罗马俱乐部的观点，西蒙发表了《最后的资源》一书，广泛而系统地论述了乐观派对人类、资源、生态、人口的看法，他们认为，人类资源没有尽头，人类的生存环境日益好转，恶化只是工业化过程中的暂时现象，粮食在未来将不再是问题，人口将在未来自然达到平衡，结论是：人类可以实现没有极限的增长。联合国综合各派观点，于1987年发表题为《我们共同的未来》的研究报告，首次清晰地表述了可持续发展的概念，即“可持续发展是既满足当代人的需求，又不对后代人满足其需求的能力构成危害的发展”，突出强调了人与自然和人类代际关系的重要性。此外，与此相近或相关的发展理论还有循环经济、绿色经济、资源节约型和环境友好型等生态经济、综合发展观等。

总体来说，发展理念的不断演进、转化和提升，为科学发展理念的提出提供了可资借鉴的理论来源。

第三，科学发展理念的提出，是我们党领导社会主义现代化建设实践经验的总结提升。

早在新中国成立初期的1956年，毛泽东同志就系统阐述了“十大关系”；1958年中央八届二次全会确定了“鼓足干劲、力争上游、多快好省地建设社会主义”的总路线。

党的第二代领导集体丰富了关于发展的理论，邓小平同志在改革开放之初就提出“发展是硬道理”，后来又做出了“社会主义的本质是解放生产力，发展生产力，消灭剥削，消除两极分化，最终达到共同富裕”的著名论断。现在来看，这一论断不仅回答了什么是社会主义的本质这一关键性问题，而且回答了怎样建设社会主义这一发展道路、发展目标等发展观问题。

以江泽民同志为代表的党的第三代领导集体，确定了全面建设小康社会的发展战略目标，提出了科教兴国和可持续发展等重大战略，进一步丰富了发展的内涵。特别是通过提出发展是党执政兴国的第一要务，突出强调了执政党对于实现科学发展的关键性作用。

党的十六大以后，以胡锦涛同志为代表的党中央，不断总结实践经验，不断拓展理论视野，不断做出理论概括，提出了一系列关于科学发展的论断，最后形成了坚持以人为本、全面协调可持续、统筹兼顾的科学发展观，并将其确定为执政兴国的指导思想，上升为共产党人的理想与追求。

二、科学发展理念的含义及特点

科学发展观要求的发展，是好中求快、又好又快的发展，是速度与结构、质量、效益相统一的发展，是长期、稳定、可持续的发展。

具体来说就是，我们不但要关注发展的规模和速度，更要注重发展的质量和效益；不但要关注社会财富的创造和涌流，更要注重社会利益的分配和调整；不但要关注经济实力的增长，更要注重经济、政治、文化、社会及生态的均衡发展；不但要关注开发和利用自然为人类造福，更要注重人与自然和谐发展；不但要关注群众基本需求的满足，更要注重生活质量的提高和人的全面发展。

与传统发展理念相比，科学发展理念实现了重大转变，具有鲜明的特点。

第一，在为什么要发展的问题上，实现了从关注局部和当代向着眼世界和未来的转变。一般来说，在农业社会，人们总是看过去，运用以往的经验；在工业社会，人们总是看当前，注重眼前的实践活动；在信息社会，人们总是看未来，着眼于长远发展。但各个阶段特别关注的是自身和局部的发展。我们党强调科学发展，首先是为了全面推进中国特色社会主义建设、全面建设小康社会和实现社会主义现代化目标。但联系邓小平同志关于和平与发展是当今世界主题的论断，特别是胡锦涛同志提出的和谐发展、和平发展来思考，与传统发展理念相比，科学发展理念包含着对世界未来和人类生存的高度关注，既体现了我们党的最终奋斗目标，也使我国树立了一个负责任大国的形象。

第二，在为谁发展、靠谁发展的问题上，实现了由只见物不见人向以人为核心的转变。传统发展理念强调资本的作用和力量，而忽视人作为价值创造者的特殊地位，即使在强调就业、分配、科技的时候，也是将其中的“人”作为经济增长的手段来对待。依据马克思主义经典作家的观点，人不仅是发展的手段，更是发展的目的。科学发展观强调以人为本是核心，合乎逻辑地承载了为谁发展和靠谁发展的双重意义，不仅强调人在发展过程中的主体地位和特殊作用，更强调把人的全面发展作为最终目的。

第三，在需要什么样的发展的问题上，实现了由追求单一经济增长向追求多元的全面协调可持续发展的转变。与传统发展理念相比较，科学发展并没有放弃对经济增长的追求，但经济增长绝不是发展的全部。全面协调可持续的发展要求，注重以经济建设为中心，全面推进经济、政治、文化和社会建设，促进经济社会发展和人的全面发展相统一，实现经济发展与人口、资源、环境相协调，以及经济和社会发展相和谐。

第四，在怎样发展的问题上，实现了理论产生滞后于实践向理论创新迅速付诸实践的转变。传统发展理念表现出明显的经验性、滞后性和补救性，而且往往要经历较长的时间才能获得认同。马克思主义奉行实践哲学，强调“批判的武器不能代替武器的批判”。因此，我们党不仅创造性地提出了科学发展理念，而且明确了统筹兼顾的根本方法，特别是注重发挥体制优势和制度优势，将科学发展理念上升为全党的指导思想，强调科学发展理念向实践层面的转化，体现了从全局出发、充分调动一切积极因素、妥善处理各种利益关系、注重实现良性互动的实践要求，进一步弘扬了我们党理论联系实际的优良传统，充分体现了马克思主义的实践性特点。

三、实现科学发展需要把握的关键环节

第一，必须进一步解放思想，解决观念这个“总开关”问题。科学发展理念本身就是解放思想的结果。因此，只有通过不断解放思想，在思想认识上达到新境界，才能把科学发展观内化为世界观和方法论，才能在科学发展的实践中形成高度自觉。只有通过不断解放思想，全面系统地把握科学发展理念的深刻内涵，才能真正做到明确发展目标、认清发展道路、转变发展方式、破解发展难题，走出一条又好又快的发展之路。

第二，必须进一步深化改革开放，解决发展动力问题。改革开放是强国之路，也是科学发展的根本动力。按照科学发展观的要求，无论是市场主体还是市场体系，无论是政府行政管理体制还是社会保障体系，都存在许多不适应科学发展的问题，只有深化改革才能解决这些问题。因此，必须加大对重点领域和关键环节的改革力度，进一步建立健全优化经济结构和转变经济发展方式的体制机制、统筹城乡发展的体制机制、提高自主创新能力的体制机制、加强资源节约和生态保护的体制机制、保障和改善民生的长效机制、区域协调发展的工作机制、更加完善的科学决策机制。开放也是改革。面对金融危机的冲击，我们仍然要坚持把开放作为第一战略，坚定不移地实施“走出去”战略，切实做到充分利用两种资源、两个市场。

第三，必须进一步强化用人导向，解决发展保障问题。实现科学发展，关键在党，关键在人，这是坚持以人为本的具体体现。必须坚持把推进全面协调可持续发展作为衡量政绩的根本指标，考

察一个地区，既要重视经济增长指标，又要重视社会发展指标，更要强调生态优化指标；考核一个干部，既要重视“显绩”，又要重视“潜绩”，更要强调“实绩”。对那些埋头苦干、打基础、顾长远的干部，要大胆使用；对那些善于做群众工作、能妥善应对复杂局面、处理实际问题能力强的干部，要给予他们挑重担的机会。同时，要注重各类人才队伍建设，创造有利于人才成长进步和脱颖而出的条件和环境，建设党政人才、经营管理人才、科研人才、技能人才四路大军，为实现科学发展提供有力支撑。要最广泛地动员和组织人民群众投身实践，充分发挥人民群众在促进科学发展过程中的主力军作用。

思想进入新境界　工作开创新局面

党的十八大是在我国进入全面建成小康社会决定性阶段召开的一次十分重要的大会，是一次高举旗帜、继往开来、团结奋进的大会。大会高举中国特色社会主义伟大旗帜，回顾和总结了过去五年的工作和党的十六大以来的奋斗历程及取得的历史性成就，确立了科学发展观的历史地位，提出了夺取中国特色社会主义新胜利必须牢牢把握的基本要求，确定了全面建成小康社会和全面深化改革开放的目标，对新的时代条件下推进中国特色社会主义事业做出了全面部署，对全面提高党的建设科学化水平提出了明确要求。胡锦涛同志所做的报告，描绘了全面建成小康社会、加快推进社会主义现代化的宏伟蓝图，为党和国家事业的进一步发展指明了方向，是全党全国各族人民智慧的结晶，是我们党团结带领全国各族人民夺取中国特色社会主义新胜利的政治宣言和行动纲领，是马克思主义的纲领性文献。大会通过的《中国共产党章程（修正案）》，对以改革创新精神全面推进党的建设新的伟大工程、提高党的建设科学化水平提出了明确要求。因此，我们要全面准确地把握十八大精神，使思想进入新境界，并以十八大精神为指导，使工作开创新局面。

一、学习党的十八大精神的主要体会

第一，对十八大的主题要有更加深入的理解和把握。回顾我们党的历次全国代表大会，都有一个提出和确立主题的问题，这个问题回答和解决得好，就能够统一思想，凝聚力量，团结全党朝着正确的奋斗目标前进。十八大的主题一共82个字，鲜明地回答了我们党举什么旗帜、走什么道路、保持什么样的精神状态、朝着什么样的目标继续前进的重大问题。十八大的主题与十七大的主题相比较，主要有三点变化：一是十七大提出“要深入贯彻落实科学发展观”，十八大提出“以科学发展观为指导”，这标志着把科学发展观确立为全党的指导思想，是对科学发展观做出的新的历史定位。二是十八大在十七大“解放思想，改革开放”的基础上，增加了“凝聚力量，攻坚克难”八个字，这是坚持和发展中国特色社会主义的基本要求，一方面强调了全党、全社会要团结奋斗，另一方面强调了我们的事业正处在攻坚克难的关键阶段。三是十八大提出“全面建成小康社会”，与十七大提出的“全面建设小康社会”虽只有一字之差，但却是一个质的飞跃，它把全面小康社会的美好图景更具体、更生动地呈现在全国人民面前。可以说，这82个字是十八大报告的灵魂，报告的每一个部分，都与这一主题紧密相连。

第二，对中国特色社会主义要有更加深入的理解和把握。报告全面阐述了中国特色社会主义的基本内涵、内在关系，以及中国特色社会主义的总依据、总布局、总任务。这是党的十八大报告对中国特色社会主义做出的新的理论概括，具有极强的现实针对性和长远的指导意义，使笔者更加坚定了对中国特色社会主义的道路自信、理论自信、制度自信。特别是报告对中国特色社会主义总体布局做出了新拓展，形成了经济、政治、文化、社会与生态文明建设“五位一体”的总布局。应该说，对总布局的认识，我们党经历了一个初步探索、逐步深化和日益完善的过程。从改革开放初期的“两个文明”一起抓，发展到十三届四中全会以后的经济、政治、文化建设“三位一体”的总体布局，又发展到党的十六大以后的“四位一体”，再到十八大的“五位一体”，把生态文明建设上升为中国特色社会主义事业总体布局的重要组成部分。这是中国特色社会主义实践不断丰富发展的结果，是我们党对中国特色社会主义认识不断深化的结果，对于开创中国特色社会主义新局面具有重大意义，对全面建成小康社会提供了有力支撑。

第三，对科学发展观要有更加深入的理解和把握。党的十八大报告将科学发展观同马克思列宁主义、毛泽东思想、邓小平理论、“三个代表”重要思想一道，列为我们党必须长期坚持的指导思想，实现了党的指导思想的又一次与时俱进。对科学发展观做出新的历史定位，是党的十八大报告最大的理论创新和历史贡献，对坚持和发展中国特色社会主义具有重大现实意义和深远历史意义。通过学习，使笔者进一步加深了对科学发展观历史地位和指导意义的认识和理解，从而对科学发展观的政治信仰更加坚定。

第四，对全面建成小康社会要有更加深入的理解和把握。众所周知，“小康社会”是由邓小平在改革开放之初提出的战略构想。随着中国特色社会主义的深入发展，小康社会的内涵和意义不断得到丰富和发展。在20世纪末基本实现“小康”的情况下，党的十六大报告明确提出了“全面建设小康社会”。党的十七大根据形势发展提出了实现全面建设小康社会奋斗目标的新要求。党的十八大不仅提出全面建成小康社会，而且提出了“实现国内生产总值和城乡居民人均收入比2010年翻一番”的“两个翻番”，使小康社会目标更加明确、更加切近，同时标准也更严、要求也更高，这是对什么是小康社会、如何建设小康社会认识的新飞跃，必将极大地激发全国人民为实现全面小康社会美好前景而奋斗的热情。

第五，对转变经济发展方式要有更加深入的理解和把握。党的十八大报告指出，以科学发展为主题，以加快转变经济发展方式为主线，是关系我国发展全局的战略抉择。这充分表明贯彻主题、主线不是一个局部性问题，也不仅仅是对经济工作的要求，而是影响改革开放兴衰成败、事关中华民族伟大复兴的重大战略问题。党的十八大报告第四部分紧紧围绕这一“主题”、“主线”，对今后五年经济体制改革和经济建设进行全面部署，提出“四个着力”、“五个更多”的发展思路（“四个着力”：着力激发各类市场主体发展新活力，着力增强创新驱动发展新动力，着力构建现代产业发展新体系，着力培育开放型经济发展新优势。“五个更多”：使经济发展更多依靠内需特别是消费需求拉动，更多依靠现代服务业和战略性新兴产业带动，更多依靠科技进步、劳动者素质提高、管理创新驱动，更多依靠节约资源和循环经济推动，更多依靠城乡区域发展协调互动，不断增强长期发展后劲），提出坚持走中国特色新型工业化、信息化、城镇化、农业现代化“四化同步”的发展道路，这对于我们进一步形成攻坚克难的强大动力，坚决执行中央加快转变经济发展方式的重大决策部署具有重大而深远的意义。

十八大报告主题鲜明深刻，内容博大精深。以上只是初步的学习体会，下一步应继续深入学习，深刻领会，并自觉地用党的十八大精神武装头脑，推动工作。

二、贯彻落实党的十八大精神的初步思考

第一，稳增长，促发展，继续保持又好又快发展的良好势头。科学发展观的第一要义就是发展。党的十八大报告指出，以经济建设为中心是兴国之要，发展仍是解决我国所有问题的关键。必须坚持发展是硬道理的战略思想，决不能有丝毫动摇，要统筹抓好当前稳增长和长远促振兴的各项工作。

从我们面临的形势看，稳增长仍是当前的首要任务。当前，宏观经济形势依然严峻复杂，近期世界银行、国际货币基金组织等权威机构对2012年和2013年全球经济走势和前景的预测趋于悲观，纷纷调低世界经济增速（世界银行由原来预期的均为3.6%下调至2.5%和3.1%）和中国经济增速（世界银行由原来预期的8.2%和8.6%下调至7.7%和8.1%），更有部分专家提出“2012年是最紧张的一年，2013年是最危险的一年”，或将呈现“上半年探底，下半年走高”的态势，GDP可能出现“6字头”。

从我们面临的发展阶段看，将由高速发展期进入中速发展期。李克强总理在近期全国综改试点座谈会上强调，将来我们可能追求一个中速增长期，不会再追求两位数的增长，也很难持续，但只要保持7%左右的增长，如期全面建成小康社会是完全有把握的。

2013年是新一届政府开局之年，在主要指标安排上，重点要把握以下几个原则：一是坚持发展速度与质量、效益相协调。二是坚

持经济发展与民生改善相同步，既体现以人为本，又可以进一步缩小城乡收入差距，真正使经济社会发展成果更多地惠及全体人民。三是坚持预期性指标与约束性指标相结合。主要是坚决完成国家下达的节能减排指标，加快推进资源节约型和环境友好型社会建设。

第二，转方式，调结构，不断提高发展的质量和效益。目前，我们正处于做大总量与调整结构同步推进的阶段，就是要坚持在做大总量中调整结构、在调整结构中扩大增量，加快转变经济发展方式，提高经济运行的质量和效益。

一要加快调整产业结构，实现经济增长主要由第二产业拉动向第一、第二、第三产业协调拉动转变。在充分发挥工业的支撑作用的同时，大力发展服务业特别是现代服务业，逐步提高服务业的比重。重点是着力抓好服务业产业集聚、业态提升、品牌塑造和领军企业，加快发展面向工业改造升级的生产性服务业和提升城市功能的现代服务业，基本形成以服务经济为主导的产业结构。

二要加快调整需求结构，实现经济增长主要由投资拉动向消费、投资、出口“三驾马车”协调拉动转变，特别是增强消费对经济增长的拉动作用。要在大力优化投资结构、提高投资质量的同时，更加注重抓好生产性服务业和生活性服务业，大力培育文化产业、养老产业、健康养生、休闲体验等新的消费热点，加快发展电子商务、夜间经济等新的消费模式，创造良好的消费环境，不断提高消费的贡献率。同时，要推进出口产品基地建设，加快发展服务外包，积极培育新的出口增长点，不断提高对外开放水平。

三要加快调整要素结构，实现经济增长由主要依靠物质资源消耗向更多地依靠科技进步、劳动者素质提高、管理创新驱动转变。

重点是大力实施创新驱动战略，加快建设创新型城市，一手抓改造提升传统产业，推动工业向智能化、高端化、成套化方向发展。一手抓加快发展战略性新兴产业，切实将其作为转方式、调结构的重要突破口，大力发展高端装备制造、信息、生物医药、航空、新材料、新能源、节能环保七大新兴产业，特别是把高端装备制造业等作为当前的重中之重，集中优先发展，力争率先突破。

四要加快调整城乡结构。扩大内需的最大潜力在于城市化。据测算，全国城镇化率每提高一个百分点，可以吸纳1000万农村人口进城，这不仅可以扩大投资，而且能够促进消费。从全国来看，城镇居民消费水平是农村居民的3.6倍，一个农民转化为市民，每年将增加1万多元的消费需求，还会相应增加投资需求。应探索建立产业发展、基础设施、社会保障和农村产权制度等城乡一体化发展的体制机制，全面加快新城新市镇建设，形成以工促农、以城带乡、工农互惠的城乡一体化发展新格局。

第三，抓改革，增活力，为实现经济社会又好又快发展提供持久动力。“改革”是十八大报告的重要关键词之一，共出现了86次，强调要把发展目标和改革目标一起规划，把市场化改革与转变发展方式一起部署，通过改革破解发展中的难题。习近平总书记在广东考察时强调，改革开放是决定当代中国命运的关键一招，也是决定实现“两个100年”奋斗目标、实现中华民族伟大复兴的关键一招，必须不失时机地深化重点领域改革，切实做到改革不停顿、开放不止步。李克强总理在全国综改试点座谈会上指出，改革仍是最大的“红利”，必须以更大的政治智慧和勇气，积极寻找“牵一发而动全身”的突破口，坚决破除一切妨碍科学发展的体制机制弊端。

新时期正确处理人民内部矛盾的新思考

正确处理人民内部矛盾，是深入贯彻落实科学发展观的必然要求，是构建和谐社会的重要内容，是全面小康社会的重要保障，是一项事关经济社会发展全局的重要工作。

一、正确处理和及时化解人民内部矛盾，是一项必须引起高度重视的工作

当前，我们不仅处于经济发展的黄金机遇期，而且还处于人民内部矛盾凸显期、刑事案件高发期和对敌斗争复杂期，在经济社会又好又快发展的同时，维护社会和谐稳定的形势不容乐观，任务依然艰巨。在这样的大背景下，正确处理人民内部矛盾，准确把握人民内部矛盾的规律和特点，进一步提高正确处理和及时化解人民内部矛盾的能力和水平，不断巩固和扩大信访稳定工作成果，切实维护和谐稳定，都具有十分重要的意义。

二、正确处理和及时化解人民内部矛盾，必须以解决问题为核心

人民内部矛盾特别是那些通过信访渠道和群体性事件暴露出来的矛盾，无论是国企改革遗留问题、城市建设管理纠纷，还是农村土地征占矛盾，绝大多数都涉及群众的切身利益，特别是经济利益。群众上访的主要目的，绝不仅仅是为了讨回一个公道，而是希望得到应有的经济补偿。为此，正确处理和及时化解人民内部矛盾，必须着力在解决问题上下功夫，切实维护群众的合法权益。

一要多管齐下，采取经济、法律、行政、政策等多种措施，综合运用教育、帮扶、思想政治工作等多种手段，抓紧解决好群众反映的实际问题，努力使矛盾纠纷从根本上得到彻底化解。

二要加大投入，及时补偿群众的利益损失。在这一点上，该花的钱必须得花，而且越早越好，否则只能是越拖难度越大、成本越高。

三要因事制宜，严格依法按政策办事。对于涉及有关政策的问题，就要不折不扣地落实政策，确保及时到位。

三、正确处理和及时化解人民内部矛盾，必须以源头预防为根本

正确处理人民内部矛盾，必须坚持标本兼治、注重治本的方针，在抓紧解决现有问题的同时，积极从源头上减少和避免新矛盾的产生，真正形成老矛盾逐步化解、新矛盾越来越少的良性循环。

一要坚持科学发展，真正做到以人为本，全面协调可持续，正

确处理好改革、发展、稳定的关系，坚持发展为了人民，发展依靠人民，发展成果由人民共享。

二要加快建立信访稳定风险评估机制，对重大建设项目、重要改革事项、社会管理事宜等，都要进行评估，切实避免因决策失误而引发新的矛盾和信访问题。

三要大力推进依法行政和公正司法，切实避免因行政行为不当或司法不公而引发新的矛盾和信访问题。

四、正确处理和及时化解人民内部矛盾，必须着力改善民生

人民内部矛盾的解决和社会的稳定，最终取决于民生的改善和民心的稳定。因此，可以说，着力改善民生，切实做到“五有”，即学有所教、劳有所得、病有所医、老有所养、住有所居，是从整体上化解人民内部矛盾的有效措施。为此，应始终高度重视民生问题，在财政投入上逐年加大力度。在工作中坚持每年为群众办实事，使广大群众真正享受到改革发展的成果。这样才能使我们在经济又好又快发展的同时，有效保持社会和谐稳定的良好局面。

五、正确处理和及时化解人民内部矛盾，必须充分发挥“三大调解”的作用

“三大调解”，即人民调解、行政调解、司法调解，这是适应我国国情的选择，是我们的政治优势，更是体现“抓早、抓小、抓

苗头”的要求，努力把矛盾解决在基层、化解在萌芽状态的最佳途径，在正确处理人民内部矛盾中是不可或缺的有效办法。为此，必须高度重视并充分利用调解手段解决社会矛盾。

一要整合力量，在党委和政府领导下，建立健全人民调解、行政调解、司法调解的协调机制，把各方面的力量整合起来，形成“大调解”工作格局，使调解工作在组织上得到落实，实现三种调解手段的有效衔接，同时还要注意发挥律师在调解中的作用。

二要突出重点，围绕重点工程建设、重大政策调整、重要敏感时期、重大节庆活动及群众关注的热点难点问题，及时开展矛盾纠纷排查调处工作。

三要健全机制，使“三大调解”充分发挥作用，使每一起纠纷都能得到及时处理，使每一个矛盾都能得到有效化解。

六、正确处理和及时化解人民内部矛盾，必须注重“三个严防”

一是严防矛盾激化。现在，人民内部矛盾的内容和表现形式错综复杂。为此，必须讲求方式方法，积极稳妥地加以处理，决不能用强迫命令的办法，尤其是用处理敌我矛盾的方法来处理人民内部矛盾，切实避免因处置不当而使矛盾激化，甚至酿成事端，出现服药、跳楼、堵路、自焚等极端事件，造成不良影响。

二是严防敌对势力插手。敌对势力插手我人民内部矛盾，是近年来对敌斗争中出现的一个新动向。敌对势力往往利用我们在处理人民内部矛盾方面的失误兴风作浪，将个别问题扩大化、刑事案件政治化、人民内部矛盾敌对化。对此，一定要增强政治敏锐性，提高发现能力和防范能力，力争将其破坏图谋粉碎在预谋阶段，防止形成现实危害。特别是针对敌对势力打着“维权”旗号插手人民内部矛盾的问题，要认真总结经验教训，不断提高依法处置的水平和斗争艺术。对一些重点人员，不仅要着力加强稳控，更要积极教育争取。

*三是严防恶意炒作。*人民内部矛盾是社会发展的必然产物，不可避免。特别是在当前，我们正处于人民内部矛盾凸显、刑事犯罪高发、对敌斗争复杂的时期，更要加大对媒体的沟通和监管力度，建立敏感问题的宣传沟通协调机制，严肃报道纪律，把握分寸、严防泄密，把握基调、严防走调，加强引导、防止误导，掌握平衡、切忌失衡。

深化改革与保增长、重民生的理性思考

2009年是中国改革发展十分关键的一年。应对国际金融危机和国内发展转型的双重挑战，需要用改革的办法破解双重难题。中国改革发展30年的实践证明，无论面临的挑战有多艰巨、困难有多严峻，只要深化改革，就能有效应对危机，破解难题，减少压力，促进发展。

一、新形势下深化改革的意义重大

回顾历史，我国已经走过了30年改革历程，社会主义现代化建设取得了举世瞩目的伟大成就，综合国力和国际地位明显提高，人民生活水平发生了翻天覆地的变化，中国人民的面貌、社会主义中国的面貌、中国共产党的面貌发生了历史性变化。中国在走过30年的改革发展历程之后，已经由生存型阶段进入发展型阶段，站在了新的历史起点上。直面应对国际金融危机、加快科学发展、构建和谐社会的新形势、新任务，我们需要重新认识、重新审视深化改革的重大意义。

第一，科学发展对深化改革提出了新要求。

党的十六届三中全会提出的科学发展观，是立足社会主义初级阶段基本国情、总结我国发展实践、借鉴国外发展经验、适应新的发展要求提出来的，党的十七大对科学发展观进行了系统的阐释。科学发展观指明了我国现代化建设的发展模式、发展战略和发展目标，对深化改革也提出了新的要求。科学发展观的第一要义是发展，按照温家宝同志的阐述，科学发展观要求的发展，是好中求快、又好又快的发展，是速度与结构、质量、效益相统一的发展，是长期、稳定、可持续的发展。而我国的现实情况是，无论是经济领域还是社会领域中都还存在着不符合、不适应科学发展的一些矛盾和问题。解决这些问题，实现科学发展，根本在于进一步深化改革。要按照党的十七大要求，把改革创新精神贯彻到治国理政的各个环节，毫不动摇地坚持改革方向，提高改革决策的科学性，增强改革措施的协调性。着力解决经济社会发展中的深层次矛盾和问题，消除影响科学发展的体制障碍，逐步形成实现科学发展的体制保障，把经济社会发展切实转入全面协调可持续的科学发展轨道上来，使改革不仅成为发展的动力，更成为实现科学发展的重要保证。

第二，国际金融危机对深化改革提出了新挑战。

历史经验表明，危机往往是改革的重要契机和重要起点。2008年以来，由美国次贷危机引发的、百年一遇的国际金融危机向全球不断蔓延，对中国经济发展产生了全面而深刻的冲击。一是危机倒逼改革。当前，国际金融危机的严重影响与国内发展阶段的历史性变化叠加在一起，使短期困难与长期矛盾交织在一起，并使我国的改革发展面临着改革30年来前所未有的困难与挑战。二是危机挑战改革。在国际金融危机背景下实现经济平稳较快发展迫切需要改革，需要把推进“一揽子”经济刺激计划和“一揽子”改革计划有机结合起来，这样才能使政策调整与改革措施在短期对稳定社会、提振信心、保持增长发挥重要作用，在中长期解决影响经济持续健康发展的制度缺失和体制障碍问题。三是危机呼唤改革。我们要把应对国际金融危机作为深化改革的契机，积极主动地布局改革，全力破解转变经济发展方式与某些市场化改革不到位的矛盾、社会公共需求转型与公共产品供给短缺的矛盾、政府作用的发挥与政府自身改革滞后的矛盾，实现新阶段改革的重大突破，化“危机”为“转机”，为我国全面步入科学发展轨道提供重要保证。

第三，人民群众对深化改革提出了新期待。

改革30年是人民群众生活不断改善的30年，然而随着经济发展、社会进步，人民群众的民生需求被赋予了新的时代内涵。在经历了满足温饱需求的阶段之后，现阶段的民生需求已经不再是简单的物质需求，而是包括教育、就业、收入分配、社会保障、医疗卫生以及公平正义、民主法治等在内的更高层次和更加全面的需求，涉及公民的受教育权、劳动权、生命权、健康权、社会保障权等生存权和发展权。人的多层次需要的满足、人的整体素质的提高、人的自由全面发展，成为人民群众的新期待，也成为科学发展的价值取向。这就要求我们继续深化改革，把经济社会发展与促进人的全面发展统一起来，把加大投入解决民生问题与深化改革加快制度建设结合起来，着力解决人民群众最关心、最直接、最现实的利益问题，真正使改革始终得到人民群众的拥护和支持，真正通过改革为保障和改善民生提供可靠的制度保证，真正做到发展为了人民、发展依靠人民、发展成果由人民共享。

二、金融危机条件下深化改革的重点任务

当前，国际金融危机仍在持续蔓延和加剧，对我国经济社会发展的影响仍在进一步扩大。面对克服金融危机影响与实现发展方式转变的双重压力，必须坚持用改革的办法化解经济社会可持续发展中面临的突出矛盾，必须把深化改革作为促进科学发展的根本动力，必须在关系经济社会发展全局的重点领域和关键环节取得突破性进展，为实现经济社会又好又快发展提供有力支撑。

国际金融危机对我国经济发展的影响是全面的、长期的，不仅直接导致我国经济增长压力加大，而且影响到人民生活水平的稳定提高；不仅对加快转变发展方式提出了迫切要求，也对深化改革提出了新的挑战。因此，保增长、重民生既是应对金融危机要完成的首要任务，也是我们当前深化改革的重点任务。只有深化改革，才能为保增长、重民生消除制度障碍；只有保持经济平稳较快发展，才能为深化改革、保障和改善民生提供经济基础；只有切实保障和改善民生，才能调动人民群众的积极性，共克时艰、共谋发展。

一方面，必须脚踏实地，用改革的办法解决制约经济增长的根本问题。我们应当清醒地看到，保增长不是一般性地恢复过去那种粗放型的增长，而是努力实现在调整结构、扩大内需基础上的持续平稳增长。这就需要将市场化改革进一步拓展到资源要素领域、垄断行业，发挥民营经济的作用，使投资能够反映市场的真实需求；需要建立相应的激励约束机制，淘汰高能耗、高污染、高排放的增长；需要加快推进财税、金融体制改革，完善宏观调控，坚持用改革的办法致力于解决中长期、深层次的体制问题，以推进经济增长

机制的转型。

一是要推进资源性产品价格改革。我国不少重要资源供给短缺，建立健全依据市场供求，反映节约使用、生态保护、替代能源开发等方面社会成本的价格和税收制度，是提高资源产出效率和促进资源节约的根本措施。要继续深化电价改革，理顺煤电价格关系，推进水价改革等，并建立健全矿产资源有偿使用、生态补偿和水资源费征收等制度。同时，开展排污权交易，利用市场机制降低减排成本。

二是要推进公共财政体制改革。公共财政是政府运行的保障，如何实现公共财政的有效配置是改革的重点。要深化预算制度改革，全面实施增值税转型改革，加快推进资源税制度改革，完善财政管理体制。

三是要进一步深化金融体制改革。金融改革的重点在于提高金融体系配置存量资产的能力和效率，增加人民群众的财产性收入和促进社会保障制度建设。要深化国有金融机构改革，稳步发展多种所有制中小金融机构和新型农村金融机构，积极引导民间融资健康发展。要推进资本市场改革，维护股票市场稳定；深化保险业改革，发挥其保障和融资功能。

四是要继续深化国有企业改革和非公有制经济发展。国有企业是我国经济中最有实力和潜力的“存量”。近年来，国有企业整体上增强了市场地位和盈利能力。但那些拥有低成本资源和市场控制力的国有企业能否在对内对外开放和平等竞争的环境中保持竞争力，还有待实践检验。今后要深化国有大型企业的公司制、股份制改革，建立健全现代企业制度，加快铁路、电力等行业改革，完善民航、电信管理体制。同时，要鼓励、支持和引导非公有制经济发展，落实放宽市场准入的各项政策，支持民间资本参与国有企业改革，进入基础设施、公用事业、金融服务和社会事业等领域。

五是要积极推进科技体制改革。要着眼于发挥科技对发展的全面支撑作用，使其从点、线扩展到面，为数以百万计的企业和各行各业提供科技服务。应通过改革，使科技战线具备迅速响应和满足市场科技需求的能力。

另一方面，必须抓住关键，用改革的办法解决制约保障和改善民生的重点问题。加快创新公共服务体制，使基本公共服务惠及13亿人口，这是实现社会公平正义的基础，也成为新阶段可持续发展的重要动力，是保民生的关键。政府要承担“底线公平”的责任，建立基本公共服务均等化的相关制度，包括建立面向民生的财政体制、深化就业和分配制度改革、完善社会保障体系，防止财富和收入分配差距转化为权利和机会的不平等。同时，还要创造良好的生活环境，满足人们的物质文化需要。

一是要全力抓好就业工作。当前就业形势十分严峻，城镇新增劳动力进一步增加，特别是高校毕业生达到600多万人。因此，要把就业工作摆在更加突出的位置，实施积极的就业政策，加大财政投入，调动企业、劳动者和社会各方面力量，促进就业和再就业。

二是要深化收入分配制度改革。收入分配问题不仅是事关社会稳定的核心因素，也是解决当前所面临经济问题的关键突破点。目前收入分配结构存在的问题是导致国内消费不足的重要原因，刺激消费、解决投资与消费失调的结构性问题，需要把调整国民收入分配作为根本性对策。要通过收入分配制度改革，逐步扭转收入差距扩大的趋势，刺激社会总需求的增长。

三是要加强社会保障体系建设。建立比较完善的社会保障体系，是现代国家治理架构中的基本要素，是经济发展到一定水平后政府应该提供的公共产品。加快完善社会保障体系，必须推进制度建设，包括完善基本养老保险制度，制定实施农民工养老保险办法和开展农村社会养老保险试点等；必须扩大社会保障覆盖范围，加快实现社会保障全覆盖的目标；必须提高社会保障待遇，优先提高那些保障水平较低人群的保障水平，包括企业退休人员和城乡低保、农村五保、优抚对象等。

四是要推进教育事业改革。投资于人，就是投资于长期可持续发展。教育公平是改善收入分配和保障社会公平的基本制度安排。同时，教育还是减弱收入差距代际传递最有效的措施。要在促进教育公平、优化教育结构、加强教师队伍建设、推进素质教育和校舍安全工程建设方面有所突破。

五是要深化医药卫生事业改革。医疗卫生体制改革对于保障人民群众的健康权益、完善我国社会保障体系框架具有重要意义。应坚持公共医疗卫生的公益性质，调动医务人员的积极性，建成基本医疗卫生制度，实现人人享有基本医疗卫生服务。要从推进基本医疗保障制度建设、建立国家基本药物制度、健全基层医疗卫生服务体系、促进基本公共卫生服务均等化和推进公立医院改革方面下功夫。

六是要加快文化体育事业改革。发展文化体育事业，既可以拓展消费领域、促进经济社会发展，又可以丰富人们的精神生活、促进人的全面发展。要支持文化产业加快发展，完善扶持政策，培育骨干文化企业，推进公益性文化事业单位管理体制、运行机制改革和经营性文化单位转企改制。同时，要推进体育事业改革。

提高自主创新能力的价值与启示

在全球已进入后金融危机时代的大背景下，提高自主创新能力对于抢占世界科技和产业发展的制高点，提升国家的竞争力和综合实力，实现全面协调可持续发展，至关重要。

如果说科学技术是第一生产力，那么自主创新就是第一竞争力，其价值有三：

一是从战略全局来看，提高自主创新能力，是继科教兴国和人才强国战略后，党中央、国务院提出的事关社会主义现代化建设全局的重大战略决策，是国家战略的核心，是提高综合国力的关键，既反映了对世界经济、科技发展趋势和内在规律的准确把握，也反映了对我国基本国情和战略需求的科学分析。

二是从重要地位来看，提高自主创新能力，是科学技术发展的战略基点，是调整产业结构、转变发展方式的中心环节，是实现科学发展、创新发展、和谐发展的必然选择。

三是从地区实际来看，提高自主创新能力，是抢占后危机时代科技和产业制高点的有力抓手，是全力打造创新型城市的重要举措，是加快地区经济社会发展的客观需要。

就我国来说，上海市通过积极推动张江等高科技园区建设，大力扶持高科技企业发展，在自主创新能力建设领域走出了一条成功之路。上海经验对于我们加快破解如何把科技优势、人才优势转化为产业优势的难题，进一步加强自主创新的制度和环境建设，不断健全和完善有利于自主创新的体制机制，都具有十分重要的借鉴意义。

一是高度重视并大力发展产业园区。自主创新的生命力在于产业化，产业园区是自主创新的重要载体。张江高科技园区充分利用国内和国际两种资源，协调发挥市场和政府的作用，以创新金融体系为重点，搭建一流的创业孵化平台，实行“孵化+投资”模式，不断完善有利于创新创业的环境，集聚一流的创新要素，成为了我国重要的生物医药、集成电路和软件产业基地，形成了全国闻名的“张江模式”，并已初具世界一流科技园区水准。

二是企业作为自主创新主体的作用得到充分发挥。作为上海本地推动自主创新的重点企业，上海港机集团和江南长兴造船基地的共同特点是，坚持技术创新和技术领先，在自主创新和引进培养人才方面舍得投入，努力打造一支高素质的科技人才队伍，大力实施原始创新和引进消化吸收再创新，形成了“研发一代、设计一代、生产一代、构思一代”的自主创新格局，使企业的核心竞争力大幅提升，在激烈的国际竞争中脱颖而出，实现了跨越式发展。

三是实现了产学研的有机结合。上海杨浦区在这方面很具代表性，走出了一条大学校区、科技园区、公共社区“三区融合、联动发展”的老城区转型创新发展道路。它们把大学作为整个城区发展的核心，把科技园区作为科技成果孵化、转化进而产业化的载体，把公共社区作为公共服务的主要提供者，统筹规划和配置发展资源，突破资源分散和整合的瓶颈，形成了区、校、企围绕一个理念、一个目标，共同发展的资源共享、风险共担、载体共建、利益共赢的成功模式，为我们提供了非常有益的借鉴。

在加快推进自主创新这一领域，上海经验给我们以深刻的启迪，我们要充分借鉴上海经验，充分发挥自身优势，大力提升自主创新能力。一是在加快产业升级上下功夫，有力推进信息化与工业化融合，加快改造提升传统产业，特别是着力培育和发展先进装备制造、信息、生物医药、航空、新材料、新能源、节能环保等新兴产业。二是在培育创新主体上下功夫，加快形成以企业为主体、市场为导向、产学研紧密结合的技术创新体系，特别是推动企业真正成为研究开发投入的主体、技术创新活动的主体和创新成果应用的主体。三是在完善创新服务体系上下功夫，加快构建科技资源共享、创新孵化、中介服务、科技交流合作等公共服务平台。四是在优化创新发展环境上下功夫，大力弘扬创新文化，不断完善创新投融资体系，继续实施知识产权战略，积极创造有利于自主创新的社会环境。五是在集聚创新人才上下功夫，大力引进海内外高层次创新人才特别是领军人才，加快形成各类创新人才聚集的良好局面。

ZHENGFUJIANSHEPIAN

政府建设篇

论服务型政府建设

党的十七大以来，党中央对建设服务型政府做出了全面部署，并实施了一系列重大改革。特别是2008年2月，胡锦涛同志在中央政治局第四次集体学习时，对建设服务型政府提出了明确要求。加快建设服务型政府已成为当前一项重要而紧迫的战略任务。

一、服务型政府的含义和特征

对于什么是服务型政府，目前理论界尚无标准的定义，基本处于“一个概念，各自表述”的状态。综合传统表述和胡锦涛同志做出的“建设服务型政府，根本目的是进一步提高政府为经济社会发展服务、为人民服务的能力和水平”的阐述，从政府宗旨的角度来定义，服务型政府是指在民主、法治的框架下，以为经济社会发展服务、为人民服务为根本目的，在全面履行政府职能中始终贯彻服务理念，突出公共服务职能，并承担服务责任的政府。

服务型政府作为一种全新的政府职能模式，与传统型政府相比，笔者认为，至少应具有以下主要特征：

第一，服务型政府应是以人为本的政府。以人为本是服务型政府的本质所在。人民是国家和社会的主人，政府的一切权力来源于人民，政府的一切行为都必须以最广大人民群众的根本利益为出发点和落脚点。以人为本就是要以实现人的发展为目标，从人民群众的根本利益出发谋发展、促发展，不断满足人民群众日益增长的物质文化需求，让发展的成果惠及全体人民。正如温家宝同志在政府工作报告中所说的，我们所做的一切都是要让人民生活得更加幸福、更有尊严，让社会更加公正、更加和谐。

第二，服务型政府应是公开透明的政府。温家宝同志在2008年政府工作报告中指出，要大力推进政务公开，提高政府工作透明度，创造条件让人民更有效地监督政府。政府的主要职能就是服务，其服务是否公平、公正，必须要通过公众的检验。政府的公开透明直接关系到政府决策的民主化和科学化，关系到公民权利的实现，关系到政府自身的廉洁。只有公众清楚地知道政府在做什么、怎样做以及效果怎样，才能真正实现公民参与政府履职过程、监督政府行为、评估政府绩效。可以说，公开透明是现代政府的形象，也是服务型政府必须采取的行为方式。

第三，服务型政府应是高效廉洁的政府。现代政府管理的核心问题就是管理效能。所以，服务型政府必须要求高效行政。高效，就是要求政府运转速度快、办事效率高、行政成本低、管理效益好，尤其是在进入信息化时代，政府必须行动迅速、反应灵敏。特别是在危机管理和突发性事件的处理上，更要求政府反应迅速和敏捷。从2003年“非典”事件以及此后的一系列公共危机和突发事件中，我们可以看出构建一个反应迅速、高效运作的政府的极端重要性。廉洁从政则是政府及其工作人员的基本行为准则和一贯要求。

第四，服务型政府应是依法行政的政府。遵守宪法和法律是政府一切工作的根本原则。只有全面推行依法行政，努力做到有权必有责、用权受监督、侵权要赔偿、违法要追究，让权力在阳光下运行，才能保证人民赋予的权力始终用来为人民谋利益。

第五，服务型政府应是责任政府。责任政府是现代民主政治的基本理念，是对政府公共行政进行民主控制的制度安排。近几年，“引咎辞职”、“问责制”逐渐为人们所熟悉。所谓有权必有责，政府的权力和责任始终是一对“孪生兄弟”，每一份权力都连带着一份沉甸甸的责任。以前人们往往认为，“当多大官就有多大权”，现在更认识到，“当多大官就有多大责任”。政府部门及其工作人员因不作为、乱作为或不当作为而造成不良后果的，都要给人民一个“说法”，都要严肃追究有关人员的责任。实践证明，服务型政府必然也是一个责任政府。

二、建设服务型政府的意义和目的

第一，建设服务型政府，是党全心全意为人民服务宗旨的根本要求。全心全意为人民服务是我们党的一贯思想和根本宗旨，是各级政府的神圣职责和全体公务员的基本准则。应该说，在不同的经济发展阶段，人民群众对物质文化的需求不同，政府为人民服务的任务、目标和着力点也会不同。在当前全面建设小康社会的新时期，政府必须根据这些变化着的情况，正确、充分、有效地履行职责，提高为经济社会发展服务、为人民服务的能力和水平。

第二，建设服务型政府，是贯彻落实科学发展观和构建社会主义和谐社会的必然要求。各级政府拥有人民赋予的权力，掌握着大量公共资源，处于经济社会管理者的特殊地位，在贯彻落实科学发展观和构建社会主义和谐社会的进程中担负着重要职责。长期以来，我国经济发展与社会发展存在“一条腿长、一条腿短”的问题，社会事业发展明显滞后，社会管理水平不高，贫富差距、城乡差距、地区差距不断扩大，科学教育、公共卫生、公共安全、社会保障滞后，资源日趋枯竭、生态环境恶化等问题十分突出，这些都与全面协调可持续发展的要求不相适应。当前，只有加强服务型政府建设，更加注重发展社会事业和解决民生问题，为经济发展和人民群众生产生活创造良好的环境与条件，使全体人民共享改革发展成果，才能促进社会公平正义，增强社会创造活力，保持社会安定有序，有效推动科学发展和社会主义和谐社会建设。

第三，建设服务型政府，是加快行政管理体制改革、加强政府自身建设的重要任务。当前我国仍处于体制改革的攻坚阶段，行政管理体制的一些弊端没有根本消除，社会主义市场经济体制还不完善。近年来，我们在政府自身改革和建设方面采取了一系列措施，包括全面履行政府职能，深化行政审批制度改革，推进科学民主决策，推行依法行政，加强行政监督，加快社会事业发展，努力解决损害群众利益的各种问题，加大反腐倡廉力度等。这些虽然都取得了明显成效，但政府职能转变的任务依然繁重和艰巨。目前，政府及其部门仍然管了许多不该管、管不了也管不好的事；一些政府部门权责脱节、有权无责，有的部门之间职责不清、推诿扯皮，办事效率不高；有的工作脱离实际、脱离群众，随意决策，存在严重的主观主义、形式主义、官僚主义；有些地方片面追求经济增长速度，忽视社会全面发展，甚至存在损害人民群众切身利益的问题，严重破坏了政府在人民群众中的形象。如果不进一步加强政府自身改革和建设，就不能适应新形势、新任务的要求。

总之，建设服务型政府，反映了我们党对中国特色社会主义事业发展的新认识，也反映了我们党对执政能力、执政方式的新认识。加快服务型政府建设，必将为落实科学发展观、促进经济社会和人的全面发展、构建社会主义和谐社会提供重要保障。对此，我们应进一步提高责任感和使命感，增强自觉性和主动性，大力加强服务型政府建设。

三、建设服务型政府的方法和路径

建设服务型政府是一项复杂的系统工程，涵盖了政府工作的各个方面。从现阶段的实际出发，至少应着力抓好以下几个环节。

第一，加快转变政府职能。这是当前深化行政管理体制改革、建设服务型政府的核心。关键是要加快推进政企分开、政资分开、政事分开、政府与市场中介组织分开，把不该由政府管理的事项转移出去，把该由政府管理的事项切实管好，从制度上更好地发挥市场在资源配置中的决定性作用，更好地发挥公民和社会组织在社会公共事务管理中的作用，更加有效地提供公共产品。要继续深化行政审批制度改革，认真贯彻行政许可法，进一步减少和规范行政审批事项，该取消的审批项目坚决取消，该下放的项目尽快下放，以利于把更多的精力用于公共服务和社会管理。要通过转变职能、理顺关系、优化结构、提高效能，切实把政府的主要职能转变到经济调节、市场监管、社会管理、公共服务上来，努力为人民群众提供方便、快捷、优质、高效的公共服务。

第二，加快完善公共服务体系。建设服务型政府，关键是完善社会管理和公共服务，重点是保障和改善民生，要按照全体人民学有所教、劳有所得、病有所医、老有所养、住有所居的要求，围绕逐步实现基本公共服务均等化的目标，创新公共服务体制，改进公共服务方式，加强公共服务设施建设，逐步形成惠及全民的公共服务体系。从国情出发，我国的政府公共服务体系主要应包括以下四项基本内容：一是提供就业服务和基本社会保障等基本民生性服务。二是提供教育、医疗、公共文化等公共事业性服务。教育、医疗、文化等领域的情况比较复杂，需要区分营利性和非营利性。发展公共事业性服务是政府的职责所系。三是提供环境保护、基础设施建设等公益性基础服务。政府应担负起保护环境的责任，切实推动节能减排。同时，还应加快电网、铁路网、通信网等基础设施建设，对其中属于商业性的部分交由市场去做，属于公益性的部分则直接承担起来。四是提供生产安全、消费安全、社会安全等公共安全性服务。对生产安全，企事业单位负有责任，政府也应强化安全服务体系建设和监管职责。而消费、食品和药品安全等都是公共服务体系建设的基础性环节，政府责无旁贷。

第三，加强依法行政和制度建设。遵守宪法和法律是政府工作的根本原则。建设服务型政府，就要严格依法行政，坚持用制度管权、管事、管人，健全监督机制，强化责任追究，切实做到有权必有责、用权受监督、违法要追究。要进一步规范行政决策行为，完善科学民主决策机制；加强和改进政府立法工作，健全行政执法体制和程序，完善行政复议、行政赔偿和行政补偿制度。要强化问责机制，健全以行政首长为重点的行政问责制度，明确问责范围，规范问责程序，加大责任追究力度，提高政府执行力和公信力。要完善政务公开制度，及时发布信息，提高政府工作透明度，切实保障人民群众的知情权、参与权、表达权、监督权。

第四，推进政府绩效管理。政府绩效评估是当今世界许多国家实施政府再造、落实政府责任、改革政府管理、提高政府效能、改善政府形象的一个行之有效的工具。当前，重点是积极探索建立科学合理的绩效评估制度，科学确定政府绩效评估的内容和指标体系，把实现社会发展目标、公共服务水平、社会稳定和谐以及降低行政成本、勤政廉政等情况作为评估的重要内容，形成与科学发展观相适应的政绩导向，逐步建立以公共服务为主要内容的绩效评估体系。

第五，加快政府信息化建设。在当今信息化时代，网络的政治参与已成为不可逆转的必然趋势。公众越来越渴望通过信息化渠道从政府获取快捷、方便、自主的服务。政府必须及时适应这一新的趋势，依靠信息化推动电子政务建设，不断优化和再造各级政府的运作方式与工作流程，改进行政方式，提高行政效能。加快电子政务网络系统建设和信息资源建设，提高政府信息的利用效率，加强信息资源共享，促进政府网上办公。不断充实、及时更新政府网站，努力扩大网上服务领域，为公众提供方便、快捷、高效的网上服务，为建设服务型政府奠定坚实基础。

第六，加强公务员队伍建设。建设服务型政府，提高政府为人民服务的水平，关键在于提高政府工作人员特别是领导干部的素质。当前，重点是完善公务员管理配套制度和措施，建立能进能出、能上能下的用人机制。强化对公务员的教育、管理和监督，增强其全面和正确履行政府职能的能力，加强政风建设和廉政建设，严格执行党风廉政建设责任制，扎实推进惩治和预防腐败体系建设，真正做到为民、务实、清廉。只有这样，才能不断推进服务型政府建设。

浅析服务型政府建设与优化发展环境

胡锦涛同志在中央政治局第四次集体学习时强调，建设服务型政府，根本目的是进一步提高政府为经济社会发展服务、为人民服务的能力和水平。在社会主义市场经济条件下，为市场主体创造良好的发展环境，既是政府的重要职能，也是政府服务经济社会发展、服务人民的具体体现。优化发展环境，越来越受到各地政府的高度重视，一些地方领导同志形象地说，当前发展经济不差钱，主要差环境。这话颇有道理。新一轮城市间的竞争已经从以区位、政策为主的竞争转化为以发展环境为主的竞争。实践证明，环境是生产力、竞争力、影响力，是重要资源和宝贵财富，哪个地区发展环境好，资金、人才、项目就向哪个地区汇聚，从而迅速形成大开发、大开放、大发展的良好局面。因此，一个地区发展环境的优劣，将在一定程度上决定该地区经济发展的快慢，体现服务型政府建设水平的高低。

加快建设服务型政府，不断优化发展环境，应从以下几个方面入手。

一、建设服务型政府，优化发展环境，首要任务在于明确工作方向

优化发展环境涉及经济社会方方面面，明确工作方向，选准工作着力点至关重要。

第一，着力打造优质高效的政务环境。政务环境集中体现政府履行职责的能力和水平，是优化发展环境的重中之重。优化政务环境，一是深化行政审批制度改革。核心是进一步减少和规范行政审批事项，该取消的坚决取消，该下放的尽快下放，最大限度地减少政府对微观经济活动的干预。大力改善投资环境，增强经济发展的活力。二是提高办事效率。特别是直接服务企业和百姓的行政审批与公共资源交易等窗口单位，应全面提速、提效、提升水平。三是转变工作作风。负有经济管理权限的政府部门，应围绕重大项目和重点企业，走出机关，深入基层，主动上门服务，现场办公解决问题，推动项目早日落地开工，促进企业健康发展。

第二，着力打造促进发展的政策环境。政策不优，环境难优；政策不活，环境难活。一是应抓好政策清理。对国家明令禁止的政策要坚决取消，对已经过时的政策要及时废止，对不合时宜的政策要抓紧修订完善，尤其是在行政事业性收费政策方面，绝不能超出国家有关规定。二是应抓好政策创新。善于学习借鉴国内外的先进经验，制定并完善符合本地实际的相关政策，切实做到集大成、有突破，人无我有，人有我优，人优我特。三是应抓好政策落实。对国家和本地区已经出台的各项政策，应坚决兑现，切实取信于民。这是充分发挥政策作用的关键。

第三，着力打造公平正义的法治环境。市场经济是法制经济。依法行政是优化发展环境的重要前提和根本保证。当前，政府部门应重点围绕依法行政这一关键环节，进一步规范执法行为，全面落实行政执法责任制，最大限度地杜绝公权私用、执法不公、违法行政、野蛮执法等问题，切实维护企业和群众的合法权益，为经济发展保驾护航。实践中应努力做到“四不”：不干预法律、法规和政策没有明文禁止的企业行为和个人行为；不滥用自由裁量权；不影响企业正常经营秩序；不轻易查封、冻结企业账目、银行账户和扣押企业财物。

第四，着力打造诚实守约的信用环境。信用是现代市场经济的基石。服务型政府必须是诚信政府。一是全面推进政务、商务和个人诚信建设，特别是充分发挥政府的引领示范作用。二是加快信用信息平台建设，并抓好信用数据的归集工作，形成联合征信体系。三是强化法治保障，依法规范信息归集和使用工作，切实防止损害公民和法人的合法权益。四是积极培育信用市场，大力发展信用服务业，扩大信用产品市场需求，强化信用市场监管，促进信用服务业健康有序发展。

第五，着力打造规范有序的市场环境。这是实现市场主体充分竞争、公平竞争，有效激发市场经济活力的重要基础。一方面，应大力整顿和规范市场经济秩序。政府各职能部门应加大对市场的监管力度，严厉打击制假售假、不正当竞争、市场垄断等不法行为，真正建立起统一、开放、竞争、有序的现代市场体系。另一方面，应始终坚持一视同仁，大力支持非公有制经济和中小企业发展，鼓励并支持民间资本进入基础设施、公用事业、金融服务和社会事业等领域。

第六，着力打造和谐稳定的社会环境。这是保持经济持续健康发展的根本保障。一是应大力加强社会治安综合治理，严厉打击各种刑事犯罪，完善社会治安防范体系，不断提高人民群众的安全感。二是应全面做好信访稳定工作，积极适应新形势、新要求，不断创新信访稳定工作体制机制，深入开展矛盾纠纷排查调处，妥善处置各类群体性事件，切实维护人民群众的合法权益，全力维护社会和谐稳定。三是应着力抓好安全生产和公共安全工作，及时消除隐患，努力从源头上杜绝重大安全事故发生。

二、建设服务型政府，优化发展环境，当务之急在于着力解决突出问题

常言道，打扫干净屋子再请客。优化发展环境，应该采取集中整治的办法，切实解决存在的突出问题。一是深入开展自查，切实找准影响本地区发展环境的突出问题和苗头性、倾向性问题。例如，全局观念不强，部门意识很浓；群众观念不强，官本位意识很浓；责任观念不强，权力意识很浓；服务观念不强，老爷意识很浓，门难进、脸难看、事难办、话难听；纪律观念不强，违反规定乱收费、乱罚款、乱摊派，给企业加重负担；法制观念不强，利用职权，吃拿卡要报，为个人捞取好处，以权谋私等。二是深刻剖析原因，不仅要看到问题的表象，更要深刻分析问题产生的根源，并有针对性地制定标本兼治的整改措施。三是抓紧进行整改，务求在较短时间内取得明显成效。四是不断巩固成果，通过健全体制、机

制、制度，切实防止老问题反弹和新问题发生。

三、建设服务型政府，优化发展环境，治本之策在于建立健全长效工作机制

优化发展环境是一个持续不断的过程，是一项长期的工作。既要治标，集中治理突出问题，更要治本，真正形成切实管用的长效工作机制。

第一，强化公开机制。阳光是最好的防腐剂。当前重点应深入推进政务公开，特别是行政权力公开透明运行，以公开促进办事效率的提升和服务质量的提高。一是扩大公开范围，做好主动公开、依申请公开、及时更新信息等方面的工作，除法律、法规等明确规定不予公开的事项外，该公开的都要公开，切实保障公民、法人和其他组织依法获取政府信息的权力。二是完善公开载体，特别是加快建立“网上政务服务中心”，实现网上办事功能，打造集政务公开、信息发布、行政投诉于一体的综合服务平台。三是突出公开重点，依法公开各部门的权力行使条件、承办岗位、办理时限、监督制约等内容，加大自由裁量权的公开力度，对各部门自由裁量权的范围、标准、依据、程序和结果进行梳理，提高政府工作的透明度。

第二，强化投诉机制。建立健全市民服务热线、政风行风热线等投诉平台，畅通投诉渠道，认真受理企业、项目单位和群众的投诉。特别是注意完善问题受理和查处制度、结果反馈制度、责任追究制度、整改落实制度、考核评价制度和定期通报制度，用制度保

证有诉必接、有接必办、有查必果，真正做到事事有回音，件件有着落。

第三，强化查处机制。集中力量查办破坏发展环境的问题，特别是严肃查处巧立名目、变换手段进行乱收费、乱罚款、乱摊派的问题；工作推诿扯皮、不作为、乱作为的问题；办事效率低下、服务态度恶劣以及随意执法、野蛮执法、违法不公、枉法裁判等严重破坏发展环境、影响企业发展、制约项目建设、损害人民群众利益的突出问题。真正做到有诉必理，查实必究，敢于碰硬。同时，应加大对典型案件的公开曝光力度。

第四，强化监督机制。关键是建立完善的监督体系，形成有效的监督网络。一是自觉接受人大的依法监督和政协的民主监督，主动配合人大、政协搞好评议、视察等活动，虚心听取意见，及时改进工作。二是加强社会监督，大力推行聘请监督员制度和行政执法听证评议制度，在人大代表、政协委员、企业负责人和个体工商户中聘请肯管事、敢碰硬的监督员，定期听取意见，定期组织评议，特别是对那些群众意见集中、反映强烈的部门和单位，实行重点监督。三是加强舆论监督，建立起市民服务热线、广播、电视、报纸、网络等媒体共同解决群众问题、监督部门依法行政的联动机制。

第五，强化评议机制。积极探索建立科学、合理、实用的评议方式，特别是在评议代表的确定上，应尽量选取管理和服务对象，提高评议的客观性、公正性；在评议方法上，应坚持年终评议与日常评议相结合，提高评议的动态性、连续性、准确性；在评议结果的运用上，应与上级主管部门的民主评议挂钩，并纳入党风廉政建设责任制考核和绩效评估内容中。

第六，强化考核机制。重点是完善考评办法，科学确定考核内容，细化考核指标，实行动态考核、全过程管理，客观公正地反映优化发展环境的成效，并切实建立科学有效的激励和约束机制，通过严明奖惩形成正确的工作导向。

四、建设服务型政府，优化发展环境，关键在于形成强有力的工作推进体系

优化发展环境，涉及面广，政策性强，是一项复杂的系统工程，必须形成强有力的工作推进体系，才能确保取得实效。

第一，应在加强组织领导上下功夫。切实把优化发展环境提上政府重要日程，特别是“一把手”作为第一责任人，应该集中力量抓关键，着力解决好突出问题。领导干部应率先垂范，要求广大干部做到的，领导干部必须首先做到；要求基层做到的，上级机关必须首先做到。严格落实责任制，切实做到任务落实到部门，工作落实到岗位，责任落实到人员。

第二，应在提高干部队伍素质上下功夫。优化发展环境，关键在人，关键在政府机关工作人员。政府部门应突出抓好公务员队伍建设，全面加强宗旨教育、技能培训、岗位练兵，不断提高公务员队伍的服务意识和服务水平。加强公务员队伍的管理，严把入口，畅通出口，强化竞争上岗、公开选拔、轮岗换岗、干部挂职，充分调动广大公务员的工作积极性。

第三，应在强化监督检查上下功夫。加强对优化发展环境工作的督查督办和考核评比，创新监督检查方式方法，通过联席会议、

明察暗访等方式，深入机关、企业、项目单位、社区听取群众反映，及时解决监督检查中发现的问题。

第四，应在营造良好氛围上下功夫。通过新闻媒体大力宣传优化发展环境的重要意义，宣传广大投资者在经济社会发展中的巨大贡献，宣传改善发展环境、为投资者提供优质服务的先进典型，积极营造人人关心发展环境、人人参与环境建设的浓厚氛围。

全面推进依法行政
加快建设法治政府

一、全面推进依法行政，加快建设法治政府是事关战略和全局的重大问题

第一，这是贯彻落实党的十八大精神，全面建成小康社会的必然要求。党的十八大提出，到2020年全面建成小康社会时，基本建成法治政府，并且把“依法治国基本方略全面落实”和“法治政府基本建成”并列提出，表明建设法治政府已经成为党治国理政的目标、全面建成小康社会的目标。可以说，没有依法行政工作的全面推进，全面建成小康社会的奋斗目标就不可能实现。

第二，这是建设法治型政府、服务型政府、廉洁型政府的内在要求。新一届中央领导集体把依法治国，建设法治政府摆在更加突出的位置。习近平总书记提出，要“把权力关进制度的笼子里”；李克强总理提出，“政府履行职能必须依靠法治，让权力在法律和制度的框架内运行”。可以说，依法行政既是建设法治政府的本质要求，更是建设服务型政府、廉洁型政府的重要前提和根本保障。

第三，这是维护公民合法权益、促进社会和谐稳定的重要保

证。当前，我们正处于改革攻坚期、社会转型期和矛盾凸显期，维护社会稳定的任务日益艰巨繁重。加之人民群众的民主法制意识不断增强，对政府部门依法行政的要求越来越高。为此，我们必须以更高的标准、更大的力度推进依法行政，加快建设法治政府，使行政决策充分体现公众意愿，行政管理更加符合市场经济发展与和谐社会建设的要求，行政执法切实维护广大群众的合法权益。

第四，这是打造北方最佳投资环境、促进经济社会又好又快发展的有力抓手。新一轮城市间的竞争，日益表现为发展环境的竞争。公正廉洁的法治环境，是软环境中最重要、最核心的内容，直接关系到企业的健康发展和项目的顺利实施，关系到民生改善和社会和谐。我们必须推进依法行政，在投资环境方面，努力成为外地人羡慕、本地人自豪、投资者向往的地方。

二、突出重点，抓住关键，全面推进依法行政，加快建设法治政府

全面推进依法行政，建设法治政府，重点要在把好源头、规范行为、强化监督、恪守程序四个关键环节上加大力度。

第一，把好源头。依法行政最主要的源头包括地方立法、行政决策、行政管理体制改革三个方面。

一是要提高地方政府立法质量。这是依法行政的基础和保证。地方政府应通过用足用好地方政府立法权，以提高立法质量为核心，紧紧围绕中心工作，在继续加强经济调节、市场监管方面立法的同时，更加注重改善和保障民生、促进节能减排及加强政府自身

建设方面的立法。立法计划要体现立法项目的重要程度、紧迫程度和成熟程度。要严格执行立法权限和程序，坚决克服立法过程中的部门利益化倾向。要进一步改进立法工作方式，健全立法项目公开征集、公众动议等制度。同时，要坚持“立、改、废”并重，加强对政府规章和规范性文件的清理，对没有法律、法规、规章依据，或与上位法抵触，不适应经济社会发展要求的规范性文件，定期进行清理，及时消除制度之间的矛盾，防止以时过境迁的文件限制、阻碍经济社会的发展。

二是要推进行政决策科学化、民主化、法治化。依法科学民主决策，减少决策风险，是推进依法行政、建设法治政府的一项重要任务。当前，一些地方因决策不科学而损害人民群众利益，甚至引发群体性事件的情况时有发生。例如，2012年7月，江苏启东市群众担心日本王子制纸株式会社在南通投资兴建的浆纸一体化项目会影响生态和近海渔业养殖，进行了大规模群众示威游行活动。群众在市政府门前抗议，场面一度失控，政府机关被冲击，主要领导被扒掉衣服羞辱，另有车辆和电脑被砸。又如，2013年5月，昆明市民因质疑中石油云南炼油（PX）项目而引发大规模群体性事件，数千市民上街聚集，打出条幅和标语，坚决反对当地政府引进炼油项目，中央电视台东方时空对此做了专题报道，在全国引起广泛影响。我们一定要高度重视，通过健全重大行政决策规则，把政府重大投资项目、重大公共设施建设、公用事业价格调整、企业改制、土地征用、房屋拆迁、环境保护、教育医疗、社会保障制度改革等都列入风险评估范围，把公众参与、专家论证、风险评估、合法性审查和集体讨论决定作为重大决策的必经程序，坚决防止越权决策、违法决策。

三是要深化行政管理体制改革。依法界定和规范政府职能是依法行政的重要前提。李克强总理在国务院机构职能转变动员电视电话会议上明确提出，政府履行职能必须依靠法治，要简政放权，借此推进创新政府、廉洁政府、法治政府建设。同时，国务院已分两批共批准取消和下放了133项行政审批等事项。

地方政府要按照国家和省的要求，稳步推进“大部制”改革，整合分散在不同部门中的相似职责，推动政府职能向创造良好发展环境、提供优质公共服务和维护社会公平正义转变。要深化行政审批制度改革，对于国家明确撤销的审批事项，要坚决撤销，对于国家下放的审批权限，要搞好承接。同时，要压缩现有行政审批环节，进一步提高行政审批效率，加快推进网上审批，实现人机对话，减少人为因素。

第二，规范行为。地方各级行政执法部门，要按照党的十八大报告提出的严格、规范、公正、文明的要求，全面规范行政执法行为。

严格执法，就是要严格按照法定权限和程序行使权力，做到既不失职，又不越权。对违法行为，该立案的要立案、该查处的要查处，做到有案必查、违法必究，决不能大事化小、小事化了。对人民群众反映强烈的违法问题，要坚持原则，敢于碰硬。所有行政执法都要坚持以事实为依据，以法律为准绳，做到过罚相当、不枉不纵。

规范执法，就是执法主体、权限、依据和程序都要合乎规范。要高度重视规范执法的制度建设，完善行政执法适用规则和裁量基准制度，对行政处罚、行政许可、行政强制、行政征收等各类行政执法行为的具体情形，明确适用的具体条件、标准、幅度和方式，防止行政执法权被滥用。各级行政执法部门要把规范行政处罚自由裁量权工作长期坚持下去，深入总结已经取得的工作经验，建立健全自由裁量基准动态完善机制，确保新的法律法规出台后自由裁量基准能够随时跟进。

公正执法，就是要坚持法律面前人人平等，对任何公民和组织的合法权益都要平等地予以保护，不得厚此薄彼；对违法行为都要平等地依法追究法律责任，不得畸轻畸重；对同样的情形，都要做出同等处理，做到不偏不倚。

文明执法，强调的是执法的人性化。就是要改进行政执法方式，避免“突击式”、“运动式”执法，严格控制“联合执法”，建立和完善行政指导、行政合同、行政奖励等制度，探索执法告知、说理式执法、开门审案等柔性执法方式，做到管理与服务相结合、执法与疏导相结合、处罚与教育相结合，真正体现以人为本，让老百姓和相关单位便于理解、易于接受。只有这样，才能使执法效果最优化、最大化。

第三，强化监督。这是依法行政的重要保障。各级政府和行政执法部门，一是要自觉接受人大法律监督和政协民主监督。建立健全重大决策事项事先向人大报告制度和征求政协意见制度。积极配合人大、政协的视察、检查活动，认真接受人大代表的询问、质询，依法办理人大代表建议和政协提案。二是要自觉接受司法监督。要积极推行行政机关主要负责人出庭应诉制度，提高法定代表人出庭应诉率。三是要完善政府层级监督机制。强化上级行政机关对下级行政机关的监督。完善规章规范性文件备案审查制度，做到有件必备、有备必审、有错必纠。要坚持开展行政执法案卷评查工作，加大行政执法检查和专项检查力度，通过明察暗访等途径，重点查处行政执法中的不作为、乱作为和滥作为行为。要进一步整合监督资源，拓宽监督渠道，监察、人事、审计、财政、法制部门之间建立起协调机制，形成监督合力，严格行政问责。四是要充分发挥社会监督的作用。要进一步完善群众投诉建议制度，充分发挥新闻媒体、社会舆论的监督作用，尤其要高度重视网络、微博等新兴媒体的监督，及时、诚恳、客观地回应群众反映的问题，依法尽快合理解决。

第四，恪守程序。从法理上讲，有程序正义和实体正义。决策要讲程序，执法要讲程序，监督也要讲程序。可以说，恪守程序是依法行政的第一要务，贯穿依法行政的各个方面，所以讲程序这个观念必须树立起来。各级行政执法部门要严格遵循法定程序，进一步完善行政执法告知、说明理由、回避、调查取证、听证、集体决定等制度，做到步骤清楚、要求具体、期限明确，依法保障行政管理相对人和利害关系人的知情权、参与权、监督权和救济权。各级行政执法部门在执法过程中要切实防止两种倾向：一种是不按程序乱办事；另一种是认死理守程序不办事，两者都不对。

三、全面推进依法行政，加快建设法治政府，要强化保障、狠抓落实

一要提上重要日程。各级政府及行政执法部门的主要领导要切实履行好推进依法行政第一责任人的职责，带头研究制定和遵守执行依法行政的各项制度，推动建立政府领导负责、部门分工落实、

社会广泛参与的推进依法行政工作长效机制。

二要强化经费保障。各级政府特别是财政部门要进一步完善依法行政经费保障机制。行政执法机关履行法定职责所需经费要纳入本级财政预算统一保障。

三要加大检查考核力度。地方政府法制部门、绩效考评等部门要定期组织对依法行政、建设法治政府工作情况的监督检查。进一步健全考核评价机制，加强目标管理和绩效评估，将依法行政考核评价结果纳入各级政府、各部门及其工作人员绩效考核指标体系，对依法行政成绩突出的部门要予以表彰。

四要加强队伍建设。一方面，要健全公务员依法行政知识培训长效机制，特别是各级领导干部要带头学法用法，提高运用法治思维和法律手段解决问题的能力，养成按制度、按规矩办事的好习惯。另一方面，要进一步加强各级法制机构和法制工作队伍建设，充分发挥政府法制机构的参谋、助手和法律顾问作用。

五要加大宣传力度。要大力培育依法行政工作先进典型，及时总结、交流、推广先进经验，对工作成绩突出的单位和个人予以表彰奖励。全面推进“六五”普法，营造出全面推进依法行政、加快建设法治政府的浓厚氛围。

加快建设法治政府的思考

党的十八届四中全会通过的《中共中央关于全面推进依法治国若干重大问题的决定》（以下简称《决定》），开启了建设中国特色社会主义法治国家的新纪元。《决定》提出的全面推进依法治国的指导思想、总体目标、基本原则，以及一系列新思想、新观点和180多项重大改革举措，为建设中国特色社会主义法治体系、建设社会主义法治国家奠定了坚实的基础。为贯彻落实四中全会精神，笔者对沈阳市推进依法行政、建设法治政府的情况进行了专题调研，分析了存在的问题，提出了下一步深入推进依法行政、加快建设法治政府的工作建议。

一、准确把握“深入推进依法行政，加快建设法治政府”的部署和要求

20世纪90年代，我国提出了建设法治政府的目标。近年来，国务院先后出台《关于全面推进依法行政的决定》和《关于加强法治政府建设的意见》等重要文件，明确了法治政府建设的基本框架和推进方向。党的十八大再次提出，到2020年要基本建成法治政

府。党的十八届四中全会第一次以党的全会文件形式明确要全面推进依法治国，在新的起点谋划和推进法治政府建设，实现国家治理体系与治理能力现代化。当前，在我国经济发展进入新常态的大背景下，深入推进依法行政，加快建设法治政府，对于完成“改革创新，稳定增长，改善民生，依法治市”等重点工作，推动沈阳老工业基地在新一轮东北振兴中当先锋、打头阵尤为重要。

（一）关于法治政府和依法行政的基本内涵

（1）法治政府。法治政府是指行政主体按照职能科学、权责法定、执法严明、公开公正、廉洁高效、守法诚信的要求，行使权力，履行职责，承担责任，政府各项权力都在法治轨道上运行。法治政府的内涵是：政府从决策到执行及监督的整个过程都要依法依规，权力与责任紧密相连，集阳光政府、有限政府、诚信政府、责任政府于一身。法治政府建设要求政府依法行使行政权力，行政行为的主体、权限、依据和程序都要严格遵守法律规范，不越权、不滥权；在宏观调控、公共服务、市场监管、社会管理、环境保护等方面履职尽责，该管的管住管好，做到不缺位、不失职。

（2）依法行政。依法行政是指国家机关及其工作人员依据宪法和法律赋予的职责权限，在法律规定的职权范围内，对国家的政治、经济、文化、教育、科技等各项社会事务，依法进行管理的活动。依法行政的内涵是：行政机关权力的取得必须由法律设定；行政机关权力的行使必须依据法律，既不能违反实体规范，也不能违反程序规范；违法行政必须承担法律责任。其中，规范行政权的来源是前提，行政权的合法行使是关键，法律责任的落实是保障。依法行政的基本要求是职能科学、权责法定、执法严明、公开公正、廉洁高效、守法诚信。

（3）*法治政府与依法行政的关系*。贯彻依法治国基本方略，推进依法行政，建设法治政府，是我们党治国理政从理念到方式的革命性变化。法治政府与依法行政在内容、本质上是一致的。二者的区别在于：法治政府侧重于价值目标层次，依法行政侧重于治理手段层次。深入推进依法行政、加快建设法治政府是全面推进依法治国、建设法治国家的重要环节。只有在明确政府间事权的基础上实现政府机构、职能、权限、程序、责任法定化，才能让行政权力在法律和制度的框架内运行，并以政府带头守法、严格执法，引导督促公民、法人和其他组织依法活动。

（二）《决定》的新观点、新任务和新要求

《决定》指出，要坚持依法治国、依法执政、依法行政共同推进，坚持法治国家、法治政府、法治社会一体建设。《决定》对深入推进依法行政、加快建设法治政府提出了多项重要改革举措，这些改革部署所包含的新观点、新任务和新要求，为贯彻落实四中全会精神，加快推进依法治市工作指明了方向。

（1）*在依法全面履行政府职能方面*。《决定》明确提出，依法全面履行政府职能，是处理好政府和市场、政府和社会关系的关键环节。要依法推进各级政府事权规范化、法律化，强化市县政府执行职责。促进各级政府各司其职、各负其责、各尽其能，充分发挥中央和地方政府的积极性，进一步解决政府间事权界定不合理、不清晰、不规范等问题。加快建设职能科学、权责法定、执法严明、公开公正、廉洁高效、守法诚信的法治政府。

（2）*在健全依法决策机制方面*。《决定》明确，规范重大行

政决策法定程序，主要包括公众参与、专家论证、风险评估、合法性审查、集体讨论决定等规范程序。建立行政机关内部重大决策合法性审查机制，明确重大决策的范围、合法性审查重点、合法性审查意见等内容。积极推行政府法律顾问制度。建立重大决策终身责任追究制度及责任倒查机制，明确决策过程中各类主体的责任，减少决策失误，实现决策权和决策责任相统一。

（3）在深化行政执法体制改革方面。《决定》指出，要根据不同层级政府的事权和职能，按照减少层级、整合队伍、提高效率的原则，合理配置执法力量。综合执法是深入推进依法行政、加快建设法治政府的有效途径，必须继续坚持并向纵深推进。大幅减少市县两级政府执法队伍种类，重点在食品药品安全、工商质监、公共卫生、安全生产、文化旅游、资源环境、农林水利、交通运输、城乡建设、海洋渔业等领域内推行综合执法，有条件的领域可以推行跨部门综合执法。健全行政执法和刑事司法衔接机制，完善案件移送标准和程序，建立行政执法机关、公安机关、检察机关、审判机关信息共享、案情通报、案件移送制度。

（4）在坚持严格、规范、公正、文明执法方面。《决定》提出，要依法惩处各类违法行为，加大关系群众切身利益的重点领域的执法力度。完善执法程序，促进严格、规范、公正、文明执法，提升执法质量和执法水平，深入推进依法行政，建立全过程记录制度。明确执法具体操作流程。严格执行重大执法决定法制审核制度。全面落实行政执法责任制，强化对执法权力的监督制约，提高行政管理效能，提升依法行政水平。

（5）在强化对行政权力的制约和监督方面。《决定》要求，要依法对行政权力进行有效的制约和监督，提升各级政府及其工作部门依法履职的能力。要强化权力运行制约和监督体系，构建决策科学、执行坚决、监督有力的权力运行体系，形成科学有效的权力制约和协调机制。加强对政府内部权力的制约，完善审计制度。

（6）*在全面推进政务公开方面*。着眼于加强对行政权力的制约监督和提供高效便民的服务，《决定》提出，坚持以公开为常态、不公开为例外的原则，要依据权力清单公开政府权力，依法公开涉及公民、法人或其他组织权利和义务的规范性文件，推行行政执法公示制度，推进政务公开信息化建设。

二、沈阳市推进依法行政、建设法治政府的基本情况

近年来，沈阳市政府坚持依法行政，全面履行政府职能，推动改革发展，通过完善制度建设，规范行政行为，确保行政权力在法治轨道上运行，推动法治政府建设工作不断取得新进展，为全市振兴发展提供了有力保障。

（一）推进机构改革，履行政府职能

（1）*机构设置更加规范*。稳步推进“大部门制”改革，整合部门相同或相近的职责，将市政府工作部门减至40个，重新组建市卫生和计划生育委员会。整合区县（市）工商、质监和食品药品监管的职责，组建了市场监督管理局。清理规范了开发区管理机构，每个区县（市）保留1个开发区管理机构，解决体制不科学、管理不规范等问题。

（2）*简政放权稳步推进*。通过三轮放权，累计下放行政职权

698项。在简政放权过程中，结合工作实际，积极回应区县和企业要求，依法依规取消和下放市级行政职权，仅第三轮放权就取消、下放193项。简政放权以来，改革成效初步显现，改革红利正在释放，促进了项目建设，激发了市场活力，方便了群众办事。目前，全市重点项目79%的前期审批手续可以在区县（市）办结，减少了层级，提高了效率。

（3）工商登记制度改革成效显著。2014年初，沈阳市全面实行注册资本登记制度改革，简化市场主体住所登记条件，放宽市场主体的准入条件，有效激发了市场主体的发展活力。到2014年底，新登记内资有限公司2.3万户，同比增长74.5%，注册资本总额909.1亿元，同比增长122.1%，呈现出“井喷”态势。

（4）政务服务体系建设向基层延伸。围绕方便企业办事、适应百姓需求，逐步完善了覆盖市、区县（市）、乡镇（街道）的三级政务服务体系。市级主要面向企业服务；区县（市）除办理企业事项外，兼顾面向自然人的服务事项；乡镇（街道）以服务群众为主，办理与基层民生密切相关的民政、计生、社会保障等服务事项，打通了便企利民服务的“最后一公里”。

（二）提高立法质量，加强制度建设

（1）立法质量不断提高。按照《立法法》规定，沈阳市严格把住立项关、调研论证关、会签关和发布关，推动立法工作由注重立法数量向提高立法质量转变。对现行有效的119件政府规章和155件规范性文件进行清理，对需要进行修改的立法项目列入下一年度政府立法计划，及时加以修订。

（2）行政执法责任制逐步落实。建立纵向到乡镇、街道的行政执法责任制体系，明确了市级行政机关、法律法规授权组织和行政委托组织的执法依据目录、执法主体依据、具体执法职权及依据，将行政执法责任制纳入依法行政考核，规范了乡镇政府和街道办事处的行政执法责任。推进行政执法责任制向基层延伸，建立重大行政执法决定法制审核制度。在市直主要行政执法部门设置了法制机构，配备了专门的法制工作人员，促进全市依法行政工作有序推进。

（3）行政裁量权基准制度进一步细化。出台《沈阳市规范行政处罚自由裁量权实施办法》、《沈阳市关于进一步规范行政自由裁量权的实施意见》等系列文件，不断规范和控制行政自由裁量权。通过规范和完善市交通局、市工商局、市质监局等部门的行政裁量基准制度，为市直其他部门提供借鉴，推进全市行政自由裁量权的规范工作。

（三）健全决策机制，实现依法决策

（1）政府决策工作制度更加规范。出台《沈阳市全面推行依法行政五年规划》、《市政府工作规则》、《市政府重大决策社会稳定风险评估制度》。通过建立完善相关制度，规范程序，确保重大决策方案提交政府常务会议或者全体会议讨论前，进行社会稳定风险评估，由政府法制机构或有关法律专家进行合法性审查，从而有力促进市政府依法行政、科学决策。

（2）政府法律顾问制度进一步完善。出台了《沈阳市人民政府法律顾问工作规则（暂行）》，从聘任条件、工作职责和待遇、管理与服务等方面全面规范政府法律顾问工作。聘任了10位法律专家为市政府法律顾问，指导政府立法、办理政府相关法律事务。

（3）重大决策终身责任追究和责任倒查制度全面落实。按照“谁决策、谁负责”的原则，加大了责任追究力度。对政府系统因决策失误造成重大损失或恶劣影响的事件，依照有关规定严格追究责任，给予责任人相应的党纪、政纪处分；对违犯法律的，追究法律责任。做到有权必有责、用权受监督、违法必追究，从而对政府系统各级领导干部决策起到警示作用。

（四）推进政务公开，打造阳光政府

（1）行政审批制度改革不断深化。严格规范和控制新增行政审批事项，经过多次清理，全市行政审批项目由原来的1229项减少至106项。严格清理非行政许可审批事项，目前，全市保留的行政审批事项全部依据国家和省相关法律法规设立，自行设立的审批、核准、备案、登记、注册、收费等事项全部取消。

（2）政务服务更加简便高效。搭建了沈阳市网上审批服务平台，实现“外网受理、内网审批”，全市34个部门的309项政务服务事项均可通过“网上审批”方式进行办理。通过简化环节、创新方式、减少要件等一系列举措，全市审批事项办理环节减少30%以上，大幅缩短了审批时限。通过沈阳政务公开服务网，及时、准确、全面地公开和更新政府信息，规范性文件和政策法规类信息的公开和更新率达到100%。

（3）涉企收费进一步减少和规范。开展涉企收费清理整顿，按照“职权法定、应清必清”的原则，全面梳理部门职责和权力事项，制定涉企收费目录，并向社会公开公示，把权力“晒”到阳光下，真正做到“清单之外无审批”。2014年，通过取消、缓征11项行政事业性收费项目，为企业减负10亿元。

（五）强化权力监督，规范执法行为

（1）行政权力监督不断完善。市政府严格执行重大事项向市委报告的相关规定，自觉接受人大及其常委会依法监督和政协民主监督。开展廉政监察、执法监察、效能监察，依法接受司法监督、审计监督。对预算执行、重点项目、地方政府性债务、领导干部经济责任、民生工程、财政资金使用情况等进行审计，有效发挥审计功能。畅通96123监督举报电话、“市长信箱”等社情民意沟通渠道，主动接受社会监督和舆论监督。

（2）行政执法集中处罚权更加规范。整合执法主体，规范执法行为，出台《重大行政处罚决定备案办法》和《行政检查规定》，实行“一事不再查”。开展集中行政处罚权工作，市行政执法局集中行使46类435项行政执法职能。统一和细化自由裁量基准，严格执法程序，向社会公开，增加执法透明度，接受社会监督。推广“以票管费”，实行罚缴分离和收支两条线制度，保证行政执法集中处罚权实施公正和公平。

（3）行政执法队伍管理逐步规范。通过对执法人员的着装、执法语言、纪律行为、执法车辆使用等方面进行规范，不断提高行政执法主体和执法人员依法行政的能力。建立行政执法人员持证上岗和资格管理制度，强化执法人员资格培训，杜绝无证执法，提高执法队伍规范化水平。加强行政机关内部监督，区、县（市）政府和市政府所属行政执法部门定期对执法人员案件办理情况进行案卷评查。制定执法规范，增强对执法行为的约束。

（六）完善执法体制，有效化解矛盾

（1）跨部门综合执法不断推进。组建市、区县（市）两级行政执法局，相对集中行使城市规划、市容和环境卫生、市政、房产等行政处罚权和城市管理领域执法权。对区县（市）部分业务职能相近的机构进行综合设置，结合区域特点，在环境卫生、安全生产、建筑市场、河道管理等方面建立综合执法机制，实行分级管理体制。

（2）部门内部综合执法机制更加完善。对市直部门所属的执法机构进行整合，市规划国土、环保、交通、劳动监察、服务业等多部门归并分散在各处室的执法权，建立集中行使行政执法权的工作机制，进行综合执法，有效地解决多头执法问题，实现规范文明执法。

（3）行政执法与刑事司法衔接机制逐步建立。建立起联席会议、信息共享、公安机关提前介入案件等多种协作配合工作机制。主要行政执法部门规范了案件移送标准和具体程序，对执法过程中发现涉嫌犯罪的，及时通报检察机关。

（七）培养法治人才，优化法律服务

（1）法治人才培养机制逐渐完善。合理设置专业岗位，通过竞聘上岗、择优聘用等方式培养法治人才，实现岗位职责、任职条件和聘任期限的规范化。通过按岗定酬、按任务定酬、按业绩定酬，形成重实绩、重贡献，向优秀人才和关键岗位倾斜的分配激励机制。完善法治工作者脱产学习、在职自学和中心组学习制度，增强培训的针对性、适用性。畅通立法、执法、司法部门间干部和人才的交流渠道，完善优秀人才合理流动的工作机制。

（2）法律服务进一步优化。通过推行执业公示、执业监督和诚信等级评定制度，建立重大疑难敏感案件、群体性案件请示报告

及备案制度和不良记录录入制度，规范了全市律师的执业行为。目前，全市共有律师事务所242家，执业律师3011人，每年办理各类案件近3万件。全市有15个公证处，81名执业公证员，为城市发展、新农村建设、城乡居民财产处置、对外经济交往等提供公证服务，年均办理现场监督、证据保全、继承、委托等公证事项11万件。全市有41家司法鉴定所，429名司法鉴定人员，通过开展司法鉴定服务，维护了群众的合法权益。

三、沈阳市推进依法行政、建设法治政府面临的主要问题

目前，沈阳市法治政府建设虽然取得了一定成效，但按照国家和省关于加快建设法治政府的新要求，面对人民群众的新期待，还存在着一定的差距，主要表现在：

（一）行政机关依法行政意识有待提高

在实际工作中，一些部门和地区仍存在重经济指标、重解决眼前问题，忽视程序和规则的情况，违法行政问题时有发生，依法行政意识还需进一步增强。有的行政机关存在着越权执法、适用法律错误、违反法定程序、应诉能力不强等问题。行政诉讼还处于高发阶段，拆迁、劳动和社会保障、治安类案件诉讼较多，社会关注度高。全市法院行政案件收案数上升、协调率下降、败诉率上升，行政复议案件年均在3000件左右，纠错率有增多的趋势。2013年，全市各级行政机关行政应诉败诉案件共190件，占应诉案件总数的22.6%。

（二）综合执法工作需要进一步强化

部分市级执法机构与区县（市）相应的执法机构还存在职责相

近、分工界限不清等问题，如在行政执法、食品药品监管、文化市场执法等部门，就存在多层执法、重复监督检查等现象。一些重要执法的协调配合机制仍然缺失，行政执法部门与城市管理部门信息通报不及时、不到位。对违法事实认定、案件查处等环节相互配合不畅。区县（市）执法力量不足，难以下沉到街道（乡镇）。

（三）政府法制工作队伍建设亟待加强

目前，全市还有近半数的区县（市）政府没有设立法制机构，法制人员数量低于全省县区政府配设法制人员的平均水平，部分区县（市）政府还没有聘请政府法律顾问。法律服务人员后备人才匮乏，公证、司法鉴定、基层司法工作队伍等面临着年龄老化、后备人才不足等问题。

（四）依法决策机制尚须完善

个别地区和部门还不同程度地存在片面强调经济发展、追求政绩，不履行重大决策的必经程序，决策超越法定权限、违反法定程序等问题。个别重大项目建设决策的主观随意性较大，不注重发挥专家作用，违背了经济社会发展规律，形成“半截子工程”。个别地区和部门在决策过程中，专家论证渠道不畅，听取群众意见不充分，存在走过场现象，有些事关民生的重大决策没有得到群众的理解和支持，造成负面影响。

四、深入推进依法行政、加快建设法治政府的工作建议

法治政府建设是深入推进依法治国的重要内容。沈阳市建设法治政府各项工作，要全面落实党的十八大和十八届三中、四中全

会精神，按照《辽宁省委贯彻落实〈中共中央关于全面推进依法治国若干重大问题的决定〉的意见》和《沈阳市委关于深入贯彻党的十八届四中全会精神 全面推进依法治市工作的实施意见》的部署，加快建设法治政府，积极推进依法治市各项工作。

（一）履行政府职能，推进政务公开

（1）规范建立“三个清单”。探索建立责任清单，清晰界定部门职责边界，明确交叉、相近职责的归属，形成体系科学、内容完整、边界清晰的部门职责清单，做到“法定职责必须为”。逐步建立权力清单，按照“职权法定，应清必清”的原则，建立行政许可、行政处罚、行政强制、行政征收、行政给付、行政奖励、行政确认、行政检查、行政裁决和其他行政权力等权力清单，将部门行使的行政职权全部纳入清单，实现“清单之外无权力”。同步建立流程清单，按照“透明、便民、高效”的原则，细化“流程最优、期限最短、成本最低、服务最好”的行政权力运行流程图，规范具体工作环节、承办机构、办理时限、监督方式等，推进政府事权规范化。

（2）建立以企业和市民为中心的工作机制。全面履行“公共服务、市场监管、社会管理、环境保护”的政府职能，进一步厘清政府与市场、企业、社会、市民的关系。减少审批事项，特别是企业投资项目核准事项，优化企业和个人办事“一站式”服务流程，杜绝暗箱操作，缩短办理时间。坚持放管并重，强化后续监管。

（3）扎实推进政务信息公开。按照公开为常态、不公开为例外的要求，在行政权力运行、财政资金、公共资源配置、公共服务、公共监管等重点领域推进决策公开、执行公开、管理公开、服务公开、结果公开。提升政务公开信息化水平，加强互联网政务信息数据服务平台和便民服务平台建设，以沈阳市政府门户网和沈阳市政务公开服务网为依托，利用政府网站、政府公报、移动终端、政务微博和微信等新载体发布权威信息，增进政府部门与广大群众的交流互动。

（二）健全决策机制，提高决策水平

（1）严格遵循依法决策机制的法定程序。制定《沈阳市政府重大决策合法性审查规则》，将“公众参与、专家论证、风险评估、合法性审查、集体讨论决定”确定为重大行政决策的法定程序并严格遵循。对关系市民切身利益的决策事项，应听取市民特别是利害人的意见。对专业性、技术性强的决策事项，要听取专家和专业机构的意见。对风险高的决策事项，要对决策方案进行修改完善再进行决策。

（2）完善重大决策终身责任追究制度及责任倒查机制。对决策严重失误或依法应该及时做出决策但久拖不决造成重大损失、恶劣影响的，决策承办单位或者承担风险评估、合法性审查等相关工作的单位及其工作人员违反决策规定、出现重大失误、造成重大损失的，参与决策的专家、专业机构、社会组织等对重点决策严重失误负有责任的，都应重点追责。责任追究及责任倒查实施程序，应包括：线索收集、筛选，提出拟调查的意见，报请同级党委和政府审批；立案，启动调查程序；问责决定机关对相关责任人做出处理，履行相关手续，并在规定期限内向监督机构报告结果，做出回复；通过媒体或通报对问责结果予以公开，及时回应社会关切。

（3）发挥政府法律顾问的作用。进一步加强市政府法律顾问聘用、管理、考评等制度建设，使政府法律顾问事前介入政府重大行政决策。各区县（市）应参照《沈阳市人民政府法律顾问工作规则（暂行）》，制定本地区的具体实施办法，开展法律顾问的选聘和重新聘任工作，尽快建立以政府法制机构工作人员为主体、吸收专家和律师参加的政府法律顾问队伍。

（三）加强政府立法，提高立法质量

（1）提高立法科学化水平。结合全市振兴发展实际，按照于法有据、于事简便和“立、改、废”相结合的原则，完善政府相关规章起草、论证、协调、审议机制，强化立法调研、评估、咨询、论证工作，加强行政审批、科技创新、市场准入、企业维权等方面立法，推进民生、生态、环境等领域立法，提高立法质量。

（2）健全立法协商和公众参与制度。拓展群众有序参与立法活动的渠道，让群众充分行使知情权、参与权、表达权和监督权。拓宽专家学者参与立法的途径，完善专家咨询论证制度。充分发挥人大代表、政协委员、民主党派、工商联、无党派人士、人民团体、社会组织在立法协商中的作用，提高立法的民主化水平。

（3）健全法制机构立法机制。进一步完善行政法规、规章制定程序，增加公众参与政府立法工作的途径。重要的行政管理法规、规章，由政府法制机构自主或主导起草，防止立法工作“利益部门化”和“部门利益法制化”，严格把握立法工作的政治性、政策性和专业性。

（四）规范执法行为，推进综合执法

（1）推进综合执法改革。进一步创新执法体制，逐步整合职责任务相近的执法队伍，减少执法机构。重点在食品药品安全、安全生产、环境保护等领域推行综合执法，进一步研究推行跨部门综合执法。加强市、区县（市）执法力量的统一领导和协调，建立市区联动综合执法工作机制，使执法力量进一步向区县（市）下沉，减少执法队伍种类，解决执法队伍数量多、力量分散、基层人员少等问题。

（2）健全行政执法协调机制。加强统一领导和工作协调，加快建立市、区县（市）政府各司其职、各负其责、相互配合、齐抓共管的行政执法管理工作机制，完善执法信息共享标准，实现信息资源开放共享、互联互通。建立健全跨部门、跨区域执法协作联动机制，形成监管合力，提高整体执法效能。建立执法机关之间的信息共享机制，以城市综合管理、市场监管、公共安全监管等领域为重点，逐步实现执法信息的互通与共享。建立经常化的执法协调机制，加强协调与配合，实现执法工作的无缝衔接和有效合作，进一步提高执法和服务水平。

（3）完善执法与司法衔接机制。探索建立执法与司法协调会商制度，保障及时准确地处理案件。探索建立刑事司法机关、行政执法机关互派联络员制度，及时发现犯罪线索，指导行政执法办案。建立信息交流平台，实现行政执法机关与刑事司法机关网络互联互通和信息资源共享。发挥监督部门的职能作用，坚决克服有案不移、有案难移、以罚代刑的现象，实现行政处罚和刑事处罚无缝对接。

（五）完善监督机制，强化权力监督

（1）自觉接受对行政权力的监督。提高政府自身依法行政水平，主动将政府各项工作置于监督之下。在市委的统一领导下，接受人大及其常委会依法监督和政协民主监督。坚持重大决策事项向市委、人大、政协报告、通报制度，积极配合监察、司法、审计部

门开展工作。主动适应对行政权力监督的新常态。

（2）加强对政府内部权力的制约。进一步简政放权，在关键部门和重点岗位推进决策权、执行权、监督权适度分解与制衡，改变“权出一门”的体制缺陷。按照中央、省有关规定，研究制定全市相关工作办法，重点推进领导干部和重点岗位干部交流、轮岗。按照中办、国办《关于实行党政领导干部问责的暂行规定》的要求，把握纠错问责的重点，严格纠错问责的程序，加大问责力度，纠正行政不作为和乱作为。

（3）强化审计监督。围绕全市中心工作确定审计的重点领域，对公共资金、国有资产和领导干部履行经济责任等情况实行审计全覆盖。加强审计职业化建设，推进各级审计机关队伍专业化建设，严格审计人员的准入门槛，完善审计人员的行为准则。推行审计结果和整改情况公告制度，形成强大的监督合力。重视审计案件移交，提高审计工作的权威，促进被审计单位加强整改。

（六）加强队伍建设，提高服务能力

（1）加强立法队伍建设。健全各级政府法制机构，切实保证机构设置和人员配备要与新形势下的法治工作需求相适应。大力推进立法队伍的专业化，完善立法顾问和顾问单位制度，发挥专家学者的专业理论优势，切实保证立法质量。组织全市法制机构工作人员进行立法岗位培训，进一步熟悉、理解相关理论和业务知识，从而提高职业素养和专业水平。

（2）加强行政执法队伍建设。减少政府执法队伍种类，健全行政执法评议考核制度，将执法人员平时的执法活动及时记入档案。实行行政执法人员持证上岗和资格管理制度，彻底解决临时工、合同工参与执法的问题，通过培训提高工作能力和素质。建议根据干部“四化”方针和德才兼备原则，把善于运用法治思维和法治方式推动工作的人才选拔到政府的重要岗位。

（3）加强法律服务队伍建设。进一步健全法律服务职业准入制度。切实把好律师行业入口关，将律师队伍建设关口前移，从源头上提高律师队伍的整体素质。畅通公证员招录渠道。充实和发展公证员队伍，逐步解决基层和欠发达地区公证法律服务资源不足和人才匮乏问题。健全司法鉴定人准入制度。建立新申请人员和延续登记人员考试、考核和能力测评制度，积极吸纳高层次鉴定人才。探索建立规范统一的基层法律服务工作者资格考试制度。建立激励法律服务人才跨区域流动机制。

加快建设法治政府
重在明确时间表和路线图

以党的十八大提出到2020年全面落实依法治国方略，十八届四中全会首次专题研究全面推进依法治国重大问题为标志，全面推进依法治国已经进入新的历史时期。深入推进依法行政、加快建设法治政府是全面推进依法治国的一项主要任务和关键环节，是各级政府部门肩负的重要职责。

第一，深入推进依法行政、加快建设法治政府，是贯彻落实十八届四中全会精神和中央“四个全面”战略布局的必然要求。全面建成小康社会、全面深化改革、全面依法治国、全面从严治党是新时期党中央治国理政方略的顶层设计，是中国复兴伟业的战略布局。依法治国目标的实现很大程度上取决于法治政府建设的进度和质量。我们必须按照“坚持依法治国、依法执政、依法行政共同推进，坚持法治国家、法治政府、法治社会一体建设”的要求，深入推进依法行政。认真抓好四中全会《意见》的贯彻落实，全面提升政府工作的法治化水平，为全面推进依法治国打下扎实基础，为推进“四个全面”战略布局创造良好条件。

第二，深入推进依法行政、加快建设法治政府，是实现新一轮振兴发展目标的重要保障。政府是执法主体，无论是全面深化改革，还是推动振兴发展，都要求我们坚持依法行政，运用法治思维提升执政能力，坚持用法治方式推动全面深化改革，依法依规清除体制机制障碍，为振兴发展创造良好的环境。

第三，深入推进依法行政、加快建设法治政府，是加强政府自身建设的迫切需要。近年来，政府部门坚持依法行政、规范行政权力运行取得了明显成效，但也必须看到，一些地区和部门仍然不同程度地存在懒政、怠政现象，一些政府工作人员不作为、乱作为，有法不依、执法不严、违法不究等问题仍时有发生。解决这些问题，关键在于加强政府自身建设，核心是要在党的领导下，自觉树立宪法至上、法律至上的观念，将政府工作全面纳入法治化轨道，将法治理念贯彻到我们管理政府与管理社会的各个方面和环节，加强并改进依法决策、依法行政、依法办事的能力和水平，规范、公正、文明执法。只有这样，我们各级政府和政府各部门才能提高公信力，增强执行力，进一步赢得人民群众的信心，进一步凝聚起推进全面振兴的强大力量。

按照国家统一部署，地方政府的总体目标是到2020年基本建成法治政府。具体来说，就是经过五年的不懈努力，我们要基本建成职能科学、权责法定、执法严明、公开公正、廉洁高效、守法诚信的法治政府。当前，我们应从四个方面加快法治政府建设。

第一，推行清单制度，依法全面履行政府职能。把政府工作全部纳入法治轨道，加快建设法治政府，关键是要推进机构、职能、权限、程序、责任法定化，保证所有行政行为都要于法有据，任何政府部门都不得法外设权。一是积极制定权力清单和责任清单。制定权力清单、责任清单的目标是将政府依法行政的各项职能，将各部门职责边界、法定职责依法确定下来，全部纳入清单管理，保证政府实现“法定职责必须为、法无授权不可为”。加快制定负面清单，以清单方式明确列出禁止和限制企业投资经营的行业、领域、业务等，清单以外则充分开放，保证企业实现“法无禁止皆可为”。二是大力推进简政放权。各级政府部门在下放权力的同时要全面开展简政放权“回头看”，认真组织自查，积极进行整改，重点关注放管衔接、事中事后监管等情况。三是要全面推进政务公开。要通过依法向社会公开政府职能、法律依据、实施主体、职责权限、管理流程、监督方式等事项，推进行政权力的公开化、透明化。

第二，推行合法性审查机制，进一步健全依法决策机制。一是进一步规范决策程序。把“公众参与、专家论证、风险评估、合法性审查、集体讨论决定”确定为政府重大行政决策规范程序，这是四中全会围绕健全依法决策机制提出的新举措，是科学决策、民主决策、依法决策的重要保证。二是实行政府重大行政决策合法性审查制度。加强合法性审查是依法决策的关键。三是发挥政府法律顾问的作用。法律顾问可以围绕政府重大行政决策，认真开展研究论证和法律风险评估，提供合法性审查意见，为政府提供法律事务服务，保证政府各项决策依法合规。

第三，推进执法重心下移，进一步改进和加强行政执法。深化行政执法体制改革是深入推进依法行政、加快建设法治政府的有效途径。一是进一步健全行政执法管理机制。推动各个行政执法部门建立各司其职、各负其责、相互配合、齐抓共管的行政执法管理工作机制，解决“看得见的管不了，管得了的看不见”的问题。二是合理配置执法力量，规范执法行为。根据不同层级政府的职能特点和执法任务需要，明确各级政府的执法领域和重点，减少行政执法层级，推进执法重心和执法力量向基层下沉，着力提高基层政府的执法能力。进一步统一和细化自由裁量权基准，强化执法人员资格培训，提高执法队伍的规范化水平。三是着力提高行政应诉能力。行政应诉案件量的增加，一方面说明人民群众的维权意识增强；另一方面说明随着经济社会发展，各种社会矛盾凸显，对政府依法行政的能力提出了新的更高的要求。这就要求我们一方面要健全配套机制，通过完善调解、仲裁、行政裁决、行政复议、诉讼等的有机衔接，健全多元化纠纷解决机制，让更多的矛盾纠纷通过非诉方式处理，力争把行政诉讼案件增幅降下来。另一方面要在强化依法行政的同时，提高行政应诉能力，进一步降低行政诉讼败诉率。

第四，推行常态化监督，强化对行政权力的制约和监督。强化对行政权力的制约和监督，是深入推进依法行政、加快建设法治政府的重要保证。一是要自觉接受外部监督。各级政府部门要按照“公开是常态、不公开是例外”的原则，积极推进决策公开、执行公开、管理公开、服务公开、结果公开，鼓励人民群众举报违法违规行为。二是要着力强化对政府内部权力的制约和监督。要对重点岗位、关键环节，特别是权力集中的部门和岗位实行分事行权、分岗设权、分级授权、定期轮岗。要进一步规范招标投标、政府采购、公共资源交易等交易平台运行，防止合法形式掩盖下的违规腐败。要完善政府内部层级监督和行政监察、财政监督、法制监督等专门监督，改进上级机关对下级机关的监督方式，推动建立常态化监督制度。三是要强化审计监督制度。要积极推进对公共资金、国有资产和领导干部履行经济责任等情况的审计。各级政府部门要支持审计机关依法独立行使审计监督权，督促被审计单位加强整改，依法、依规推行预算执行等审计结果和整改情况公告制度。

后　记

此生也有涯，而知也无涯。回首经年，对社会人文领域理性思考和实践探索的脚步从未停歇。每三四年，便将所思、所想、所感、所悟辑录成集，于是便有了《理性轨迹》、《理性之旅》、《理性语境》三本书的出版。光阴荏苒，岁月如梭。2008年以来，虽然公务繁忙，却丝毫未敢懈怠，探索方向更侧重于知行合一、学以致用，将平生所学用于实践，再从实践中汲取营养，循环往复、升华理性。八年来，多少次孤灯清影、无数个不眠之夜，皓首穷经，格物致知，经思辨、重凝练，历扬弃、终积淀。

本书收录的49篇文章，是笔者2008~2015年进行理论思考、实践探索的一部分，包括时政研究14篇、经济探索11篇、战略纵论11篇、理论思考8篇、政府建设5篇，其大多数发表于《人民日报》、《学习时报》、人民网、新华网等国家和省、市报刊及网络媒体，现结集出版，非以理论成果示人，谨与读者共享。

厚植实践沃土，升华理性积淀。在笔者耳顺之年，将多年思想之积淀、心灵之积淀、实践之积淀，飨于读者，倘能引起读者共鸣，将倍感欣慰，幸甚至哉！